本書係 2017 年度國家社科基金重大項目
"北京方言形成的歷史音韻層次研究"（項目號：17ZDA312）的階段性成果之一

「爾雅音圖」音注研究論集

馮蒸 著

學苑出版社

圖書在版編目（CIP）數據

《爾雅音圖》音注研究論集 / 馮蒸著. —北京：學苑出版社，2018.12
ISBN 978-7-5077-5581-7

Ⅰ.①爾… Ⅱ.①馮… Ⅲ.①《爾雅》—研究 Ⅳ.①H131.2

中國版本圖書館CIP資料核字（2018）第254168號

出 版 人：孟　白
責任編輯：陳　佳
封面設計：逸品書裝
出版發行：學苑出版社
社　　址：北京市豐臺區南方莊2號院1號樓
郵政編碼：100079
網　　址：www.book001.com
電子信箱：xueyuanpress@163.com
聯繫電話：010-67601101（營銷部）、010-67603091（總編室）
印 刷 廠：北京建宏印刷有限公司
開本尺寸：787×1092mm　　1/16
印　　張：30.25
字　　數：610千字
版　　次：2020年2月北京第1版
印　　次：2020年2月北京第1次印刷
定　　價：480.00元

序

　　本論集寫作的緣起,要追溯到三十多年前,從我初見《爾雅音圖》一書說起。

　　我研究《爾雅音圖》非常偶然。大概是1985年盛夏的一天,我到北京市東城區燈市口的中國書店去買書,無意間看到北京市中國書店刊印的一部古書——《爾雅音圖》(據光緒十年上海同文書局本影印,1985年3月)。此書系清嘉慶六年曾燠"藝學軒"複影宋繪圖本。其特色是有圖,而且有音。《爾雅》是中國最早的一部詞典,是訓詁學領域的經典著作,最早為其注音的學者是晉代的郭璞。我很好奇,這部《爾雅音圖》有圖有音,它的音是不是著名的郭璞注音呢?雖然此書的第一頁也寫著"郭璞著",但我翻看時發現:該書把音都標注在正文的被注音字下邊,而且全部是直音,沒有一個反切。這與我所瞭解的晉郭璞注音的情況完全不一致。因為郭璞的注音固然有直音,但是更有很多反切,而這本注音居然一個反切都沒有,那它的作者會不會不是郭璞呢?這是我當時產生的第一個疑問點。

　　緊接著又產生了第二個疑問點。當我迅速翻檢此書時,發現一些中古收-m尾的字,此書的注音卻是收-n尾,這更引起了我極大的關注。因為-m尾變-n尾,即深鹹攝與山臻攝合流,這種情況在郭璞所處的晉代是無論如何不可能發生的,但是這本音圖居然存在!所以我立刻斷定此書注音者絕非郭璞,而是另有其人。中國書店將其寫為"晉郭璞著",我認為可能是沿襲舊誤。於是,我將此書買下帶回了家。

　　回到家中,我將《爾雅音圖》與叢書集成本晉郭璞注的《爾雅》逐一比對,很快就發現了二者的異同。我決心探討一下這本注音的價值。這本注音如果不是郭璞注的,那又會是誰注的呢?我帶著極大的探索的興趣，查閱相關資料，發現可能是如清代孫星衍所考證的，是五代時蜀國毋昭裔的注音。於是，我將《爾雅音圖》音注逐一做成了卡片，悉心研究。

從上世紀80年代後期開始撰寫論文，沒想到這個只有1583個字的注音，我居然為它付出了二十餘年的時間，一共發表了25篇論文。這些論文承蒙學界關注、不斷徵引，又幸得方家指正。我本想對《爾雅音圖》再做一個專門研究，但由於近年來工作繁多，一直沒有抽出時間。為使這些已整理出的論文資料不致湮沒，遂將零散發表於海內外各刊物的論文再做修訂，裒輯成書。結集過程中，不以發表時間為序，而是按照研究的體系重新編次，歸納為聲母、韻母、聲調、音系基礎幾個部分，希望能夠展現《爾雅音圖》音注研究工作的系統性與全貌。此外，所收論文還涉及《爾雅音圖》相關資料的研究，如《爾雅釋音》。該書所反映的音系雖與《爾雅音圖》不同，但可作為參考，也一併收錄。

我將研究《爾雅音圖》的緣起寫出來，也與我研究音韻的思路有關。我認為要想把音韻學研究透徹，必須進行專書的研究。即選取一本有研究價值的、前人沒有探索過的專書，做系統的窮盡性研究，這樣才能夠給漢語語音史的建設起到添磚加瓦的作用。本論集作為筆者《爾雅音圖》音注研究工作的總結與彙報，呈獻給學界，誠望廣大學者批評指正。

馮蒸

2018年10月於北京韻學齋

目　録

一、聲母篇

《爾雅音圖》音注所反映的宋初非敷奉三母合流
　　——兼論《音圖》微母的演化 …………………………………………… 3
《爾雅音圖》音注所反映的宋代知莊章三組聲母演變 ………………………… 14
"漦"字今讀考
　　——兼論《切韻》音系中俟母的來源與演變 …………………………… 27
《爾雅音圖》音注所反映的宋初零聲母
　　——兼论中古影、云、疑母的音值 ……………………………………… 37
《爾雅音圖》的疑母 ……………………………………………………………… 47
《爾雅音圖》音注所反映的宋代 k-/x- 相混 …………………………………… 55
《爾雅音圖》音注所反映的宋代濁音清化 ……………………………………… 58

二、韻母篇

《爾雅音圖》音注所反映的宋初四項韻母音變 ………………………………… 71
《爾雅音圖》音注所反映的宋初三、四等韻合流 ……………………………… 100
《爾雅音圖》音注所反映的五代宋初等位演變
　　——兼論《音圖》江/宕、梗/曾兩組韻攝的合流問題 ………………… 115
《爾雅音圖》音注所反映的五代宋初重韻演變
　　——兼論《音圖》麻、佳二韻的相混 …………………………………… 137
《爾雅音圖》音注所反映的五代宋初重紐韻演變 ……………………………… 155

三、聲調篇

《爾雅音圖》音注所反映的宋初濁上變去 ……………………………………… 217
《爾雅音圖》的聲調 ……………………………………………………………… 224

四、總論篇

論《爾雅音圖》的音系基礎 …………………………………………… 243
《爾雅音圖》與《爾雅音釋》注音異同說略 …………………………… 252
《爾雅音圖》注音用字特點分析（摘要） ……………………………… 282

參考文獻 ……………………………………………………………… 283

附　錄

一、《爾雅音圖》注音條目總表 ………………………………………… 291
二、《爾雅音圖》注音字表 ……………………………………………… 317
三、《經典釋文·爾雅音義》《爾雅音釋》與《爾雅音圖》注音對照表 ……… 327
四、《爾雅音圖》異音互注字表 ………………………………………… 471

一、聲母篇

《爾雅音圖》音注所反映的
宋初非敷奉三母合流

——兼論《爾雅音圖》微母的演化

一、引　言

《爾雅音圖》(下文簡稱《音圖》)音注是近年發現的研究宋初中原地區漢語官話語音的珍貴資料。對此筆者已先後撰寫了好幾篇論文加以探討(參馮蒸,1991a、b、c,1992,1993)。《音圖》一書有圖有音,關於音注的作者,清人曾燠、孫星衍從文獻學的角度均推定是後蜀(934—965)的毋昭裔,我們認爲其說可信。

關於毋昭裔其人,由於史料有限,我們所知不多,《宋人傳記資料索引》一書根據《宋史》和《宋史新編》等史料對其情況有一個簡單的說明,現引録如下,以供參考：

> 毋昭裔,河中龍門人,守素(921—973)父。博學有才名。孟知祥擢爲御史中丞。昶立,拜中書侍郎同平章事,累進左僕射,以太子太師致仕。性嗜藏書,酷好古文,精經術,嘗按雍都舊本九經,命張德昭書之,刻石于成都學宮。又令門人句中正、孫逢吉書《文選》《初學記》《白氏六帖》,刻板行之。著有《爾雅音略》。[1]

毋昭裔所著的《爾雅音略》今雖已不存,但現存的《音圖》一書的注音即採自毋昭裔的《爾雅音略》一書。筆者近年通過對該書音系的全面考察,進一步確定了《音圖》音注的作者當是毋昭裔,詳見前述拙文,此不多贅。

關於《音圖》音注的音系基礎,依照一般的推想,毋昭裔是河中龍門人,地處中原地區,所以他的母語極可能就是該地區的方言,而該方言從地望上和現代的方言分布情況來看,應與宋初的通行語音是一致的。退一步說,毋昭裔是後蜀的一位著名學者,他給當時廣爲流傳的重要典籍《爾雅》一書進行注音,旨在教學子研習,故也需用當時的通行官話語音去進行注音,而不太可能用某一小地方的話進行注音,所以我們排除了這樣兩種可能性：他雖然長期在四川的成都任職,但也不可能是用當時的蜀方言成都話給《爾雅》注音；即使他自己的家鄉話與當時的通語不一致,他也不會改從家鄉話給《爾雅》注音。因爲,不管是當時的成都話還是他的家鄉河中龍門話,都不可能作爲一種正音規範來廣爲推行。所以《音圖》的音注應該反映當時的

---

[1] 昌彼得等編：《宋人傳記資料索引》,中華書局,1988年,第397頁。

通語音系,其性質很明顯地是一種官話方言。據此,下文就把這種注音的音系統稱作宋初中原地區的官話音。關於此書的音系基礎的詳情,我們準備另文探討。

毋昭裔的音注系對《爾雅》一書的難字、易讀錯的字進行注音,其注音形式全是直音,全書共有注音條目1583條,資料可謂相當豐富。

本文的目的是考察一下《音圖》音注所反映的中古輕唇音非敷奉三母的合流情況,並附帶討論一下微母的演化問題。下面先簡述一下有關輕唇音的基本知識。

輕唇音非敷奉四個聲母見於下列十個《切韻》韻系(舉平以賅上去入)

——ɸ:微、廢、尤、虞 ——ŋ:東₃、鍾、陽 ——n:文、元 ——m:凡

雖然在中古《切韻》音系中輕唇音當時還未產生,但輕唇音產生的條件卻只限于此十韻系,至於輕唇音產生的機制,音韻學界衆說紛紜,尚未有定論,本文亦不做討論(參潘悟雲、朱曉農,1982)。下面我們就以這10個韻系作爲考察的出發點。不過還有兩點需要特別說明一下:

(一)這10個韻系在《音圖》音系中雖然發生了很大變化,多數韻系與其他有關韻系有合併現象,就是這10個韻系之間也發生了若干合併現象(如微韻與廢韻合併,東₃和鍾韻合併,元韻和凡韻合併,尤韻唇音和虞韻合併等),但是我們在這里仍然沿用《切韻》的韻系標目進行觀察,而不採用這10個韻系在《音圖》音系中的實際新韻母系統和標目。所以這樣做,是因爲以下兩個原因,首先,我們認爲《音圖》音系中的輕唇音化肯定在其韻系合併之前即已發生,並依《切韻》時的韻系條件進行分化;其次,運用新的韻部標目不易看出輕唇音演化的規律性和系統性。但是考慮到《音圖》音系中輕唇音出現的實際情況,我們新增加了2個韻系類別,即"東₃·鍾"類和"虞·尤(唇音)"類,這是因爲《音圖》音注中有的輕唇音注音條目的注音字與被注音字分屬於這10個韻系中的2個韻系,故宜分立出來以資區別。所以觀察《音圖》音注中的輕唇問題共是12個韻系。

(二)由於輕唇音"非敷奉"母和"微"母出現的韻母條件並不全同,所以我們也據此分成兩類進行觀察,第一類是觀察非敷奉三母合流情況,我們是以這12個韻系類進行觀察,但因凡韻系無例字,所以實際上是11個韻系;第二類是觀察微母的演化問題,在切韻的輕唇十韻中,其中東₃和尤韻的明母字並不變輕唇,鍾韻和廢韻則沒有明母字,所以微母的韻母出現範圍小,實際上只有微、虞、陽、文、元、凡六個韻系。下文的有關考察即準此進行。

二、《音圖》音注的非敷奉三母合流例

《音圖》一書中共出現輕唇音注條目80條,其中非敷奉三母的注音條目共有69條,這69條又可以分成下列兩種情況:即非敷奉三母本母自注例和非敷奉三母互注例。

《音圖》中的非敷奉三母本母自注例共有55例,它們在各韻系中的分布如下表:

表1 《音圖》中的非敷奉三母自注分布表

聲母\韻部	東₃	鍾	尤	微	虞	陽	廢	文	元	虞·尤（唇音）	總計
非非	2			2	2		2	6	1	1	16
敷敷				5	6	1					12
奉奉	1	1	4	2	2	1	1	8	7		27
總計	3	1	4	9	10	2	3	14	8	1	55

從上表中可以看出,非母自注共16例,分布于東₃、微、虞、廢、文、元、虞·尤（唇音）八個韻系類。敷母自注共12例,見于虞韻系6例,見于微韻系5例,見于陽韻系1例。奉母自注共27例,分布于東₃、鍾、尤、微、虞、陽、廢、文、元9個韻系。三種情况均無凡韻例。下面對這三種聲母的自注各舉一例以作説明,舉例格式一如前此發表的諸拙文:①

1. 非母自注例:

（687）阪(反)　　阪:府遠切　　fĭwen　　山合三上阮非
　　　　　　　　反:(同上)

2. 敷母自注例:

（386）拊(撫)　　拊:芳武切　　f'ĭu　　遇合三上虞敷
　　　　　　　　撫:(同上)

3. 奉母自注例:

（427）桴(浮)　　桴:縛謀切　　vĭəu　　流開三平尤奉
　　　　　　　　浮:(同上)

---

① 本文所據的《爾雅音圖》一書係北京市中國書店1985年3月第1版影印本。該本係據清光緒十年上海同文書局本影印。本書引例的體例是:先列出條目,再列出其中古音的音韻地位。條目格式例如"688阪(反)","688"是《爾雅音圖》一書的音注字順序編號,"阪"是《爾雅》原文的被注音字,"(反)"是毋照裔所注的直音。注音字和被注音字後附的反切均依《廣韻》,《廣韻》所無者依《集韻》,但另加注明。其具體音韻地位和中古音構擬均依郭錫良先生《漢字古音手册》(北京大學出版社,1986)。《手册》所無者依該書體例筆者自行折合。《手册》無輕唇音聲母,筆者據中古音後期的實情對屬於《廣韻》輕唇十韻的字把唇音聲母從重唇改爲輕唇,非敷奉微的音值暫定爲f、f'、v、ɱ。標音漢字古音地位説明依次是攝、開合口、等、聲調、韻部、聲母,此項順序我們未從郭書,而從《古今字音對照手册》(丁聲樹編録,中華書局,1981年10月新1版)。

從以上三例中可見非敷奉三母本母自注情況之一斑，因爲自注例的情況不足以説明這三個輕唇聲母的合流，這裏也就不再進一步舉例説明了。

《音圖》中的非敷奉三母互注共有 14 例，它們在各韻系中的分布如下表：

表 2 《音圖》非敷奉三母互注分布表

聲母＼韻部	東三	鍾	東三·鍾	尤	微	虞	文	虞·尤（唇音）	總計
非敷		1		1	2		1	1	6
非奉			1			3			4
敷奉	1			1			1	1	4
總計	1	1	1	2	2	3	2	2	14

從上表可以看出，在非敷奉三母互注的 14 例中，共出現三種互注情況：非敷互注共 6 例，分布於鍾、尤、微、文和虞·尤（唇音）5 個韻系類；非奉互注 4 例，見于東三鍾和虞 2 個韻系類；敷奉互注 4 例，分布于東三、尤、虞·尤（唇音）、文 4 個韻系。因爲這種互注直接反映了三母的合流情況，有必要把這 14 例全部列出，以供漢語音史研究者參考。例字雖然不是很多，但卻是十分珍貴的。

下面就把這三種互注情況以韻系爲單位依次全部列出，並對個別例字進行討論。

(一) 非敷互注例 (6 例)

1. 微韻系：

(838,920) 菲 (匪)　　菲：敷尾切　　f'ɣwəi　　止合三上尾敷
　　　　　　　　　　匪：府尾切　　fɣwəi　　止合三上尾非

2. 尤韻系：

(868) 秠 (否)　　秠：芳婦切　　f'ɣəu　　流開三上有敷
　　　　　　　　否：方久切　　fɣəu　　流開三上有非

3. 虞·尤 (唇音) 韻系：

(1298) 鴀 (孚)　　鴀：甫鳩切　　fɣəu　　流開三平尤非
　　　　　　　　孚：芳無切　　f'ɣu　　遇合三平虞敷

4. 文韻系：

(224) 饙 (紛)　　饙：府文切　　fɣuən　　臻合三平文非
　　　　　　　　紛：撫文切　　f'ɣuən　　臻合三平文敷

5. 鍾韻系：

(883) 葑 (捧)　　葑：府容切　　fɣwoŋ　　通合三平鍾非
　　　　　　　　捧：敷奉切　　f'ɣwoŋ　　通合三上腫敷

(二)非奉互注例(4例)

1. 虞韻系：

(1140,1479)父(甫)　　父:扶雨切　　vǐu　　遇合三上虞奉
　　　　　　　　　　　甫:方矩切　　fǐu　　遇合三上虞非

(1264)跗(付)　　　　跗:符遇切　　vǐu　　遇合三去遇奉
　　　　　　　　　　　付:方遇切　　fǐu　　遇合三去遇非

2. 東₃·鍾韻系：

(366)夆(風)　　　　夆:敷恭切　　f'ǐwoŋ　通合三平鍾敷
　　　　　　　　　　風:方戎切　　fǐuŋ　　通合三平東非

(三)敷奉互注例(4例)

1. 虞·尤(脣音)韻系：

(790)枹(孚)　　　　枹:縛謀切　　vǐəu　　流開三平尤奉
　　　　　　　　　　孚:芳無切　　f'ǐu　　遇合三平虞敷

2. 東₃韻系：

(1151)蝮(復)　　　蝮:芳福切　　f'ǐuk　　通合三入屋敷
　　　　　　　　　復:房六切　　vǐuk　　通合三入屋奉

3. 尤韻系：

(877)䬌(浮)　　　　䬌:匹尤切　　f'ǐu　　流開三平尤敷
　　　　　　　　　浮:縛謀切　　vǐəu　　流開三平尤奉

4. 文韻系：

(918)黂(忿)　　　　黂:符分切　　vǐuən　臻合三平文奉(《集韻》)
　　　　　　　　　忿:匹問切　　f'ǐuən　臻合三去問敷

以上18例中有幾例需要加以討論和說明：

1. 奉敷互注例的"918黂(忿)"條，"黂"字比較冷僻，在《說文》中它是草部"芘"字的重文或體字，大徐音"房未切"，《廣韻》音"扶沸切"(通行本誤作"扶涕切"，見余迺永《互注校正宋本廣韻》，台灣聯貫出版社，1974年，第360頁)，並爲去聲未韻奉母字。但此音與其注音字"忿"(匹問切，去聲問韻敷母)明顯不合。今檢《集韻》"黂"字有"符分切"一讀，爲平聲文韻奉母字，可與注音字"忿"字相比較，雖然聲調有平去之異，那可能是毋昭裔誤讀爲去聲。上文對"黂"字音韻地位的標注即以此《集韻》音切爲依據與"忿"字進行比較。關於毋氏把"黂"字誤讀爲去聲的原因，可能是因爲《廣韻》"賁"聲字中讀問韻的有"僨"(扶問切)，僨獖(方問切)，可能因類比而誤讀，其中"僨黂"形近，相混更有可能。總之，"黂"字不管是依《廣韻》或《集韻》，本讀都是奉母而毋氏讀成敷母。

2. 以上18例中的"1298 硴（孚）"和二例，涉及到漢語語音史上的所謂"流攝唇音歸遇攝"的問題。我們知道，流攝的一部分唇音字如"浮否婦負富覆謀牟畝牡母"等大約從唐代後期起轉至遇攝，更確切地說是尤韻唇音字轉入虞韻，根據鄭張尚芳先生中古元音復化理論，這些尤韻字原讀 ju，非唇音字後復化爲 jəu，唇音則不復化，就與從 jo 變來的虞韻 ju 合流了。這種音變看來在《音圖》中也有反映，以上二例即說明了這一點。我們基本上同意這樣的看法，即尤韻唇音字在未變輕唇之前即已轉入虞韻，而不是尤韻唇音字先變輕唇而後與虞韻合流。此項音變已有好幾位學者加以探討（詳見王力1980，李惠昌1989，唐作藩1991）這裡恕不贅述。

3. 上述引例中有二個輕音敷母字的反切上字是重唇音"匹"，如"918 廳（忿）"中的"忿（匹問切）"和"877 眹（浮）"中的"眹（匹尤切）"。我們知道，輕唇音字用重唇音字作反切上字，以"匹"字爲多見，其中的原因尚待進一步研究。

綜觀以上非敷奉三母相混的18例，在事實上是無可置疑的。從統計數字上來看，非敷奉三母的自注例是51例，幾乎佔到 3/4，而這三母的互注例確是18例。互注例約佔總數的26%，即 1/4 強。雖然如此，但是我們可以非常肯定地斷言，《音圖》的非敷奉三母合流已爲清楚事實，合流的結果是敷奉二母都讀同唇齒清擦音 f 即非母。我們根據這佔總數 1/4 的非敷奉三母互注例就能做出了如此肯定的推斷，是因爲《音圖》的特有注音形式——直音本身的特點所決定的。

我們知道，直音這種注音形式，有一個非常重要的特點，就是注音字和被注音字必須完全同音，即二字之間聲、韻、調三者必須全同，缺一不可，《音圖》的注音情況也不例外，毋昭裔的一個特殊注音例尤可考見這種注音的嚴格性。如前所述，毋氏注音全是直音，當然均是取同音相注，如果注音字與被注音字之間在某一項上缺乏完全相同的條件，則對所用的注音字必須另外加注說明。請見下例："570 灑（篩上聲）"，這是《音圖》的作者毋昭裔用"篩上聲"給"灑"字注音，按照一般的直音通例，本來用"篩"字給"灑"字注音逕云"灑音篩"即可，但是因爲"灑"字與"篩"雖然聲母、韻母相同，但聲調未合，爲了準確標注"灑"字的聲調，又在"篩"字後加注了"上聲"二字，足見注音字與被注音字之間的同音關係是絲毫不能馬虎的。此種情況雖在《音圖》一書中僅只一見，但直音注音的嚴格性于此亦可見一斑。

由此看來，以上14個非敷奉三母的互注例，聲母方面亦應該完全相同才可。特別是上舉的"570（篩上聲）"一例，更反映了毋氏的嚴格注音精神，聲調方面略差一點尚且不可，何況聲母？所以我們認爲這14例已足以反映三母已經確然合流。此外，我們認爲這種同音相注對注音人來説是完全自然的、無意識的，恐怕這種注音心理也可證此三母在注音人口中已全然無別。

至於非敷奉三母自注例多而互注例少的問題，那恐怕是注音字與被注音音節結構的限制，因爲有的音節同音字多，有的音節同音字少，於是導致了這種不平均性。但我們認爲這與注音的性質無關，不足以動搖非敷奉三母合流的可信性。

三、《音圖》音注的微母考略

《音圖》音注中出現的微母音注條目不多,共有 12 條自注例,其分布情況如下表:

表 3　《音圖》微母分布表

聲母＼韻部	微	虞	陽	文	元	總計
微	2	3	2	4	1	12

如前所述,"微"母最多只能出現在《切韻》的 6 個韻系,具體到《音圖》,則只見于 5 個韻系,共 12 例,現把各例列舉如下:

1. 微韻系

(62)亹(尾)　　　亹:無匪切　　mǐwəi　　止合三上尾微
　　　　　　　　尾:(同上)

(962)秣(未)　　　秣:無沸切　　mǐwəi　　止合三去未微
　　　　　　　　未:(同上)

2. 虞韻類

(67)騖(務)　　　騖:亡遇切　　mǐu　　遇合三去遇微
　　　　　　　　務:(同上)

(217)憮(武)　　　憮:文甫切　　mǐu　　遇合三上虞微
　　　　　　　　武:(同上)

(850)莁(巫)　　　莁:武夫切　　mǐu　　遇合三平虞微
　　　　　　　　巫:(同上)

3. 陽韻系

(996)莣(忘)　　　莣:武方切　　mǐwaŋ　　宕合三平陽微
　　　　　　　　亡:(同上)

4. 文韻系

(752)汶(問)　　　汶:亡運切　　mǐuən　　臻合三去問微
　　　　　　　　問:(同上)

(839)芴(物)　　　芴:文弗切　　mǐwət　　臻合三入物微
　　　　　　　　物:(同上)

(1376)蟁(文)　　　蟁:無分切　　mǐuən　　臻合三平文微
　　　　　　　　文:(同上)

（1413）鴍（文）　　　鴍：無分切　　　mǐuən　　　臻合三平文微
　　　　　　　　　　文：（同上）

（1494）嫩（問）　　　嫩：亡運切　　　mǐuən　　　臻合三去問微
　　　　　　　　　　問：（同上）

5. 元韻系

（1457）獌（万）　　　獌：無販切　　　mǐuɐn　　　山合三去願微
　　　　　　　　　　万：（同上）

以上是見於《音圖》的 12 條微母自注例。但微母的音注情況中有這樣一個十分值得注意的現象，即《音圖》中還有 2 條明微互注例，這種情況無疑是不容忽視的。現把這 2 條音注列舉如下：

（549）弭（尾）　　　弭：綿婢切　　　mǐe　　　止開三上紙明
　　　　　　　　　　尾：無匪切　　　mǐwəi　　止合三上尾微

（960）芇（尾）　　　芇：綿婢切　　　mǐe　　　止開三上紙明
　　　　　　　　　　尾：無匪切　　　mǐwəi　　止合三上尾微

以上所列計微母自注 12 例，明微互注 2 例，其中互注例約佔微母總數的 14.3%，這種既有微母自注例，又有相當數量的明微互注例的情況應該怎樣看待？對此，筆者是這樣認爲的：

首先，它說明微母的分化較其他三個輕唇聲母的分化爲晚，這一點可以從若干其他音韻資料中得到證明，例如唐代顔師古的音系中就是輕重唇音已經分化，但明微不分。《音圖》的 2 條明微不分例說明毋昭裔的音系中有少量的微母字尚未從明母中分化出來，這幾例中的微母我們認爲還是讀作明母。至於那其他的微母自注例，我們認爲它們已經不是明母字而是徹底的微母字了。

其次，微母分化的這種不平衡狀態，即多數已分化，少數未分化的情況從歷史語言學中詞彙擴散論的角度來看是一種完全正常的情況，多數微母自注是其主流，少數明微不分是其音變殘餘。不能採取一律化的辦法來看待這條音變。

四、關於輕唇音聲母演化的幾個問題

音韻學的研究，除了對事實的分析和描寫之外，還有必要從音變理論的角度對有關問題加以進一步探討。關於輕唇音聲母的演化問題，我們認爲有這樣幾個問題值得研究。

(一)輕唇音演化類型的方言性

輕唇音聲母非敷奉微在中古音後期產生之後不久，隨即發生了一系列的音變，這些音變據我不完全觀察，主要有下列 7 種，即：1. 非敷的合流；2. 奉母的清化；3.

非敷奉的合流；4.微母的口音化；5.奉微的合流；6.非敷奉曉的合流；7.微母的消失。這 7 條音變之間的關係,他們發生的時間先後次序,以及他們的方言性,很值得做全面的研究。從歷史文獻的角度來看,這 7 條音變因方言的不同而大致可分爲官話型、吳語型和閩語型 3 種類型,現表列如下,以供進一步研究(參劉雲凱 1989)。

表 4　輕唇音音變方言分布表

音變類型 \ 方言分布	官話型	吳語型	閩語型
1.非敷的合流	√	√	√
2.奉母的清化	√		√
3.非敷奉的合流	√		√
4.微母的口音化	√	√	
5.奉微的合流		√	
6.非敷奉曉的合流			√
7.微母的消失	√		

從上表中可以看出,全濁聲母的清化與否是劃分以上 3 種方言型的重要標準之一。

(二)微母的口音化問題

"口音化"是筆者對 denasalization 一語的譯名,日本和台灣學者多稱之爲"去鼻音化"。關於中古鼻音聲母的口音化問題,看來其內部並不一致,這里既有方言的問題,也有時代的問題。中古時期的鼻音有明(m-)、泥(n-)、娘(ɳ-)、疑(ŋ-)、微(ɱ-)和日(ȵ-)6 種。後來在不同的方言中分別發生了口音化的音變,其中微、日二母的口音化範圍較廣,似乎遍及大部分方言,而且看來產生的時代也最早,而其餘 4 個鼻音聲母的口音化看來時代較晚,而且主要見於西北方言和閩方言,如唐代的長安方言即有此種音變。而且微、日二母的口音化結果是變成濁擦音,另外那 4 個鼻音聲母的口音化結果是變成濁塞音。所以這 6 個鼻音聲母可以據此分成 2 種類型,其音變過程大致可以寫成下面的程式:

Ⅰ型：明母 m->mb->b-　　　泥母 n->nd->d-
　　　娘母 ɳ->ɳd->ɖ->ɖ-　　疑母 ŋ->ŋg->g-
Ⅱ型：微母 ɱ->ɱv->v->ʋ-　　日母 ȵ->ȵʑ->ʑ->ʐ-

具體到《音圖》,其日母均是自注音例,沒有與其他聲母的互注例,當已完成口音化的音變,應是 ʑ- 或進一步是 ʐ- 或 r- 了。而微母除了少數例字外,大部分也完成了口音化的音變,已是無擦通音 ʋ,與《中原音韻》的微母同音值了。

(三)輕脣音諸音變的時間先後次序問題

音變有時間先後的問題，輕脣音諸音變也不例外。本文所論《音圖》的非敷奉母合流就是一個明顯的例證。這項音變無疑先後經過下列三個階段：1.非、敷的合流：f、f' > f_1；2.奉母的清化：v > fv > f_2（許多吳方言奉母現在仍讀 fv）；（參馮蒸 1991b）3.非敷奉的合流：f_1、f_2 > f_3。這裏 f_1、f_2、f_3 雖然音值相同，都是 f，但卻是不同音變階段、不同音變規律的產物。所以《音圖》輕脣聲母這項演化的事實雖然並不複雜，但其音變過程及原因卻很有必要加以探討。音變有時間先後之別不止此例，如前表所列的吳方言的奉微合流音變的前提也必須是微母的口音化音變先行完成方可。再如微母口音化以後的音值也與有關音變的時間先後有關。微母從明母中分化出來以後，最初的音值是 ɱ，其後口音化爲 v。如果是 v 的話，這項口音話音變一定發生在奉母的清化之後，因爲奉母原來是 v，發生清化後與非敷合流。微母如此時也是 v，肯定也要發生清化而與非敷奉合流了，但實際上並未產生這種結果。不過我們認爲微母後來的音值可能是無擦通音 ʋ。

五、結　語

非敷奉三母的合流是漢語聲母音變史中一個很值得注意的歷史音變現象。我們知道，在漢語音變史中，輕重脣音的分化大約在 8 世紀已經完成，非敷二母的合流也是時代甚早。羅常培先生說：晚唐五代時，非敷已無區別，有衆多的音韻資料可以證明這一點。但是確認非敷奉三母合流的早期資料卻並不多見。目前音韻學界通常引用的三母合流的最早資料是元代的《中原音韻》（1324）一書。而《音圖》資料的出現以無可置疑的事實把這一音變的時代提早了近 4 個世紀，可以說《音圖》是目前所見記載非敷奉三母合流的最早的一項音韻資料，這對漢語語音史的研究無疑有重要價值。

參考文獻：

馮蒸(1991a)：《〈爾雅音圖〉音注所反映的宋初零聲母》，載《漢字文化》1991 年第 1 期，第 29—36 頁。

馮蒸(1991b)：《〈爾雅音圖〉音注所反映的宋初濁音清化》，載《語文研究》1991 年第 2 期，第 21—29 頁。

馮蒸(1991c)：《〈爾雅音圖〉音注所反映的宋初 k-/x- 相混》，載《語言研究》（增刊），1991 年，第 78 頁轉 103 頁。

馮蒸(1992)：《〈爾雅音圖〉音注所反映的宋初四項韻母音變》，載《宋元明漢語研究》（程湘清主編），山東教育出版社，1992 年，年 510—578 頁。

李惠昌：《遇攝韻在唐代的演變》，載《汕頭大學學報》（人文科學版）1989 年第 4 期，第

81—88 頁。

　　劉雲凱:《歷史上的禪日合流與奉微合流兩項非官話音變小考》,載《漢字文化》1989 年第 3 期,第 36—38 頁。(劉雲凱是本文作者的筆名)

　　潘悟雲、朱曉農:《漢越語和〈切韻〉唇音字》,載《中華文史論叢增刊》,上海古籍出版社,1982

　　唐作藩:《晚唐尤韻純音字轉入虞韻補正》,載《紀念王力先生九十誕辰文集》,山東教育出版社,1991 年,第 180—187 頁。

　　王力:《漢語史稿》(上冊,修訂本),中華書局,1980 年。

　　本文載《語言研究》(增刊),1994 年,第 53—62 頁;《雲夢學刊》1994 年第 4 期,第 72—78 頁;轉載於人大複印報刊資料 H1《語言文字學》1995 年第 4 期。

《爾雅音圖》音注所反映的
宋代知莊章三組聲母演變

中古《切韻》音系的知、莊、章三組聲母的演變在漢語語音史的研究中佔有重要地位。在現代漢語北京話音系中，這三組聲母已經合而爲一，演變成爲 tʂ、tʂʻ、ʂ，但這種局面無疑是經過漫長、複雜的分合才逐步合流的。考察這三組聲母從中古音至現代北京音的合流過程，其中介階段，目前音韻學界主要是根據元周德清的《中原音韻》(1324)一書，這是完全必要的。但是只根據這一部書就概括出這三組聲母的全部音變過程，在資料上無疑顯得薄弱一些，換言之，《中原音韻》一書的知、莊、章三組聲母的分合情況有多大的代表性，是否代表一種唯一的或普遍的音變類型，尚需利用與其同時代或稍早的其他音韻資料來證實，所以，對與之同時代或更早的其他音韻資料加以研究就是十分必要的了。

在本文中，我們擬考察一下宋初《爾雅音圖》(以下簡稱《音圖》)一書的音注資料中這三組聲母的分合情況。考察這項資料的直接目的是基於這樣幾點考慮：

1. 該項音注資料的注音形式(直音)和《中原音韻》的"同音字類聚"形式在表現語音的方式方面完全不同；

2. 該項資料的時代比《中原音韻》要早；

3. 該項資料的音系基礎(河中龍門，今河南、山西交界處附近)與《中原音韻》的音系基礎是否有關，值得探究。

由於《音圖》音注具有這樣三點特殊性，所以該音系的知、莊、章三組聲母分合結論對於驗證《中原音韻》這三組聲母的分合情況及音系性質無疑有積極意義。

下面我們簡單介紹一下《音圖》一書及其音注。

《音圖》現存清嘉慶六年(1801)南城曾燠"藝學軒"複影宋繪圖本。此書一般的古籍目錄均僅題作"三卷，晉郭璞注"，故多爲音韻研究者所忽略。此書有《圖》有《注》，《注》後有《音》。《注》爲郭璞注無疑，但《圖》和《音》均未署作者。該書卷首載有曾燠於嘉慶六年(1801)所寫的《叙》，曾《叙》認爲《圖》爲宋元人所繪，其《音》，則確定地認爲係採自後蜀毋昭裔的《音略》。

清代著名學者孫星衍(1753—1818)在看了原書後也持此見解。孫氏在《廉石居藏書記》內編卷上記《爾雅音圖四卷》一條中說："右爾雅音圖四卷，本三卷，大版，十二行，廿字。卷上，自釋詁至釋親，四篇，有音無圖；卷中，自釋宮至釋水，八篇；卷下前，自釋草至釋蟲，三篇；卷下後，自釋魚至釋畜，四篇，皆有音圖。按郭璞圖亡於梁,後有江灌圖,毋昭裔音略,此本當即江灌圖昭音也。圖亦宋元人手筆,朱緑如新。今于曾轉運署見此,因屬姚君之麟重摹刊版。"①

經筆者核對,此書所附的注音非郭璞音確實無疑,但是否就是毋昭裔音,因爲沒有其他更爲直接的證據,曾、孫二氏所說不一定就是定論。在沒有其他反證出現之前,暫從此說也未無不可。故本文暫定《爾雅音圖》音注爲毋昭裔音。

毋昭裔爲後蜀(934—965),著名學者,河中龍門人,著有《爾雅音略》三卷,其生卒年未詳,《宋史》和《宋史新編》有其傳記,文繁不具引。退一步說,此書既爲"影宋本",所以即使不是毋昭裔的注音,其音注時代也不會晚于宋。

此書注音的特點是:一字一音,全是直音,沒有反切,全書共有注音1583條。完全採用直音這種注音方式就說明其音不可能是襲自傳統韻書,而直接反映了當時作者的口語。在這1583條音注中,從《廣韻》音系的角度來看,同音互注例1063條,約佔總數的67%,在其餘的近520條非同音音注條目中,知、莊、章三組聲母互注例共有38條(另有一條附見存疑),數量雖然不是很多,但對於我們研究這三組聲母的宋代演變,無疑提供了十分珍貴的資料。

下面我們就把這38條音注例分類全部列出,然後再做若干進一步的討論。

下文引例的體例是:先列出條目,再列出音韻地位。條目格式例如:"(594)長(掌)","(594)"是《音圖》一書的音注順序編號,"長"是《爾雅》原文的被注音字,"(掌)"是毋昭裔所注的直音。注音字和被注音字後附的反切和中古音標音均依郭錫良先生的《漢字古音手冊》(北京大學出版社,1986)一書。郭書的古音系統和標音係採用王力先生《漢語史稿》上冊修訂本的意見。郭書所注的反切是《廣韻》的反切,本文對個別《廣韻》所無的字則改用《集韻》的反切,但均予以注明。標音後面的漢字古音地位說明依次是:攝、開合口、等、聲調、韻部、聲母,此項我們未從郭書,而從《古今字音對照手冊》(丁聲樹編録,中華書局,1981)。本文所據的《音圖》一書爲北京市中國書店1985年3月影印本第1版。該本係據清光緒十年上海同文書局本影印。

下面我們就把這38條音注根據知莊章三組聲母的實際互注情況分成四種類型分類舉例說明如下。每一種類型之內又按照《音圖》的韻母系統分類考察,以觀察這些聲母的出現範圍和條件。《音圖》的韻母系統系筆者借用中古十六攝的名稱而根據《音圖》的實情加以合併或分立,說詳後文。此外,爲了後文與《中原音韻》的情況加以比較的方便,我們又在韻母的每類韻攝之後加注了與之基本相當的《中原音韻》韻部名稱。因爲《音圖》向有入聲韻母,與《中原音韻》不同,所以把有入聲的韻攝舒入聲分列。《音圖》已合併的各中古韻攝之間用斜線分開。

---

① 孫星衍撰、陳寶彝編:《廉石居藏書記》(內外編),《叢書集成·初編》刊本,商務印書館,1936年,第4頁。此本係據《式訓堂叢書》本排印。

(一) 知₃/章組相混例 (23 例)

1. 江/宕攝 (《中原音韻》江陽部)

(594)　　長(掌)
　　　　長：知丈切　　ṭĭaŋ　　　　宕開三上養知
　　　　掌：諸雨切　　tɕĭaŋ　　　　宕開三上養章

2. 遇攝 (《中原音韻》魚模部)

(1035)　　樗(樞)
　　　　樗：丑居切　　ṭ'ĭo　　　　遇開三平魚徹
　　　　樞：昌朱切　　tɕ'ĭu　　　　遇開三平虞昌

(1190)　　𪓷(朱)
　　　　𪓷：陟輸切　　ṭĭu　　　　遇合三平虞知
　　　　朱：章俱切　　tɕĭu　　　　遇合三平虞章

(1212)　　翥(住)
　　　　翥：章恕切　　tɕĭo　　　　遇開三去御章
　　　　住：持遇切　　ḍĭu　　　　遇合三去遇澄

(1456)　　貙(樞)
　　　　貙：敕俱切　　ṭ'ĭu　　　　遇合三平虞徹
　　　　樞：昌朱切　　tɕ'ĭu　　　　遇開三平虞昌

(1509)　　𪓳(住)
　　　　𪓳：之戍切　　tɕĭu　　　　遇合三去遇章
　　　　住：持遇切　　ḍĭu　　　　遇合三去遇澄

3. 臻/深攝 (《中原音韻》眞文·侵尋部)

(15)　　綝(嗔)
　　　　綝：丑林切　　ṭ'ĭĕm　　　深開三平侵徹
　　　　嗔：昌眞切　　tɕ'ĭĕn　　　臻開三平眞昌

4. 山/咸攝 (《中原音韻》寒山·桓歡·先天部)

(753)　　灛(謟)
　　　　灛：昌善切　　tɕ'ĭɛn　　　山開三上獮昌
　　　　謟：丑琰切　　ṭ'ĭɛm　　　咸開三上琰徹

(1218)　　鱣(佔)
　　　　鱣：張連切　　ṭĭɛn　　　山開三平仙知
　　　　佔：職廉切　　tɕĭɛm　　　咸開三平鹽章

5. 梗/曾攝（《中原音韻》庚青部）

（557） 赬（稱）
  赬：丑貞切 ʈʻɤɛŋ 梗開三平清徹
  稱：處陵切 tɕʻĭəŋ 曾開三平蒸昌

（1069） 檉（稱）
  檉：丑貞切 ʈʻɤɛŋ 梗開三平清徹
  稱：處陵切 tɕʻĭəŋ 曾開三平蒸昌

6. 流攝（《中原音韻》尤侯部）

（391） 侜（舟）
  侜：張流切 ʈĭəu 流開三平尤知
  舟：職流切 tɕĭəu 流開三平尤章

（640） 呪（呪）
  呪：陟救切 ʈĭəu 流開三去宥知
  呪：職救切 tɕĭəu 流開三去宥章

（1246） 鯞（肘）
  鯞：之九切 tɕĭəu 流開三上有章
  肘：陟柳切 ʈĭəu 流開三上有知

7. 梗/曾/臻/深攝入聲

（10） 晊（姪）
  晊：之日切 tɕĭĕt 臻開三入質章
  姪：直一切 ɖĭĕt 臻開三入質澄

（230） 室（只）
  室：陟栗切 ʈĭĕt 臻開三入質知
  只：諸氏切 tɕĭe 止開三上紙章

按："只"字應爲入聲字，但此讀《廣韻》《集韻》二書均失載，詳細討論請見後文。

（607） 窒（執）
  窒：陟栗切 ʈĭĕt 臻開三入質知
  執：之入切 tɕĭəp 深開三入緝章

8. 山/咸攝入聲

（199） 輟（拙）
  輟：陟劣切 ʈĭwɐt 山合三入薛知
  拙：職悅切 tɕĭwɐt 山合三入薛章

（480） 畷（拙）
  畷：陟劣切 ʈĭwɐt 山合三入薛知

　　　　拙:職悅切　　　　tɕǐwɛt　　　山合三入薛章

(1075)　㰯(輒)
　　　　㰯:書涉切　　　　ɕǐɛp　　　　咸開三入葉書
　　　　輒:陟葉切　　　　ţǐɛp　　　　咸開三入葉知

(1095)　聶(輒)
　　　　聶:質涉切　　　　tɕǐɛp　　　咸開三入葉章(《集韻》)
　　　　輒:陟葉切　　　　ţǐɛp　　　　咸開三入葉知

按:"聶"字此讀不見于《廣韻》。

(1295)　攝(輒)
　　　　攝:書涉切　　　　ɕǐɛp　　　　咸開三入葉章(《集韻》)
　　　　輒:陟葉切　　　　ţǐɛp　　　　咸開三入葉知

9. 止B/蟹B攝(《中原音韻》齊微部)

(323)　惴(墜)
　　　　惴:之睡切　　　　tɕǐwe　　　止合三去寘章
　　　　墜:直類切　　　　ɖwi　　　　止合三去至澄

(二)知₂/莊組相混例(6例)

1. 效攝(《中原音韻》蕭豪部)

(469)　㨹(嘲)
　　　　㨹:側交切　　　　tʃau　　　　效開二平肴莊
　　　　嘲:陟交切　　　　ţau　　　　效開二平肴知

2. 梗/曾攝(《中原音韻》庚青部)

(356)　丁(爭)
　　　　丁:中莖切　　　　ţæŋ　　　　梗開二平耕知
　　　　爭:側莖切　　　　tʃæŋ　　　梗開二平耕莊

3. 江/宕攝入聲

(471)　箰(卓)
　　　　箰:側角切　　　　tʃɔk　　　　江開二入覺莊
　　　　卓:竹角切　　　　ţɔk　　　　江開二入覺知

(514)　斮(卓)
　　　　斮:側角切　　　　tʃɔk　　　　江開二入覺莊
　　　　卓:竹角切　　　　ţɔk　　　　江開二入覺知

(740)　汋(卓)

| 浞:側角切 | dʒɔk | 江開二入覺莊 |
| 卓:竹角切 | ʈɔk | 江開二入覺知 |

4. 梗/曾攝入聲

（648） 磔(責)
| 磔:陟格切 | ʈɐk | 梗開二入陌知 |
| 責:側革切 | tʃæk | 梗開二入麥莊 |

(三) 知₃/莊組相混例(3 例)

通攝(《中原音韻》東鍾部)

（83）（599）（705）重(崇)
| 重:直容切 | ɖʲwoŋ | 通合三平鍾澄 |
| 崇:鋤弓切 | dʒɣuŋ | 通合三平東崇 |

(四) 知₃/莊/章組相混例(5 例)

止 A 攝(《中原音韻》支思部)

（172） 峙(止)
| 峙:直里切 | ɖʲə | 止開三上止澄 |
| 止:諸市切 | tɕɣə | 止開三上止章 |

（296） 黹(止)
| 黹:豬幾切 | ʈi | 止開三上旨知 |
| 止:諸市切 | tɕɣə | 止開三上止章 |

（564） 茝(止)
| 茝:阻史切 | tʃɣə | 止開三上止莊 |
| 止:諸市切 | tɕɣə | 止開三上止章 |

（569） 徵(止)
| 徵:陟里切 | ʈɣə | 止開三上止知 |
| 止:諸市切 | tɕɣə | 止開三上止章 |

（827） 豕(史)
| 豕:施是切 | ɕɣe | 止開三上紙書 |
| 史:踈士切 | ʃɣə | 止開三上止山 |

以上我們分類羅列了《音圖》音注中知、莊、章三組聲母互注相混的全部例證。考慮到知組聲母在後代演變的特殊情況,這裏把知組分爲知₂和知₃兩組來觀察其

分合。所以嚴格地説，所謂知、莊、章三組聲母的互注，實際上是知₂、知₃、莊、章四組聲母的互注。純從聲母的角度來看，這四組聲母的分合互注，理論上應當有：(1)知₂/知₃；(2)知₂/莊；(3)知₂/章；(4)知₃/莊；(5)知₃/章；(6)莊/章六種互注情況，但實際上《爾雅音圖》音注中只出現了(2)(4)(5)(6)四種互注例，並無(1)(3)兩種互注例，這顯然是因爲韻母的限制，(1)(3)兩種情況根本不可能出現，特別是直音受韻母的限制更大。從注音形式上看雖然共有這四種類型，但因爲知₃有遞相注音的情況，所以它們所反映的聲母相混實際上只有三種類型，説詳下文。通觀這四種直音互注例的韻母分布，可以説(2)(4)兩種情況是主流，幾乎遍及《音圖》的大部分韻攝，(5)只限于通攝，(6)只限于止A攝。《音圖》音注的這四種聲母相混情形及其韻母分布與《中原音韻》的情況幾乎完全一致，這種不謀而合的結果，我們認爲絶非偶然。

  爲了便於下文的討論，這里有必要先簡單説明一下《中原音韻》中這三組聲母的分合情況。

  關於《中原音韻》的知、莊、章三組聲母的分合實際包含着兩個問題，首先是音類問題，其次是音值問題。關於音類問題，我們首先要弄清楚《中原音韻》的知莊章三組聲母在19個韻部(實際上是18個韻部，桓歡韻無此三組聲母)中的分布和分合關係，以確定《切韻》的這三組聲母在《中原音韻》中到底合爲一組還是兩組音類。音韻學界對此歷來有不同看法。認爲一組的有羅常培、趙蔭棠、楊耐思、李新魁諸先生。分爲兩組的，主要有陸志韋、寧繼福(早期)、蔣希文、王力諸先生。我們認爲在《中原音韻》中這三組聲母無疑分爲兩組，其具體的分合和分布情形蔣希文先生的《從現代方言論中古知莊章三組聲母在〈中原音韻〉里的讀音》表述得最爲清楚。蔣先生説："在《中原音韻》各個韻部里，一般，知₂組和莊組併爲一類，知₃組和章組併爲一類。但在東鍾部知莊章三組併爲一類，支思部莊章兩組併爲一類。"[①] 陸志韋先生則從韻母的角度指出一組跟 i 相拼，另一組則反之。我覺得蔣先生概括的這一基本事實是無可否認的。視爲一組的意見恐怕主要是沒處理好在東鍾、支思兩個韻部當中知、莊、章三組的相混問題。正如寧繼福先生在評論羅常培先生的看法時所指出："羅常培先生所以認爲章莊混同，大概有兩個原因：第一，只看到莊知章三組字在東鍾支思等少數韻中合併，而忽視了它們在大多數韻中的不同音。第二，沒有離析出知組字的中古等第來，這足以混淆莊初生與章昌書的疆界。"[②]

  在這樣一個事實的基礎上，第二步就是考慮它們的擬音問題。羅常培、楊耐思兩先生擬爲舌葉音 tʃ、tʃʻ、ʃ，趙蔭棠、李新魁兩先生擬爲舌尖後音 tʂ、tʂʻ、ʂ；陸志韋先生以不跟 i 相拼的一組爲舌尖後音 tʂ、tʂʻ、ʂ，另一組與 i 相拼者爲舌面前音 tɕ、

---

① 蔣希文：《從現代方言論中古知莊章三組聲母在〈中原音韻〉里的讀音》，《中國語言學報》1982年第1期，第139頁。
② 忌浮：《〈中原音韻〉二十五聲母集説》，《中國語文》1964年第5期，第347頁。

tɕ'、ɕ,王力先生經過幾番猶豫,最後還是接受了陸先生的觀點。寧繼福、蔣希文二先生則把陸先生的舌面前音改爲舌葉音 tʃ、tʃ'、ʃ,①這兩組聲母的區別除了 i 介音的條件之外,蔣希文先生承陸先生的意見,進一步考慮到開合口問題對這兩組聲母的影響,並參證現代贛榆方言確定這三組聲母在《中原音韻》里的音值。現把有代表性的幾家擬音表列如下:

表 1　《中原音韻》知、莊、章三組聲母擬音比較表

聲母分合類型 各家	知₂/莊組 (洪音韻母前)	知₃/章組 (細音韻母前)	知₃/莊/章組 (東鍾,支思)	知₃/章組 (齊微)	
				開口	合口
陸志韋	tʂ 系	tɕ 系	tʂ 系	tɕ 系	tʂ 系
蔣希文	tʂ 系	tʃ 系	tʂ 系	tʃ 系	tʂ 系
羅常培		tʃ	tʃ'	ʃ	
趙蔭棠		tʂ	tʂ'	ʂ	
備 注	見于《中原音韻》12 個韻部	見于《中原》11 個韻部	相當于中古的通攝和止 A 攝(齒頭音)	相當于中古的止 B/蟹 B 攝	

據此,中古知莊章三組聲母經《中原音韻》到現在北京話的演變過程大致如下(以章知莊三母爲例)②:

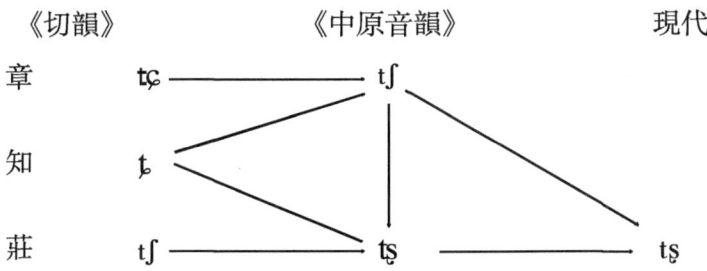

現在我們回到《音圖》音注所反映的這三組聲母演變本題上來。

我們認爲本文前面歸納的《音圖》音注的四類情況與陸志韋、蔣希文、寧繼福(早期)等先生分析這三組聲母在《中原音韻》的情況幾乎完全一致,只有個別問題需

---

① 麥耘:《〈中原音韻〉的舌尖後音聲母補證》,《中原音韻新論》,北京大學出版社,1991 年第 46、150 頁。

② 忌浮:《〈中原音韻〉二十五聲母集說》,《中國語文》1964 年第 5 期,第 355 頁。

要加以討論。下面我們先總括比較一下本文所歸納的《音圖》三組聲母相混情形及其韻母分布與蔣希文先生歸納的《中原音韻》同類情形的對應情況,請看下表:

表 2 《中原音韻》與《爾雅音圖》音注知、莊、章組聲母相混類型韻母分布比較表

中原音	《中原音韻》		《爾雅音圖》音注
(1)知₃/章組(細音韻母前)	車遮、先天、廉纖(以上三部獨見);魚模、尤侯、蕭豪、歌戈、眞文、侵尋、庚青、江陽(以上八部與知₂/莊組合見)		(1)陽部;(2)魚部;(3)眞部;(4)先部;(5)庚部;(6)尤部;(7)陌部;(8)月部
(2)知₂/莊組(洪音韻母前)	皆來、家麻、寒山、監咸(以上四部獨見);魚模、尤侯、蕭豪、歌戈、眞文、侵尋、庚青、江陽(以上八部與知₃/章組合見)		(1)蕭部;(2)庚部;(3)藥部;(4)陌
(3)知₂/莊/章組	東鍾、支思		东部(注:此攝缺章組字例)支部
(4)知₂/章組	齊微	開口	齐部
		合口	

關於表中《音圖》音注的韻母情況這里略微說明一下。據我們研究,以中古的韻攝爲單位,《音圖》音注的韻母已是一個相當簡化的 17 攝(入聲獨立計算的話,中古是 25 攝)韻母系統,計陰聲韻八攝:止 A、止 B/蟹 B、蟹 A、遇、效、果、假、流;陽聲韻五攝:通、江/宕、梗/曾、臻/深、山/咸;入聲韻四攝:通攝入聲、江/宕攝入聲、梗/曾/臻/深攝入聲、山/咸攝入聲。參拙作《〈爾雅音圖〉音注所反映的宋初四項韻母音變》(載《宋元明漢語研究》,山東教育出版社,1992 年,第 510—578 頁)一文及其他已刊論文。這個韻母系統顯然比《中原音韻》的十九部簡化很多,特別表現在閉口韻的-m 已變爲-n,即咸/山合流,臻/深合流,所以《音圖》雖然時代早于《中原》,但在某些韻母特點的表現上則顯得更爲晚近。只是《音圖》還保留着入聲(是-ʔ 尾),假如《中原》無入聲的話,這一點要比《中原音韻》近古。這里爲了便于觀察這三組聲母的具體演變情況,除把《音圖》的韻母以攝爲單位注出外,並在與《中原音韻》相當的韻部下加橫線標示,以便比較。

現在我們把知、莊、章三組聲母相混分成四種情況來分別討論一下。

(一)《爾雅音圖》音注與《中原音韻》知₃/章組相混情況比較

《音圖》中知三/章組互注共 24 例,約佔總數 38 例的 63%,此型明顯是三組聲母相混的主流。這與《中原音韻》中知₃/章相混的數量佔優勢的情況幾乎一致。至於

此種相混情況的韻母分布,在前文中分成甲、乙兩種情況列舉,這里只討論情況甲的韻母分部。在《中原音韻》中它獨見于車遮等三個韻部、與知₂/莊組聲母合見于魚模等八個韻部,詳見上表。在《音圖》中則見于六個舒聲攝,即:(1)江/宕;(2)遇;(3)臻/深;(4)山/咸;(5)梗/曾;(6)流。它們分別與《中原音韻》的江陽、魚模、眞文、侵尋、先天、廉纖、庚青、尤侯等八部相當,但缺與《中原》相當的車遮、蕭豪、歌戈三部字。尚見于兩個促聲攝,即:(1)臻/深/梗/曾入聲;(2)山/咸入聲。不過這兩類入聲韻攝的字,在《中原》中的消變不出其本型聲母的韻部範圍,如:(1)類入聲本文共出現"眰姪窒執只"五字,"眰窒執"三字《中原音韻》未收,但齊微部收有"姪只"二字,前者是"入聲作平聲",後者是"入聲作上聲";(2)類入聲共出現"罬輒輟拙聶"五字,前二字《中原音韻》未收。後三字均見于車遮部,其中"輟拙"二字是"入聲作上聲","聶"字是"入聲作去聲"。所以總的來看,可以說《音圖》的韻母分布基本上與《中原音韻》同型聲母的分布一致。但有兩個例字需要特別討論一下。

首先,關於"(1218)鱣(占)"一條須略加說明。按:"鱣"屬山攝,"占"屬咸攝,《音圖》音注的咸/山兩攝合流,這一攝約相當於《中原音韻》的桓歡、寒山、先天、監咸、廉纖五部,從前表中可知,寒山、監咸二韻不見於此型聲母,桓歡韻無此三組聲母相混例,故此例應只可出現于《中原音韻》的先天和廉纖二韻。驗之《中原音韻》,"鱣"恰屬先天,"占"恰屬廉纖,不爲例外。

其次,關於"(230)窒(只)"一條,根據前文的注音,"窒"爲臻攝入聲,但"只"字《廣韻》和《集韻》均無入聲讀法,《廣韻》此字只有平聲支韻"章移切"和上聲紙韻"諸氏切"二讀。("章移切"條內尚注有一"之爾切"又讀,此又讀實與"諸氏切"同音)。《集韻》的注音與《廣韻》相同。此例的韻母歸屬,即到底是入聲韻還是陰聲韻,需要考察。我們認爲,"只"字雖在《廣韻》和《集韻》中爲陰聲韻,但在《音圖》音注的音系中無疑應確認爲是入聲字。這一看法主要根據下列兩點:

1.《音圖》音注的韻母系統中明確保留着入聲,雖然-p、-t、-k尾的區別已經消失,但明顯保存着-ʔ尾,即存在着獨立的入聲韻母,說詳拙作《爾雅音圖》音注所反映的宋初四項韻母音變》,此處不贅。《音圖》入聲音注例頗多,基本上均是入聲字注入聲字,無陰聲注入聲字例。所以至少"只"字存在着入聲讀法的可能性。特別是如果我們同時考慮到見於同書《爾雅·釋天》的另一條"窒"字注音即上文的"(607)窒(執)",完全可以反證"只"字應讀入聲。

2. "只"字在《中原音韻》中被視爲與"質隻炙織騺汁"同音的入聲字,連同"只"字在內的這七個入聲字在《中原音韻》中作爲"入聲作上聲"派在齊微韻。據我們一時翻檢所及,在菉斐軒《詞林韻釋》、王文璧《中州音韻》中"只"字亦均作入聲處理,與《中原音韻》同,這絕非偶然。所以"只"字在中古有入聲一讀是確實無疑的,《音圖》的此條注音例亦可側面證明《中原音韻》"只"字讀入聲的情況。只是《廣韻》《集韻》失收而已。所以《音圖》此條應作爲入聲字處理。"只"字雖可定爲入聲,但在《音圖》中只是-ʔ尾,在《中原音韻》中與"只"字同音的其餘六字"雙織炙(-k)騺質

(-t)汁(-p)"是-p、-t、-k尾俱全,無從確定"只"字的原中古韻尾歸屬。本條"只"字韻母雖定爲入聲,但聲母仍從《廣韻》。

據此我們認爲《音圖》音注此型聲母的韻母分布基本與《中原》無異。

(二)《爾雅音圖》音注與《中原音韻》知$_=$/莊組相混情況比較

《音圖》音注的知$_=$/莊組互注共6例,佔總數38例的16%,數量比第一類減少了很多,這也是正常的,這種趨勢也與《中原音韻》中此型所佔的比例大致相當。《中原音韻》此型相混見于十二個韻部,其中獨見于皆來等四個韻部。與知$_=$/章組合見于魚模等八個韻部,詳見上表。雖然此型聲母韻部的分布數量與第一型基本相同,但由於具體的相混字例比前型減少了很多,總共只有6例,所以韻母的出現範圍也就很有限了,此6例分見于《音圖》的(1)效、(2)梗/曾、(3)江/宕入聲、(4)梗/曾入聲四攝,它們分別相當于《中原音韻》的蕭豪、庚青二部,完全符合它應該出現的韻部範圍。此型與《中原音韻》的情況完全一致,無須贅述。

(三)《爾雅音圖》音注與《中原音韻》知$_=$/章/莊組相混情況比較

先談一下《中原音韻》此型聲母的分布。根據前述蔣希文先生的研究,此型只見于東鍾部,但我們則認爲此型實還應包括《中原音韻》的支思部,雖然蔣先生認爲支思部的情況屬於另外一型,即莊/章組聲母相混。換言之,我們認爲蔣先生提出的《中原》莊/章組相混只見于支思韻、知/莊/章組相混只見于東鍾韻的區分有必要根據《音圖》音注的情況做一點修正。即我們認爲《中原音韻》這兩韻聲母的相混情況無別,也就是說在支思韻中同樣出現知$_=$/莊/章三組聲母的相混,並非只出現莊/章兩組聲母的相混而爲一獨立類型,雖然在《中原音韻》的東鍾韻中這三組聲母的相混情況特別是知$_=$組字的出現字數較多,而在支思韻中基本上只是莊/章兩組聲母相混,知$_=$組只出現了兩個字,即"胝"和"徵",但我們認爲也不應忽略,這可能是《中原音韻》的收字原則限制了知$_=$組在此韻的出現機會。根據《音圖》音注止A攝字的三組聲母互注情況,可知東鍾、支思這兩個韻部的聲母出現情況完全相同,所以把支思韻的莊/章組互混列爲獨立一型並無必要,應該與東鍾韻的聲母型合併,《中原》這三組聲母的相混情況概括成三型即可。下面我們再看一下《音圖》音注的情況。

《音圖》音注中知$_=$/莊/章三組聲母互注例見于止A和通兩個韻攝。根據《音圖》韻母的實際情況,我們把中古的止攝分爲A、B二類,蟹攝亦分爲A、B二類,止A攝約相當于《中原音韻》的支思部,止B和蟹B約相當于《中原音韻》的齊微部,蟹A攝約相當于《中原音韻》的皆來部。止A攝共有5例,通攝共有出現位置不同但同一注音情況的3例。二者一共有8例,約佔總數35例的23%。由於總字例少,所以其比例數顯得略大於《中原音韻》。如前所述,《中原音韻》此型聲母的韻母分布見於東鍾、支思二部,而《音圖》中除了個別例子需要專門討論外,亦恰爲通、止 A 二攝,與《中原音韻》的情況正好相應。

《音圖》通攝的"重(崇)"三條互注例,雖然只是知₃/莊組互注,未見包括章組的的互注例,應認爲是資料的限制所致,其韻母與《中原》的東鍾韻相當,無煩贅論。

《音圖》止 A 攝 5 例中的 4 例:(172)跱(止)、(296)滓(止)、(564)第(止)和(569)徵(止),其注音特點是都用"止"(章母)作注音字,而被注音字有跱(澄₃),滓徵(知₃)、第(莊)之別而已。由此可見《中原》支思韻的兩個知₃組字的出現當非偶然。

此外,我們列出了一條山母與書母互注的存疑例,即"(1043)黏(杉)"條。檢《爾雅·釋木》:"柀,黏"條下郭璞注云:"黏似松,生江南,可以爲船及棺材。作柱,埋之不腐。"顯然把"黏"視爲一種樹木。此條郝懿行《爾雅義疏》云:"宋本及《釋文》俱作黏,不成字,蓋黏字之誤。徐鉉作檆,亦非。段氏《説文注》依《爾雅》改作黏是也。按《後漢書·華佗傳》有'漆葉青黏散黏',亦不成字。注音女廉反,恐即黏字之誤也。《釋文》黏字或作杉,所咸反,郭音芟,又音纖。據陸音郭注,此即今杉木也。但《爾雅》作黏,似當依《後漢書》注作女廉反矣"。(《爾雅·廣雅·方言·釋名清疏四種合刊》,上海古籍出版社,1989 年,第 268 頁)。查《廣韻》"黏"字凡三見,一爲"他念切",義爲"火光";一爲"舒贍切",義爲"火行貌";一爲"胡甘切",義爲"火上昇貌"。此三義顯均本之《説文》。《説文》:"黏,火行也。從炎,佔聲。"大徐注音"舒贍切"。此義顯然與《爾雅》的"黏"義無涉。看來,"黏"應是"杉"的通假字,《釋文》"黏字或作杉"可以作證。換句話說,《音圖》此處爲以本字注假藉字之例,不能作山、書二母混注的例子看。

總之,我們認爲《音圖》的知₃/莊/章組聲母互注只限於通攝和止 A 攝,這與《中原音韻》的只限於東鍾韻和支思韻的情況完全一致,是無可置疑的。

(四)《爾雅音圖》止 B/B 攝合口與《中原音韻》齊微韻開合口中的知₃/章組

根據陸志韋和蔣希文二先生的分析,《中原音韻》齊微韻的知₃章組字開口與合口讀音不同,即開口字聲母仍同於知₃/章組,但合口字聲母應同於知₃/莊組,即合口的細音韻母已失去 i 介音。《音圖》此處只有合口例字(見上文知₃/章組相混例中的乙),其聲母當爲 tʂ 系。

由此看來,《音圖》和《中原音韻》的知莊章三組聲母的相混類型及其韻母分布十分一致,這是很值得漢語語音史研究者注意的。

最後我們對知、莊、章三組聲母在《音圖》的分合及其擬音從音位學的角度談一點看法。

從音位學的角度來看,我們認爲不能像某些學者那樣,只看到知、莊、章三組字在止攝(支思)、通攝(東鍾)等少數韻中合併,而忽視了它們在大多數韻中的不同音,換言之,我們認爲知₃/莊、知₃/章這兩類聲母在大多數韻中的不同音是其本質,至於在個別少數韻中的合而爲一,可以用現代音位學中的中立化(neutralization)理論來解釋，即某一音系中的音位區別功能，並不是在任何環境下都是如此，如果它在某種環境中失去其區別功能，也就是說被中立化了。據此，我們要站在多數情況的立場來解釋少數，不宜站在少數情況的立場來否定多數，這似乎也是音韻研究的一項基本原則。

應該指出，不管是《中原音韻》還是《音圖》音注，知二/莊組爲一類，知三/章組爲一類是知、莊、章三組聲母合流的主要表現，這兩組聲母所以會在止攝(支思部)和通攝(東鍾部)這兩個特定韻攝中發生知/莊/章三組併爲一類的所謂中立化現象，是有其內部原因的，這個內部原因，我們認爲出在它們的韻母結構上，即知三/章組只與細音韻母結合，知二/莊組只與洪音韻母結合。在《中原音韻》和《音圖》的止攝(支思)與通攝(東鍾)二韻類中，應認爲這三組聲母原來也是洪細兩配的，後來大概由於細音韻母的 i 韻頭消失或消變成爲洪音，導致與細音相配的知三/章和與洪音相配的知二/莊合流，所以才出現了這種特定環境下的中立化現象。這還有待進一步的研究。

關於《音圖》這兩類聲母的讀音，與《中原音韻》的情況一樣，我們同意蔣希文先生根據現代贛榆方言對它們的擬音，即知二/莊組是 tʂ、tʂ'、ʂ 與洪音韻母相配。知三/章組是 tɕ、tɕ'、ɕ 與細音韻母相配，在止 A 攝和通攝的知/莊/章三組聲母是 tʂ、tʂ'、ʂ，在止 B/蟹 B 攝合口的知三/章組爲 tʂ、tʂ'、ʂ。

最後，我們強調一下《音圖》的這兩套聲母及其讀音不宜用音位學中的互補分布理論把它們合併成一套聲母。因爲根據現代方言的啓示，可知把它們合併爲一套聲母既不符合當時當地人的音感，也不符合語音相似性原則。認爲在宋代的官話音系中知、莊、章三組聲母已經完全合而爲一的看法是不可信的。

本文載《漢字文化》1994 年 3 期，第 24—32 頁轉 23 頁。

"漦"字今讀考

——兼論《切韻》音系中俟母的來源與演變

現代出版的各種帶有注音的工具書或古籍注本,據我所見,對於"漦"字的注音主要共有兩種:絕大多數作 lí,即與"离"等字同音;少數作 chí 或 cí,,即與"池"或"詞"等字同音,其注音的根據均是《廣韻》的"俟甾切"。我認爲根據這個反切把"漦"字的今音定作 lí 或 chí 或 cí 都是錯誤的,亟應改正。"漦"字的正確今音應是 sī,即與"斯"等字同音。現根據有關資料,對此字音讀的源流本末試作疏證,以求教於各位同行學者。

"漦"字比較罕見,一般的中小型工具書多不收錄。根據筆者翻檢所及,下列十部工具書和古籍注本中收錄了"漦"字,並加注了標音,它們是:1.《漢語詞典》(中國大辭典編纂處編,商務印書館,1957);2.《辭海》(上海辭書出版社,1979);3.《廣韻四聲韻字今音表》(周祖謨,中華書局,1980);4.《現代漢語詞典》(中國社會科學院語言研究所詞典編輯室編,商務印書館,1983年1月第2版);5.《漢字古音手冊》(郭錫良,北京大學出版社,1986);6.《爾雅今注》(徐朝華注,南開大學出版社,1987);7.《辭源》(修訂本,1—4合訂本,商務印書館,1988);8.《史記索引》(李曉光、李波主編,中國廣播電視出版社,1989);9.《中文大辭典》(台灣,1968);10.《漢語大字典》(三)(四川辭書出版社、湖北辭書出版社,1988)。以上諸書,有的把"漦"字標音作 lí,有的把"漦"字標音作 chí 或 cí,現把這幾部書的注音、注音根據、釋義和書證出處一一表列如下,以做下文討論的基礎。有的項目原書缺者本表一律寫"無",個別書的書證因本文篇幅限制,只擇其要者,故對原文略有刪減。

表1 當代工具書和古籍注本"漦"字注音釋義一覽表

詞典名稱	注音	注音根據	釋義	書證
漢語詞典 (298頁)	lí	無	①涎沫 ②順流	無
辭海 (4697頁)	lí	無	①涎沫	《國語·鄭語》:"卜請其漦而藏之,吉。"韋昭注:"漦,龍所吐沫。"

(續表)

漢字古音手冊(83頁)	lí	《廣韻》:"俟甾切。"	無	無
廣韻四聲韻字今音表(12頁)	cí (chí)	《廣韻》:"俟甾切。"	無	無
現代漢語詞典(142頁)	chí	無	＜书＞涎沫	無
爾雅今注(129頁)	lí	無	①涎沫	《爾雅·釋言》:"漦,盝也。"郭注:"漉漉出涎沫。"《國語·鄭語》:"卜請其漦而藏之。"韋昭注:"漦,龍所吐沫。"
辭源(1017頁)	lí	《廣韻》:"俟甾切"。	①涎沫 ②順流	《國語·鄭語》:"卜請其漦而藏之,吉。"注:"漦,龍所吐沫。"《爾雅·釋言》:"漦,盝也。"清郝懿行《義疏》:"盝者,與漉同,滲也。"《說文》:"漦,順流也。"
史記索引(1131頁)	lí	無	無	卜請其漦而藏之,147-4;漦化爲玄黿,147-6;漦流于庭,147-6;龍亡而漦在,147-4。
中文大辭典(第二十冊,118頁)	chí	《廣韻》《集韻》《韻會》:"俟甾切。"	①順流也②盝也 ③龍所吐沫也 ④血也⑤水名	書證從略
漢語大字典(三,1711頁)	chí	《廣韻》:"俟甾切。"	①滲流。②魚或龍的涎沫。③古水名。	《爾雅·釋言》:"漦,盝也。"《說文·水部》:"漦,順流也。"《廣雅·釋詁二》:"漦,溼也。"《廣韻·之韻》:"漦,涎沫也。"《國語·鄭語》:"夏後卜殺之與去之與止之,莫吉;卜請其漦而藏之,吉。"韋昭注:"龍所吐沫,龍之精氣也。"《說文·水部》:"漦,水名。"朱駿聲《通訓定聲》:"陝西乾州武功縣南有古漦城,疑其地有漦水。"

以上注音，雖然都根據的是《廣韻》的"俟甾切"，但竟有 lí、chí、cí 三種分歧注音，顯然不是一個簡單的疏忽問題。我們認爲這種分歧，或因爲是某種錯誤的類推，或因爲是未顧及實際讀音而僅只是對古反切的機械折合，均未能找到近代文獻與現代方言該字具體讀音的直接證據，所以才導致了以上的注音疏誤。

表面上看來，根據"漦"字的《廣韻》反切"俟甾切"，今音即當取切上字"俟"的今音聲母(s-)，取切下字"甾"的韻母和聲調(-ī)，然後把二者拼讀而成，即此字今音爲 sī，本是順理成章之事。但上述幾部工具書的編纂者所以未把"漦"字定爲 sī 而定爲 lí、chí、或 cí，顯然不是未考慮到這個反切的今音折合問題，無疑是有更深一層的考慮，據我不完全的分析，恐怕有這樣幾個原因：

1. 沿用傳統字典的舊注音（如 1957 年出版的《漢語詞典》的注音爲 lí），未做進一步的深層探源工作。

2. 據"釐嫠犛氂斄嫠"等今音讀 lí 之字類推而定"漦"爲 lí。但以上諸字的《廣韻》反切是"里之切"，與"漦"字的反切並不相同，而它們的共同所屬聲符"斄"（許其切）又是中古曉母字，並不是來母字。

3. "漦"字的中古音聲母問題和音變方向問題均比較複雜，無論是定爲俟母（禪二）之韻還是崇母之韻，對這個聲母的今音演變規律，即假如讀捲舌音的話，是讀捲舌清擦音還是捲舌清塞擦音，是清塞擦音的話，是送氣音還是不送氣音，沒有絕對的把握；而且對少數莊組字讀成精組字的音變現象也還缺乏深入的研究，不排除該字聲母還有讀成舌尖塞擦音或擦音的可能性。故此字的今音不能簡單地根據反切折合而定。因而暫時採取了一般性的處理方法而定爲 chí 或 cí。

以上這三條原因不是平列的。我們認爲第三條是主要原因，第二條是次要原因，第一條是據此而採取的一種簡便措施。所以，要想使"漦"字的今音問題得到徹底解決，必須綜合各種有關資料，作進一步的深入探討，從根本上加以解決。而隨着近年漢語音韻研究的深入和新資料的發現，已使"漦"字讀音問題的解決成爲可能。

現在，我們先檢查一下"漦"字的文獻出處及意義，然後再討論此字的讀音。

"漦"字的較早文獻出處見於下列四種古籍，即《國語》《爾雅》《史記》和《說文》。看來此字在先秦至晚在兩漢就已存在。他們的原文以及前人的音釋如下：

1.《國語·鄭語》："卜請其而漦藏之，吉。"韋昭注："漦，龍所吐沫。"

2.《爾雅·釋言》："漦，盝也。"郭璞注："灑灑出涎沫。"

3.《史記·周本紀》："卜請其而漦而藏之""漦化爲玄黿""漦流于庭""龍亡而漦在"。（凡四見）

4.《說文》："漦，順流也。一曰水名。從水，斄聲。"大徐："俟甾切。"

綜合以上文獻，我們可以看出"漦"字的意義比較明確，即此字大約有三個義項：①涎沫；②順流；③水名。這三個義項之間似有某種聯繫，可能第一個義項是其本義，後兩個義項是其引申義。這裏略微解釋一下《爾雅》的"盝"與郭璞注的"灑"的關係。《爾雅·釋言》："漦，盝也"，郭璞注："灑灑出涎沫。"郭注的意思是盝與灑爲通假字關係,漉是本字,盝是借字。盝從彔得聲,漉從鹿得聲,彔鹿《廣韻》同爲盧谷切,上古音並爲來母屋部字,王力先生擬音作lŏk。古籍中從"鹿"得聲之字與從"彔"得聲之字恆見通假,如簏/箓、盝/麓、麓/錄、漉/漉、灑/灑、轆/轣、蹼/踖、摝/摝、鱳/鑢、轆/轆等,並見多種古籍文獻,書證文繁不再舉例說明。①"漦"字的釋義問題。因非本文論述重點,不再贅述。

下面我們來討論一下此字的讀音問題。

我們首先看一下"漦"字的聲母在《切韻》音系中的地位。有代表性的早期《切韻》係韻書《切三》《王三》中"漦"字及其切上字"俟"字的反切與《廣韻》有異,這種歧異,關係甚大,請先看下表:

表2

	切三	王三	廣韻
漦	俟之反	俟甾反	俟甾切
俟	漦史反	漦史反	床史切

以上三種韻書的"漦俟"二字反切,《切三》和《王三》二書代表一種情況,《廣韻》的反切則代表另一種情況。自清陳澧以來的《切韻》音系研究者針對這兩種情況也就出現了兩種不同的處理方案,因之也就有了兩種不同的聲母擬音。多數學者根據《廣韻》反切,即因爲"俟"字是"床史切",而"床"字屬"崇"母,故均把"漦俟"二字歸入崇母之內,崇母的擬音一般爲[dʐ]或[dʒ]。少數學者根據《切三》和《王三》則認爲上述的處理方法未妥,此派學者認爲"漦""俟"兩個小韻自相繫聯,應成爲一個獨立的聲母,名稱定爲"俟"母或稱爲"禪二"母,擬音一般爲[ʒ]或[ʐ]。此派學者的根據有這樣三點理由:(1)《切三》《王三》和《廣韻》里"漦、俟"和"崇"母的"茌、士"對立;(注意:"茌"係"士之切"、今音 chí,見地名"茌平縣";與"鉏加切",今音 chá,義爲"豆茌、麥茌"的"茌"不同);(2)等韻圖把"漦、俟"置于禪母二等的地位;(3)廣州話中"士、俟"兩字有分別:士讀[ʃi],俟讀[tʃi],意即《切韻》音系的"漦俟"兩個小韻並沒有和崇母合併,證明《廣韻》"俟"小韻的切上字當有誤,也就是說切上字不應是"床"而應是"漦"。②我們贊同這後一派學者的意見,即認爲"漦俟"二字屬於一個獨立的聲母,即"俟"母。此外,我們認爲除了尚有下文要提到的"漦俟"二字的方言今讀和古文獻直音的證據可以說明此說可信之外,還有一個原因促使我們相信此說。我們知道,一般來說,韻書作者所擇定的反切上下字,均應爲常見字、易識字、一音字(《切韻》一書中雖有個別例外,但終究是極少數),以此才能起到反切的作用,也就是說才便于一般人拼讀,"漦"字相當冷僻(從上文可知,僅見于四種較古文獻),但常見字"俟"字的注音卻選擇了"漦"這樣一個冷僻字作爲反切上字,絕非偶然,一定有它

---

① 見王顯:《異文古讀彙編》(未刊稿本)。承王先生提供這些資料,謹致謝意。
② 邵榮芬:《切韻研究》,中國社會科學出版社,1982年,第39—41頁。李榮:《切韻音系》,科學出版社,1956年,第92、93頁。

無法迴避的勢不得已的原因,而俟母存在的説法表明正是因爲這個聲母只有"漦""俟"兩個小韻,而"漦"小韻又没有其他同音字可供選擇,所以注音者不得不使用"漦"字作爲"俟"的切上字,這就是僻字"漦"作爲反切上字的原因所在,我認爲這是最合乎情理的解釋。至於俟母只有兩個小韻也並不值得奇怪,因爲在一個音系中每個音位的出現頻率並不一樣,有的聲母字多,有的聲母字少,是很自然的現象,無需因爲字少而懷疑這個聲母存在的可能性。不過,俟母出現的範圍看來很有限制,在整個《切韻》音系中只見於之韻的平、上聲,這種奇怪的分布倒是很值得漢語語音史研究者深入思考的一個問題。

但是我們認爲這兩個小韻當屬俟母的看法並不能代表字典審音人的看法,除了定音爲 lí 的看法本文最後再討論外,顯然,把"漦"字定音爲 chí 或 cí 的人都是把此字當作崇母看待的。

從古今音變規律上看,"漦"字如果屬崇母,中古音爲[dʒ]或[dz̠],它演變爲今音的規律比較複雜,根據目前的研究結果,一般讀舌尖後塞擦音,平聲今音送氣,如"鉏"chú,仄聲(上去入)今音不送氣,如"助"zhù,但有少數崇母字今讀擦音,如"士柿事"今讀 shì,但這只限于仄聲字,且只限于止攝。① 所以據此規律確定"漦"的今音,因爲崇母是濁聲母,如果今讀塞擦音的話,又是平聲字,應讀陽平送氣音 chí,我們推測這大概就是字典審音者把此字定音爲 chí 的原因。

但問題並不如此簡單,我們知道,中古知、莊組字在今普通話里,多數字讀舌尖後音 zh、ch、sh,少數字例外,讀同精組 z、c、s。有人統計《古今字音對照手册》和《現代漢語詞典》二書中普通話的這部分例外字有 72 個,其中 67 個字是莊組字,5 個字是知組二等字,"俟"字就見于這種例外音變。② 所以並不能排除"漦"字讀同精組的可能性。前引周祖謨先生《廣韻四聲韻字今音表》定"漦"字又可讀 cí,大概即出于此種考慮。關於少數莊組字讀同精組這種例外音變的條件和原因還有待進一步的研究。日本學者岩田禮先生注意到這些讀同精組的莊組字在等韻系統中均屬"内轉",此一音變係受江淮官話的影響所致,其説可供參考。③

綜上所述,"崇"母的今音讀法可表列如下:

由於"俟"是仄聲止攝字,故理論上可有[tʂ]、[ʂ]、[ts]、[s]四種讀法,但今實際讀音是[s-];而"漦"字是平聲字,其聲母似乎只能有[tsʻ]、[tʂʻ-]兩種讀法。所以今之學者把"漦"字定爲讀 chí 或 cí 不爲無據。不過,總的來説,這只是一種理論上的推測,並無實際今讀的證據,而且是把"漦"字當作崇母看待的。

如果把"漦俟"二小韻視爲"俟"母字,問題的複雜性並不因此而減少,至少應把

---

① 王力:《漢語史稿》(上册),中華書局,1980 年,第 116—117 頁;丁聲樹、李榮:《漢語音韻講義》,上海教育出版社,1984 年,第 5 頁;曹正義:《中古的崇、船、禪與現代的 tʂ、tʂʻ、ʂ》,《山東大學學報》1963 年第 1 期,第 81—85 頁。

② 張衛東:《論中古知照系部分字今讀同精組》《深圳大學學報》1984 年(創刊號),第 109—116 頁。

③ 岩田禮:《論舌齒音二等聲母的非捲舌化》,《中國語學》,1978 年,第 225 頁。

表 3　崇母今音讀表

崇母＼條件	平聲	仄声	
多數字	tʂ'	tʂ	ʂ（止攝）
少數字	ts'	ts	s（止攝）

它與其他中古濁擦音聲母同等看待。特別是由於該聲母字數太少和"漦"字十分冷僻，對俟母的今音演變規律，無疑更是個未知數。但由於這個聲母只見于止攝之韻，韻母的出現範圍很有限制，問題可能相對簡單一些。這是我們的最初考慮。

由於我們下文對"漦"字今讀音的確定不是從音變規律的角度做理論上的今讀"推測"，而是從反映該字今讀的方言讀音和近代漢語的音注文獻上直接得出"漦"字的今音，並再據此從反面印證俟母的今讀規律，所以對詞典編纂學和漢語語音史研究都有意義。前之學者因爲資料的限制未能解決"漦"的今讀問題，因而也就不可能對俟母的演變加以進一步的探討，所以董同龢先生就説："俟母只仄聲的'俟'現在還用，讀[ʂɻ⁵¹]；平聲的'漦'讀法不詳"。①

我們認爲"漦"的今音應定爲 sī，與"斯"同音。主要根據這樣三點：1.有古音義書的直音作直接證據；2.與現代漢語方言此字的讀音反映一致；3.與反切拼讀規律相符。現分別解釋如下：

1.《爾雅音圖》（以下簡稱《音圖》）音注注"漦"字音"斯"。② 按《音圖》現存清嘉慶六年南城曾燠"藝學軒"影宋繪圖本。此書有《圖》有《注》，《注》後有《音》。《注》爲郭璞注無疑，但《圖》和《音》均未署作者。該書卷首載有曾燠于嘉慶六年（1801）所寫的《叙》。曾《叙》認爲《圖》爲宋元人所繪，其《音》，則確定地認爲係採自後蜀毋昭裔的《音略》。清代著名學者孫星衍（1753—1818）在看了原書後也持此見解。孫氏在《廉石居藏書記》内編卷上記《爾雅音圖四卷》一條中說："右爾雅音圖四卷，本三卷，大版，十二行，廿字。卷上，自釋詁至釋親，四篇，有音無圖；卷中，自釋宫至釋水，八篇；卷下前，自釋草至釋蟲，三篇；卷下後，自釋魚至釋畜，四篇，皆有音圖。按郭璞圖亡于梁，後有江灌圖，毋昭裔音略，此本當即江灌圖昭音也。圖亦宋元人手筆，朱緑如新。今于曾轉運署見此，因屬姚君之麟重摹刊版。"③ 據研究，此書所附的注音非郭璞音確然無疑。但是否就是毋昭裔音，因爲沒有其他更爲直接的證據，曾、孫二氏所説不一定就是定論。但在沒有其他反證出現之前，暫從此説也未爲不可。毋昭裔爲後蜀著名學者，河中龍門人，著有《爾雅音略》三卷，《宋史》和《宋史新編》有其傳

---

① 董同龢：《漢語音韻學》，（台灣）學生書局，1968 年，第 214 頁。
② 《爾雅音圖》卷上，中國書店，1985 年，第 11 頁。該本系據光緒十年（1884）上海同文書局本影印。
③ 孫星衍撰、陳寶彝編：《廉石居藏書記》（內外編），《叢書集成·初編》刊本，商務印書館，1936 年，第 4 頁。此本系據《式訓堂叢書》本排印。

記。退一步説，此書既爲"影宋本"，所以即使不是毋昭裔的注音，其音注時代也不會晚于宋。此書注音的特點是：一字一音，全是直音，沒有反切，全書共有注音 1583 條。完全採用直音這種注音方式就説明其音不可能是襲自傳統韻書，而直接反映了當時作者的口語。綜觀全書音注，可知注音者的音系性質明顯是一近代漢語官話體系。《爾雅音圖》音注這份資料尚未得到充分的認識和利用，實是研究近代漢語語音史的一份重要文獻。所以此書注《爾雅·釋言》的"漦"音"斯"對於我們確定"漦"的今音有着直接的其他文獻無法替代的音韻價值。[1] 按"斯"字《廣韻》息移切，爲止攝開口三等平聲支韻心紐，"漦"字俟甾切，爲止攝開口三等平聲之韻俟紐。在《爾雅音圖》音注系統中中古的止攝諸韻已經合流，濁音聲母已經清化，是俟母讀同心母。

2. "漦"字聲母在部分現代吳語、徽語和湘方言中讀舌尖濁擦音[z-]或清擦音[s-]，聲調是陽平，表明此字是濁聲母，而且讀音同精組。此字韻母各方言都是[-ɿ]。李榮先生在《〈切韻〉與方言》中說："《切三》之韻：'漦，延（涎）沫，俟之反。'《王韻》俟淄反，《廣韻》俟甾切，音同。'漦'字的音韻地位是'禪二等母之韻'（參看拙著《切韻音系》1956 年新版，第 92、93、127 頁）是確定的。《爾雅·釋言》：'漦，盝也。'郭注'瀝瀝出涎沫。'《説文》'漦'字段注：'《國語》、《史記》："龍漦"，韋昭曰："漦，龍所吐沫"。''漦'字的意思也是明白的，就是口水。不過這個字在現代方言裏的地位還需要探討。浙江溫嶺、溫州，安徽屯溪、休寧，湖南耒陽，這五處水蛭（螞蟥）的叫名一致，爲我們提供了線索。水蛭溫嶺叫[ʔmo⁴²₅₅ zɿ³¹]，溫州叫[mo²⁴₃₁ zɿ³¹]，以音義求之，説是'馬漦'聲韻調都符合，那就是説水蛭是由馬的口水變成的。水蛭耒陽叫'馬時蟲'[ma³¹·sɿ 5 'ioŋ³⁵]（《湘潭大學學報·1983 增刊·湖南方言專輯》，第 146 頁，鍾隆林文），'時'字就是'漦'字。有位皖南的朋友告訴我，水蛭屯溪、休寧都叫'馬塒'，這個'蟲'旁'時'也就是'漦'字。因爲這三處方言之韻照莊和照章兩組聲母字沒有分別。又溫州'泥螺'叫'泥漦'[ȵi³¹₁₃ zɿ³¹₁₁]。大概是因爲泥螺這種軟體動物涎沫特多，所以叫泥漦。"[2] 我們認爲，一般來説這種對方言本字的考證工作只是一種推測，並不能認爲就是"漦"字現代讀音的直接證據。所以對上述方言中[zɿ][sɿ]音節的本字推定，如無《爾雅音圖》音注的"漦"音"斯"做旁證，其可信度一定要受影響。而有了《爾雅音圖》音注這一最爲直接的歷史文獻證據，就可以證明這條方言本字的考證是完全可以成立的，並且是完全可以信賴的了。由此看來，上述幾個方言讀"漦"字爲[zɿ]或[sɿ]，聲調是陽平（耒陽讀輕聲不計）。

3. "漦"字《廣韻》俟甾切，根據前面所説的反切拼讀原則，"漦"音[sɿ]亦與上述證據相合。

綜合以上資料，我們可以肯定"漦"字今音應定爲 sī [sɿ⁵⁵]，聲母是[s-]，韻母是[-ɿ]，聲調是陰平。按照原來的音變規律，此字本應讀陽平，但因爲現代北京話音系

---

[1] 參馮蒸：《〈爾雅音圖〉音注所反映的宋初零聲母》，《漢字文化》1991 年第 1 期，第 29—36 頁；《〈爾雅音圖〉音注所反映的宋代濁音清化》，《語文研究》1991 年第 2 期，第 21—29 頁。

[2] 李榮：《語文論衡》，商務印書館，1985 年，第 42 頁。

中[sʅ]音節沒有讀陽平的,所以改讀陰平。

由此看來,中古俟母的今音反映是 s-,仄聲的"俟"讀 sì,平聲的"漦"讀 sī。"漦"字今音的解決也有助於我們進一步確定中古俟母在《切韻》音系中存在的可信性。"漦俟"如果屬崇母,其中古音聲母當今學者一般定爲[dʒ]或[dʐ],是舌葉或捲舌濁塞擦音;如果屬俟母,其中古音聲母一般定爲[ʒ]或[ʐ],是舌葉或捲舌濁擦音。從上引方言證據和文獻證據"漦"字讀舌尖濁擦音[z]或清擦音[s]來看,顯然定爲俟母較妥,因爲[ʒ]或[ʐ]>[z](>[s])是很自然的音變,而[dʒ]或[dʐ]>[z](>[s])則否。

《切韻》系韻書的讀音無疑是一種規範化的讀音,很可能是一種有代表性的方言讀音(如洛陽話),我們今天字典辭書的注音也是根據此系韻書的音切而定其今音。但是此字在《切韻》系韻書以外的其他注音資料中,又出現了其他一些讀法。邵榮芬教授在《切韻研究》一書中在討論了《切三》《王三》和《廣韻》的俟母讀法後,又討論了慧琳《一切經音義》(788—810)以前《切韻》系韻書以外各家音切俟母音讀的三種情況。本文因爲專論"漦"字,故對邵先生的分類又做了若干改動,在與《集韻》所收"漦"字音切對照的基礎上,把"漦"字的讀音又細分成了如下八類,現列表如下:

表4　漦字讀音分類表

	中唐以前《切韻》系韻書以外各家"漦"字音切	《集韻》"漦"字音切及釋義
第一類 俟母讀法	(1)俟淄反(何超《晉書音義》) (2)俟其反(何超《晉書音義》引《史記音》)	(1)俟淄切(《説文》順流也。一曰水名。一曰盝也。一曰次流出貌。文二。)
第二類 崇母讀法	(1)士其反(陸德明《經典釋文》) (2)仕其反(同上) (3)士宜反(曹憲《博雅音》) (4)士疑反(同上)(筆者按:此處切下字"疑"字疑爲"其"的形誤。) (5)牀緇反(參張《五經文字》)	
第三類 書母讀法	(1)屍醫反(陸德明《經典釋文》)	
第四類 徹母讀法	(1)丑之反(郭璞《爾雅音》;顏師古《漢書》注) (2)鄭氏音牛齝之齝(顏師古《漢書》注) (3)勑之反(曹憲《博雅音》)	(1)超之切(《博雅》:"濫也。一曰龍吐沫。")
第五類 昌母讀法		(1)充之切(流涎也)

第六類 疑母讀法	(1)五之反(吕忱《字林》)(筆者按:此處的切上字"五"疑爲"丑"的形誤) (2)牛齝反(郭璞《爾雅音》)	(1)魚其切(《爾雅》:"盠也"。)
第七類 來母讀法	(1)呂其反(陸德明《經典釋文》)	(1)陵之切(《爾雅》:"盠也")
第八類 見母讀法		(1)巾之切(沫也)

　　前面我們説過,《切韻》系韻書所代表的"氂"字的俟母讀音恐怕是當時的一種規範化的標準音,也可能是某一種有影響的方言讀音。上表所列的俟母以外的其他讀音恐多是非規範化讀音。這些非規範化讀音的來源非常複雜,是否有其更深刻的原因,尚待進一步研究。對於這些非俟母讀法,邵榮芬先生曾推測俟母的喉牙音讀法反映了它的上古音來源,其徹母讀法"大概都是個別經師的個別讀法",其崇母讀法是俟母的一種後代音變。① 還有幾種讀法,邵先生著作中沒有涉及。在我看來,至少"疑母讀法"一類基本上可以肯定是誤讀,因爲此中郭璞《爾雅音》的"牛齝反"當是徹母讀法中顔師古《漢書》注所引的"鄭氏音牛齝之齝"的錯簡;而吕忱《字林》的"五之反"的"五"極可能是"醜"的形誤。所以"疑母讀法"一類當撤銷與"徹母讀法"類合併。其餘限于篇幅,不再贅述。下面我們想簡單討論一下前述幾種字辭典中把"氂"字定音爲 lí 和上表第七類來母讀法的問題。

　　前文所引的十種工具書及古籍注本中有六種把"氂"字注音爲 lí,我認爲這種注音至少有下列三點不妥:

　　1. 定音爲 lí 如果是根據《經典釋文》的"呂其反"或《集韻》的"陵之切"這一來母讀法,本亦無可非議,但這顯然與字典辭書的注音依據原則不合,因爲一般字典辭書的注音根據均稱是根據《廣韻》的反切。

　　2. 如果定音確係根據《切韻》系韻書的"氂"字反切"俟甾切",那麼這條反切無論如何得不出 lí 這個音來。

　　3. "氂"字的來母讀法雖見于《經典釋文》和《集韻》等較早文獻,但我認爲這其實都是一種錯誤讀法。因爲它仍是對《爾雅》的"氂"字進行注音,其意義仍是"盠也"。而此義顯然是《廣韻》的"俟甾切"一讀所專。《經典釋文》《集韻》所記錄的這一來母讀法蓋是經師誤讀無疑。其因約如本文前面所述系據"鳌"等字讀 lí 而誤類推所致。《集韻》編者未加深考而收録,實不足爲據。但此讀看來影響頗大,不只是對現代辭書注音有影響,在清代刊刻的無名氏所撰《爾雅直音》一書(卷首有光緒六年

---

① 邵榮芬:《切韻研究》,中國社會科學出版社,1982年,第39—41頁。李榮:《切韻音系》,科學出版社,1956年,第92、93頁。

王祖源所撰的《重刻爾雅直音序》)中亦注"謉"音"鼇",可見一斑。①

　　以上對"謉"字諸種讀法的討論都是限制在《廣韻》的之韻讀法範圍之內。此字在《集韻》中尚有哈韻和山韻的讀法,乃地名讀音,與本文所論"謉"字的意義無關,兹不贅論。

　　綜上所述,我們認爲只要是根據《切韻》系韻書的反切,只要是前文所提到的那三個義項,"謉"字的今音就應定爲 sī,把"謉"音定爲 lí、chí 或 cí 的讀法都是不正確的。這雖然只是一個單字的讀音問題,但也是多年來一直未能解決的一個難題。這個問題的合理解決,對於我們提高大型工具書的編撰質量,無疑有積極意義,對於研究《切韻》音系中俟母的地位及其演變,也有重要意義。它同時也説明了字辭典的審音工作與漢語音韻學的深入研究實密不可分,即須廣泛參證有關音注資料和方言讀音,而絶不是僅僅根據反切折合法就能把問題解決的。

　　載《漢字文化》1991 年,第 2 期,第 42—49 頁[署名楊義];轉載於人大複印報刊資料 H1《語言文學》1991 年 12 期。

---

　　①《爾雅直音》,《叢書集成·初編》刊本,商務印書館,1936 年,第 16 頁。此本係據《天壤閣叢書》本影印。

《爾雅音圖》音注所反映的
宋初零聲母
—— 兼论中古影、云、以母的音值

零聲母的擴大是近代漢語的重要語音特徵之一,[①]在漢語語音演變史上也佔有重要地位。現代漢語普通話的零聲母包括有中古音的云(喻$_三$)、以(喻$_四$)、影、疑、微及個別日母字。但這樣大範圍的零聲母無疑是在長時間內逐漸形成的,它們在合流的過程中也有個層次問題。王力先生在《漢語史稿》中根據有關歷史音韻資料把這項音變大致概括成三個歷史階段,略如下表[②]:

表 1　零聲母形成層次表

階段	音變名稱	合流時間	資料根據	備　注
第一階段	云/以的合流	10世紀	守溫字母	
第二階段	疑母的消失	14世紀	中原音韻	原書只提到疑母合喻母相混,因爲還有疑母影母相混的情況故名稱列爲"疑母的消失"。
	影/喻的相混	14世紀	中原音韻	限于上聲和去聲。
第三階段	微/喻/疑的合流	17世紀	五方元音	間雜有幾個日母字,如"耳、二"等。原書此項音變名稱未提到疑母。

筆者近來研究《爾雅音圖》一書的音注,發現這項資料可以補正王先生的上述説法。

《爾雅音圖》系清嘉慶六年曾燠"藝學軒"復影宋繪圖本。此書一般的古籍目錄均僅題作"三卷,晉郭璞注",故多爲音韻研究者所忽略。此書有《圖》有《注》,《注》後有《音》。《注》爲郭璞注無疑,但《圖》和《音》均未署作者。該書卷首載有南城曾燠於嘉慶六年(1801)所寫的《叙》。曾《叙》認爲《圖》爲宋元人所繪,其《音》,則確定地認

[①] 王力先生認爲近代漢語語音特徵共有三點:(1)全濁聲母在北方話裏的消失;(2)-m尾韻在北方話裏的消失;(3)入聲在北方話裏的消失。見王力《漢語史稿》(上冊),中華書局,1980年,第35頁。筆者認爲此種説法尚可補充,還應增加若干條語音特徵,而零聲母的擴大形成即是其中之一,而且把近代漢語的上限定在13世紀似乎也嫌太晚,説均另詳。

[②] 見《漢語史稿》(上冊),第130—131頁。

爲系採自後蜀毋昭裔的《音略》。

經筆者核對,此書所附的注音非郭璞音確實無疑。是否就是毋昭裔音,因爲缺乏其他更爲直接的證據,曾氏所説不一定就是定論。但在没有其他反證出現之前,暫從曾説也未爲不可。故本文暫從曾氏的説法,定爲毋昭裔音。毋昭裔爲後蜀著名學者,河中龍門人。著有《爾雅音略》三卷。《宋史》和《宋史新編》有其傳記。《宋人傳記資料索引》説:"毋昭裔,河中龍門人,守素(921—973)父。博學有才名。孟知祥擢爲御史中丞。昶立,拜中書侍郎同平章事,累進左僕射,以太子太師致仕。性嗜藏書,酷好古文,精經術,嘗按雍都舊本九經,命張德昭書之,刻石于成都學宫。又令門人句中正,孫逢吉書《文選》《初學記》《白氏六帖》,刻版行之。著有《爾雅音略》(宋史479/20下;宋史新編1901/45下)。"[1] 退一步説,此書既爲"影宋本",所以即使不是毋昭裔的注音,其音注時代也不會晚于宋。

此書注音的特點是:一字一音,全是直音,没有反切。全書共有注音1583條。完全採用直音這種注音方式就説明其音不可能是襲自傳統韻書,而直接反映了當時作者的口語。在這1583條音注中,從《廣韻》音系的角度看,同音互注例1063條,約佔總數的67%,在其餘的520條非同音音注條目中,云、以、影、疑四聲母的互爲注音共有28例,對於我們研究宋初的零聲母,無疑提供了十分珍貴的資料。

這28例注音可以分成下列四種情况,現分别舉證説明如下。

(一)云母/以母相混(11例):

(46)隕(允)[2]	隕殞:	于敏切	jǐwěn	臻合三上軫云
(47)殞(允)	允:	余準切	jǔen	臻合三上準以
(162)饁(葉)	饁:	筠輒切	jǐɛp	咸開三入葉云
	葉(叶):	與涉切	jǐɛp	咸開三入葉以[3]
(264)遺(位)	遺:	以醉切	jwi	止合三去至以

---

[1] 昌彼得等編:《宋人傳記資料索引》,中華書局,1988年,第397頁。

[2] 本文所據的《爾雅音圖》一書系北京市中國書店1985年3月第1版影印本。該本系清光緒十年上海同文書局影印本。本文引例的體例是,先列出條目,再列出音韻地位。條目格式例如:"(46)隕(允)","(46)"是《爾雅音圖》一書的音注字順序編號,"隕"是《爾雅》原文的被注音字,"(允)"是毋昭裔所注的直音。注音字和被注音字後附的反切和中古標字音均依郭錫良先生《漢字古音手册》(北京大學出版社,1986)。郭書的古音系統和標音系採用王力先生《漢語史稿》上册修訂本的意見,但王力中古擬音體系云、以同音,與一般的中古音結論不合,筆者不敢苟同,今姑仍其舊。郭書所注的反切是《廣韻》的反切。標音後面的漢字古音地位説明依次是攝、開合口、等、聲調、韻部、聲母,此項我們未從郭書,而從《古今字音對照手册》(丁聲樹編録,中華書局,1981年)。又郭書中的"余"母本文改稱作"以"母。

[3] 此(162)例毋昭裔注音字是"葉"。按《廣韻》《集韻》之"葉"與"協"同音,胡頰切,爲咸開四入帖匣。但從《爾雅音圖》全書音注規律來看,"叶"當爲"葉"的簡體字,故以"葉"的音韻地位與"饁"作比較。不作爲云(喻三)/匣互注關係處理。看來此例還可爲"葉"字係"叶"字的簡化字的出現時期提供一個早期例證。

	位：	于愧切	jwi	止合三去至云
(1029)笲(葦)	笲：	羊捶切	jĭwe	止合三上至以
	葦：	于鬼切	jĭwəi	止合三上尾云
(1031)菌(允)	菌：	于敏切	jĭwěn	臻合三上軫云
	允：	余準切	jĭuěn	臻合三上準以
(1344)鴞(遙)	鴞：	于嬌切	jĭɛu	效開三平宵云
	遙：	餘昭切	jĭɛu	效開三平宵以
(1409)鳶(員)	鳶：	與專切	jĭwɛn	山合三平仙以
	員：	王權切	jĭwɛn	山合三平仙云
(1430)𧖅(偉)	𧖅：	羊捶切	jĭwe	止合三去紙以
	偉：	于鬼切	jĭwəi	止合三上尾云
(1465)貐(羽)	貐：	以主切	jĭu	遇合三上麌以
	羽：	王矩切	jĭu	遇合三上麌云
(1489)鼬(佑)	鼬：	余救切	jĭəu	流合三去宥以
	佑：	于救切	jĭəu	流合三去宥云

(二) 云母/影母相混(2 例)：

(378)媛(怨)	媛：	王眷切	jĭwɛn	山合三去線云
	怨：	於願切	ĭwan	山合三去願影
(1254)蜎(遠)	蜎：	歐泫切	ĭwen	山合四上銑影
	遠：	雲阮切	jĭwɐn	山合三上阮云

(三) 以母/影母相混(10 例)：

(145)瘱(亦)	瘱：	於罽切	ĭɛi	蟹開三去祭影
	亦：	羊益切	jĭɛk	梗開三入昔以
(226)媵(映)	媵：	以證切	jĭəŋ	曾開三去證以
	映：	於敬切	iəŋ	梗開三去映影
(304)燠(浴)	燠：	於六切	ĭuk	通合三入屋影
	浴：	余蜀切	jĭwok	通合三入燭以
(489)夐(營)	夐：	於營切	ĭwɛŋ	梗合三平清影
	營：	於傾切	jĭwɛŋ	梗合三平清以
(411)(559)黝(悠)	黝：	於糾切	iəu	流開四上黝影
	悠：	以周切	jĭəu	流開三平尤以
(750)灉(用)	灉：	於用切	ĭwoŋ	通合三去用影
	用：	余頌切	jĭwoŋ	通合三去用以

(756)穎(影)	穎:	餘頃切	jǐwɛŋ	梗合三上靜以
	影:	於丙切	ʔɐŋ	梗合三上梗影
(1195)翊(伊)	翊:	與職切	ʔək	曾開三入職以
	伊:	於脂切	i	止開三平脂影
(1419)麀(悠)	麀:	於求切	ʔəu	流開三平尤影
	悠:	以周切	jʔəu	流開三平尤以

(四)疑母/影母相混(5例):

(45)頠(委)	頠:	魚毀切	ŋǐwe	止合三上紙疑
	委:	於詭切	ʔwe	止合三上紙影
(518)垽(印)	垽:	魚覲切	ŋǐěn	臻開三去震疑
	印:	於刃切	ʔěn	臻開三去震影
(714)岌(乙)	岌:	魚及切	ŋǐěp	深開三入緝疑
	乙:	於筆切	ʔět	臻開三入質影
(734)峗(委)	峗:	五灰切	ŋuɒi	蟹合一平灰疑
	委:	於爲切	ʔwe	止合三平支影
(1201)蠖(岳)	蠖:	烏郭切	uak	宕合一入鐸影
	岳:	五角切	ŋɔk	江開二入覺影

以上27例云、以、影和部分疑母字的同音音注關係,表明王力先生所定第二階段的零聲母在宋初的部分北方方言中確已形成。此書所揭示的並不是一種個別現象,在宋代的另一項音注資料《九經直音》中也有此類例,足以證成我們的看法。《九經直音》是一部通行于宋代、用直音方式標明音讀的音注古籍。該書除上述四種注音情況都有外,還多一種疑母/喻母(云、以)相混例,現把二書的音注情況分類統計表列如下①:

表2 《爾雅音圖》《九經直音》音注分類表

音注類型	《爾雅音圖》	《九經直音》
云母/以母相混	11例	27例
喻(云、以)母/影母相混	12例	31例
影母/疑母相混	4例	2例
喻(云、以)母/疑母相混		5例

據此,我們認爲,王力先生列爲第二階段的音變在宋初即已形成,並不是在14世紀的《中原音韻》時期才產生。這樣,就比王先生所推定的時間大約提早了近四個

---

① 參竺家寧:《近代漢語零聲母的形成》,《中語中文學》第四輯,1982年,第125—133頁。

世紀,這無疑是一項重要結論,也是以上諸例的第一項最直接的價值。但《爾雅音圖》音注中未見有"日""微"二母與"影、喻、疑"三母相混之例,這與竺家寧先生研究《九音直經》的結果相同。可見零聲母擴大形成的第三階段在宋代恐未發生。不過,根據《中原音韻》向殘存疑母的情況,我認爲《爾雅音圖》音注雖有若干疑母與影母相混之例,但音注的聲母體系中疑母恐未全部消失,仍爲一獨立音位。看來,《中原音韻》的疑母消變情況至少可以上溯到宋代。

此外,我覺得宋初零聲母的形成情況還可以對中古云、以、影聲母的擬測和零聲母的擴大形成的條件等問題提供下列三點深入思考的線索。

(一)中古云、以、影三個聲母的擬音問題

我們認爲要想對《爾雅音圖》和《九音直經》所呈現的零聲母擴大這一音變現象做出比較合理的解釋,就必須要對目前中古音體系中對這三個聲母的某些不合理擬音重新加以認識。我們的意見是:中古音的喻母(云、以)決不是零聲母,而是半元音;影母是喉塞音聲母還是零聲母,目前還不能下定論。在解釋這種看法之前,先看一下目前音韻學界對這三個聲母的中古音擬測情況。[①]

表3 云、以、影聲母擬測表

聲母 \ 代表學者	高本漢 周法高	陸志韋	董同龢 李 榮	王 力	蒲立本	雅洪托夫
云	j	$\gamma(\gamma^w)$	γ	γ	ɦ	w
以	∅	j	∅	j	∅	j
影	ʔ	∅	ʔ	∅	ʔ	∅

以上各家對這三個聲母的擬測頗多分歧。這里對各家的擬音談一點我們的看法。

先看云母(喻₃)。我們認爲把云母(喻₃)擬爲 γ 的看法值得商榷。中古音研究者都知道 γ 一般以匣母充當,云母是其細音,於是學者多擬爲 γj,這種擬音有三點未妥:1. γ 是全濁音,不是次濁音,而在中古以後的云母無疑是次濁音,這種擬測與傳統的定義未合;2. γj 這種寫法純粹是形式主義寫法,因爲發音學和實驗語音學都可以證明 γj 完全等於 j,現實語言中並不存在與 j 對立的所謂的 γj 這個音,國際音標表中亦無其位置;3.我們認爲在《切韻》時期,云母已從匣母中分化出來,與匣母並立成爲兩個聲母(至於匣/云在上古的關係,自又當別論)。此外,匣母一直被傳

---

① 下表據周法高:《論上古音和切韻音》,《中國音韻學論文集》,香港中文大學出版社,1984年,第99頁。但蘇聯雅洪托夫(S.E.Yakontov)的擬音見《上古漢語的起首輔音w》,《漢語史論文集》,北京大學出版社,1986,第166—174頁,系本文增補,爲周書所無。又,邵榮芬先生的《切韻研究》(中國社會科學出版社,1982)一書對這三個聲母的擬音同於董同龢、李榮二家,限于篇幅,表中不再列出。

統等韻學家定爲喉音,不是牙音,爲了"名符其實",所以匣母擬音應當是喉音 ɦ,而不應是舌根音 ɣ。蒲立本教授對匣母的構擬最符合古人原意。有此數難,我們不採取中古音云母擬成匣母細音的看法。云母基本上只能出現在合口字即介音或主要元音是圓唇元音的音節裏。極少數三五個開口的云母字如"炎鷃焉"等不妨視作例外。雅洪托夫説:"個別的例外,大概大部分是韻書的錯誤"。① 總之,我們認爲上表雅洪托夫的意見較妥,宜擬爲 w。w 是半元音,語音性質與傳統的"次濁"定義相合,而且有梵漢對音和漢越語方面的證據。在這兩種資料中都多用 v 來對譯"云"母,但這時的 v 顯然應該理解成[w],而不是國際音標的[v]。梵漢對音的證據如:va:于、越;vak:域;vajñ:云;van:洹;vat:曰;vi:爲;ve:韋、圍;vr:位,以上是後漢三國梵漢對音例。周、隋梵漢對音例如:vi:瑋②。漢越語的證據如:vən¹:云;vən⁶:運;ve⁶:衛;vi¹:爲;vi⁶:位胃匯;vinh¹:榮;vinh⁴:永;vinh⁶:詠泳;vien¹:員圓;vien⁴:遠;vien⁶:院;viet⁶:越;vyɐng¹:王;vyɐng⁶:旺;vu¹:于迂;vu⁴:禹。③ 這些都絶非偶然。

但這裏面有一個問題尚待解決,就是云母見於三等韻,如果云母聲母是 w 的話,三等的 j 介音只能寫在 w 的後面,而不是如音韻學界所通常認定的那樣寫在 w(或 u)的前面,漢越語的情況支持我們的看法。但這裏面有個整個系統的問題,限于篇幅,在此姑置勿論。

再看以母(喻₄)。以母的擬音有零聲母 ∅ 和 j 兩種擬測方案。由於以母和云母一樣都是次濁,又都屬於三十六字母的喻母,我們認爲它也應擬成某種半元音,顯然應是 j。從後漢至隋唐的梵漢對音資料表明以母是 y,音值正是[j]。例子如:ya:夜、耶、夷;yaks:閲;yat:逸;yan:延;yam:鹽;yān:衍;yik:翼;yu:由、渝;yo:俞、踰,以上是後漢三國梵漢對音例。周、隋梵漢對音例如:ya:耶;ye:易;yu:喻。唐玄奘譯著中的梵漢對音例如:ya:也;yā:夜;yan、yan:延;yak:藥;yam:鹽閻等。④ 漢越語中以母是[ʐ](寫作 d),如"陽"作 dúóng[ʐuɐŋ],"餘"作 dú[ʐu],"惟"作 duy[ʐui](《漢語史稿》129 頁),[ʐ]和[j]發音部位相近,[j]在國際音標中代表半元音和擦音兩個音值,尤其[j]發成擦音的時候與[ʐ]更爲相似。所以我們不贊成以母擬成零聲母。

最後我們談影母。這個問題比較複雜一點,因爲它的擬測既存在着音位學問題,也存在着語言學問題。這個聲母的中古音擬測目下有喉塞音和零聲母兩種方案。但多數學者定它爲喉塞音 ʔ-,理由是:"現代平聲分陰陽的方言,影母字都讀陰調,如果影母像現代話那樣是元音開頭的話,由於元音是濁的,影母就應該變陽調,而不可能是陰調。"⑤ 這個理由當然是有道理的。但這種擬測與其説是實證性的,不

---

① 雅洪托夫:《上古漢語的起首輔音 w》,《漢語史論文集》,北京大學出版社,1986 年,第 167 頁。
②④ 俞敏:《後漢三國梵漢對音譜》,《中國語文學論文選》,(東京)光生館,1984 年,第 317—318 頁;316—317 頁。尉遲治平:《周、隋長安方音初探》,《語言研究》1982 年第 2 期,第 18—33 頁。施向東:《玄奘譯著中的梵漢對音和唐初中原方言》,《語言研究》1983 年 1 期,第 27—48 頁。
③ 王力:《漢越語研究》,《龍蟲並雕齋文集》(第二册),中華書局,1980 年,第 721、720 頁。
⑤ 邵榮芬:《切韻研究》,中國社會科學出版社,1982 年,第 108 頁。

如説主要是根據聲調的歷時演變關係進行演繹推理的結果。從梵漢對音和漢越語的表現來看，影母字對譯的的確都是純元音開頭的音節。周、隋時期的梵漢對音例如：a：阿；u：憂；in：因；an：鷃等。① 唐玄奘譯著中的梵漢對音例如：an：安案；ak：惡；am：菴庵；ai：哀藹；u：烏等。② 漢越語的影母只見于陰調（1、3、5調），也均是以純元音開頭，如：ac⁵：惡；ai：哀；ən⁵：印；əm¹：陰；i¹：依；o¹：汙；oc⁵：屋；uy¹：威；uy5：畏；ung¹：雍等。③ 我們對這個問題的看法是：ʔ-是有的，但因沒有非ʔ-零聲母和它對立，這種ʔ-沒有音位意義，可以説成零聲母。這是從音位學的角度説的。其次，從語音學的角度來説，ʔ-的音響特點不突出，即發音很輕，所以容易失落，失去其音位價值。至少可以認爲ʔ-與零聲母之間存在變異（variation），即ʔ-與ø-可以自由變讀，這種認爲在元音和輔音之間存在着異讀而仍視爲同一音位的情況並不奇怪，就如同現代北京話的合口零聲母字存在這 u-/w-/β-/ ʋ-/v- 這種頗大的變異情況一樣。④ 看來，這個問題完全可以從社會語言學的角度來解釋，而不一定非從歷史語言學角度假定有個明確的ʔ-脱落階段才可合流不可。至於現代北方方言（包括北京話）零聲母在平聲既見於陰調又見於陽調的情況，那是一種後起的演變結果，而且這種零聲母字是否真是以純元音起頭，不帶任何輔音成分，也還有待進一步研究，但這是語音學問題，不是音位學問題。

總而言之，我們認爲ʔ-的語音性質畢竟和ø-很不一樣，所以在音理上無疑不能視爲同一，影母的音值定爲ʔ-是從其對聲調的影響推知的，但在實際語流中，ʔ-和ø-可以互相變讀。至於元音與濁輔音語音性質的異同，我們認爲二者有某些共性，但差別很多，不能歸爲一類，其具體區別還有待語音實驗研究的進一步深入。看來，傳統漢語音韻學的零聲母、全濁聲母、次濁聲母等概念以及它們對聲調演變的影響，爲現代語音學的深入研究也提供了十分有價值的研究課題。⑤

---

① 尉遲治平：《周、隋長安方音初探》，《語言研究》1982年第2期，第18—33頁。
② 施向東：《玄奘譯著中的梵漢對音和唐初中原方言》，《語言研究》1983年第1期，第27—48頁。
③ 王力：《漢越語研究》，《龍蟲併雕齋文集》（第二冊），中華書局，1980年，第721、720頁。
④ 沈炯：《北京話合口呼零聲母的語音分歧》，《中國語文》1987年第5期，第352—362頁。
⑤ 關於零聲母（純元音）、全濁聲母（濁塞音、塞擦音、擦音）、次濁聲母（鼻音、邊音、流音、半元音）這三類的語音區別問題，由於這些類別主要是漢語和漢藏系語言中的音韻學問題，尚未見有人做專門的語音試驗研究。筆者曾和哈平安先生進行討論，初步得到了如下一些看法，請行家指正。爲了便於比

區分標準 \ 語音類別	濁輔音	清輔音		元音
		全濁	次濁	
聲帶	不顫動	顫動	顫動	顫動
氣流受阻情況（導致聲門受壓力情況有差別）		口腔氣流受阻大	口腔氣流受阻介于全濁與元音之間	口腔氣流受阻很小
聲學特徵	無基頻	有基頻	有基頻	有基頻
	VOT 起作用	VOT 起作用	共振峰起作用	共振峰起作用

較説明，表中亦列出清輔音一項。

從此表來看，除了聲帶顫動和有基頻這兩點與元音與濁輔音有共同性外，而其他語音特徵，元音、全

影母的擬測實際包含三個互相關聯的問題。第一個問題也是最根本的問題,即零聲母這個現代音韻學術語的語音性質(發音學特徵和聲學特徵)到底是什麽,有待進一步研究,以確定它在傳統音韻學中的發音方法的地位,即到底屬於全清還是次清,是全濁還是次濁,抑或獨立爲一類。第二個問題是,傳統的次濁聲母包括不包括零聲母。目前音韻學界對此有兩派意見:羅常培先生認爲不包括,① 周法高先生認爲包括。② 我們的意見是零聲母不算次濁聲母。顯然第一個問題解決後這個問題也就隨之解決。第三個問題是,傳統音韻學認爲影母是全清,喻母是次濁,如果零聲母的語音性質搞清楚了,那么到底影母是零聲母還是喻母是零聲母也就迎刃而解了。

(二)零聲母的擴大形成是有條件的

從前表中可以看出,云、以、影這三個聲母,諸家擬測頗有分歧,但不管哪種方案,其中有一個是中古音固有的零聲母。另外兩個非零聲母與其相混才可叫零聲母的擴大,即王力的第二階段。但這種相混我認爲是有條件的,這一點未見前人論及。這個條件,我認爲就是全濁聲母的清化,j、w 雖是次濁聲母,也受到這種影響而變成純元音,在這種情況下才導致與影母合流。所以我們在整理一項音韻資料時,如果該項資料有云、以、影三個聲母的相混情況,那么我們基本上可以斷言該項資料的全濁聲母已經清化。筆者整理過的《爾雅音圖》音注情況就是如此,《九經直音》的情況也是如此。龔煌城教授對《番漢合時掌中珠》一書中的 107 個西夏文字對音例的研究結果表明,該書所反映的 12 世紀末漢語西北方音亦是如此,而且該音系微母亦已與云、以、影、疑合流,可知已進入零聲母擴大形成的第三階段。③ 這絕對不是偶然的,濁音清化和零聲母的擴大形成二者之間存在着有機的內部聯繫,這就是我們所認定的零聲母擴大形成的條件。此外還有一個現象值得我們注意,就是影母在清入聲字的演變中表現得與次濁聲母的入聲字演變性質相類(一同派入去聲),我們認爲這種清入聲變同次濁也是清濁合流的一個旁證。

(三)三十六字母的"喻"母不代表零聲母形成的第一階段

從現代方言的角度來看,按照我們的觀點,除了北方方言和喪失了全濁聲母的部分南方方言外,云母和以母從未真正合流,前者聲母是 w,後者聲母是 j,並不是濁輔音、次濁輔音均不相同。至於對聲調演變的影響到底是哪一種語音特徵,還有待進一步探討。所以陸志韋先生認爲漢語的聲調變化主要是由聲母的清濁決定的,影母如果是零聲母,並不妨礙它後來變爲陰調,因此傾向於把影母定爲零(見邵榮芬:《切韻研究》108 頁)的看法未必沒有道理。筆者最初即持陸先生這種看法。認爲元音的"濁"與輔音聲母的"濁"恐怕不是一回事,至少對聲調的影響上這兩種"濁"未必同一。

① 羅常培:《漢語音韻學導論》,中華書局,1956 年,第 44 頁。
② 周法高:《論切韻音》,《中國音韻學論文集》,香港中文大學出版社,1984 年,第 9 頁。
③ 竺家寧:《九經直音的濁音清化》,《木鐸》1979 年第 8 期,第 289—302 頁。龔煌城:《十二世紀末漢語的西北方音(聲母部分)》,《歷史語言研究所集刊》第 52 本,1981 年,第 37—78 頁。

一個零聲母,如今吳方言即是。三十六字母時期的宋代也應如此。三十六字母的喻母,由於是次濁,我們認爲它從來就是代表兩個半元音聲母而不是一個純零聲母。因此三十六字母的喻母,並不代表零聲母形成的第一階段。衆所周知,這套三十六字母一直做爲傳統各種早期韻圖:《韻鏡》《七音略》《四聲等子》《切韻指掌圖》和《經史正音切韻指南》的聲母標目。《韻鏡》雖然名目不同,但類別是一致的。目前音韻學界多只承認《韻鏡》《七音略》的喻母代表云、以兩個聲母,二者並未合流;但後三部韻圖多認爲云、以已合流,我認爲其理由並不充分。我們看不出這五種韻圖的三十六字母排列有什麼大的出入。後三種韻圖個別字的相混未必代表整個聲母系統的相混。① 所以我們認爲三十六字母的一個聲母標目字"喻"實代表兩個半元音聲母,它們分別排在三等和四等,不能簡單地認爲因爲只有一個聲母標目字就認爲中古的云、以兩類聲母的分布也不太合理,如果把三十六字母的"喻"母視爲云以合流的零聲母的話,這種零聲母的分布也不太合理,即這種零聲母爲什麼只在細音 i 前出現而不見於洪音如 a、u 等的前面。由此也可以看出三十六字母的喻母不代表零聲母合流的第一階段。

《爾雅音圖》音注中還有這樣一個特殊現象,就是匣[ɣ]、邪[z]、從[dz]三個濁聲母有與影、以二母相互注音的現象,此中又以匣母與影、以注音的例子較多。這可能並不是一個普遍化的音變現象,而僅只是這些字的濁聲母失落而變成零聲母。這個現象比較罕見,其原因還有待進一步的查考。現分別舉證如下:

(一) 匣母/影母相混例(1 例):

(862) 薈(會)　薈:　　烏外切　　uai　　　蟹合一去泰影
　　　　　　　　會:　　黃外切　　ɣuai　　蟹合一去泰匣

(二) 匣母/以母相混例(3 例):

(999) 欥(亦)　　欥:　　胡狄切　　ɣiek　　梗開四入錫匣
　　　　　　　　亦:　　羊益切　　jĭɛk　　梗開三入昔以
(1117) 檍(亦)　檍:　　胡狄切　　ɣĭek　　梗開四入錫匣
　　　　　　　　亦:　　羊益切　　jĭɛk　　梗開三入昔以
(1182) 蜆(演)　蜆:　　胡典切　　ɣien　　山開四上銑匣
　　　　　　　　演:　　以淺切　　jĭɛn　　山開三上獼以

---

① 姚榮松:《切韻指掌圖研究》,聯合圖書公司,1974 年,第 103 頁。指出了影喻兩母之混淆 3 例;喻三、喻四之混淆 7 例。

(三)邪母/以母相混例(1例)：

(347)畇（巡）畇：　　　羊倫切　　jǐuěn　　臻合三平諄以
　　　　　　　巡：　　　祥遵切　　zǐuěn　　臻合三平諄邪

(四)從母/以母相混例(2例)：

(200)酋（由）酋：　　　自秋切　　dzǐəu　　流開三平尤從
　　　　　　　由：　　　以周切　　jǐəu　　流開三平尤以
(269)輶（酋）輶：　　　以周切　　jǐəu　　流開三平尤以
　　　　　　　酋：　　　自秋切　　dzǐəu　　流開三平尤從

其中第三類邪母/以母相混的情況在宋代的朱熹反切中亦有類例，王力先生在《朱熹反切考》一文中舉了一下兩個"喻邪混用"的例子：

(1)祀，葉逸織反(《大田》,《旱麓》,《潛》)，又葉養里反(《生民》)；

(2)俟，葉羽已反(《相鼠》)，又葉于紀反(《吉日》)。

這第(1)個例子中"祀"是邪母，"逸""養"是以母。第(2)個例子似有點問題，因爲"俟"字《切三》和《王三》是"漦史反"，"俟"與"漦"兩個小韻同爲俟母（禪二）字，今人擬音是"[ʒ]"或[ẓ]（參邵榮芬《切韻研究》，中國社會科學出版社,1982,第39—41頁；李榮《切韻音系》，科學出版社1956,第92、93、127頁）；即使按照《廣韻》的反切，是"床史反"，爲崇母字，今人擬音是[dʒ]或[dẓ]，並不是邪母[z]字。"羽于"是于母字。在朱熹音系中喻₃與喻₄已經混用。不過這第(2)例混切的性質與第(1)例倒差不多。對這種相混情況，王先生解釋說："這個現象不大好説明，也許可以認爲讀成近似的聲母，因爲喩母是舌面半元音[j]，而邪母齊齒字可能已變爲[ʑ]。"①可備一説。以上九例今存此以待進一步的研究。

又，本文的部分看法完全是根據王力先生《漢語史稿》的某些觀點加以討論的，但王先生在近著《漢語語音史》(1985)一書中對某些看法已有所改變，請讀者注意。

本文載《漢字文化》1991年1期,第29—36頁；转载于人大複印报刊资料H1《语言文字学》1991年,第6期。

---

① 王力：《龍蟲並雕齋文集》(第三冊),中華書局,1982年,第335頁。

《爾雅音圖》的疑母

中古音的疑母在官話方言的消變規律是近代漢語語音史研究中的一個重要課題。由於資料的限制,我們目前對疑母演變的詳細規律還不十分清楚。反映五代宋初時期漢語官話語音的《爾雅音圖》(下文簡稱《音圖》)是考察這項音變的一項珍貴難得的重要資料,全面考察這項資料的疑母例可有助於我們徹底搞清楚疑母的演變規律,本文就是對這一問題的一個專門探討。

目前,我們對疑母在官話方言的消變規律的一般認識有這樣三點:

1. 疑母在洪音(中古一、二等)前多保留,在細音(中古三、四等)前多消失。
2. 部分疑母在開口三等韻母前變爲 n- 聲母。
3. 疑母演變的若干不規則現象多是因爲方言的影響所致。即該方言不是純粹直線地從中古音演化而來,在演化過程中某些疑母字吸收了其他方言的讀法,從而破壞了音變規則。

至於《音圖》疑母字的演變到底規律如何,還需要全面細緻地加以考察。

《音圖》中出現的疑母注音 53 例次(重複出現亦計算在內,但僅 2 見),見於《音圖》22 個韻部中的 15 個韻部。其中疑母自注 47 例,疑母與影母互注 5 例,疑母明母互注 1 例。其出現情況如下表:

表 1　《音图》疑母自注·互注统计表

自互注類＼等位	開 口						合 口							總計
	一等	二等	三等	四等	三/四等	二/三.四等	一等	二等	三等	四等	一/二等	一/三等	二/三等	
疑	9	3	11	6	3	2	3		8		1	1		47
疑/影			2						1			1	1	5
疑/明				1										1
總計	9	3	13	7	3	2	3		9		1	2	1	53

《音圖》注音字和被注音字之間的等位關係比較複雜,上表共分成八類來列舉例字。這八類的名目和次序是:1.一等(11 例);2.二等(3 例);3.三等(21 例);4.四等(7 例);5.三/四等(3 等);6.一/二等(1 例);7.一/三等(2 例);8.二/三·四等(3 例)。

下面,我們把《音圖》的這 53 例依此次序全部列出,各類字又按開合口分列。例字的先後以它們在《音圖》中的順序編號爲序,例字的徵引例一如筆者前此已刊諸文,兹不赘述。但各例加注了在《音图》中的韵部名。

(一) 一等 (11例)

A. 开口

1. (69)	卬(昂)[阳部]		
	五剛切	宕開一平唐疑	ŋaŋ
2. (190)	枿(糵)[曷部]		
	五割切	山開一入曷疑	ŋat
3. (587)	咢(鄂)[药部]		
4. (604)	噩(鄂)[药部]		
	五各切	宕開一入鐸疑	ŋak
5. (879)(973)	薂(敖)[萧部]		
6. (1582)	鰲(敖)[萧部]		
	五勞切	效開一平豪疑	ŋau
7. (1176)	蚅(娥)[歌部]		
	五何切	果開一平歌疑	ŋa
8. (1335)	鴱(艾)[皆部]		
	五蓋切	蟹開一去泰疑	ŋai

B. 合口

9. (141)	遻(悟)[鱼部]		
10. (262)	逜(悟)[鱼部]		
	五故切	遇合一去暮疑	ŋu
11. (1379)	䎺(吾)[鱼部]		
	五乎切	遇合一平模疑	ŋu

(二) 二等 (3例)

A. 开口

12. (543)	嶽(岳)[药部]		
	五角切	江開二入覺疑	ŋɔk
13. (701)	厓(牙)[麻部]		
	厓 五佳切	蟹開二平佳疑	ŋai
	牙 五加切	假開二平麻疑	ŋa
14. (1448)	巖(岩)[寒部]		
	巖 五咸切	咸開二平咸疑	ŋem

　　　　　岩　五銜切　　　　　　咸開二平銜疑　　　　ŋam

(三)三等(22例)

　A.開口

15.（44）　顗(擬)[齊部]
　　　　　顗　魚豈切　　　　　　止開三上尾疑　　　　ŋiəi
　　　　　擬　魚紀切　　　　　　止開三上止疑　　　　ŋiə
16.（58）　毅(義)[齊部]
　　　　　毅　宜寄切　　　　　　止開三去寘疑　　　　ŋɣie(重三)
　　　　　義　魚既切　　　　　　止開三去未疑　　　　ŋiəi
17.（157）圄(語)[魚部]
18.（590）敔(語)[魚部]
　　　　　敔　魚巨切　　　　　　遇開三上語疑　　　　ŋio
19.（506）钀(業)[屑部]
　　　　　钀　語訐語　　　　　　山開三入月疑　　　　ŋiɐt
　　　　　業　魚怯切　　　　　　咸開三入業疑　　　　ŋiɐp
20.（507）䚻(儀)[齊部]
　　　　　　　魚羈切　　　　　　止開三平支疑　　　　ŋɣie(重三)
21.（518）垽(印)[眞部]
　　　　　垽　吾靳切　　　　　　臻開三去焮疑　　　　ŋiən
　　　　　印　於忍切　　　　　　臻開三去震影　　　　ʔien(重四)
22.（575）沂(銀)[眞部]
　　　　　　　語中切　　　　　　臻開三平眞疑　　　　ŋɣiɐn(重三)
23.（714）岌(乙)[質部]
　　　　　岌　魚及切　　　　　　深開三入緝疑　　　　ŋɣiəp(重三)
　　　　　乙　於筆切　　　　　　臻開三入質影　　　　ʔɣiɐt(重三)
24.（722）（1507）甗(言)[先部]
　　　　　甗　語軒切　　　　　　山開三平元疑　　　　ŋien
25.（723）顩(儼)[先部]
　　　　　顩　魚檢切　　　　　　咸開三上琰疑　　　　ŋɣiɛm(重三)
　　　　　儼　魚埯切　　　　　　咸開三上儼疑　　　　ŋiɐm
26.（1183）螘(蟻)[齊部]
　　　　　　　魚倚切　　　　　　止開三上紙疑　　　　ŋɣie(重三)

　B.合口

27.（45）　頠(委)[齊部]

	頠　魚毀切	止合三上紙疑	ŋwɣie（重三）
	委　於詭切	止合三上紙影	ʔwɣie（重三）
28.（720）	厃(危)[齊部]		
	魚爲切	止合三平支疑	ŋwɣie（重三）
29.（736）	澳(虞)[魚部]		
	遇俱切	遇合三平虞疑	ŋiu
30.（1076）	寓(遇)[魚部]		
	牛具切	遇合三去遇疑	ŋiu
31.（1284）	羱(原)[先部]		
32.（1467）	羱(元)[先部]		
33.（1517）	騵(元)[先部]		
	愚袁切	山合三平元疑	ŋwɐn
34.（1423）	麌(虞)[魚部]		
	元俱切	遇合三上虞疑	ŋiu（《集韻》）
35.（1549）	犩(危)[齊部]		
	犩　語韋切	止合三平微疑	ŋwiəi
	危　魚爲切	止合三平支疑	ŋwrie（重三）

(四)四等（7例）

A.開口

36.（26）	齯(倪)[齊部]		
37.（486）	裞(倪)[齊部]		
38.（625）	霓(倪)[齊部]		
39.（1293）	鯢(倪)[齊部]		
	五稽切	蟹開四平齊疑	ŋiei
40.（1273）	倪(迷)[齊部]		
	倪　五稽切	蟹開四平齊疑	ŋiei
	迷　莫兮切	蟹開四平齊明	miei
41.（1320）	鵳(研)[先部]		
	五堅切	山開四平先疑	ŋien
42.（1506）	跰(硯)[先部]		
	吾甸切	山開四去霰疑	ŋien

(五)三/四等(3例)

A.開口

43.（416） 枿（業）[屑部]
  枿　五結切　　　　　山開四入屑疑　　　　ŋiet
  業　魚怯切　　　　　咸開三入業疑　　　　ŋiɐp

44.（442） 闑（業）[屑部]
  闑　五結切　　　　　山開四入屑疑　　　　ŋiet
  業　魚怯切　　　　　咸開三入業疑　　　　ŋiɐp

45.（680） 齧（孽）[屑部]
  齧　五結切　　　　　山開四入屑疑　　　　ŋiet
  孽　魚列切　　　　　山開三入薛疑　　　　ŋiɛt

(六)一/二等(1例)

A.合口

46.（1027） 豽（玩）[寒部]
  豽　五患切　　　　　山合二去諫疑　　　　ŋwɣan
  貦　五換切　　　　　山合一去換疑　　　　ŋuan

(七)一/三等(2例)

47.（734） 嵬（委）[齊部]
  嵬　五灰切　　　　　蟹合一平灰疑　　　　ŋubi
  委　於爲切　　　　　止合三平支影(重三)　ʔwɣie

48.（292） 忨（阮）[桓部]
  忨　五丸切　　　　　山合一平桓疑　　　　ŋuan
  阮　愚袁切　　　　　山合三平元疑　　　　ŋwiɐn

(八)二/三·四等(3例)

A.開口

49.（727） 磽（嶢）[蕭部]
  磽　五交切　　　　　效開二平肴疑　　　　ŋɣau
  　　牛交切　　　　　效開二平肴疑　　　　ŋɣau（《集韻》）
  嶢　五聊切　　　　　效開四平蕭疑　　　　ŋieu

按：《廣韻》"磽"字"五交切"，釋義爲"磝磽"，與《爾雅》義不合。而《集韻》此字

"牛交切",正合《爾雅》義。二者雖音韻地位相同,但今亦把二書讀法一併列出以供參考。

50.（811） 鶃(逆)[陌部·質部]

鶃	五革切	梗開二入麥疑	ŋɣek
	五歷切	梗開四入錫疑	ŋiek
逆	宜戟切	梗開三入陌疑	ŋyiɐk(重三)

按:"鶃"字《廣韻》有兩讀,從音變角度看,這兩讀與注音字"逆"音韻均合,今據義訓取其"五革切"一讀,並列出"五歷切"備參。

B.合口

51.（1201） 蠖(岳)[藥部]

蠖	郁縛切	宕合三入藥影	ʔwiak(《集韻》)
	烏郭切	宕合一入鐸影	ʔuak
岳	五角切	江開二入覺疑	ŋɣɔk

按:"蠖"字《廣韻》只有"烏郭切"一讀,與注音字"岳"字的讀音相去較遠,且不符合二等開口喉牙音演化的一般規律。檢《集韻》"蠖"字有"屋郭切、王縛切、郁縛切"三讀,除"屋郭切"即《廣韻》的"烏郭切"外,另外二讀爲三等合口藥韻讀法,與注音字"岳"二等顎化的近代音相近,今取"郁縛切"一讀作比較,並在括號內附列《廣韻》的讀法備參。我們所以在《集韻》的"王縛切"和"郁縛切"二讀中選擇了"郁縛切"一讀,因爲從《音圖》疑母注音的通例看,除了絕大多數是疑母自注外,在反映疑母脫落的5例中有4例均是疑母與影母的互注,此例自然以取"郁縛切"一讀爲妥。不過這樣處理仍有未安之處:首先,此例不但是不同等位互注,而且是開合口互注,它們在當時作者的方言中到底是讀成開口還是合口,一時尚難確定。如果是開口,則符合音變規律,如果是合口,則屬特例。上表暫按合口例統計。其次,《音圖》中用"岳"字注音的還有"(543)齾（岳)"一例,注音字"岳"字有ŋ-聲母當無可疑,而此處居然又和影母字互注,殊爲令人不解,如果不是"岳"字聲母有二讀的話,此例的情況將很難解釋,所以最好把此例視爲例外。以上是《音圖》的全部53條疑母自注、互注例,內有二例注音重複。

根據以上諸材料,我們可以總結一下《音圖》疑母的消變規律問題。除了疑/明互注1例可算特殊變化後文另有解釋外,疑母自注47例,佔疑母全部注音例的88.7%,可見疑母自注是主流,我們認爲這種情況當表明《音圖》疑母並未消失。疑/影互注5例,只佔疑母注音總數的9.4%,當表明疑母應已經脫落。在這5例中,有3例是在三等前(開口2例,合口1例),有1例是在"二/三等"前[即(1201)蠖(岳)],此例比較特殊,前文業已言及。可見在細音三等韻母前,疑母有脫落現象。而合口一/三等互注1例[(734)嵬(委)],我們在別的文章中已談到,[①]當視爲讀同一等,看

[①] 參馮蒸:《〈爾雅音圖〉音注中反映的五代宋初等位演變》,《語言研究》1996年增刊,第195—212頁。

來在合口一等的前面，疑母也有脫落的迹象，而開口則否。近代漢語的一等多保留疑母，此例也許是個特例。

值得注意的是，從以上資料來看，《音圖》疑母的脫落多在細音韻母前，但中古音的三等和四等均爲細音，並且很早即已合流，所以把這兩個等位合併爲一個稱爲"三·四等"作爲一個觀察條件似無不可。但仔細考察《音圖》全部疑母例後可以看出：凡是疑母脫落的細音韻母全是三等，而絕無四等例。由此看來，疑母的脫落一定是先從三等開始的，此後才發生三、四等韻的合流音變。換言之，我們可以認爲疑母的消變早于三、四等韻的合流。看來，細音韻母前的疑母消變也有先後之別，在三、四等韻合流後疑母脫落仍在進行。這個情況似乎也可以給純四等韻無-i-介音之談（也就是說純四等韻是洪音）提供一點旁證。在考察疑母演變時把三等、四等分別統計看來是十分必要的。

研究疑母脫落規律，我們不能不考慮到另外一種可能性。就是本文雖原則上確定《音圖》的疑母自注仍保留中古音的疑母讀法，而疑/影互注表明是疑母脫落，但有沒有可能某些細音疑母自注實際上是兩個均已脫落 ŋ-聲母的零聲母字互注呢？我們認爲，至少對《音圖》而言，理論上是可能的，但實際上可能性不大。這一點必須從量化的角度來談。《音圖》中可靠的疑母細音脫落一共 3 例，而疑母細音自注則共有 30 例（三等 19 例，四等 6 例，三/四等 3 例，二/三·四等 2 例），疑母脫落僅佔全部疑母細音例的 9%，表明這種音變在細音前也僅僅是剛剛開始，遠沒有達到像後來《中原音韻》《蒙古字韻》那種廣泛的程度。所以我們認爲本文確定的原則在早期音韻資料中還是可信的。

下面我們再從韻部的角度考察一下《音圖》疑母存失的分布情況，並把這種情況與《中原音韻》的疑母韻部分布做一比較。這或有助于我們對疑母存失規律的認識。

《音圖》共分 22 個韻部，計：陰聲韻 8 部，陽聲韻 7 部，入聲韻 7 部。疑母 53 例見于其中的 15 個韻部。即：陰聲韻魚、皆、麻、齊、蕭、歌；陽聲韻：寒、桓、先、眞、陽；入聲韻：质、藥、曷、屑。

《中原音韻》共有 19 個韻部，中古疑母字見于其中的 17 個韻部，只有東鍾和支思二韻中沒有疑母字。這在 17 個韻部中共收有《廣韻》疑母字 200 字，但其中 138 個與影喻二母字同空，5 個混入泥來二母，57 個獨自成空。看來只有獨自成空（相當于《音圖》的疑母自注）的 57 個字有可能保存疑母，它們分布在《中原音韻》的 10 個韻部，即：魚模、皆來、家麻、蕭豪、歌戈、車遮、寒山、鹽咸、桓歡、江陽。經過學者們的

---

① 此據楊耐思：《中原音韻音系》，中國社會科學出版社，1981 年，第 27—29 頁。值得注意的是《中原音韻》車遮韻的"業鄴額"三字，楊耐思仍擬作是疑母 ŋ-，但寧繼福先生在《中原音韻二十五聲母集說》（載《中國語文》1964 年 5 期，署名"忌浮"）一文則認爲車遮韻的此三字不是疑母 ŋ-，見該文 359 頁腳注①。參照八思巴文的對音可知，此三字聲母作 ŋ-是有道理的，本文從楊氏之說。據此，中古音的疑母見于《中原音韻》的四個韻部，包括車遮韻，但寧繼福先生則認爲只見于三個韻部。

進一步研究,確定在這 57 字中,只有江陽、蕭豪、歌戈、車遮四個韻部中的疑母尚保存 ŋ-母讀法,其餘 6 韻中的自成空疑母均應視爲是零聲母。①

現把《中原音韻》疑母獨自成空的韻部與《音圖》疑母自注的韻部列表對比如下,並加注了《蒙古字韻》中的八思巴字注音,以供參考。表中對《中原音韻》中確有疑母的四部與疑母已脫落的六部分列,之間用粗黑線隔開。

表 2 《中原音韻》、《爾雅音圖》八思巴文出現疑母自注的韻部比較表

《中原音韻》	魚模	皆來	家麻		寒山	鹽咸	桓歡		江陽	蕭豪	歌戈	車遮
《爾雅音圖》	魚	皆	麻	齊質	寒	桓	先	眞	陽	蕭藥	歌曷	屑
八思巴文	0	ŋ/0	0	ŋ	ŋ/0	ŋ/0	0	ŋ	ŋ	ŋ	ŋ	ŋ

從這個比較表中可以看出,《音圖》的疑母韻母分布較《中原音韻》爲廣,且多與八思巴字注音相合,①這是可以理解的,因爲從語音演變史的角度來看,疑母的脫落範圍是逐漸擴大的,所以時代越晚,它所存在的韻部越有限。此表中《音圖》與《中原音韻》共有疑母的幾個韻部應是最爲可靠的疑母存在例。至於《音圖》其餘韻部中的細音疑母自注例是否有個別已變讀爲零聲母,待再研究。

關於《音圖》中的疑/明互注一例,即"(1273)倪(迷)",我們認爲當是明母字(m)在 i 前讀作 ni/ŋi/ɳi,類似的例子還有"(146)匿(覓)",這是《音圖》作者方言中的一種特殊音變,這種情況在現代漢語方言中並不罕見,這里就不多説了。

總之,由於《音圖》中的疑母例畢竟太少了一點,加上直音這種注音形式的限制,本研究恐未能概括出《音圖》作者方言中的疑母存失的全貌,希望以後能有更多的資料來彌補這一點。

本文載《雲夢學刊》1997 年第 1 期,第 73—76 頁轉 52 頁。

---

① 楊耐思先生在《中原音韻音系》一書 29 頁云:"八思巴字對音系統,'疑'母分化的條件是:中古的一等韻、三等韻、二等韻合口字,保存 ŋ。中古的四等韻、三等韻的重出四等字、二等韻開口字,失去 ŋ。《韻會》和《七音》的情形大致也是如此。"日本學者中野美代子(Miyoko Nakano)在"*A Phonological Study in the 'Phags-pa Script and the Meng-ku Tzu-yün*"(Australian National University Press,Canberra,1971) 一書 84 頁所述《蒙古字韻》中疑母的演變規律是:開口一、三等,保存疑母 ŋ,開口二、四等變喻母 l(j);合口一等元音化,合口二、三等變喻母 z(y)。二説略有不同,有待進一步研究。八思巴字的疑母消變規律可供我們研究《音圖》疑母消變規律的參考。

《爾雅音圖》音注所反映的宋代 k-/x-相混

　　《爾雅音圖》(下文簡稱《音圖》)音注反映的宋代音變現象十分豐富,本文討論該書音注所反映的舌根塞音 k-(或 k'-)與舌根擦音 x-(可能是喉擦音 h-)的相混。關於《音圖》和作音注的後蜀毋昭裔的情況,請參看馮蒸 1991a、1991b。

　　《音圖》音注的特點是:一字一直音,沒有反切,共 1583 條。這種注音方式說明其音不可能襲自傳統韻書,而直接反映了當時作者的口語。1583 條音注中,從《廣韻》音系的角度看,同音互注例 1063 條,約佔 67%,其餘近 520 條非同音音注,反映了不少重要音變。其中 k-(或 k'-)/x-相混共 10 條,數量雖然不多,但卻是一個不容忽視的音變現象,值得探討。

　　下面把 10 條例證分成:(一)見/曉;(二)見/匣;(三)溪/匣三類列出。由於《音圖》音注的全濁聲母已全部清化,即匣 ɣ->曉 x-,群 g->見 k-(仄聲),所以前兩類的性質完全一樣,都是 k-/x-相混,共 9 例;第三類只一例,是 k'-/x-相混。

　　關於引例格式,先列出條目,如"(78)劼(吉)""(78)"是《音圖》的音注順序編號,"劼"是被注音字,"吉"是毋昭裔的直音;再依次列出被注音字和注音字的音韻地位,包括:反切(一般是《廣韻》,個別是《集韻》的反切)、中古音(標音據王力《漢語史稿》上冊修訂本)、攝、呼、等、調、韻、母。音韻地位據郭錫良《漢字古音手冊》和丁聲樹《古今字音對照手冊》。

(一)見母/曉母相混(5 例)

(78)	劼 (吉)	劼:闃吉切	xǐĕt	臻開三入質曉 (《集韻》)
		吉:居質切	kǐĕt	臻開三入質見
(258)	嚣 (驍)	嚣:許嬌切	xǐɛu	效開三平宵曉
		驍:古堯切	kieu	效開四平蕭見
(1455)	縠 (谷)	縠:呼木切	xuk	通合一入屋曉
		谷:古祿切	kuk	通合一入屋見
(1501)	釁 (靳)	釁:許覲切	xǐěn	臻開三去震曉
		靳:居焮切	kǐən	臻開三去焮見
(1534)	駽 (絹)	駽:火玄切	xǐwen	山合四平先曉

　　　　　　　絹:吉掾切　　　kiwɛn　　　山合三去線見

(二)見母/匣母相混例(4例)

　(52)　迥（肩）　　迥:戶頂切　　　ɣiwɛŋ　　　梗合四上迥匣
　　　　　　　　　　肩:古螢切　　　kiwɛŋ　　　梗合四平青見
　(314)　妎（係）　　妎:胡計切　　　ɣiei　　　蟹開四去霽匣
　　　　　　　　　　係:古詣切　　　kiei　　　蟹開四去霽見
　(986)　笐（杭）　　笐:古郎切　　　kɑŋ　　　宕開一平唐見
　　　　　　　　　　杭:胡郎切　　　ɣɑŋ　　　宕開一平唐匣
　(1411)亢（杭）　　亢:古郎切　　　kɑŋ　　　宕開一平唐見
　　　　　　　　　　杭:胡郎切　　　ɣɑŋ　　　宕開一平唐匣

(三)溪母/匣母相混例(1例)

　(302)　沆(忼)　　沆:胡朗切　　　ɣɑŋ　　　宕開一上蕩匣；
　　　　　　　　　　忼:苦朗切　　　k'ɑŋ　　　宕開一上蕩溪

　　《音圖》音注中的這項聲母音變,在宋代的另外一部音注古籍《九經直音》中也可找到類例。據竺家寧先生研究,《九經直音》中 k-/x-相混 3 例:薅(高)、橫(光去)、轄(割);k'-/x-相混 1 例:瞯(勘)。由此看來,k-(k'-)/x-相混不像是一種偶然的現象。

　　k-/x-混讀的 9 例,由於音注或以 k-注 x-,或以 x-注 k-,我們不易確定是否在宋代的某一方言中確有所謂 k->x-或 x->k-的音變。固然 k->x-比較自然,是所謂輔音的弱化現象,但這只是一般的音變推理。核諸漢語語音史,據我們所知,現代漢語方言中古見母讀 x-(或 h-)或古曉母讀 k-的現象,除個別字外實屬罕見,除了日本譯音把中古曉匣母字讀 k-外,目下尚未見到哪個方言中有此一音變現象。但是我們也不能據日本譯音把這些字定爲是 x->k-,因爲日本譯音有其特殊的音韻結構使然。我們認爲,在沒有其他更爲直接的證據之前,暫時把這些 k-/x-相混例視爲是一種個別現象,即這些字中無妨有的字由 k->x-,而有的字是由 x->k-,均是孤立音變,不涉及到音位系統,該音系中的 k-與 x-仍爲兩個獨立的音位,似乎是一種更爲合理的解釋。

　　第二種情況是見母/匣母互注的 4 例、溪母/匣母互注的 1 例。雖然從表面上來說這 5 例也是一種 k-(k'-)/x-互注,但是我們不應該排除這可能是一種匣母古讀遺存的反映,因爲中古匣母的上古來源有兩個,即與 k-、k'-諧聲和互讀的是 *g-,即濁塞音,與 x-諧聲的是 ɣ-,即濁擦音(邵榮芬 1991)。上述 5 例有可能是上古讀 *g-的匣母字的遺存沉積,即 g->k-(k'-),不一定是 ɣ->x-。因爲任何一個共時音系都有古讀遺存,毋昭裔音系中亦不例外。以上均是一種可能的解釋,現提出來向同行請教。

參考文獻:

馮蒸(1991a):《爾雅音圖》音注所反映的宋初零聲母,《漢字文化》1991年第1期,第29—36頁。

馮蒸(1991b):《爾雅音圖》音注所反映的宋濁音清化,《語文研究》1991年第2期,第21—29頁。

邵榮芬:《匣母字上古一分爲二試析》,《語文研究》1991年第1期,第118—127頁。

竺家寧:《九經位直音的聲母問題》,《本鐸》第9期,第345—356頁。

本文載《語言研究》(增刊),1991年,第73頁轉107頁。

《爾雅音圖》音注
所反映的宋代濁音清化

濁音聲母清化是漢語語音史上的一項重要聲母音變。在官話方言中，這項音變的時代下限一般認為是完成於14世紀初的《中原音韻》時期。但這種現象無疑在此前即已存在。據我們所知，早在隋代曹憲的《博雅音》中就已經出現少量字例全濁聲母的清化現象，但多數字的全濁聲母仍未清化。筆者近年研究宋代《爾雅音圖》(以下簡稱《音圖》)一書中的音注資料，發現此書音注系統中的濁聲母已全部清化。此外，王力先生研究朱熹的《詩集傳》和《楚辭集注》的反切，發現在朱熹的音系中全濁聲母亦已消失，[1]臺灣學者竺家寧教授研究宋代的《九經直音》一書，發現該書音系亦已濁音清化。[2]這幾部資料的濁聲母演化情況不謀而合，據此，我們基本上可以肯定這項音變在宋代的大部分官話方言中已經完成。

《音圖》係清嘉慶六年(1801)曾燠"藝學軒"複影宋繪圖本。此書一般的古籍目錄均僅題作"三卷，晉郭璞注"，故多為音韻研究者所忽略。此書有《圖》有《注》，《注》後有《音》。《注》為郭璞注無疑，但《圖》和《音》均未署作者。該書卷首載有南城曾燠于嘉慶六年所寫的《敘》。曾《敘》認為《圖》為宋元人所繪，其《音》，則確定地認為係采自後蜀毋昭裔的《音略》。

經筆者核對，此書所附的音注非郭璞音確實無疑。但是否就是毋昭裔音，因為缺乏其他更為直接的證據，曾氏所說不一定就是定論。但在沒有其他反證出現之前，暫從曾說也未為不可。本文暫從曾氏的說法，定為毋昭裔音。毋昭裔為後蜀(934—965)著名學者，河中龍門人，著有《爾雅音略》三卷，《宋史》和《宋史新編》有其傳記。《宋人傳記資料索引》說："毋昭裔，河中龍門人，守素(921—973)父。博學有才名。孟知祥擢為禦史中丞。昶立，拜中書侍郎同平章事，累進左僕射，以太子太師政仕。性嗜藏書，酷好古文，精經術，曾按雍都舊本九經，命張德昭書之，刻石于成都學宮。又令門人句中正、孫逢吉書《文選》《初學記》《白氏六帖》，刻版行之。著有《爾雅音略》(宋史479/20下；宋史新編190/14下)。"[3] 退一步說，此書既為"影宋本"，所以即使不是毋昭裔的注音，其音注時代也不會晚於宋。

---

① 王力：《朱熹反切考》，載《龍蟲並雕齋文集》(三)，中華書局，1982年，第257—338頁。
② 竺家寧：《九經直音的濁音清化》，《木鐸》1979年第8期，第289—302頁。轉載于《九經直音韻母研究》，文史哲出版社，1980年，第185—198頁。
③ 昌彼得等編：《宋人傳記資料索引》，中華書局，1988年，第397頁。

此書注音的特點是：一字一音，全是直音，沒有反切。全書共有注音1583條。完全採用直音這種注音方式就說明其音不可能世襲自傳統韻書，而直接反映了當時作者的口語。在這1583條注音中，從《廣韻》音系的角度來看，同音互注例有1048條，約占總數的67％，在其餘的520條非同音音注條目中，反映了不少重要音變。《爾雅音略》全書發音部位相當的清濁聲母互注例（包括極少部分的濁音聲母互注例）共有91條。這對於我們研究宋初的濁音聲母清化問題，提供了十分珍貴的資料。

下面我們就把這些反映濁音聲母清化的音注資料分類一一列出。本文引例的體例是：先列出條目，再列出音韻地位。條目格式例如"(762)揭(竭)"，"(762)"是《爾雅音圖》一書的音注順序編號，"揭"是《爾雅》原文的被注音字，"(竭)"是毋昭裔所注的直音。注音字和被注音字後附的反切和中古音音標基本上依郭錫良先生的《漢字古音手冊》（北京大學出版社，1986）。郭書的古音系統和標音係採用王力先生《漢語史稿》上冊修訂本的意見。本書對此標音的聲母部分有所改動，說詳下文。郭書所注的反切是《廣韻》的反切（本文個別字注音系用《集韻》的反切）。標音後面的漢字古音地位說明依次是：攝、開合口、等、聲調、韻部、聲母，此項我們未從郭書，而從《古今字音對照手冊》（丁聲樹編錄，中華書局，1981）。本文所據的《爾雅音圖》一書系北京市中國書店1985年3月第1版影印本。

關於本文所依據的中古音濁聲母系統這里還需要說明兩點：

1. 關於《切韻》音系的聲母，本文採用邵榮芬先生《切韻研究》（中國社會科學出版社，1982）一書中所確定的37聲母說及其擬音。這個系統的全濁音聲母有11個，即：並[b]、定[d]、澄[ɖ]、從[dz]、崇[dʒ]、禪[dʑ]、群[g]、邪[z]、俟[ʒ]、船[ʑ]、匣[ɣ]。這個聲母系統與王力先生的中古音聲母系統在全濁聲母方面有兩點不同：（1）邵先生認為等韻中禪（床三）和船（禪三）的位置應互換，即禪母是塞擦音[dʑ]，船母是擦音[ʑ]；（2）莊組（照二）中有俟母（禪二）。

2. 在中古音後期，輕唇音"非敷奉微"業已產生。此已為音韻學界所公認。本文採用這四個聲母的擬音是[f、fʻ、v、m̩]的意見，說另詳。《爾雅音圖》的音注時代顯然處於中古音後期，故我們用以比較的中古濁聲母系統應包括"奉"母在內，即共有12個濁聲母。所以我們在依據《漢字古音手冊》的注音時據以上兩點做了若干改動。用音標標示所反映出來的音變顯然更為直觀。

《爾雅音圖》音注例中12個聲母均已明顯清化，下面我們分類列表並舉例說明如下：

	群		定		澄		並		奉		從		崇		船		禪		邪	匣	俟
清音	溪	見	透	端	知	章	滂	幫	敷	非	清	精	庄	知	澄	禪	书	章	心	晓	心
平	2		2			4	2	1		3						3	1	1		3	1
仄	11	3	9	3	5		1	4	1	1		5	1	2		1	2	1	4	11	

(一) 群母

1. 群母/溪母相混例(2例):

(678) 邛(穹)　　邛:渠容切　　gǐwoŋ　　通合三平鍾群
　　　　　　　　穹:去宫切　　kʻǐuŋ　　通合三平東溪
(1310) 鶀(欺)　　鶀:渠之切　　gǐə　　止開三平之群
　　　　　　　　欺:去其切　　kǐə　　止開三平之溪

2. 群母/見母相混例(11例):

(274) 跲(结)　　跲:巨业切　　gǐɐp　　咸開三入藥群
　　　　　　　　结:古屑切　　kiet　　山開四入屑見
(335) 跻(角)　　跻:其虐切　　gǐak　　宕開三入藥群
　　　　　　　　角:古岳切　　kɔk　　江開三入覺見
(566) 䅿(腃)　　䅿:渠卷切　　gǐwɛn　　山合三去線群
　　　　　　　　腃:居倦切　　kǐwɛn　　山合三去線見
(588) 寋(寋)　　寋:其偃切　　gǐɐn　　山開三上阮群
　　　　　　　　寋:居偃切　　kǐɐn　　山開三上阮見
(782) 勍(徑)　　勍:渠京切　　gγǐɐŋ　　山合三去線群
　　　　　　　　徑:古定切　　kǐɐŋ　　山合三去線見
(903) 菤(卷)　　菤:渠篆切　　gǐwɛn　　山合三上獮群
　　　　　　　　卷:居倦切　　kǐwɛn　　山合三去線見
(922) 簣(貴)　　簣:求位切　　gwi　　止合三去至群
　　　　　　　　貴:居胃切　　kǐwəi　　止合三去未見
(1016) 柜(巨)　　柜:居許切　　kǐo　　遇開三上語見
　　　　　　　　巨:其呂切　　gǐo　　遇開三上語群
(1299) 鶌(局)　　鶌:九勿切　　kǐwət　　臻合三入物見
　　　　　　　　局:渠玉切　　gǐwok　　通合三入燭群
(1374) 鱖(厥)　　鱖:其月切　　gǐwɐt　　山合三入月群
　　　　　　　　厥:居月切　　kǐwɐt　　山合三入月見
(1504) 倨(巨)　　倨:居御切　　kǐo　　遇合三去禦見
　　　　　　　　巨:其呂切　　gǐo　　遇合三上語群

(二) 定母

1. 定母/透母相混例(5例):

(195) 妥(頹)　　妥:通回切　　tʻuɒi　　蟹合一平灰透(《集韻》)

		頹：杜回切	duɒi	蟹合一平灰定
(931)	蹪（頹）	蹪：他回切	tʻuɒi	蟹合一平灰透
		頹：杜回切	duɒi	蟹合一平灰定
(990)	芏（杜）	芏：他魯切	tʻu	遇合一上姥透
		杜：徒古切	du	遇合一上姥定
(1207)	蛈（迭）	蛈：他結切	tʻiet	山開四入屑透
		迭：徒結切	diet	山開四入屑定
(1367)	鵌（屠）	鵌：湯故切	tʻu	遇合一去暮透
		屠：同都切	du	遇合一平模定

2. 定母/端母相混例(9例)

(142)	覿（的）	覿：徒盾切	diek	梗開四入錫定
		的：都盾切	tiek	梗開四入錫端
(313)	纛（到）	纛：徒到切	dɑk	效開一去號定
		到：都導切	tɑu	效開一去號端
(328)	柢（底）	柢：待禮切	diei	蟹開四上薺定（《集韻》）
		底：都禮切	tiei	蟹開四上薺端
(413)	㯭（得）	㯭：徒得切	dək	曾開一入德定
		得：多則切	tək	曾開一入德端
(561)	柢（弟）	柢：都計切	tiei	蟹開四去薺端
		弟：徒禮切	diei	蟹開四上薺定
(651)	禘（帝）	禘：特計切	diei	蟹開四去霽定
		帝：都計切	tiei	蟹開四去霽端
(795)	藋（吊）	藋：徒弔切	dieu	效開四去嘯定
		吊：多嘯切	tieu	效開四去嘯端
(914)	萏（膽）	萏：徒感切	dɒm	咸開一上感定
		膽：都敢切	tɑm	咸開一上敢端
(1199)	蛭（迭）	蛭：丁結切	tiet	山開四入屑端
		迭：徒結切	diet	山開四入屑定

(三) 澄母

1. 澄母/知母相混例(3例)：

(235)	箠（墜）	箠：竹恚切	ȶǐwe	止合三去寘知
		墜：直類切	ȡwi	止合三去至澄
(351)	挃（直）	挃：陟栗切	ȶǐĕt	臻開三入質知

			直：除力切	ȡǐək	曾開三入職澄
（1395）	鵫（棹）		鵫：都教切	ṭau	效開二去效知
			棹：直教切	ȡau	效開二去效澄

2. 澄母/章母相混例 5 例）：

（10）	晊（姪）	晊：之日切	tɕǐĕt	臻開三入質章
		姪：直一切	ȡǐet	臻開三入質澄
（172）	峙（止）	峙：直里切	ȡǐə	止開三上止澄
		止：諸市切	tɕǐə	止開三上止章
（323）	惴（墜）	惴：之睡切	tɕǐwe	止合三去寘章
		墜：直類切	ȡwi	止合三去至澄
（1212）	翥（住）	翥：章恕切	tɕǐo	遇開三去御章
		住：持遇切	ȡǐu	遇合三去遇澄
（1509）	鱀（住）	鱀：之戍切	tɕǐu	遇合三去遇章
		住：持遇切	ȡǐu	遇合三去遇澄

（四）並母

1. 並母/滂母相混例(5 例)：

（100）	痡（蒲）	痡：普胡切	p'u	遇合一平模滂
		蒲：薄胡切	bu	遇合一平模並
（365）	甹（屏）	甹：普丁切	p'ieŋ	梗開四平青滂
		屏：薄經切	bieŋ	梗開四平青並
（385）	擗（劈）	擗：房益切	bǐɛk	梗開三入昔並
		劈：普擊切	p'iek	梗開四入錫滂
（1228）	魾（皮）	魾：敷悲切	p'i	止開三平脂滂
		皮：符羈切	bǐe	止開三平支並
（1540）	駓（皮）	駓：敷悲切	p'i	止開三平脂滂
		皮：符羈切	bǐe	止開三平支並

2. 並母/幫母相混例(6 例)：

（48）	摽（俵）	摽：符少切	bǐɛu	效開三上小並
		俵：方廟切	pǐɛu	效開三去效幫
（478）	繴（璧）	繴：毗亦切	bǐɛk	梗開三入昔並（《集韻》）
		璧：必益切	pǐɛk	梗開三入昔幫

(800)	（避）	：必至切	pi	止開三去至幫
		避：毗義切	bǐe	止開三去寘並
(924)	萹（遍）	萹：卑眠切	pien	山開四平先幫（《集韻》）
		遍：蒲眠切	bien	山開四平先並（《集韻》）
(1357)	鵖（必）	鵖：皮及切	bǐəp	深開三入緝並
		必：卑吉切	pǐeět	臻開三入質幫
(1362)	痺（脾）	痺：府移切	pǐe	止開三平支幫
		脾：符支切	bǐe	止開三平支並

(五) 奉母

1. 奉母/敷母相混例(2例)

(877)	抔（浮）	抔：匹尤切	f'ǐəu	流開三平尤敷
		浮：縛謀切	vǐəu	流開三平尤奉
(1151)	蝮（復）	蝮：芳福切	f'ǐuk	通合三入屋敷
		復：房六切	vǐuk	通合三入屋奉

2. 奉母/非母相混例(1例)：

| (1264) | 柎（付） | 柎：符遇切 | vǐu | 遇合三去遇奉 |
| | | 付：方遇切 | fǐu | 遇合三去遇非 |

(六) 從母

1. 從母/清母相混例(3例)：

(112)	瘥（瑳）	瘥：昨何切	dzɑ	果開一平歌從
		瑳：七何切	ts'ɑ	果開一平歌清
(889)	蔖（粗）	蔖：昨何切	dzu	果開一平歌從
		粗：千胡切	ts'u	遇合一平模清
(917)	蒫（搓）	蒫：昨何切	dzɑ	果開一平歌從
		搓：七何切	ts'ɑ	果開一平歌清

2. 從母/精母相混例(5例)：

(117)	薺（際）	薺：在詣切	dziei	蟹開四去霽從
		際：子例切	tsǐɛi	蟹開三去祭精
(254)	懠（濟）	懠：在詣切	dziei	蟹開四去霽從

(525)	霽（淨）	霽：子計切	tsiei	蟹開四去霽精
		霽：子孕切	tsĭəŋ	曾開三去證精
		淨：疾政切	dzĭɛŋ	梗開三去勁從
(547)	鏃（族）	鏃：作木切	tsuk	通合一入屋精
		族：昨木切	dzuk	通合一入屋從
(718)	崒（卒）	崒：慈邱切	dzĭuĕt	臻合三入術從
		卒：子聿切	tsĭuĕt	臻合三入術精
		臧沒切	tsuət	臻合一入沒精

(七)崇母

1.崇母/莊母相混例(1例)：

| (578) | 棧（盞） | 棧：士限切 | dʒæn | 山開二上產崇 |
| | | 盞：阻限切 | tʃæn | 山開二上產莊 |

2.崇母/知母相混例(2例)：

(471)	簎（卓）	簎：側角切	dʒɔk	江開二入覺崇
		卓：竹角切	ʈɔk	江開二入覺知
(740)	汋（卓）	汋：士角切	dʒɔk	江開二入覺崇
		卓：竹角切	ʈɔk	江開二入覺知

3.崇母/澄母相混例(3例)：

| (83)(599)(705) | 重(崇) | 重：直容切 | ɖɨwoŋ | 通合三平鍾澄 |
| | | 崇：鋤弓切 | dʒĭuŋ | 通合三平東崇 |

這裡有兩點需要說明一下。首先，此處中崇母／澄母相混的3例，置於崇母項下還是澄母項下均可，本文暫置於崇母項下。它們表面上雖然只是濁母之間的互注，但實際上二母均已清化，而且我們認為它們清化後都讀送氣塞擦音。所以在說明音變時則兩母互見。其次，《爾雅音圖》音注的中古知、莊、章三組聲母已經合流為兩組讀音。大致是知二／莊組為一套聲母，與洪音韻母相配；知三／章組為一套聲母，與細音韻母相配。說詳另文。

(八)船母

船母/襌母相混例(4例):

(41)	諡（侍）	諡：神至切	ʑi	止開三去至船
		侍：時吏切	dʑǐə	止開三去至襌
(69)	遄（船）	遄：市緣切	dʑǐwɛn	山合三平仙襌
		船：食川切	ʑǐwɛn	山合三平仙船
(1235)	鯪（承）	鯪：食陵切	ʑǐəŋ	曾開三平蒸船
		承：署陵切	dʑǐəŋ	曾開三平蒸襌
(1483)	乘（承）	乘：食陵切	ʑǐəŋ	曾開三平蒸船
		承：署陵切	dʑǐəŋ	曾開三平蒸襌

按：此類注音例比較特殊，因為是兩個濁音聲母"船母"[ʑ]和"襌母"[dʑ]互注，這裡暫放在船母類，其實放在襌母類中亦無不可。但這兩類聲母在《爾雅音圖》的音注體系中均已清化是沒有問題的，至於它們清化以後的音變方向，詳後文討論。

(九)襌母

1. 襌母/書母相混例(3例)

(656)	狩（受）	狩：舒救切	ɕǐəu	流開三去宥書
		受：殖酉切	dʑǐəu	流開三上有襌
(670)	喻（殊）	喻：式朱切	ɕǐu	遇合三平虞書
		殊：市朱切	dʑǐu	遇古三平虞襌
(1295)	笹（世）	笹：時制切	dʑǐɛi	蟹開三去祭襌
		世：舒制切	ɕǐɛi	蟹開三去祭書

2. 襌母/章母相混例(2例)

(248)	煁（針）	煁：氏任切	dʑǐěm	深開三平侵襌
		針：職深切	tɕǐěm	深開三平侵章
(374)	尰（腫）	尰：時宂切	dʑǐwoŋ	通合三上腫襌
		腫：之隴切	tɕǐwoŋ	通合三上腫章

(十)邪母

邪母/心母相混例(4例)

(75)(611)	相（象）	相：息亮切	sǐaŋ	宕開三去漾心
		象：徐雨切	zǐaŋ	宕開三上養邪
(203)	徇（遜）	徇：辭閏切	zǐuěn	臻合三去稕邪

遜：蘇困切 suən 臻合一去恩心
(792) 瀡（遂）瀡：徐醉切 zwi 止合三去至邪
遂：雖遂切 swi 止合三去至心

（十一）匣母

匣母/曉母相混例(14例)：

(129) 熯（旱）熯：呼旰切 xɑn 山開一去翰曉
旱：胡笴切 ɣɑn 山開一上旱匣
(170) 鶊（係）鶊：虛器切 xi 止開三去至曉
係：胡計切 ɣiei 蟹開四去霽匣（《集韻》）
(302) 沆（忼）沆：胡郎切 ɣɑŋ 宕開一平唐匣
忼：呼郎切 xɑŋ 宕開一平唐曉
(359) 嘒（惠）嘒：呼惠切 xiwei 蟹合四去霽曉
惠：胡桂切 ɣiwei 蟹合四去霽匣
(360) 琄（楦）琄：胡畎切 ɣiwen 山合四上銑匣
楦：虛願切 xĭwɐn 山合三去願曉
(363) 塙（學）塙：許角切 xɔk 江開二入覺曉
學：胡覺切 ɣɔk 江開二入覺匣
(498) 襭（歇）襭：胡結切 ɣiet 山開四入屑匣
歇：許竭切 xĭɐt 山開三入月曉
(508) 餀（亥）餀：呼艾切 xɑi 蟹開一去泰曉
亥：胡改切 ɣɒi 蟹開一上海匣
(509) 餯（惠）餯：許穢切 xĭwɐi 蟹合三去廢曉
惠：米桂切 ɣiwei 蟹合四去霽匣
(529) 翮（黑）翮：下革切 ɣæk 梗開三入麥匣
黑：呼北切 xək 曾開一入德曉
(913) 菡（漢）菡：米感切 ɣɒm 鹹開一上感匣
漢：呼旰切 xɑn 山開一去翰匣
(1093) 槐（歪）槐：戶乘切 ɣwɐi 蟹合二平皆匣
歪：火煱切 xwai 蟹合二平佳曉
(1096) 炕（杭）炕：呼郎切 xɑŋ 宕開一平唐曉
杭：胡郎切 ɣɑŋ 宕開一平唐匣
(1213) 罅（夏）罅：呼訝切 xa 假開二去禡曉
夏：胡駕切 ɣa 假開二去禡匣

"鏟"字《廣韻》《集韻》均無。周祖謨《爾雅校箋》(江蘇古籍出版社,1982,第139頁)作"鏟",今取以比較。

(十二)俟母

俟母/心母相混例(1例)

(318) 漦(斯)漦：俟甾切　　ʒĭə　　止開三平之俟
　　　　斯：息移切　　sĭe　　止開三平之心

以上音注資料或以清音注濁音,或以濁音注清音,而且包含了各種發音部位的濁聲母,表明現代大部分官話方言的濁音清化規律與格局在距今近千年的宋代即已形成。下面我們按照聲母的發音方法分濁塞音、濁塞擦音和濁擦音三種情況總結一下《爾雅音圖》音注的濁音清化規律。

(一)濁塞音(並、定、澄、群)

1. 平聲變為送氣的清音。(1)群母>溪母;(2)定母>透母;(3)並母>滂母。
2. 仄聲變為不送氣的清音。(1)群母>見母;(2)定母>端母;(3)澄母>知母、章母;(4)並母>幫母。

此規律在定、並二母中有個別例外。

(二)濁塞擦音(從、崇、禪)

1. 從母的情況同濁塞音。平聲變為送氣的清音:從母>清母;仄聲變為不送氣的清音:從母>精母。
2. 崇母的情況同濁塞音。平聲變為送氣清音:崇母>澄母;仄聲變為不送氣清音,即崇母>莊母和崇母>知母。
3. 禪母在本書音注中的音變規律不明顯,變清擦音三例,即禪母>書母;變清塞擦音二例,即禪母>章母。至於禪母與船母的相混例,情況或與此相類,本文暫歸在船母類中敘述。

(三)濁擦音(奉、邪、船、俟、匣)

1. 奉母>非母或敷母。在《爾雅音圖》的音注體系中,輕唇音雖已產生,但非母、敷母不分。
2. 邪母仄聲變清擦音,即邪母>心母。平聲無音注例。
3. 船母在《爾雅音圖》中只與禪母互注,平聲三例,仄聲一例。平聲當讀送氣的清塞擦音,仄聲當讀清擦音。因為整個濁聲母系統均已清化,所以在中古音系中"船、禪"雖都是濁聲母,也無疑是清音之間的互注。

4. 俟母不分是平聲還是仄聲均讀清擦音，即：俟＞心。
5. 匣母不分是平聲還是仄聲均讀清擦音，即：匣＞曉。

根據以上音注資料所反映的濁音聲母清化情況，我們認為《爾雅音圖》音注的音系基礎無疑是一種官話方言。它的濁音清化規律與《切韻》音系至今北京話的清化規律基本相同。看來，今北方話濁音清化局面至晚在宋代的某些方言中業已形成。

除此之外，我們認為上述濁音清化的音注資料還有下列兩項價值：

第一，提供了"漦"字的宋代讀音資料，對確定《切韻》音系中"俟母（禪二）"的音韻地位、語言演變和"漦"字今讀有重要參考價值。我們知道，《切韻》音系中的"俟母（禪二）"是一個獨立聲母，但這個聲母只有"漦""俟"兩個小韻。此中"俟"字的今音比較清楚，但"漦"字因比較冷僻，多不詳其後來讀音，故其音韻地位頗難確定。所以"俟母"的確立與否終是一個懸案。董同龢先生說："俟母只仄聲的'俟'現在還用，讀[sɿ⁵¹]；平聲的'漦'讀法不詳。"① 當代辭書把"漦"標作 li（中文拼音），那恐怕是根據類推產生的一種誤讀。根據《爾雅音圖》對此字的注音為"斯"，再參考與其同聲母的"俟"字的今讀，可知"漦"字今音應讀 si。"漦"的這一音讀還可以從現代漢語方言中找到旁證。近年來李榮先生在《〈切韻〉與方言》中根據部分現代方言資料對"漦"字的讀音作了進一步的確定。②《爾雅音圖》音注明確注明"漦"讀"斯"，無疑可與李先生引的諸方言資料互相證明。這不但對中古俟母的存在提供了有力的支援，還可以糾正當代辭書注音之誤。

第二，確認了官話方言的濁音聲母清化完成時間是在入聲消失之前。以前人們只是根據《中原音韻》濁入聲字的讀音情況從邏輯上推測濁音清化早於入聲消失，因為原來的濁音入聲字雖然有一部分變了平聲，但仍舊保持它們的不送氣狀態。③《爾雅音圖》的音注資料明確表明入聲並未消失，而濁聲母則已清化。這跟現代方音中江淮官話、晉語濁聲母已經清化而仍保持入聲的情況也正好相應。

本文載《語文研究》1991年第2期（總第39期），第21-29頁。

---

① 董同龢：《漢語音韻學》，（台灣）學生書局，1968年，第214頁。
② 李榮：《語文論衡》，商務印書館，1985年，第42頁。
③ 王力：《漢語史稿》（上冊），中華書局，1980年，第110—111頁。

二、韻母篇

《爾雅音圖》音注所反映的宋初四項韻母音變

引 言

《爾雅音圖》(以下簡稱《音圖》)音注是研究宋初漢語音韻的一份重要資料,迄今未見有人研究過。筆者近年來用了較多的時間對這份資料進行了整理,發掘了該書中所反映的一些比較重要而又具有一定普遍性的歷史音變,並陸續做了若干探討。關於聲母方面,我們已經撰寫了《<爾雅音圖>音注所反映的宋初零聲母》[①] 和《<爾雅音圖>音注所反映的宋代濁音清化》[②] 兩篇文章。在本文中,我們擬探討一下此書中所反映的四種比較重要的韻元音變:-m 尾消變、入聲韻母消變、止攝諸韻的合流、止蟹二攝的合流,希望這一探討能對漢語語音史特別是近代漢語語音史的深入研究有若干幫助。文中不妥之處,敬請同行批評指正。

一、《爾雅音圖》音注概說

《音圖》一書系清嘉慶六年(1801)曾燠"藝學軒"複影宋繪圖本。此書一般的古籍目錄均僅題作"三卷,晉郭璞注",故多為音韻研究者所忽略。此書有《圖》有《注》,《注》後有《音》。《注》為郭璞注無疑,但《圖》和《音》均未署作者。該書卷首載有南城曾燠於嘉慶六年所寫的《敘》。曾《敘》認為《圖》為宋元人所繪,其《音》,則確定地認為系采自後蜀毋昭裔的《音略》。曾氏《爾雅圖重刊影宋本敘》說:"《爾雅圖》三卷,下卷分前後二卷,實四卷,元人寫本,題《影宋鈔繪圖爾雅》。案:郭氏《敘》云別為《音》《圖》,則郭本有《圖》及《音義》與《注》別行。……至蜀毋昭裔以釋智騫及陸元朗《釋文》一字有兩音或三音,後生疑于呼讀,擇其文義最明者為定,作《音略》三卷,見晁陳二《志》及《玉海》。此本經文內有《音》,中下卷有《圖》,其《音》則較之《釋文》所載郭音或音或用反語多不合,而附經為三卷,正是《音略》卷數,當為毋昭裔音,其《圖》則宋元人所繪,……毋昭裔去宋甚近,所為蜀本書傳世亦多,宜其音尚存。宋人作韻書,惟取沈約孫愐定本,其有古音相戾者即不收入。故楊伯岩作《九經韻補》以證其

---

① 馮蒸:《<爾雅音圖>音注所反映的宋初零聲母》,《漢字文化》1991 年第 1 期,第 29—36 頁。
② 馮蒸:《<爾雅音圖>音注所放映的宋代濁音清化》,《語文研究》1991 年第 2 期,第 21—29 頁。

缺略，郭音既不存，毋昭裔《音略》亦無傳者。後世圖書又分為二家之學，若《孫子兵法》《山海經》諸書皆有書無圖，然則舊音及圖賴有宋本存其梗概，良足寶矣。"

經筆者核對，此書所附的注音非郭璞音確信無疑。但是否就是毋昭裔音，因為缺乏其他更為直接的證據，曾氏所說不一定就是定論。但在沒有其他反證出現之前，暫從曾說也未為不可。清代著名學者孫星衍在見到原書後也認為是毋昭裔音。他說："右《爾雅音圖》四卷，本三卷，大版。十二行，廿字，卷上自釋詁至釋親，四篇，有音無圖。卷中，自釋宮至釋水，八篇；卷下前，自釋草至釋蟲，三篇；卷下後，自釋魚至釋畜，四篇，皆有音圖。按郭璞圖亡于梁，後有江灌圖，毋昭裔音略。此本當即江灌圖昭裔音也。圖亦宋元人手筆，朱綠如新，今于曾轉運署見此，因屬姚君之麟重摹刊版。"① 故本文暫從曾、孫二氏的說法，定為毋昭裔音。毋昭裔為後蜀（934—965）著名學者，河中龍門人，著有《爾雅音略》三卷，《宋史》和《宋史新編》中有其傳。《宋人傳記資料索引》說："毋昭裔，河中龍門人，守素（921—973）父。博學有才名。孟知祥擢為禦史中丞。昶立，拜中書侍郎同平章事，累進左僕射，以太子太師致仕。性嗜藏書，酷好古文，精經術，嘗按雍都舊本九經，命張德昭書之，刻石于成都學宮。又令門人句中正、孫逢吉書《文選》《初學記》《白氏六貼》，刻版行之，著有《爾雅音略》。"② 退一步說，此書既為"影宋本"，所以即使不是毋昭裔的注音，其音注時代也不會晚于宋。

此書注音的特點是：一字一音，全是直音，沒有反切。全書共有 1583 條。完全採用直音這種方式就說明其音不可能是襲自傳統韻書，而直接反映了當時作者的口語。本文所根據的《爾雅音圖》一書系北京市中國書店 1985 年 3 月第 1 版影印本。該書系據光緒十年（1884）上海同文書局本影印。在本文中，我們把這 1583 條注音按照在原書出現的順序全部依次摘出，並加以編號附在文末，以供徵引時核查。

本文引例的體例是：先列出條目，再列出音韻地位。條目格式例如："（18）妉（丹）"，"（18）"是《爾雅音圖》一書的音注順序編號，"妉"是《爾雅》原文的被注音字，"（丹）"是毋昭裔所注的直音。注音字和被注音字後附的反切和中古音標均依郭錫良先生的《漢字古音手冊》（北京大學出版社，1986）。郭書的古音系統和標音系採用王力先生《漢語史稿》上冊修訂本的意見。郭書所注的反切是《廣韻》的反切。標音後面的漢字古音地位說明依次是：攝、開合口、等、聲調、韻部、聲母。此項注音的順序我們未從郭書，而從《古今字音對照手冊》（丁聲樹編錄，李榮參訂，中華書局，1982）。

在《音圖》一書的 1583 條音注中，從《廣韻》音系的角度來看，同音互注例 1063 條，約占總數的 67%，在其餘 520 條非同音音注條目中，反映了不少重要音變，是我們研究宋代漢語音韻的一份珍貴資料。下面我們就分別討論一下這四項比較重要的韻母音變。

---

① 孫星衍、陳宗彝：《廉石居藏書記內編》卷上，叢書集成本，第 4 頁。
② 昌彼得等編：《宋人傳記資料索引》，中華書局，1988 年，第 397 頁。

二、《爾雅音圖》音注所反映的 –m 尾消變

中古音–m 尾韻在北方話里的消失是近代漢語的重要語音特徵之一。① 關於–m 尾的消變時間,目前音韻學界雖無定論,但意見大體一致。王力先生認為:"在北方話里,–m 的全部消失,不能晚於 16 世紀,因為 17 世紀初葉(1626)的《西儒耳目資》里已經不再有–m 尾的韻了。""到了 16 世紀,–m 尾變了–n 尾。"② 楊耐思先生認為:"–m 的部分轉化不晚於 14 世紀,全部轉化不晚于 16 世紀初葉。"③ 麥耘先生認為:"在共同語音北支中,–m 韻尾消變於《青郊雜著》與《正音捃言》之間,即 16 世紀晚期;而在共同語音南支中,–m 韻尾消失的上限就要到 18 世紀初葉,至於其下限,還有待新的材料來揭示。"④ 以上三說,意見基本一致,即在 16 世紀北方話中–m 韻尾已經完全消失。

《爾雅音圖》中的音注資料顯然可以補正上述說法。

《爾雅音圖》中–m 尾、–n 尾互注字例共有 19 條,數量雖然不多,但確是十分珍貴而又可靠的資料,很值得我們注意。

這 19 條音注資料,如果以中古的韻攝為單位,可以分成兩大類:(一)咸攝山攝舒聲相混例,共 15 條;(二)深攝臻攝舒聲相混例,共有 4 條。我們顯然可以看出,這兩類韻攝舒聲的分別混同,是以主要元音相同為條件的。根據筆者的研究:(一)類韻攝的主要元音是 a;(二)類韻攝的主要元音是 ə。筆者同時還認為中古以來同一韻攝的諸韻主要元音完全相同,說詳拙作《〈四聲等子〉和〈切韻指掌圖〉的韻母系統及其構擬》一文。⑤ 下面我們就把這兩類音注相混例分別列舉如下:

(一)咸攝山攝舒聲相混例(15 例)

（17） 衎（勘）
衎:苦旰切　　　　k'an　　　　山開一去翰溪(寒)
勘:苦紺切　　　　k'ɑm　　　　咸開一去勘溪(覃)
（18） 姌（丹）
姌:丁含切　　　　tɑm　　　　咸開一平覃端
丹:都寒切　　　　tan　　　　山開一平寒端
（122） 癉（談）
癉:徒干切　　　　dan　　　　山開一平寒定

---

① 王力:《漢語史稿》(上冊),中華書局,1980 年,第 35 頁。
② 王力:《漢語史稿》(上冊),中華書局,1980 年,第 35 頁。
③ 楊耐思:《近代漢語–m 的轉化》,《語言學論叢》第七輯,商務印書館,1981 年,第 27 頁。
④ 《廣州青年語言學論叢》,第二輯,1988 年。
⑤ 《漢字漢語學術研討會論文集》(下),1991 年,吉林教育出版社,第 129—152 頁。

談:徒甘切		dɑm	咸山一平談定
(307) 饘（占）			
饘:諸延切		tɕiɛn	山開三平仙章
占:職廉切		tɕiɛm	咸開三平鹽章
(308) 繭（減）			
繭:古典切		kien	山開四上銑見(先)
減:古斬切		kɐm	咸開二上豏見(咸)
(329) 懕（嫣）			
懕:一鹽切		ʔiɛm	咸開三平鹽影
嫣:於幹切		ʔiɛn	山開三平仙影
(753) 燀（諂）			
燀:昌善切		tɕʰiɛn	山開三上獮昌(仙)
諂:醜琰切		tʰiɛm	咸開三上琰徹(鹽)
(913) 菡（漢）			
菡:胡感切		ɣɒm	咸開一上感匣(覃)
漢:呼旰切		xɑn	山開一去翰曉(寒)
(1026) 菼（坦）			
菼:吐敢切		tʰɑm	咸開一上敢透(談)
坦:他坦切		tʰɑn	山開一上旱透(寒)
(1173) 蚦（然）			
蚦:汝鹽切		ʑiɛm	咸開三平鹽日
然:如鹽切		ʑiɛn	山開三平仙日
(1218) 鱣（佔）			
鱣:張連切		ţiɛn	山開三平仙知
佔:職廉切		tɕiɛm	咸開三平鹽章
(1372) 鸇（占）			
鸇:諸延切		tɕiɛn	山開三開仙章
占:職廉切		tɕiɛm	咸開三平鹽章
(1426) 豜（檢）			
豜:吉典切		kien	山開四上銑見《集韻》
檢:居奄切		kiɛm	咸開三上琰見
(1486) 鼸（現）			
鼸:胡忝切		ɣiem	咸開四上忝匣(添)
現:胡甸切		ɣien	山開四去霰匣(先)
(1572) 獫（煉）			
獫:力驗切		liɛm	咸開三去豔來(鹽)

煉:郎電切	lien		山開四去霰來(先)

(二)深攝臻攝舒聲相混例(4例)

（15） 綝（嗔）
綝:丑林切　　ȶʻĭĕm　　深開三平侵徹
嗔:昌真切　　tɕʻĭĕn　　臻開三平真昌

（30） 諶（辰）
諶:氏任切　　ʑĭĕm　　深開三平侵禪
辰:植鄰切　　ʑĭĕn　　臻開三平真禪

（165） 廞（欣）
廞:許金切　　xĭĕm　　深開三平侵曉
欣:許斤切　　xĭən　　臻開三平欣曉

（243） 琛（珍）
琛:丑林切　　ȶʻĭĕm　　深開三平侵徹
珍:陟鄰切　　ȶĭĕn　　臻開三平真知

　　根據以上19例，我們認為在毋昭裔的音系中，咸、深二攝的-m尾已經分別變同山、臻二攝的-n尾。而且這種演變不是孤立的，在入聲韻母的演變中亦有與此平行的發展，說詳下文。可見這種音變不是偶然的。這樣，就比通常所認為的漢語北方話-m尾的消變時間提早好幾個世紀。假如《爾雅音圖》音注確為毋昭裔音的話，其地望為河中龍門，地當今河南、山西交界處附近，系中原地區。該音系無疑是一官話音系，但這個音系是否是當時的共同語音系，尚不得而知。好在本文的目的只是想說明在宋代的某個北方方言中已確有-m變-n的實例存在。雖然在元代的《中原音韻》中尚保存有-m韻尾，並不妨礙比其時代早的宋代某些官話方言中-m尾已經消失。

三、《爾雅音圖》音注所反映的入聲韻母消變

　　入聲韻母的消變是漢語語音史研究的主要內容之一。目前音韻學界普遍認為，唐五代時期中古的入聲韻母尚基本上保存完好，而在元代的北方話中則入聲韻已普遍消失。[1] 所以入聲韻的演變集中在宋代進行。據此，考察宋代漢語音韻史料中的入聲演變就成為漢語語音史研究的一項重要任務。時代為宋初的《爾雅音圖》音注資料對考察宋代入聲韻母的演變情況無疑提供了十分重要的依據。

　　如果以中古的音韻為單位來觀察中古以來入聲韻母的演變方式，大約可以區分為這樣三種類型：1.同攝入聲韻的合流；2.異攝同尾入聲韻的合流；3.異尾入聲韻

---

[1] 王力：《汉语语音史》，中国社会科学院出版社，1985年。

的合流。這三種類型在宋代入聲韻的演變中都存在,可以這樣說,它們分別代表了入聲韻演變的三個階段,應該一個比一個出現得早。這三種音變類型可以看作是入聲韻母演變的一個時代標尺。如果對此三型細加分析,可以看出前兩種音變類型反映了入聲韻母的一種格局,第二種類型反映了入聲韻母的另一種格局。二者在韻母結構上有著本質的不同。一般來說,宋代前期的入聲韻是第一種格局,宋代中晚期的入聲韻是第二種格局。五代兩宋詞的入聲用韻大致可以證成我們的這種看法。

我們先分析一下第一種格局的兩種音變類型。第 1 種音變類型:同攝入聲韻的合流似乎不必多做解釋,這是一種主要元音音位的合併現象,條件是韻尾相同,主要元音相近。幾乎在所有的入聲韻攝中都有此種情況發生,是一個相當普遍的音變類型。而且不止在入聲韻中是如此,在陰聲韻攝和陽聲韻攝中都有類例。由於材料的限制,《音圖》音注中出現了四個同攝入聲韻的合流音變,它們是:通攝入聲韻的合流、梗攝入聲韻的合流、山攝入聲韻的合流和咸攝入聲韻的合流。這種類型的音變共有 37 例,詳細的例證見下文。第 2 種音變類型——異攝同尾入聲韻的合流,具體來說指的就是梗曾二攝入聲韻的合流和江宕二攝入聲韻的合流。入聲韻攝的這種演變是與陽聲韻攝的同類演變完全平行的。這種音變在合流以前和合流以後入聲韻尾並無變化,即仍都是-k。如果某一種音韻資料中只有這兩種類型的入聲消變,那麼我們就認為該音系中入聲韻的-p、-t、-k 尾仍保存完好,只是由 9 個入聲韻攝簡化為 7 個入聲韻攝而已。這種情況的合流音變在《音圖》音注中共有 17 例。但屬於第二種音變格局中的第 3 種音變類型——異尾入聲韻的合流則與第 1、2 種音變類型性質完全不同了。換言之,由於不同韻尾的入聲韻攝發生了混併,顯然表明此時入聲韻尾-p、-t、-k 已經消變為-ʔ,但須注意,這種不同韻尾入聲韻的合流是以主要元音相同為條件的。《音圖》音注中出現的這種異尾入聲音韻的合流共有 22 例,顯然是一個不容忽視的現象。

以上三種入聲韻音變類型特別是第 3 種音變類型反映了毋昭裔音系的本質。它們構成了入聲韻演變的第二種音系格局,但除了這三種音變類型外,《音圖》音注中尚有少數入聲韻與陰聲韻互為注音之例,顯然,這本來是一種非常晚近的音變現象了,但居然早在宋初的毋昭裔音系中就已出現,當可視為入聲消失的先聲,也是所謂"入派三聲"的濫觴。如把這種現象視為上述三型之後的第 4 種入聲音變類型,亦無不可。但由於例子太少,故音變規律不太明晰,這裡暫時把它們統統歸在一起,略加分類排比,不再做什麼推論。《音圖》全書此類音注共 8 條,數量雖然不多,但是也很值得注意。

除了以上四種情況以外,尚有少數的不符合上述規律的所謂孤立音變(isolative sound change)例,這些音變大概都是一種個別現象,可能其中也不是全無規律可尋,但由於例子太少,不便推斷。這裡暫把它們列為第 5 項,有關例證均一一列出,以待今後進一步的研究。此項音變共有 10 例。

總而言之,我們認為,宋代入聲韻演變的兩種格局,既可以按時間來區分,也可以按空間來區分。但似乎按時間來區分更好一點,然後再輔之以空間分佈的說明,這樣就可以基本上反映出宋代入聲韻的演變概貌。本文所說的第一種格局顯然時代較早,上文已經指出,當發生在宋代時期。但毫無疑問,在這個時期內也並非所有的漢語官話都是如此,肯定也有第二種格局的情況存在。《音圖》音注的情況即是如此。我們認為《音圖》注音的時代為宋代,但它的入聲韻尾已經不是-p、-t、-k 分立,而是混同於-ʔ。第二種格局的時代較晚,上文亦已指出,在宋代的中晚期當是如此,即入聲韻尾只有一個喉塞尾-ʔ,但我們也只能說這一時期多數官話方言或者說共同語言音系是如此,但非此地區也一定有第一種格局的情況存在。所以我們不可以把這種區分絕對化。以上這兩種入聲格局的區分無疑是一種客觀存在,是不容忽視的音變現實。宋代音韻的深入研究可以把這兩種音變格局的具體時空分佈進一步確定下來。

我們對《音圖》音注入聲韻演變的這些看法,可以得到宋詞入聲用韻研究結果的支持。據有人研究五代兩宋詞的用韻,認為其入聲韻可細分兩個階段:五代到宋初王詵、蘇軾以前為第一階段,這一階段的特點是,韻尾-p、-t、-k 並存;從王詵、蘇軾開始到宋末為第二階段,這一階段的特點是除了少數人以外,韻尾-p、-t、-k 的對立已不存在。但這只是總的情況,在這一時期的用韻中也顯示出某些方音差異,比較突出的是在第二階段少數江浙詞人如浙江詞人仲殊、史浩(鄞縣人)、盧祖皋(永嘉人)和江蘇詞人范成大(吳郡人)、陳三聘(吳郡人)等人用韻時仍保持-p、-t、-k 尾各類韻不混,表現出與通語不同的特點。[①] 與我們的看法完全相同。至於有人根據《切韻指掌圖》《四聲等子》《皇極經世·聲音唱和圖》《皇極經世起數決》等宋代韻圖的入聲兼承陰陽韻情況而推測其時入聲只有-p、-ʔ 或-k、-ʔ 尾的看法,筆者認為不能成立,對此我們已有另文發表,不再多贅。[②]

《音圖》音注中共有入聲音注資料 94 條,下面我們就把這些條目所反映的入聲韻母混同情況分類列舉如下,以證成我們的上述看法。我們把這些入聲音注條目以攝為單位分為四種情況列出,同類型的音變則又以等位為次序,等位相同的再按音注條目順序號排列。

另外,這些入聲韻母消變以後,中古音中攝和等的觀念都發生了很大的變化。首先,攝的界限已經趨於泯滅,即從十六攝變為十三攝後又變為此時的近乎十一攝。這十一攝是:陰聲六攝(止、遇、蟹、效、果/假、流);陽聲五攝(通、江/宕、臻/深、梗/曾、山/咸),與陽聲對應的入聲則又變為四攝:即臻/深、梗/曾入聲為一攝。其次,同等或異等的韻母也同時發生了合併現象,一、二等的對立還基本存在,而三、四等的對立已經消失。對此,我們另有專文探討,此處不再多述。

---

① 《文字與文化叢書》(二),光明日報出版社,1987 年,第 258—260 頁。
② 《論〈四聲等子〉和〈切韻指掌圖〉的韻母系統及其構擬》,《漢字漢語學術研討會論文集》(下),吉林教育出版社,1991 年,第 129—152 頁。

(一)通攝入聲 -uʔ (11例)

1. 同攝入聲相混例 (7例)

(51)(206) 告(穀)
    告：古沃切　　　　kuok　　　　通合一入沃見
    穀：古祿切　　　　kuk　　　　通合一入屋見

(149) 梏(穀)
    梏：古沃切　　　　kuok　　　　通合一入沃見
    穀：古祿切　　　　kuk　　　　通合一入屋見

(304) 燠(浴)
    燠：於六切　　　　ĭuk　　　　通合三入屋影
    浴：余蜀切　　　　jĭwok　　　通合三入燭以

(460) 斸(竹)
    斸：陟玉切　　　　ţĭwok　　　通合三入燭知
    竹：張六切　　　　ţĭuk　　　　通合三入屋知

(542) 鵠(斛)
    鵠：胡沃切　　　　ɣuok　　　　通合一入沃匣
    斛：胡谷切　　　　ɣuk　　　　通合一入屋匣

(1319) 鶩(木)
    鶩：莫六切　　　　mĭuk　　　通合三入屋明
    木：莫卜切　　　　muk　　　　通合一入屋明

按：此條"鶩"字《廣韻》除有"亡遇切"一讀外，"又音目"。此處應取其入聲一讀。

2. 異攝同尾入聲韻相混例 (2例)

(671) 湨(菊)
    湨：古闃切　　　　kwiek　　　梗合四入錫見
    菊：居六切　　　　kĭuk　　　　通合三入屋見

(1447) 䤶(菊)
    䤶：古闃切　　　　kwiek　　　梗合四入錫見
    菊：居六切　　　　kĭuk　　　　通合三入屋見

3. 異尾入聲韻相混例 (2例)

(830) 葵(獨)
    葵：陀骨切　　　　duət　　　　臻合一入沒定
    獨：徒谷切　　　　duk　　　　通合一入屋定

(1299) 鶌(局)
    鶌：九勿切　　　　kĭwət　　　臻合三入物見

局：渠玉切 gǐwok 通合三入燭群

按：以上四條僅限合口。

(二) 江攝/宕攝入聲 –aʔ/–ɔʔ (9例)

1. 同攝入聲韻相混例 (1例)

(514)　斮(卓)
　　　斮：側角切　　　　tʃɔk　　　　　　江開二入覺莊
　　　卓：竹角切　　　　ʈɔk　　　　　　江開二入覺知

2. 異攝同尾入聲韻相混例 (4例)

(335)　躩(角)
　　　躩：其虐切　　　　gǐak　　　　　　宕開三入藥群
　　　角：古岳切　　　　kɔk　　　　　　江開二入覺見

(817)　藥(樂)
　　　藥：以灼切　　　　jǐak　　　　　　宕開三入藥余
　　　樂：五角切　　　　ŋɔk　　　　　　江開二入覺疑

(953)　䫉(莫)
　　　䫉：亡角切　　　　mɔk　　　　　　江開二入覺明
　　　莫：慕各切　　　　mak　　　　　　宕開一入鐸明

(1201) 蠖(嶽)
　　　蠖：烏郭切　　　　uak　　　　　　宕合一入鐸影
　　　嶽：烏角切　　　　ŋɔk　　　　　　江開二入覺疑

3. 異尾入聲韻相混例 (1例)

(352)　穫(活)
　　　穫：胡郭切　　　　ɣuɑk　　　　　　宕合一入鐸匣
　　　活：戶括切　　　　ɣuɑk　　　　　　山合一入末匣

按：此條僅限合口。

4. 江攝/宕攝入聲韻與陰聲韻相混例 (3例)

(1) 宕攝入聲(–k)/遇攝相混例 (1例)

(653)　胙(昨)①
　　　胙：昨誤切　　　　tsak　　　　　　遇合一去暮從
　　　昨：在各切　　　　dzɑu　　　　　　宕開一入鐸從

---

① 《集韻》728頁二同音。入聲鐸韻，"疾各切"。

(2)江攝入聲(-k)/效攝相混例(2例)

(731) 㮋(肇)

  㮋:士角切   dʒɔk   江開二入覺崇

  肇:治小切   dʑiɛu   效開三上小澄

按:此條注音字"肇"字只見於《集韻》,《廣韻》則作"肇",二字为異體無疑,今並列出。不過,此條還有待進一步的研究。

(1111) 櫂(浊)

  櫂:直教切   dau   效開二去效澄

  浊:直角切   dʒɔk   江开二入觉澄

按:以上是此條原注之音韻地位,就此二字各自本身而言,並無任何錯誤。但考慮到《音圖》基本上是入聲字注入聲字,故此條陰入互注之例實屬可疑。《音圖》本此條《爾雅·釋木》原文作:"梢,梢櫂"。此處之"櫂"字雖與《天祿琳琅叢書》所收宋監本、《古逸叢書》影刻宋覆蜀大字本、《四部叢刊》影印鐵琴銅劍樓舊藏宋刻十行本等諸宋本《爾雅》完全相同,但《經典釋文》作"擢",注云:"直角反",《方言》云'拔也',《倉頡篇》云'抽也',《廣雅》云'出也',《小爾雅》云'拔根曰擢'。"郝懿行《爾雅義疏》本亦作"擢",並據以作注。筆者認為:"梢櫂"當是一個s-d-根的疊韻型連綿字,二字不可分解,"梢櫂"韻母均是舒聲疊韻字,如"櫂"字讀作入聲或寫作"擢",則"梢"亦當讀為與"擢"同韻母的入聲,方符合疊韻型連綿字的通例。檢《經典釋文》"梢"字下注云"郭音朔","朔"與"擢"為同韻母之入聲(覺韻),正合此規律。定"梢櫂"為連綿字,除此二字為疊韻外,還有三個理由:1.《爾雅》:"梢,梢櫂",郭璞於"梢櫂"下注云:"謂木無枝柯,梢櫂長而殺這。"從《爾雅》和郭注的釋義情況看,"梢櫂"似不宜分解。玩味其義,"梢櫂"或當解作"細長貌"。2.《集韻》在"櫂"的直角切一讀下注云:"梢櫂,木直上皃。"3.《廣韻》《集韻》等中古韻書另收有"萷人"一詞,顯與此處之"梢櫂"同根。《音圖》"櫂"字注音字是"浊"字,為入聲覺韻,另外,《音圖》"(1371)鸀(浊)"一條中亦用"浊"字注入聲字"鸀",足證此條的"櫂"字應讀入聲。但從《廣韻》的角度來看,"櫂"字因無入聲一讀,故此"櫂"字無疑當作"擢"字。而從《集韻》的角度來看,《集韻》"櫂"字此義正有入聲一讀,與"浊"同音"直角切"。

(三)臻入·梗曾入·深入-əʔ(45例)

1. 同攝入聲相混例(17例)

(1) 陌梗攝入聲(-k)相混例(15例)

(153) 覓(陌)

  覓:莫穫切   mæk   梗開二入麥明(《集韻》)

  陌:普擊切   mɐk   梗開二入陌明

(385) 擗(劈)

擗:房益切	bĭɛk	梗開三入昔並
劈:普擊切	p'iek	梗開四入錫滂
(445) 甓（擗）		
甓:扶歷切	biek	梗開四入錫並
擗:房益切	bĭɛk	梗開三入昔並
(478) 鷩（壁）		
鷩:北激切	piek	梗開四入錫幫
壁:必益切	pĭɛk	梗開三入昔幫
(513) 欂（拍）		
欂:普麥切	p'æk	梗開二入麥滂
拍:普伯切	p'ɐk	梗開二入陌滂
(632) 析（惜）		
析:先擊切	siek	梗開四入錫心
惜:思積切	sĭɛk	梗開三入昔心
(648) 磔（責）		
磔:陟格切	ṭɐk	梗開二入陌知
責:側革切	tʃæk	梗開二入麥莊
(780) 茖（革）		
茖:古伯切	kɐk	梗開二入陌見
革:古核切	kæk	梗開二入麥見
(785)(937) 薜（百）		
薜:博厄切	pæk	梗開二入麥幫
百:博陌切	pɐk	梗開二入陌幫
(803) 菥（惜）		
菥:先擊切	siek	梗開四入錫心
惜:思積切	sĭɛk	梗開三入昔心
(811) 鷊（逆）		
鷊:五歷切	ŋiek	梗開四入錫疑
逆:宜戟切	ŋĭɐk	梗開三入陌疑
(999) 蒚（亦）		
蒚:胡狄切	ɣiek	梗開四入錫匣
亦:羊益切	jĭɛk	梗開三入昔余
(1117) 檍（亦）		
檍:胡狄切	ɣiek	梗開四入錫匣
亦:羊益切	jĭɛk	梗開三入昔余

（1292）擘（拍）①
  擘：博穀切　　　　pæk　　　　　梗開二入麥幫
  拍：普伯切　　　　p'ɐk　　　　　梗開二入陌滂

（2）臻攝入聲韻相混例（2例）

（230）窒（只）
  窒：陟栗切　　　　tȵĕt　　　　　臻開三入質知
  只（質）：諸氏切　　tɕǐet　　　　　臻開三入質章
            （《履齋示兒編》卷18）

按：此條"只"字《廣韻》只有平聲支韻"章移切"和上聲止韻"諸氏切"二讀（"章移切"條內尚注有一"之爾切"又讀，此又讀實與"諸氏切"同音），《集韻》的注音與《廣韻》相同。但我認為在《音圖》中無疑應把"只"字定為入聲字。

對此，我在《<爾雅音圖>音注所反映的知章莊演變》（1994）一文中曾加以考證，原文曾舉出二條例證，現摘錄說明如下：

①《音圖》入聲字注音的通例是入聲注入聲，此條如是陰入聲互注，雖不無可能，但至少是可疑的。而被注音字"窒"字除了在此例中出現外，還見於另外一條"（607）窒（執）"，在該條中"執"為入聲字，完全可以反證"只"字應讀入聲。

②"只"字在《中原音韻》中被視為與"質隻炙織隲汁"同音的入聲字，連同"只"字在內的這七個入聲字在《中原音韻》中作為"入聲作上聲"派在齊微韻。據我們一時檢閱所及，在菉斐軒《詞林韻釋》、王文璧《中州音韻》中"只"字在中古有入聲一讀是確定無疑的。

筆者最近始讀到鄭張尚芳（1990），在此文中鄭張先生引用多種資料確認"只"字在唐宋以來讀為入聲是一種很普遍的現象，並名此種現象為"舒聲促化"。該文確定"只"字在宋代與"質"字同音，應收-t尾，頗可證成拙說。今摘引如下："宋人作讀音辨訛時，更有明確的促化記錄。宋陳元規《事林廣記》（後至元建陽鄭氏刻）'音譜類·辨字差殊'條指出：'蜘蛛，上音只，非知字|枇杷上音也（北），非皮字|葡萄，上音卜，非莆字|喉嚨，上音忽，非侯字|團欒，上音突，非團圓字|狐葫糊，並音忽[非]乎字同'。看'蜘'字注，'只'也已促化。《履齋示兒編》卷18'聲訛'下也說'祇''只'二字俗讀作'質'者訛也"。這與促化實例'之(這)祇(只)'促化相同（今陵川：'之'樹中~王只'tʂʔ）。"據此，此條的音韻地位確認如上。

（1130）䒓（氣）
  䒓：去吉切　　　　k'ĭĕt　　　　　臻開三入質溪（重四）
  氣：去訖切　　　　k'iəi　　　　　臻開三入迄溪

---

① "拍"疑是"柏"之誤，柏：博陌切，梗開二入陌幫，pɐk。

2. 異攝同尾入聲韻相混例(14例)

(146)　匿(覓)
　　　匿:女力切　　　nǐək　　　　曾開三入職娘
　　　覓:莫狄切　　　miek　　　　梗開三入錫明

(184)　馘(國)
　　　馘:古獲切　　　kwæk　　　　梗合二入麥見
　　　國:古或切　　　kuək　　　　曾合一入德見

(198)　寔(石)
　　　寔:常職切　　　ʑǐək　　　　曾開三入職禪
　　　石:常隻切　　　ʑǐɛk　　　　梗開三入昔禪

(348)　晷(策)
　　　晷:初力切　　　tʃʻiək　　　曾開三入職初
　　　策:楚革切　　　tʃʻæk　　　　梗開二入麥初

(381)　裼(息)
　　　裼:先擊切　　　siek　　　　梗開四入錫心
　　　息:相即切　　　sǐək　　　　曾開三入職心

(414)　杙(亦)
　　　杙:與職切　　　jǐək　　　　曾開三入職余
　　　亦:羊益切　　　jǐɛk　　　　梗開三入昔余

(447)　劇(極)
　　　劇:奇逆切　　　gǐɐk　　　　梗開三入陌群
　　　極:渠力切　　　gǐək　　　　曾開三入職群

(522)　釴(亦)
　　　釴:與職切　　　jǐək　　　　曾開三入職余
　　　亦:羊益切　　　jǐɛk　　　　梗開三入昔余

(524)　鬲(力)
　　　鬲:郎擊切　　　liek　　　　梗開四入錫來
　　　力:林直切　　　lǐək　　　　曾開三入職來

(529)　翮(黑)
　　　翮:下革切　　　ɣæk　　　　梗開二入職匣
　　　黑:呼北切　　　xək　　　　曾開一入德曉

(600)　黓(亦)
　　　黓:與職切　　　jǐək　　　　曾開三入職余
　　　亦:羊益切　　　jǐɛk　　　　梗開三入昔余

(784)(909)蒿(力)
　　　蒿:郎擊切　　　liek　　　　梗開四入錫來

力:林直切　　　　lǐək　　　　曾開三入職來

(1354) 唶(即)

唶:資昔切　　　　tsǐɛk　　　　梗開三入昔精(《集韻》)

即:子力切　　　　tsǐək　　　　曾開三入職精

3. 異尾入聲韻相混例(11例)

(1)深(–p)/梗(–k)二攝入聲韻相混例(2例)

(286) 闃(吸)

闃:許激切　　　　xiek　　　　梗開四入錫曉

吸:許及切　　　　xǐəp　　　　深開三入緝曉

(1552) 犏(急)

犏:古闃切　　　　kiwek　　　　梗合四入錫見

急:居立切　　　　kǐep　　　　深開三入緝見

(2)深(–p)/臻(–t)二攝入聲韻相混例(3例)

(607) 窒(執)

窒:陟栗切　　　　ţǐĕt　　　　臻開三入質知

執:之入切　　　　tɕǐəp　　　　深開三入緝章

(714) 岌(乙)

岌:魚及切　　　　ŋɣǐəp　　　　深開三入緝疑

乙:於筆切　　　　ʔɣǐĕt　　　　臻开三入質影

(1357) 鴔(必)

鴔:皮及切　　　　bǐəp　　　　深開三入緝並

必:卑吉切　　　　pǐĕt　　　　臻開三入質幫

(3)梗(–k)/臻(–t)二攝入聲韻相混例(2例)

(3)(23) 辟(畢)

辟:必益切　　　　pǐɛk　　　　梗開三入昔幫

畢:卑吉切　　　　pǐĕt　　　　臻開三入質幫(重四)

(4)曾(–k)/臻(–t)二攝入聲韻相混例(4例)

(194) 昵(匿)①

昵:尼質切　　　　nǐĕt　　　　臻開三入質泥

匿:女力切　　　　nǐək　　　　曾開三入職泥

---

① 《集韻》第 667—668 頁二同音"尼質切"。

(283) 䵒(匿)①
  䵒:尼質切   nǐět   臻開三入質泥
  匿:女力切   nǐək   曾開三入職泥
(351) 挃(直)
  挃:陟栗切   ţǐět   臻開三入質知
  直:除力切   ɖǐək   曾開三入職澄
(403) 秩(直)②
  秩:直一切   ɖǐět   臻開三入質澄
  直:除力切   ɖǐək   曾開三入職澄

4. 臻/曾/梗攝入聲韻與陰聲韻相混例(3 例)

(1)曾攝入聲(-k)/ 止攝相混例(2 例)

(915) 薏 (意)
  薏:於力切   ǐək   曾開三入職影
  意:於記切   iə   止開三去志影
按:此條二字《廣韻》均各只有一讀,"薏"讀"於力切","意"讀"於記切"。但《集韻》"薏"字有"於力切"和"於記切"二讀,其中"於記切"一讀"薏意"二同音。

(1195) 蚅(伊)
  蚅:與職切   ǐək   曾開三入職以
  伊:於脂切   i   止開三平脂影
按:此條見於《爾雅·釋蟲》。《音圖》原文是:"蚅威,委黍"。這里的"蚅"字,據筆者所見,除《音圖》以外的所有各本《爾雅》均作"蛜"或"蚭"。為一字之異體,《說文·蟲部》:"蚭,蛜威,委黍。委黍,鼠婦也。從蟲,伊省聲"可證。《廣韻》只有"蛜"字與"伊"同音(於脂切),而無"蚭"字;《集韻》二字並有,均"於夷切"。故《音圖》此處所注實是"蛜"字音,與"蚅"字的入聲讀音(與職切)無涉。至於《音圖》何以將"蛜"字易為"蚅"字,尚待考索。

(2)梗攝入声(-k)/ 蟹攝相混例(1 例)

(145) 瘱(亦)
  瘱:於罽切   ǐεi   蟹開三去祭影
  亦:羊益切   jǐεk   梗開三入昔余

---

① 《集韻》第 668 頁二同音"尼質切"。
② 宋本《爾雅》作"袟"不是"秩"。

(四)山攝/咸攝入聲韻 –aʔ(30例)

1. 同攝入声相混例(15例)

(1)山攝入聲相混例(12例)

(310)　姡（滑）
　　　　姡:下刮切　　　ɣuat　　　　山合二入鎋匣
　　　　滑:戶八切　　　ɣuæt　　　　山合二入黠匣
(418)　榤（竭）
　　　　榤:渠列切　　　gǐɛt　　　　山開三入薛群
　　　　竭:其謁切　　　gǐɐt　　　　山開三入月群
(496)　襭（歇）
　　　　襭:胡結切　　　ɣiet　　　　山開四入屑匣
　　　　歇:許竭切　　　xǐɐt　　　　山開三入月曉
(680)　齧（孼）
　　　　齧:五結切　　　ŋiet　　　　山開四入屑疑
　　　　孼:魚列切　　　ŋǐɛt　　　　山開三入薛疑
(958)　藒（挈）
　　　　藒:丘竭切　　　k'ǐɛt　　　　山開三入薛溪
　　　　挈:苦結切　　　k'iet　　　　山開四入屑溪
(995)　虌（別）①
　　　　虌:必列切　　　pǐɛt　　　　山開三入薛幫(重四)
　　　　別:方別切②　　pǐɛt　　　　山開三入薛幫(重三)
(1087)　渫（屑）
　　　　渫:私列切　　　sǐɛt　　　　山開三入薛心
　　　　屑:先結切　　　siet　　　　山開四入屑心
(1126)　蠞（節）
　　　　蠞:姊列切　　　tsǐɛt　　　　山開三入薛精
　　　　節:子結切　　　tsiet　　　　山開四入屑精
(1137)　蚍（別）
　　　　蚍:蒲結切　　　biet　　　　山開四入屑並
　　　　別:皮列切　　　bǐɛt　　　　山開三入薛並
(1206)　蠛（滅）
　　　　蠛:莫結切　　　miet　　　　山開四入屑明

---

① 《廣韻》無"虌"字。《集韻》必列切,在入聲薛韻。
② "別"字在《廣韻》另有"皮列切"一讀,為山開三入薛並,今不取。

滅:亡列切 mĭɛt 山開三入薛明(重四)
(1242) 鱴(滅)
鱴:莫結切 miet 山開四入屑明
滅:亡列切 mĭɛt 山開三入薛明(重四)
(1392) 鷩(別)
鷩:并列切 pĭɛt 山開三入薛幫(重四)
別:方別切① pĭɛt 山開三入薛幫(重三)

(2)咸攝入聲相混例(3例)
(242) 浹(接)
浹:子協切 tsiep 咸開四入帖精
接:即業切 tsĭɛp 咸開三入業精
(535) 盍(合)
盍:胡臘切 ɣap 咸開一入盍匣
合:侯閤切 ɣɒp 咸開一入合匣
(775) 頰(劫)
頰:古協切 kiep 咸開四入帖見
劫:居怯切 kĭɛp 咸開三入業見

2. 異尾入聲韻相混例(15例)

(36) 盍(曷)
盍:胡臘切 ɣɑp 咸開一入盍匣
曷:胡葛切 ɣɑt 山開一入曷匣
(257) 硈(恰)
硈:恪八切 k'æt 山開二入黠溪
恰:苦洽切 k'ɐp 咸開二入洽溪
(274) 跲(結)
跲:巨業切 gĭɛp 咸開三入業群
結:古屑切 kiet 山開四入屑見
(395) 姪(牒)
姪:徒結切 diet 山開四入屑定
牒:徒協切 diep 咸開四入帖定
(405) 楔(甲)
楔:古黠切 kæt 山開二入黠見
甲:古狎切 kap 咸開二入狎見

---

① "別"字在《廣韻》另有"皮列切"一讀,為山開三入薛並,今不取。

（416）枿（業）
　　　枿：五結切　　　　ŋiet　　　　　山開四入屑疑
　　　業：魚怯切　　　　ŋiɐp　　　　　咸開三入業疑
（442）闑（業）
　　　闑：五結切　　　　ŋiet　　　　　山開四入屑疑
　　　業：魚怯切　　　　ŋiɐp　　　　　咸開三入業疑
（506）钀（業）
　　　钀：魚列切　　　　ŋiɛt　　　　　山開三入薛疑
　　　業：魚怯切　　　　ŋiɐp　　　　　咸開三入業疑
（581）篞（聶）
　　　篞：奴結切　　　　niet　　　　　山開四入屑泥
　　　聶：尼輒切　　　　ɳiɛp　　　　　咸開三入葉娘
（622）挈（怯）
　　　挈：苦結切　　　　kʻiet　　　　 山開四入屑溪
　　　怯：去劫切　　　　kʻiɐp　　　　 咸開三入業溪
（682）迭（牒）
　　　迭：徒結切　　　　diet　　　　　山開四入屑定
　　　牒：徒協切　　　　diep　　　　　咸開四入帖定
（724）㾰[㿉]（渴）
　　　㾰[㿉]：口荅切　　kʻɒp　　　　 咸開一入合溪
　　　渴：苦曷切　　　　kʻat　　　　　山開一入曷溪
（1303）鴶（甲）
　　　鴶：古黠切　　　　kæt　　　　　 山開二入黠見
　　　甲：古狎切　　　　kap　　　　　 咸開二入狎見
（1446）豽（納）
　　　豽：女滑切　　　　nwæt　　　　　山合二入黠娘
　　　納：奴答切　　　　nɒp　　　　　 咸開一入合泥
（1464）䴗（鴨）
　　　䴗：烏黠切　　　　æt　　　　　　山開二入黠影
　　　鴨：烏甲切　　　　ap　　　　　　咸開二入狎影

綜括以上四種入聲韻的消變情況可知入聲韻的演變，實際上要牽涉到三方面的問題，即既牽涉到聲調的歸併，又牽涉到塞音韻尾(-p,-t,-k,-ʔ)的合流與丟失，還牽涉到因主要元音舌位的前後高低變化而造成的韻類歸併或分化。總的來說，我們認為《爾雅音圖》音注中雖已有少量入聲韻派入陰聲韻的例子，但仍明確存在著獨立的入聲韻母則無疑。這些入聲韻母按照主元音的舌位高低前後的不同似乎可以分為四組，大致說來，通攝入聲韻為一組，主元音為 u，江宕二攝為一組，主元音是後 a 或 ɔ，咸山二攝入聲為一組，主元音是前 a，臻深梗曾四攝入聲韻為一組，主要元音是 ə，所以毋昭裔的音系是一種/uɔaə/四組韻母型的入聲系統。韻尾則都已變為喉塞音-ʔ。

關於宋代的標準音問題，這里從入聲的角度順便談一點我們的看法。筆者認為，在對宋代(960—1279)音系進行描寫時，選用什麼樣的或哪個宋代音韻資料所反映的語音作為宋代的標準音，是一個值得認真考慮的問題。王力先生在《漢語語音史》中對宋代的標準音選用的是朱熹的音系，從入聲的角度來看，這種音系-p、-t、-k 尾並存，我們認為以此為代表有些偏頗。根據本文的研究結果，這種入聲系統顯然不能概括長達三百年之久的宋代語音的全貌。我們認為宋代的標準音應分為前後兩期，前期入聲是-p、-t、-k 尾併存，後期只是一個-ʔ 尾。這個問題我們準備另文論述，這裡不再多贅。

四、《爾雅音圖》音注所反映的止攝諸韻合流

止攝共包含有《切韻》的支脂之微四個韻系。這一攝諸韻的合流時代之早和在各種音韻資料中分佈之普遍，實是漢語語音演變史當中最為顯著的現象之一。《爾雅音圖》音注的情況也不例外，從該書中我們找出了這四個韻系的互為注音例共有66 條。所以我們完全可以推斷在毋昭裔的音系中止攝四韻確已合流。

從理論上來說，這四個韻系的合流雖然很普遍，但也不可能是各地同時突然間一下子全部合流的，各韻系的合流也一定有一個先後次序問題。但這顯然還需要集中和調查更多的音韻資料後才能加以進一步地準確論定。

根據王力先生的擬音，《切韻》音系的支韻是 ɣe/ɣwe，脂韻是 i/wi，之韻是 ɣə，微韻是 ɣəi/ɣwəi[①]，這四個韻系合流以後的音值無疑是[i]，這從敦煌發現的藏漢對音寫卷中可以得到證實。[②]從這種合流的結果來看，之韻的擬音是 ɣə 似還有待進一步的改進。因為 ɣə 這種結構中 ɣ 是介音，ə 是主要元音，從音感上來說與/i/音位相差較遠，不具備合流的條件。所以我們建議對之韻系的擬音再做一些考慮。加拿大的蒲立本教授(E. G. Pulley-Blank)對之韻的擬音是 ɨ, 比較切近於/i/，其說可供參考。[③]

《爾雅音圖》音注中這四個韻系的互注情況可以分成以下六類：(1)支/脂二韻系相混例(22 例)；(2)支/之二韻系相混例(13 例)；(3)支/微二韻系相混例(16 例)；(4)脂/之二韻系相混例(8 例)；(5)脂/微二韻系相混例(6 例)；(6)之/微二韻系相混例(1 例)。現分別舉例說明如下，條目排列以順序號為序。

---

① 王力：《漢語史稿》(上冊)，中華書局，1980，第 51 頁。
② 羅常培：《唐五代西北方音》，科學出版社，1961，第 43 頁。
③ E. G. Pulley-Blank: *Middle chinese*, University of British Columbia Press, Vancouver,1984:234.

（一）支/脂二韻系相混例（22例）

(61)(1006)(1471) 刺（次）
  刺：七賜切 ts'ĭe 止開三去寘清
  次：七四切 ts'i 止開三去至清

(110) 痕（祁）
  痕：巨支切 gĭe 止開三平支群（重四）
  祁：渠脂切 gi 止開三平脂群（重三）

(235) 腄（墜）
  腄：竹恚切 ṭĭwe 止合三去寘知
  墜：直類切 ḍwi 止合三去至澄

(244) 紕（備）①
  紕：毗至切 bi 止開三去至並（重四）《集韻》
  備：平祕切 bɣi 止開三去至並（重三）

按：此條《声系》因有平去之异，可疑。應取《集韻》。

(323) 惴（墜）
  惴：之睡切 tɕĭwe 止合三去寘章
  墜：直類切 ḍwi 止合三去至澄

(638) 觜（咨）
  觜：即移切 tsĭe 止開三平支精
  咨：即夷切 tsi 止開三平脂精

(772) 墀（池）
  墀：直尼切 ḍi 止開三平脂澄
  池：直離切 ḍĭe 止開三平支澄

(800) 庳（避）
  庳：必至切 pi 止開三去至幫（重四）
  避：毗義切 bĭe 止開三去寘並（重四）

(916) 蘬（巋）
  蘬：丘追切 k'wi 止合三平脂溪
  巋：去為切 k'ĭwe 止合三平支溪

(923) 靡（美）
  靡：文彼切 mɣĭe 止開三上紙明（重三）
  美：無鄙切 mɣi 止開三上旨明（重三）

(963) 茬（池）
  茬：直尼切 ḍi 止開三平脂澄

---

① 《集韻》481頁"紕：毗至切"，釋義"爾雅飾也"。《廣韻》此聲同有平去之義。應取《集韻》。

	池∶直離切	ɖĭe	止開三平支澄
（1040）	柂（夷）		
	柂∶弋支切	jĭe	止開三平支以①
	夷∶以脂切	ji	止開三平脂以
（1146）	蚍（蠠）		
	蚍∶符支切	bĭe	止開三平支並（重四）
	蠠∶房脂切	bi	止開三平脂並②（重四）
（1187）	蚳（池）		
	蚳∶直尼切	ɖi	止開三平脂澄
	池∶直離切	ɖĭe	止開三平支澄
（1217）	豸（雉）		
	豸∶池爾切	ɖĭe	止開三上紙澄
	雉∶直幾切	ɖi	止開三上旨澄
（1228）	紕（皮）		
	紕∶敷悲切	pʻi	止開三平脂滂（重三）
	皮∶符羈切	bĭe	止開三平支並（重三）
（1277）	貾（池）		
	貾∶直尼切	ɖi	止開三平脂澄
	池∶直離切	ɖĭe	止開三平支澄
（1343）	鴟（支）		
	鴟∶處脂切	tɕʻi	止開三平脂昌
	支∶章移切	tɕĭe	止開三平支章
（1540）	駓（皮）		
	駓∶敷悲切	pɣʻi	止開三平脂滂（重三）
	皮∶符羈切	bɣĭe	止開三平支並（重三）
（1548）	羆（悲）		
	羆∶彼爲切	pĭe	止開三平支幫（重三）
	悲∶府眉切	pi	止開三平脂幫③（重三）

(二)支/之二韻系相混例(13例)④

（54） 圯（移）

---

① 按∶"柂"字《廣韻》作"杝"。《廣韻聲系》編者加案語云："杝,內府本《王韻》作柂,《集韻》柂或作杝。"（中華書局,1985年,第902頁）

② 按∶"蠠"字《廣韻》作"毗"。《集韻》"蠠"字下注云："隸作毗。"

③《廣韻聲系》第401頁。

④ 之韻只有开口。

	圯：與之切	jĭə	止開三平之余
	移：弋支切	jĭe	止開三平支余
(151)	弛（止）		
	弛：施是切	ɕĭe	止開三上紙書
	止：諸市切	tɕĭə	止開三上止章
(247)	犛（離）		
	犛：里之切	lĭə	止開三平之來
	離：呂支切	lĭe	止開三平支來
(318)	嫠（斯）		
	嫠：俟甾切	dʒĭə	止開三平之崇①
	斯：息移切	sĭe	止開三平支心
(456)	㠯（移）		
	㠯：與之切	jĭə	止開三平之余
	移：弋支切	jĭe	止開三平支余
(466)	氂（離）		
	氂：里之切	lĭə	止開三平之來
	離：呂支切	lĭe	止開三平支來
(683)	枳（止）		
	枳：諸氏切	tɕĭe	止開三上紙章
	止：諸市切	tɕĭə	止開三上止章
(699)	邐（裡）		
	邐：力紙切	lĭe	止開三上紙來
	裡：良士切	lĭə	止開三上止來
(700)	迤（以）		
	迤：移爾切	jĭe	止開三上紙余
	以：羊己切	jĭə	止開三上止余
(827)	豕（史）		
	豕：施是切	ɕĭe	止開三上紙書
	史：疏士切	ʃĭe	止開三上止生
(1055)	荎（池）		
	荎：又音治（直之切）	dʑĭə	止開三平之澄②
	池：直離切	dʑĭe	止開三平支澄

---

① 按："嫠"字中古音當屬俟母，這裡暫從郭書。另詳說拙作《"嫠"字今讀考》。

② 《廣韻》：荎，徒結切，"刺榆"，又音治。"治"字《廣韻》有直吏切（止開三去志澄）和直之切（止開三平之澄）兩讀，今取"治"平聲一讀與"池"比較。荎的"徒結切"一讀為山開四入屑定，音韻與"池"未合，今不取。

（1514） 踦（欺）
  踦：去奇切   kɤˇĭe   止開三平支溪（重三）
  欺：去其切   kʻĭə   止開三平之溪
（1554） 觭（欺）
  觭：去奇切   kɤˇĭe   止開三平支溪（重三）
  欺：去其切   kʻĭə   止開三平之溪

（三）支/微二韻系相混例（16例）

（40） 呬（戲）
  呬：許既切   xĭəi   止開三去未曉
  戲：香義切   xɤĭe   止開三去寘曉（重三）
（55） 垝（鬼）
  垝：過委切   kĭwe   止合三上紙見
  鬼：居偉切   kĭwəi   止合三上尾見
（58） 毅（義）
  毅：魚既切   ŋĭəi   止開三去未疑
  義：宜寄切   ŋɤĭe   止開三去寘疑（重三）
（193） 佹（鬼）
  佹：過委切   kĭwe   止合三上紙見
  鬼：居偉切   kĭwəi   止合三上尾見
（379） 猗（衣）
  猗：於離切   ʔɤĭe   止開三平支影（重三）
  衣：於希切   ĭəi   止開三平微影
（400） 扆（倚）
  扆：於豈切   ĭəi   止開三上尾影
  倚：於綺切   ʔɤĭe   止開三上紙影（重三）
（549） 弭（尾）
  弭：綿婢切   mĭe   止開三上紙明
  尾：無匪切   mĭwəi   止合三上尾微
（646） 庪（機）
  庪：過委切   kĭwe   止合三上紙見
  機：居依切   kĭəi   止開三平微見

按：此例開合口互注，可疑，平上去也不合。

（759） 漪（衣）
  漪：於離切   ʔɤĭe   止開三平支影（重三）

	衣：於希切	ǐəi	止開三平微影
(842)	葳（威）		
	葳：於為切	ǐwe	止合三平支影
	威：於非切	ǐwəi	止合三平微影
(960)	塻（尾）		
	塻：綿婢切	mǐe	止開三上紙明
	尾：無匪切	mǐwəi	止合三上尾明
(1029)	芛（葦）		
	芛：羊捶切	jǐwe	止合三上紙以
	葦：於鬼切	jǐwəi	止合三上尾云
(1097)	椅（依）		
	椅：於離切	ʔɣǐe	止開三平支影（重三）
	依：於希切	ǐəi	止開三平微影
(1430)	蘳：（偉）		
	蘳：羊捶切	jǐwe	止合三上紙以
	偉：於鬼切	jǐwəi	止合三上尾云
(1549)	犩（危）		
	犩：語韋切	ŋǐwəi	止合三平微疑
	危：魚為切	ŋǐwe	止合三平支疑
(1565)	簋（鬼）		
	簋：過委切	kǐwe	止合三上紙見
	鬼：居偉切	kǐwəi	止合三上尾見

(四) 脂/之二韻系相混例（8例）

(41)	諡（侍）		
	諡：神至切	dʑi	止開三去至船
	侍：時吏切	zǐə	止開三去志禪
(223)	佴（二）		
	佴：仍吏切	ȵiə	止開三去志日
	二：而至切	ȵi	止開三去至日
(296)	黹（止）		
	黹：豬几切	ʈi	止開三上旨知
	止：諸市切	tɕǐə	止開三上止章
(373)	暨（忌）		
	暨：其冀切	gɣi	止開三去至群（重三）

	忌:渠記切	gǐə	止開三去志群
(401)	㶊（夷）		
	㶊:與之切	jǐə	止開三平之余
	夷:以脂切	ji	止開三平脂余
(510)	饐（意）		
	饐:乙冀切	ʔɣi	止開三去至影（重三）
	意:於記切	ǐə	止開三去志影
(521)	蠚（諮）		
	蠚:子之切	tsǐə	止開三平之精
	諮:即夷切	tsi	止開三平脂精
(1361)	鷾（意）		
	鷾:乙冀切	ʔɣi	止開三去至影（重三）
	意:於記切	ǐə	止開三去志影

（五）脂/微二韻系相混例（6例）

(389)	屎（希）		
	屎:喜夷切	xi	止開三平脂曉（重四）
	希:香衣切	xǐəi	止開三平微曉
(709)	溦（湄）①		
	溦:無非切	mǐwəi	止合三平微明
	湄:武悲切	mi	止開三平脂明
(767)	緌（韋）		
	緌:儒佳切	ʐwi	止合三平脂日
	韋:雨非切	jǐwəi	止合三平微云
(922)	蕢（貴）		
	蕢:求位切	gwi	止合三去至群
	貴:居胃切	jǐwəi	止合三去未見
(1068)	樻（胃）		
	樻:求位切	gwi	止合三去至群
	胃:於貴切	kǐwəi	止合三去未云
(1238)	鮪（偉）		
	鮪:榮美切	jwi	止合三上旨云
	偉:於鬼切	jǐwəi	止合三上尾云

---

① 《集韻》50頁二同音。

(六) 之/微二韻系相混例(1例)

(44)　　𪖂（擬）

　　𪖂：魚豈切　　　ŋĭəi　　　　　　止開三上尾疑
　　擬：魚紀切　　　ŋĭə　　　　　　止開三上止疑

五、《爾雅音圖》音注所反映的止蟹二攝合流

　　止攝包括有《切韻》的支脂之微四個韻系，蟹攝包括有《切韻》的齊佳皆咍灰祭泰廢夬九個韻系。止攝諸韻合流的情況我們在上文中已經做了論述。蟹攝諸韻的情況比較複雜一點。從蟹攝後來的演變方向來看，蟹攝內部又可以大致分為兩類，一般來說，一二等韻為一類，包括佳皆咍夬泰五個韻系，三四等韻為一類，包括齊祭廢三個韻系。前者可以稱為蟹A，後者稱為蟹B。總的看來，蟹A跟蟹B的演變方向並不相同。灰韻的歸屬比較複雜一點，它雖然是一等，但由於它在不同的音韻資料中表現得並不一致，所以一時不易歸類，根據本文的資料我們這裡暫時把灰韻歸在B類存疑，以待進一步的研究。唐五代詞的用韻情況可以部分證實我們對蟹攝二分的這一構想。① 所以我們這裡所謂的止蟹二攝合流，嚴格地說，實在是止攝與蟹攝B類韻系的合流，雖然有個別的例外情況。

　　止蟹二攝合流的現象在宋代的音韻文獻中已表現得相當普遍。宋代的《切韻指掌圖》把齊、祭二韻系與支、脂、之三韻系並為一圖（第十八圖），周祖謨先生研究北宋邵雍（1011—1077）的《皇極經世·聲音唱和圖》得出結論說：“聲五四位兼括止攝支脂之微及蟹攝齊祭諸韻字。考蟹攝之細音與止攝相合實自宋始。”②併其證。但這一音變如溯其本源，在唐代的音韻文獻中已可找到不少例證。初唐詩人王梵志的詩作中已有若干止蟹二攝通押之例，③敦煌變文中此二攝押韻之例更多，敦煌俗文學中的別字異文亦有止攝開口和齊韻開口不分之例，④均是不容忽略的事實。所以唐宋時期的止蟹二攝分合問題是漢語語音史當中一個饒有趣味的問題。

　　《爾雅音圖》音注中共有止蟹二攝注音例18條。這些例子又可以細分為以下九類：（1）支/齊二韻系相混例3例；（2）支/灰二韻系相混例2例；（3）脂/齊二韻系相混例3例；（4）脂/灰二韻系相混例3例；（5）之/齊二韻系相混例3例；（6）之/祭二韻相混例1例；（7）微/祭二韻系相混例1例；（8）微/泰二韻系相混例2例。總的來說，《爾

---

① 沈祥源：《唐五代詞用韻考》，《研究生論文選集·語言文字分冊》（一），江蘇古籍出版社，1985年，第43—63頁。
② 周祖謨：《宋代汴洛語音考》，《問學集》（下），中華書局，1981年，第581頁。
③ 周大璞：《敦煌變文用韻考》，《武漢大學學報》（哲學社會科學版）1979年第3—5期。
④ 邵榮芬：《敦煌俗文學中的別字異文與唐五代西北方音》，《中國語文》1963年第3期，第193—217頁，此部分為第205—206頁。

雅音圖》的音注情況與我們對蟹攝內部的二分結果相合,即止攝與本文所謂蟹 B 類合流。

這里需要討論的是灰韻。灰韻為一等,按理說應屬蟹 A,但在《爾雅音圖》音注中灰韻與止攝互注之例頗多,當非偶然。稽之其他音韻資料,亦可找到灰韻與止攝相通之例。首先,《切韻指掌圖》的第十九圖亦把蟹攝的灰韻系與止攝的支、脂、微三韻系並為一圖,說明它們之間的關係十分密切。敦煌變文中也有少數的灰韻與止攝諸韻押韻的例子。這些均可作為《爾雅音圖》音注的旁證。灰韻與止攝諸韻相通這一現象,從音理上亦不難找到較為合理的解釋。根據我們的研究,《切韻》音系的灰韻並不是咍韻的合口,換言之,咍灰二韻系並不是開合口關係,它們分別具有各不相同的主元音。我們對灰韻的擬音-ui①,在-ui 這個語音結構中,從音感上來說,應該認為 u 是介音,i 是主要元音,而不應認為 u 是主要元音,-i 是韻尾。唯其如此,灰韻才可以與止攝諸韻的/i/音位發生合流音變。當然,我認為我們也不應該忽視在唐宋詩文用韻中灰韻與蟹攝 A 類諸韻系押韻的現象。灰韻既有與蟹 A 類押韻的情況,又有與蟹 B/止攝押韻的情況這種雙向表現,可能是一種方言現象,也就是說在某些方言中灰韻屬於蟹 A 類範疇,而在另一些方言中灰韻則屬於蟹 B 類/止攝的範疇,總之,這個問題還有待進一步的深入研究後才能最終確定。

微/泰二韻系的兩個音注例子本文暫時存疑。

下面我們就分類舉例加以說明。例子排列以等位為序,等位元相同者按條目順序號排列。

(一) 支/齊二韻系相混例(3 例)

（38）　媲（譬）
　　　　媲:匹诣切　　　　　　pʻiei　　　　　　蟹開四去霽滂
　　　　譬:匹賜切　　　　　　pʻĭe　　　　　　止開三去寘滂(重四)
（218）　敉（米）
　　　　敉:綿婢切　　　　　　mĭe　　　　　　止開三上紙明(重四)
　　　　米:莫禮切　　　　　　miei　　　　　　蟹開四上霽明
（1143）　羋:（謎）
　　　　羋:綿婢切　　　　　　mĭe　　　　　　止開三上紙明(重四)
　　　　謎:莫計切　　　　　　mĭei　　　　　　蟹開四去霽明

---

① 馮蒸:《切韻"魂痕""欣文""咍灰"非開合口對立韻說》,《隋唐五代漢語研究》,山東教育出版社,1990 年,第 427—509 頁。

(二) 支/灰二韻系相混例(2例)

(236) 諉（內）
諉：女恚切　　　nǐwe　　　　止合三去寘娘
內：奴對切　　　nuɒi　　　　蟹合一去隊泥

(734) 峞（委）
峞：五灰切　　　ŋuɒi　　　　蟹合一平灰疑
委：於為切　　　ʔǐwe　　　　止合三平支影(重三)

(三) 脂/齊二韻系相混例(3例)

(170) 齂（係）①
齂：虛器切　　　xi　　　　　止開三去至曉
係：胡計切　　　ɣiei　　　　蟹開四去霽匣(《集韻》)

(1181) 媿（圭）
媿：居追切　　　kwi　　　　止合三平脂見
圭：古攜切　　　kiwei　　　蟹合四平齊見

(1466) 驨（追）
驨：戶圭切　　　ɣiwei　　　蟹合四平齊匣
追：陟隹切　　　ṭwi　　　　止合三平脂知

(四) 脂/灰二韻系相混例(3例)

(259) 憞（對）②
憞：直類切　　　ɖwi　　　　止合三去至澄
對：都隊切　　　tuɒi　　　　蟹合一去隊端

(710) 坯（丕）③
坯：芳杯切　　　pʻuɒi　　　蟹合一平灰滂
丕：敷悲切　　　pʻi　　　　止開三平脂滂

(713) 歸（魁）
歸：丘追切　　　kʻwi　　　　止合三平脂溪
魁：苦回切　　　tkʻuɒi　　　蟹合一平灰溪

---

① "係"字廣韻"古詣切"與被注字聲母相差較遠,《集韻》胡計切,今取此比較。
②《集韻》,第529—530頁二字都有隊韻字,應取《廣韻》的"憞"。
③《集韻》脂韻,第48頁二同音。

(五) 之/齊二韻系相混例(3例)

(618) 瞖（意）
瞖：于計切　　　iei　　　　蟹開四去霽影
意：於記切　　　ĭə　　　　 止開三去志影

(674) 稽（基）
稽：古奚切　　　kiei　　　 蟹開四平齊見
基：居之切　　　kĭə　　　 止開三平之見

(1013) 蠡（裡）
蠡：盧啟切　　　liei　　　 蟹開四上薺來
裡：良士切　　　lĭə　　　 止開三上止來

(六) 之/祭二韻相混例(1例)

(121) 勩（異）
勩：余制切　　　jĭɛi　　　 蟹開三去祭余
異：羊吏切　　　jĭə　　　 止開三去志余

(七) 微/祭二韻系相混例(1例)

(166) 瘚（貴）
瘚：居衛切　　　kĭwɛi　　　蟹合三去祭見①
貴：居胃切　　　kĭwəi　　　止合三去未見

(八) 微/泰二韻系相混例(2例)

(136) 汽（蓋）
汽：丘既切　　　kʻĭəi　　　止開三去未溪②
蓋：古太切　　　kai　　　　 蟹開一去泰見

(769) 澮（貴）
澮：古外切　　　kuai　　　 蟹合一去泰見
貴：居胃切　　　kĭwəi　　　止合三去未見

本文載程湘清主編：《宋元明漢語研究》，山東教育出版社，1992年，第510—578頁。

---

① "瘚"字《廣韻》另有"紀劣切"一讀，為山合三入薛見，今不取。
②《廣韻》汽"許訖切"，為入聲迄韻曉母字，但義為水乾涸於《爾雅》音義均不合。《集韻》居代切，義為"切近也"，音義正合《爾雅》，今取以比較。《集韻》居代切，去代見（《漢語大字典》第1566頁）。

《爾雅音圖》音注所反映的
宋初三、四等韻合流

　　《爾雅音圖》（下文簡稱《音圖》）音注是筆者近年發現的一份反映宋初中原地區漢語官話語音的重要資料，對此，筆者已先後撰寫了多篇論文加以探討（參馮蒸，1991a、b、c；1992；1993a、b；1994a、b；1995）。《音圖》一書有《圖》有《音》，其音注的作者，清代學者孫星衍(1753—1818)、曾燠(1760—1831)等人都認為是五代後蜀時期(934—965)的毋昭裔，筆者認為其說可信。關於此書的全面文獻學考察，我們準備另文探討，此處不贅。

　　《音圖》的音注是對《爾雅》一書中的難字、易誤讀字進行注音，注音方式全是直音，沒有反切。全書共有注音1583條，用986個注音字給《爾雅》一書中的1500餘字進行注音，資料可謂豐富。

　　《音圖》一書表面上分上、中、下三卷，但由於卷下又分前、後，所以實際上共分四卷，即：卷上、卷中、卷下前、卷下後。這種四卷分法也是清代學者據以確認《音圖》作者是毋昭裔的重要根據之一。各卷所轄《爾雅》十九篇的篇目不等，但各卷注音數量大致相當，即約400條左右。各篇的具體卷數分佈及所轄注音字數，請見下表。

　　從《廣韻》（少數根據《集韻》）音系的角度來看，《音圖》的這1583條注音中，同音互注的共有1063條，約佔總數的2/3；異音互注有520條，約佔總數的1/3。異音互注的數量雖然不如同音互注的數量多，但卻最為重要。因為它直接反映了很多重要的音變現象，對考訂宋初語音的實情，彌足珍貴。

　　下面我們把《音圖》一書中《爾雅》各篇所含的注音條目數以及其中的同音互注和異音互注數量分別統計表列如下，以供參考。

表1　《音圖》同音、異音互注條目分布統計表

卷名	篇序	《爾雅》篇名	音注條目數	同音條目數	異音條目數
卷上	1	釋詁	200	120	80
	2	釋言	118	67	51
	3	釋訓	74	44	30
	4	釋親	7	6	1

（續表）

卷名	篇序	《爾雅》篇名	音注條目數	同音條目數	異音條目數
卷中	5	釋宮	52	37	15
	6	-	117	70	47
	7	-	25	16	9
	8	-	72	45	27
	9	-	27	18	9
	10	-	17	12	5
	11	-	27	16	11
	12	-	41	27	14
卷下前	13	-	255	178	77
	14	-	85	64	21
	15	-	100	73	27
卷下後	16	-	79	57	22
	17	-	120	92	28
	18	-	85	57	28
	19	-	82	65	17
總計			1583	1063	520

　　本文研究中古音的純四等韻即：齊、先、蕭、青、添五個韻系（舉平以賅上去入）在《音圖》一書中與三等韻的合流情況。《音圖》中反映此種音變的條目共有72條，佔全部異音互注條目（535條）的12％，足見是一個非常顯著的音變現象，亟有必要加以探討。

　　這72條注音例在純四等韻五個韻系中的分布如下表：

表2　注音分布表

齊	先	蕭	青	添	總計
16	29	4	20	3	72

各韻系的條目分佈很不平均,這是很自然的,但添韻系舒聲無例,僅有入聲2例,未免是個缺憾。

下面我們分韻系把有關例證列舉如下,例字的征引和排列格式一如筆者前此發表諸文,茲不贅述。但本文對重紐韻及部分有關擬音的標寫法則未依照郭錫良(1986),而是依馮蒸(1995)的標準。主要的更動是:除了在重紐三等字後加標"重三",重紐四等字後加標"重四"等字樣外,對王力先生的中古擬音體系亦作了相應的更動,即:①對重紐三等韻(含庚₃)加標-ɣ-介音;②合口成分w前移至聲母之後;③改云母(喻₃)為ɦwɤ-(云母變以母的作ɦwĭ-);④影母字加標喉塞音ʔ-;⑤將曉、匣二母的原擬音x-、ɣ-改爲h-、ɦ-;⑥確認中古音有娘母,其音值爲ɳ-(邵榮芬1982)。

另外,需要說明的還有這樣幾點:①除獨韻外,開合韻按開口、合口分列,因唇音字不分開合,暫時置于開口類中;②《音圖》舒入聲的演化不平行,爲了便于觀察和討論,本文把二者分列,舒聲在前,入聲在後,具體言之,舒聲按齊、先、蕭、青(舉平以賅上去聲,不包括入聲)的順序排列,至於入聲屑、錫、帖三韻,考慮到音變關係,我們按屑、帖、錫的次序列例,並在相混表中把屑、帖二韻合列爲一表;③純四等韻有所謂與之相配的重紐三等韻(又稱"三四等合韻")的問題,音韻學家通常所認爲的與純四等韻系相配的各重紐韻系是:(一)齊:祭(一說是支。按:祭韻和支韻可能共配齊韻,平上聲方面齊與支韻系配;去聲則齊與支祭共配,詳後文);(二)先:仙;(三)蕭:宵;(四)青:清;(五)添:鹽。個別配對雖尚有不同意見,但大體上如此。但《音圖》中與各純四等韻相混的並不限于這些重紐韻。爲了便于下文討論,我們在列舉與純四等韻相混的例證時,把與之相配的三等韻例列在前面,其餘的韻例列在後面。同一相混韻系之內的例字則按《音圖》條目序號排列,原書重複注音例按一條統計。

(一)齊韻系(16例)

    A.開口

        1. 齊/祭(5例)

(117)濟(际)	濟	在詣切	蟹開四去霽从	dziei
	际	子例切	蟹開三去祭精	tsĭɛi
(458)觑(契)	觑	去例切	蟹開三去祭溪	kʻɣĭɛi(重三)
	契	苦計切	蟹開四去霽溪	kʻiei
(739)灡(計)	灡	居例切	蟹開三去祭見	kɣĭɛi(重三)
	計	古詣切	蟹開四去霽見	kiei
(761)(濟)祭	濟	子計切	蟹開四去霽精	tsiei
	祭	子例切	蟹開三去祭精	tsĭɛi

| (894)薊(計) | 薊 | 居例切 | 蟹開三去祭見 | kɣɛi(重三) |
| | 計 | 古詣切 | 蟹開四去霽見 | kiei |

2. 齊/支（4 例）

(38)媲(譬)	媲	匹詣切	蟹開四去霽滂	pʻiei
	譬	匹賜切	止開三去寘滂	pʻⲓe(重四)
(218)敉(米)	敉	綿婢切	止開三上紙明	mⲓe(重四)
	米	莫禮切	蟹開四上薺明	miei
(800)薜(避)	薜	傍禮切	蟹開四上薺並	biei
	薜	和至切	止開三支至幫	pi(重四)
	避	比义切	止開三去寘並	bⲓe(重四)
(1143)蛘(謎)	蛘	綿婢切	止開三上紙明	mⲓe(重四)
	謎	莫計切	蟹開四去霽明	miei
		莫批切	蟹開四平齊明	miei(《集韻》)

按："謎"字《廣韻》只有去聲一讀，《集韻》另有平聲一讀，今一併列此備參。

3. 齊/脂（1 例）

(170)齂(係)	齂	虛器切	止開三去至曉	hɣi(重三)
	係	古詣切	蟹開四去霽見	kiei
		胡計切	蟹開四去霽匣	ɦiei(《集韻》)

按：此條注音聲母不合，疑"係"字可能誤讀半邊"系"。"系"字《廣韻》胡計切，為霽韻匣母字。又《集韻》"係"字也有胡計切一讀，皆與"齂"字聲母正相當。今併列出《集韻》讀法以供參考。

4. 齊/之（3 例）

(618)瞹(意)	瞹	於計切	蟹開四去霽影	ʔiei
	意	於記切	止開三去志影	ʔⲓə
(674)稽(基)	稽	古奚切	蟹開四平齊見	kiei
	基	居之切	止開三平之見	kⲓə
(1013)蠡(里)	蠡	盧啟切	蟹開四上薺來	liei
	里	良士切	止開三上止來	lⲓə

B. 合口

1. 齊/脂（2 例）

(1181)蒬(圭)	蒬	居追切	止合三平脂見	kwɣi(重三)
	圭	古攜切	蟹合四平齊見	kwiei
(1466)驨(追)	驨	戶圭切	蟹合四平齊匣	ɦwiei

| | 追 | 陟佳切 | 止合三平脂知 | ṭwi |

按：此條注音聲母相差頗遠，可疑。疑作者把"驨"誤讀成"錐"（職追切，止合三平脂章），待考。

2. 齊/廢(1例)

(509)餯(惠)	餯	許穢切	蟹合三去廢曉	hwĭɐi
	惠	胡桂切	蟹合四去霽匣	ɦwiei

(二)先韻系(15例)

A.開口

1. 先/仙(9例)

(14)鮮(銑)	鮮	息淺切	山開三上獮心	sĭɛn
	銑	蘇典切	山開四上銑心	sien
(211)褊(匾)	褊	方緬切	山開三上獮幫	pĭɛn(重四)
	匾	方典切	山開四上銑幫	pien
(216)(596)薦(賤)	薦	在甸切	山開四去霰從	dzien
	賤	才線切	山開三去線從	dzĭɛn
(491)荐(賤)	荐	在甸切	山開四去霰從	dzien
	賤	才線切	山開三去線從	dzĭɛn
(550)銑(㹕)	銑	蘇典切	山開四上銑心	sien
	㹕	息淺切	山開三上獮心	sĭɛn
(626)霰(線)	霰	蘇佃切	山開四去霰心	sien
	線	私箭切	山開三去線心	sĭɛn
(1166)蜸(遣)	蜸	牽繭切	山開四上銑溪	kʻien
	遣	去演切	山開三上獮溪	kʻĭɛn(重四)
(1182)蜆(演)	蜆	胡典切	山開四上銑匣	ɦien
	演	以淺切	山開三上獮余	jĭɛn

按：此例和下文錫韻相混例中"(999)嫛(亦)"、"(1117)檄(亦)"二例均是匣母和以母的開口互注例。在《音圖》中多數匣母都是清化讀同曉母，合於北方方言的一般音系特徵。這三例的匣母讀法顯屬特殊，而與南方吳語方言ɦ-與j-有些先生處理為同一音位的讀音情況相似，有待進一步研究。

(1577)僆(練)	僆	力展切	山開三上獮來	lĭɛn
	練	郎甸切	山開四去霰來	lien

2. 先/鹽(2例)

(1426)豜(檢)	豜	吉典切	山開四上銑見	kien(《集韻》)

| | | 檢 | 居奄切 | 咸開三上琰見 | kɣĭɛm(重三) |

按：此條《爾雅》原文是"(膚)絶有力，犿"。犿字《廣韻》有"古賢切"、"吾甸切"二讀。其中"吾甸切"一讀《廣韻》著者認爲合於《爾雅》此義。宋刻十行本《爾雅音釋》是"吾見切"，恰與《廣韻》此讀相合。但"犿"字此讀與《音圖》的注音字"檢"（《廣韻》居奄切）明顯不合，特別是聲母方面。不過《集韻》"犿"字有"經天切"、"輕烟切"、"吉典切"、"倪甸切"四讀，其中合於《爾雅》此義的是"吉典切"，此讀恰與注音字"檢"的音讀相合，今取以比較。

(1572)獫(煉)	獫	力驗切	咸開三去豔來	lǐɛm
	煉	郎電切	山開四去霰來	lien

B.合口

1. 先/仙(2例)

(180)汱(捲)	汱	姑泫切	山合四上銑見	kwien
	捲	居轉切	山合三上獮見	kwyĭɛn(重三)
(556)縓(蒨)	縓	七絹切	山合三去線清	ts'wĭɛn
	蒨	倉甸切	山開四去霰清	ts'ien

按：此條是開合口互注。

2. 先/元(2例)

(360)瑌(楦)	瑌	胡畎切	山合四上銑匣	ɦiwen
	楦	虛願切	山合三去願曉	hwĭɐn
(1254)蜎(遠)	蜎	嫛泫切	山合四上銑影	ʔwien
	遠	雲阮切	山合三上阮云	jwĭɐn

(三)蕭韻系(4例)

1. 蕭/宵(4例)

(258)嚻(驍)	嚻	許嬌切	效開三平宵曉	hɣĭɛu(重三)
	驍	古堯切	效開四平蕭見	kieu

按：此條注音聲母喉牙不同，已開今音"驍"讀xiāo之先河。

(324)憢(嚻)	憢	許幺切	效開四平蕭曉	hieu
	嚻	許嬌切	效開三平宵曉	hɣĭɛu(重三)
(402)窔(要)	窔	烏叫切	效開四去嘯影	ʔieu
	要	於笑切	效開三去笑影	ʔĭɛu(重四)

按："窔"字不見于《廣韻》字頭。嘯韻"窔"字下注云："亦作窔，東南隅謂之窔。"

(1432)幺(腰)	幺	於堯切	效開四平蕭影	ʔieu
	腰	於霄切	效開三平宵影	ʔĭɛu(重四)

(四)青韻系(4 例)

　　A.開口

　　1. 青/清(2 例)

(802)藑(徑)　　　藑　　堅正切　　梗開三去勁見　　kǐeŋ(准重四)
　　　　　　　　　　　　　　　　　　　　　　　　　　(《集韻》)
　　　　　　　　徑　　書盈切　　梗開三去徑見　　kieŋ

(1170)蛵(聲)　　蛵　　呼刑切　　梗開四平青曉　　hieŋ
　　　　　　　　聲　　書盈切　　梗開三平清書　　ɕǐɛŋ

　　2. 青/庚₃(2 例)

(782)藑(徑)　　　藑　　渠京切　　梗開三平庚群　　gɣǐŋ(准重三)
　　　　　　　　徑　　古定切　　梗開四去徑見　　kieŋ

按：《爾雅·釋草》中"藑"字凡兩見，但釋義不同。與此相應，《廣韻》《集韻》的注音也不相同，但《音圖》則注音爲"徑"，請見下表。

表 3　"藑"字釋義注音表

《音圖》編號	《爾雅》被釋字	《爾雅》釋義	《廣韻》反切	《集韻》反切	《音圖》注音
(782)	藑	山藘	渠京切	渠京切	徑
(802)	藑	鼠尾	巨成切	(1)渠成切 (2)堅正切	徑

其中編號爲(802)釋義爲"鼠尾"的藑字，《集韻》有兩讀，其"渠成切"一讀與《廣韻》"巨成切"相當，但因聲調與《音圖》注音字"徑"字有平去之異，我們取其"堅正切"一讀。但本處釋義爲"山藘"的"藑"字與注音字"徑"仍有平去之異。

(五)屑韻(15 例)

　　A.開口

　　1. 屑/薛(8 例)

(1306)鵧(平)　　鵧　　旁經切　　梗開四平青並　　bieŋ(《集韻》)
　　　　　　　　　　　魚盈切　　梗開三平清幫　　pǐeŋ(《集韻》)
　　　　　　　　平　　符兵切　　梗開三平庚並　　bɣǐeŋ

按：《广韻》"鵧"字只有"房脂切"一读，与注音字"平"音韻未合。《集韻》"鵧"字有七读,其中"旁经切"和"卑盈切"二读与注音字有关。根据《集韵》释义和声母音变规律,应取"帝径切"一读,今同时列出"卑盈切"一读备参。

(680)齧(孽)	齧	五結切	山開四入屑疑	ŋiet
	孽	魚列切	山開三入薛疑	ŋɣiɛt(重三)
(958)藒(挈)	藒	丘竭切	山開三入薛溪	k'ɣiɛt(重三)
	挈	苦結切	山開四入屑溪	k'iet
(1087)渫(屑)	渫	私列切	山開三入薛心	sĭɛt
	屑	先結切	山開四入屑心	siet
(1126)蠿(節)	蠿	姊列切	山開三入薛精	tsĭɛt
	節	子結切	山開四入屑精	tsiet
(1137)蛂(別)	蛂	蒲結切	山開四入屑並	biet
	別	皮列切	山開三入薛並	bɣĭɛt(重三)
		方別切	山開三入薛幫	pɣĭɛt(重三)

按:別字《廣韻》有兩讀,今併列出,以供參考。

(1206)蠛(滅)	蠛	莫結切	山開四入屑明	miet
	滅	亡列切	山開三入薛明	mĭɛt(重四)
(1242)鱴(滅)	鱴	莫結切	山開四入屑明	miet
	滅	亡列切	山開三入薛明	mĭɛt(重四)

2. 屑/月(1例)

(496)襭(歇)	襭	胡結切	山開四入屑匣	ɦiet
	歇	許竭切	山開三入月曉	hĭet

3. 屑/葉(1例)

(581)涅(聶)	涅	奴結切	山開四入屑泥	niet
	聶	尼輒切	咸開三入葉娘	ɳĭɛp

4. 屑/業(4例)

(274)跲(結)	跲	巨叶切	咸開三入葉羣	gĭɛp
	結	古屑切	咸開三入屑見	kiet
(416)臬(業)	臬	五結切	山開四入屑疑	ŋiet
	業	魚怯切	咸開三入業疑	ŋĭɐp
(442)闑(業)	闑	五結切	山開四入屑疑	ŋiet
	業	魚怯切	咸開三入業疑	ŋĭɐp
(622)挈(怯)	挈	苦結切	山開四入屑溪	k'iet
	怯	去劫切	咸開三入業溪	k'ĭɐp

B.合口

1.屑/月(1例)

(1526)闕(缺)	闕 去月切	山合三入月溪	k'wĭɐt
	缺 苦穴切	山合四入屑溪	k'wiet

(六)帖韻(3例)

1.帖/葉(2例)

(162)饁(叶)	饁 筠辄切	咸開三入叶云	ɦwyĭɛp(重三)
	叶 胡頰切	咸開四入帖匣	ɦiep
(242)浹(接)	浹 子協切	咸開四入帖精	tsiep
	接 即葉切	咸開三入葉精	tsĭɛp

2.帖/業(1例)

(775)頰(劫)	頰 古協切	咸開四入帖見	kiep
	劫 居怯切	咸開三入業見	kĭɐp

(七)錫韻(16例)

A.開口

1.錫/昔(7例)

(385)擗(劈)	擗 房益切	梗開三入昔並	bĭɛk
	劈 普擊切	梗開四入錫滂	p'iek
(445)甓(擗)	甓 扶歷切	梗開四入錫並	biek
	擗 房益切	梗開三入昔並	bĭɛk
(478)鬻(璧)	鬻 北激切	梗開四入錫幫	piek
	璧 必益切	梗開三入昔幫	pĭɛk
(632)析(惜)	析 先擊切	梗開四入錫心	siek
	惜 思積切	梗開三入昔心	sĭɛk
(803)菥(惜)	菥 先擊切	梗開四入錫心	siek
	惜 思積切	梗開三入昔心	sĭɛk
(999)鬩(亦)	鬩 胡狄切	梗開四入錫匣	ɦiek
	亦 羊益切	梗開三入昔以	jĭɛk
(1117)檄(亦)	檄 胡狄切	梗開四入錫匣	ɦiek
	亦 羊益切	梗開三入昔以	jĭɛk

2. 錫/陌₃(1例)

(811)鸏(逆)　　鸏　五革切　梗開二入麦疑　ŋɣæk
　　　　　　　　　五歷切　梗開四入錫疑　ŋiek
　　　　　　逆　宜戟切　梗開三入陌疑　ŋɣĭɐk

3. 錫/職(4例)

(146)匿(覓)　　匿　女力切　曾開三入職娘　nĭək
　　　　　　覓　莫狄切　梗開四入錫明　miek

按：此條聲母明娘相混，值得研究(現在有些方音 m- 在 i 前也有混同 ni 或 ɲi 的現象)。

(381)裼(息)　　裼　先擊切　梗開四入錫心　siek
　　　　　　息　相即切　曾開三入職心　sĭək
(524)鬲(力)　　鬲　郎擊切　梗開四入錫來　liek
　　　　　　力　林直切　曾開三入職來　lĭək
(784)(909)薃(力)　薃　郎擊切　梗開四入錫來　liek
　　　　　　力　林直切　曾開三入職來　lĭək

4. 錫/緝(1例)

(286)闃(吸)　　闃　許激切　梗開四入錫曉　hiek
　　　　　　吸　許及切　深開三入緝曉　hɣĭək(重三)

B.合口

1.錫/屋三(2例)

(671)渪(菊)　　渪　古闃切　梗合四入錫見　kwiek
　　　　　　菊　居六切　通合三入屋見　kĭuk
(1447)䪻(菊)　　䪻　古闃切　梗合四入錫見　kwiek
　　　　　　菊　居六切　通合三入屋見　kĭuk

2. 錫/緝(1例)

(1552)䫈(急)　　䫈　古闃切　梗合四入錫見　kwiek
　　　　　　急　居立切　深開三入緝見　kɣĭəp(重三)

按：此例開合口互注，可疑。疑注音字有誤。

以上我們分韻系列舉了《音圖》中各純四等韻與有關三等韻的相混情況，爲了便於下文的討論，現把各韻的相混結果亦分舒、入聲分別表列如下(舒聲以平賅上、去聲)：

表 4　齊韻系相混表

純四等韻＼相混三等韻		祭 開	祭 合	支 開	支 合	脂 開	脂 合	之 開	廢 開	廢 合	總計
齊	開	5		4		1		3			13
齊	合						2			1	3	16

表 5　先韻系相混表

純四等韻＼相混三等韻		仙 開	仙 合	元 開	元 合	鹽	總計
先	開	9	1			2	12
先	合		1		2		3	15

表 6　蕭韻系相混表

純四等韻＼相混三等韻	宵	總計
蕭	4	4

表 7　青韻系相混表

純四等韻＼相混三等韻		清 開	清 合	庚₃ 開	庚₃ 合	總計
青	開	2		2		4
青	合					

表 8　屑、帖韻相混表

純四等韻＼相混三等韻		薛 開	薛 合	月 開	月 合	叶	業	總計
屑	開	7	1			1	4	3
屑	合			1				1	17
帖						2	1	3

表 9　錫韻相混表

純四等韻＼相混三等韻		昔 開	昔 合	陌₃ 開	陌₃ 合	職 開	職 合	緝	屋₃	總計
錫	開	7	1		4		1			13
錫	合							1	2	3	16

　　在討論《音圖》中純四等韻與三等韻的合流問題之前，有這樣幾個問題需要先説明一下：

　　一、關於《切韻》音系中純四等韻的擬音問題。總的來説，音韻學界對純四等韻的擬音可因 i 介音的有無而分成兩大派：一派認爲純四等韻没有 i 介音，陸志韋、王静如、李榮、邵榮芬等先生主之，一派認爲有 i 音。高本漢、王力等先生主之。我們則贊成中古同上古一樣純四等韻原無 i 介音，但晚期產生介音之説。

　　根據邵榮芬（1982），純四等各韻的音值如下（同時列出與四等韻相配的三等韻及其擬音）：

純四等韻	齊	先	蕭	青	添
	εi	εn	εu	$\varepsilon \eta$	εm
相配三等韻	祭	仙	宵	清／庚₃	鹽
	iæ/jæi	iæn/jæn	iæu/jæu	iæŋ/iaŋ	iæm/jæm

上文對《音圖》各例的純四等韻和各三等韻的標音，由於我們根據的是郭錫良先生的《漢字古音手冊》（1986）一書，而該書則依王力先生的古音體系，故與我們的意見不完全相合。王力先生的標音系統代表了一種目前很有影響的古音構擬體系，並有工具書可查，引用起來十分方便。但王力先生的古音體系並不完全代表筆者本人的意見，這是需要說明的。

二、關於與純四等韻相配的三等韻問題。音韻學界對此也有不同意見。爭論的焦點主要是與齊韻系相配的三等韻是祭韻還是支韻系，與青韻系相配的三等韻是不是只是清韻系，以及純四等韻與其相配的三等韻的主要元音是否相同等等（參葛毅卿1962；邵榮芬1982）。關於前者，我們認爲齊韻早期併與支、祭相配，後來支韻音與脂之相近而入止攝，而祭韻則一直在蟹攝，故後期與齊韻系相配的三等韻是祭韻而非支韻。關於與青韻配對的三等韻，上文表中可以看出與齊、先、蕭、添四個韻系相配的三等韻祭、仙、宵、鹽四韻系都是音韻學界公認的重紐韻，唯獨與青韻系相配的三等韻諸家都只認爲是清韻一個韻系，而清韻本身並不構成重紐，這種情況未免奇特。本文則確認與青韻相配的應是"庚₃／清"兩個韻系，因爲我們認爲，在《切韻》音系中"庚₃"與"清"應視爲一對重紐韻，所以它們應該共同與純四等韻系相配。傳統說法認爲與青韻相配的只是清韻，並且不認爲清韻是重紐，如果這樣的話，則此對韻系與其他四對韻系相配情況明顯不類，這是很特別的。雖然任何例外情況都可能存在，但無疑更應存在着與青韻系相配的應是一對重紐韻的可能性。所以我們上表中把與純四等青韻系相配的三等韻寫成"庚₃／清"兩個韻系（邵先生原書只列"清"韻一個韻系）。"庚₃"與"清"是否構成一個重紐韻，音韻學界雖然尚有不同意見，但從上古音和中古音的有關證據來看，基本上可以確定它們原是一對重紐韻。至於庚₃與清何以不象其他重紐韻那樣合併爲一個韻而是分成兩個韻，那是另外一個問題，這裡恕不贅述（馮蒸1995）。所以在本文中我們確認與純四等韻青韻系相配的三等韻是庚₃和清兩個韻系，《音圖》青韻與庚₃和清韻系的混併情況亦有助於確認此點。關於純四等韻與相配的三等韻是否同主元音，這個問題比較複雜，本文暫不涉及。

根據以上的說明，現在我們來看一下《音圖》中純四等韻與三等韻的相混情況。從前引諸例證中可以看出，無論是舒聲韻還是入聲韻，純四等韻不但分別與各自所配的重紐三等韻發生了合流現象，而且還與其他音值相近的三等韻（多數同攝三等韻），也發生了合流現象，這説明純四等韻確已產生了 i 介音。這種合流演變的方向，顯然是純四等韻變入三等韻。看來三、四等的合流音變在五代末宋初已全部完成。那麼也證明中古後期四等韻已產生 i 介音。

關於純四等韻產生 i 介音的原因，音韻學界也有不同的意見，大致有兩説：①王靜如先生的主元音分裂説（王靜如 1948）；②馬學良、羅季光二先生的過渡音擴張説（馬學良、羅季光 1962）。我們大致贊成王靜如先生的意見，另外，根據鄭張尚芳先生的古音體系，*e、*i 兩元音因過渡音擴張合流為 ei 是上古至中古音之間的音變，其後才發生 e 原元音分裂。他們處在不同的發展階段（鄭張尚芳 1987）。

關於《音圖》中舒聲齊韻系的音變問題在這裏有必要討論一下。從上文齊韻系相混表中可以看出，齊韻系不但與相配的三等祭韻相混，還與止攝的支脂之三韻系相混。我們認為這裏的混併有一個相關年代學（relative chronology）問題。從理論上説，這種混併當有兩種可能性。一種可能是三等諸韻先混，即祭韻與止攝三韻相混，然後齊韻產生 i 介音，與上述諸三等韻再混；另一種可能性是：同攝諸韻先混，即蟹攝的齊祭二韻的相混和止攝的支脂之三韻的相混在先（二者可以同時，但互相間並不相混），然後這兩攝所屬韻的相混在後。這兩種可能性看來都存在，完全可能因方言的不同而產生不同的音變模式。這裏我們暫時傾向于後一種可能性，即認為同攝韻的音變在前，異攝韻的音變在後，當然這還有待更多的音韻資料加以證實。

關於《音圖》純四等韻的入聲韻演變，也需要在這裏特別討論一下。由於《音圖》舒、入聲的演變並不平行，《音圖》的入聲韻由於 -p-、-t-、-k 韻尾已發生混併而變為喉塞音 -ʔ，而與之相配的舒聲韻 -n、-ŋ 尾並不相混（但 -m 尾已變入 -n 尾）（馮蒸 1992），所以《音圖》的入聲韻母系統比舒聲發生了更大的變化。我們上文在列舉例證時已有意把舒入聲分開。另外，《音圖》的山咸入實已合併為一類（馮蒸 1992），所以上文把先韻系的入聲屑韻和添韻系的入聲帖韻同列一表。

根據對《音圖》入聲韻的研究，我們認為《音圖》的入聲韻大致以主元音為單位分為四部，開口分三類，但合口卻有三類和二類兩種可能性，現分做兩表，把各部擬音表列如下，以供參考。

表 10　《音圖》入聲韻部表

入声韵＼開合口＼攝	開口	合口
通入		uʔ
梗曾臻深入	əʔ	uʔ
山咸入	aʔ	uaʔ
江宕入	ɑʔ	uɑʔ

表 11　《音圖》入聲韻部表

入声韵＼開合口＼攝	開口	合口
通入		uʔ
梗曾臻深入	əʔ	uʔ
山咸入	aʔ	uaʔ
江宕入	ɑʔ	uaʔ

表10需要説明的是,梗曾臻深入的開口是-əʔ,合口理應是-uəʔ,但《音圖》中這個合口-uəʔ與通入的-uʔ實在是混而不分,這從上文錫韻相混表的合口例中可以看出,其他詳情見馮蒸(1992,1995),所以通入與梗曾臻深入的合口同是-uʔ。表11表是對甲表合口部分的進一步簡化,根據的是《音圖》中"(352)穫(活)"這樣一條注音例,這裡"穫"字為宕攝入聲鐸韻合口字,"活"字為山攝入聲末韻合口字,所以很可能山咸入的合口與江宕入的合口是同一類韻母,不妨暫擬為-uaʔ。但由於《音圖》中只有這樣一例,未免是個孤證,所以這種推測尚需更多的資料加以證實。現在暫時把這兩種擬測都寫出來,以待進一步的研究。

關於純四等韻與有關重紐韻(重三、重四)關係的論述,詳見馮蒸(1995)。總的來說,中古重紐的區別在《音圖》中業已消失,重三與一般三等韻的合流和重四與純四等韻合流的演變路徑也已經混淆,因為《音圖》中已有不少重三與純四等韻相混之例。鄭張先生認為重紐介音的變化是 ɣɤ>ɯɨ>i,ɨ 與 i 更接近,所以會有上文所列的頗多重三與純四等韻相混的例子(鄭張尚芳 1995),可從。

參考文獻:

馮蒸(1991a):《〈爾雅音圖〉音注所反映的宋初零聲母》,《漢字文化》1991年第1期,第29—36頁。

馮蒸(1991b):《〈爾雅音圖〉音注所反映的宋代濁音清化》,《語文研究》1991年第2期,第21—29頁。

馮蒸(1991c):《〈爾雅音圖〉音注所反映的宋代 k-/x- 相混》,《語文研究》(增刊)1991年,第78頁轉103頁。

馮蒸(1992):《〈爾雅音圖〉音注所反映的宋初四項韵母音變》,《宋元明漢語研究》,山東教育出版社,1992年,第510—578頁。

馮蒸(1993a):《〈爾雅音圖〉所反映的宋初濁上變去》,《大陸雜誌》第87卷第2期,第21—25頁。

馮蒸(1993b):《"〈爾雅音圖〉所反映的宋代濁音清化"補遺》,《語文研究》1993年,第4期封三。

馮蒸(1994a):《〈爾雅音圖〉音注所反映的宋初非敷奉三母合流:兼論〈音圖〉微母的演化》,《語言研究》(增刊)1994年,第53—62頁。

馮蒸(1994b):《〈爾雅音圖〉音注所反映的宋代知莊章三組聲母演變》,《漢字文化》1994年3期,第24—32頁轉23頁。

馮蒸(1995):《〈爾雅音圖〉音注所反映的宋初重紐韵演變》,《走向廿一世紀語言學論文集》。

葛毅卿:《評高本漢所擬齊先蕭青添及支仙宵清鹽的韵值體系》,《南師學報》1962年第1期,第81—90頁轉23頁。

郭錫良:《漢字古音手冊》,北京大學出版社,1986年。

馬學良、羅季光:《〈切韵〉純四等韵的主要元音》,《中國語文》1962年12期,第533—

539頁。

邵榮芬:《切韵研究》,中國社會科學出版社,1982年。

王靜如:《論古漢語之腭介音》,《燕京學報》1948年第35期,第51—94頁。

鄭張尚芳:《上古韵母系統和四等、介音、聲調的發源問題》,《温州師院學報》1987年第4期,第67—90頁。

鄭張尚芳:《重紐的來源及其反映》,《第四届國際暨第十三届全國聲韵學學術研究會論文集》,1995年,第A3-1-7。

本文載《漢字文化》1995年第4期,第48—62頁。

《爾雅音圖》音注所反映的
五代宋初等位演變
——兼論《音圖》江/宕、梗/曾兩組韻攝的合流問題

《爾雅音圖》(下文簡稱《音圖》)音注是筆者近年發現的一份反映五代宋初漢語北方官話語音的重要資料,對此,筆者已先後撰寫了多篇論文加以探討(參馮蒸,1991a、b、c、d;1992;1993a、b;1994a、b;1995;1998)。《音圖》一書有《圖》有《音》,其注音的作者,清代學者孫星衍(1753—1818)、曾燠(1760—1831)等人都認爲是五代時期後蜀(934—965)的毋昭裔,筆者認爲其說可信。關於此書的全面文獻學考察,我們準備另文探討,此處不贅。

《音圖》的音注是對《爾雅》一書中的難字、易誤讀字進行注音,注音方式全是直音,沒有反切。全書共有注音1583條,用986個注音字給《爾雅》一書的1478個字音進行注音,資料可謂豐富。

《音圖》一書表面上分爲上、中、下三卷,但由於卷下又分前、後,所以實際上共分四卷,即:卷上、卷中、卷下前、卷下後。這種四分法也是清代學者據以確認《音圖》作者是毋昭裔的重要根據之一。各卷所轄《爾雅》十九篇的篇目多寡不等,但各卷注音數量大致相當,即約400條左右。各篇的具體卷數分布及所轄注音字數,請見下表。

從《廣韻》(部分根據《集韻》,音系的角度來看,《音圖》的這1583條注音中,同音互注的共有1063條,約佔總數的四分之三弱;異音互注的有520條,約佔總數的四分之一強。異音互注的數量雖然不如同音互注的數量多,但卻最爲重要。因爲它直接反映了很多重要的音變現象,對考訂五代宋初語音的實情,彌足珍貴。

下面我們把《音圖》一書中《爾雅》各篇所含的注音條目數以及其中的同音互注和異音互注數量分別統計表列如下,以供參考。

表1 《音圖》同音、異音互注條目統計表

卷名	篇序	《爾雅》篇名及所轄注音條目編號	音注條目數	同音條目數	異音條目數
卷上	1	釋詁(1—200)	200	120	80
	2	釋言(201—318)	118	67	51
	3	釋訓(319—392)	74	44	30
	4	釋親(393—399)	7	6	1

(續表)

卷中	5	釋宮(400—451)	52	37	15
	6	釋器(452—568)	117	70	47
	7	釋樂(569—593)	25	16	9
	8	釋天(594—665)	72	45	27
	9	釋地(666—692)	27	18	9
	10	釋丘(693—709)	17	12	5
	11	釋山(710—736)	27	16	11
	12	釋水(737—777)	41	27	14
卷下前	13	釋草(778—1032)	255	178	77
	14	釋木(1033—1117)	85	64	21
	15	釋蟲(1118—1217)	100	73	27
卷下後	16	釋魚(1218—1219)	79	57	22
	17	釋鳥(1297—1416)	120	92	28
	18	釋獸(1417—1501)	85	57	28
	19	釋畜(1502—1583)	82	65	17
總計			1583	1063	520

　　本文研究中古音的等位系統在《音圖》一書中的演化情況。等位變化是漢語韻母系統演變歷史當中最爲重要的變化之一。我們知道，中古音的開合兩呼、洪細四等系統演變至現代漢語的四呼系統，大致經歷過下列四個演變階段，請看下表：

表2　中古等呼演變表

Ⅰ 二呼四等 (二洪二細) →細併(四等韻的消失)／(三等韻的某些聲母組洪音化) → Ⅱ 二呼三等 (二洪一細) →洪併(二等韻的消失)／(三等韻的某些聲母組洪音化) →

Ⅲ 二呼二等 (一洪一細) →wj變(復合介音的消失)→ Ⅳ 四呼

　　此表Ⅰ、Ⅱ、Ⅲ、Ⅳ分別代表等呼演變的四個階段，箭頭表示演化的方向，從中可以看出，四等韻的消失在前，即在Ⅰ、Ⅱ兩個階段之間，二等韻的消失在後，在Ⅱ、Ⅲ兩個階段之間。而三等韻某些聲母組的洪音化目前還缺乏精密的研究，我們認爲在Ⅰ→Ⅱ與Ⅱ→Ⅲ兩個階段内似乎均有發生，這一變化的時間跨度可能較長。這是我們目前所知關於等呼演變的一般情況。

"呼"的演變問題可暫且不論，至於等位的演變，從上文的演變表中可以看出，一等、二等、三等、四等這四個等，除了"一等"基本上沒有發生變化外，二等、三等、四等均發生了不同程度的變化，其中尤以二等和四等的變化最爲劇烈，因爲它們最後已全部消失（四等混入三等，二等混入一等，開口喉牙音大部混入三等）。而三等韻依然保持着本等位的細音特徵，只是在某些聲母組内發生細音變洪音的現象。而且這三個等位所發生變化的時間也有早晚、先後之不同。這些問題均極有必要加以探討。

從有關漢語音韻史料來看，Ⅱ、Ⅲ兩個階段似乎集中發生在宋元時期，而反映五代宋初語音的《音圖》一書實在是考察此項音變的重要資料。

二等、三等、四等這三個等位所發生的變化在《音圖》中均有反映。關於四等韻的等位變化即四等韻與三等韻的合流問題，筆者已有專文探討（馮蒸，1995），此處不再贅論。故本文專門討論《音圖》的二等和三等位所發生的諸種變化。

一、中古二等韻的變化

中古的純四等韻與三等韻的合流音變發生的時代較早，很多語音史料可以證明這一點，而此點在《音圖》中也有充分的反映（馮蒸，1995）。此後，漢語語音已經開始進入到近代漢語語音史的範圍中去。換言之，我們認爲三、四等韻的合流這項音變也是近代漢語語音的重要標誌之一。而在近代漢語語音史範圍内，有關韻母系統的一項至關重要的音變就是二等韻的演變。因爲它直接影響到韻母分類的格局和韻類的數目，這個問題不解決，就無從確認出所研究對象的韻母系統。

關於二等韻的演變規律，王力先生早就指出：凡是二等韻開口字，喉音（引者按：王先生的'喉音'包括傳統的'牙音'）自成一類，舌齒唇合成一類，前者在發展過程中和三等韻合流，後者和一等韻合流（原注：佳皆肴麻咸銜刪山江等，基本上是合規律的。庚耕二等字有些例外）。合口則一律和一等韻合流。這一事實很重要：這樣就使兩呼四等簡化爲四呼成爲可能，三等和四等早就合流了，現在二等再和一三等合流，自然會簡化了。"（王力，1980：204）我們可以據此檢驗一下《音圖》二等韻的具體演化情況。

從《音圖》的實際情況來看，前列中古等呼演變表中的"Ⅱ二呼三等"和"Ⅲ二呼二等"這兩種情況可能都存在，在《音圖》的某些韻部中，似乎二等韻已經消失，它們或與一等混併，或與三等混併，從而形成一種"一／二等"（下文可簡稱"新一等"）和"二／三／四等"（下文可簡稱"新三等"）對立的局面。但在另外一些韻部中可能是一種二呼三等（Ⅱ）的局面，即開口或合口各分：一等、二等、三／四等共三個等，這三個等鼎立併存（《音圖》中中古音的四等已經消失而與三等合流，本文寫作"三／四等"）。

由此看來，二等韻在各韻部的演變情況是不平衡的，在有的部變得快，有的部變得慢。這種情況並不奇怪，衆所周之，直到元代的《中原音韻》時期，雖絕大多數的開口二等已與一等合流，但還有效攝（蕭豪韻）的二等部分唇音字仍與一等保持對立，所以我們認爲還有仍是 ɯ<ɣ 介音的可能。但有一個例外，就是在江陽韻里，二等韻喉牙音字卻已經跟三等韻喉牙音字合流，這些均足見二等韻的消變是一種不平衡的漸變過程，在不同韻攝中的演變速率是不同的。

下面，我們根據二等韻在《音圖》中的實際相混情形，分二等與一等相混和二等與三／四等相混兩種情況，分韻部具體考察一下《音圖》二等韻的演化情況。

根據我們的研究，《音圖》共分 22 個韻部，其中舒聲 15 部，入聲 7 部。《音圖》22 個韻部與中古 16 攝和《中原音韻》19 部的對照表，請見本文附錄。本文對《音圖》韻部的稱引準此。

（一）中古二等與一等相混（9 例）

中古音中存在有獨立二等韻的是外轉八攝，即：江、蟹、臻、山、效、假、梗、咸。而《切韻》音系中兼具一、二等韻的韻攝又只是這外轉八攝中的四個，即：蟹、效、山、咸四攝。所以，從理論上來說，只要觀察《音圖》中這四個韻攝的二等與一等的相混情形即可。但實際上並非如此，中古的 16 攝系統在《音圖》中已發生了很大的變化，不但發生了江／宕二攝合流與梗／曾二攝合流即等韻家所謂"內外混等"的併攝現象（本文對此有討論，詳下文），而且由於韻尾的變化，舒聲方面是 -m 尾並入 -n 尾，所以山／咸二攝、臻／深二攝也已分別合流（馮蒸，1992）；入聲方面，由於 -p、-t、-k 尾均已消失變爲喉塞音 -ʔ 尾，因而導致了更大的韻攝合併。由此可見《音圖》二等與一等相混已不限于中古音的蟹、效、山、咸四攝。《音圖》中共有下列 8 個韻部發生二等與一等相混現象，下面按照舒聲在前、入聲在後的順序把有關例證分別列舉如下，同時各韻部名稱後附的括號內列出該韻部所對應的中古韻攝名。例字的徵引和格式一如筆者前此發表諸文，茲不贅述。

1. 陽部（江宕舒）（1 例）

（5）厐（旁）　　厐　薄江切　　江開二平江並　　bɣoŋ
　　　　　　　　旁　步光切　　宕開一平唐並　　bɑŋ

2. 庚部（梗曾舒）（2 例）

（187）拼（崩）　拼　北萌切　　梗開二平耕幫　　pɣæŋ
　　　　　　　　崩　北滕切　　曾開一平登幫　　pəŋ
（436）閍（崩）　閍　甫盲切　　梗開二平庚幫　　pɣɐŋ
　　　　　　　　崩　北滕切　　曾開一平登幫　　pəŋ

3. 寒部（山咸舒）（1 例）

（1027）薍（翫）　薍　五患切　　山合二去諫疑　　ŋwɣan

     岏　五換切　　　山合一去換疑　　　ŋuɑn

4. 蕭部(效)(1例)

（1476）猱（鐃）　猱　奴刀切　　　效開一平豪泥　　　nɑu
     鐃　女交切　　　效開二平肴娘　　　n̠ɣɑn

5. 藥部(江宕入)(1例)

（953）藐（莫）　藐　亡角切　　　江開二入覺明　　　mɣɔk
     莫　慕各切　　　宕開一入鐸明　　　mɑk

6. 屋部(通入·梗曾臻深入合口)(1例)

（184）馘（國）　馘　古獲切　　　梗合二入麥見　　　kwɣæk
     國　古或切　　　曾合一入德見　　　kuək

按：在《音圖》中，中古音的通攝入聲爲屋部(*-uʔ)，梗曾臻深攝入聲爲陌部(*-əʔ)，但陌部的合口(*-uəʔ)與屋部的(*-uʔ)不分，故此例劃歸屋部。這種情況與《中原音韻》的東鍾韻和庚青韻互見非常相似，只不過本例爲入聲，《中原音韻》爲舒聲而已。

7. 陌部(梗曾臻深入開口)(1例)

（529）翮（黑）　翮　下革切　　　梗開二入麥匣　　　ɦɣæk
     黑　呼北切　　　曾開一入德曉　　　hək

按：按照一般規律，二等喉牙音開口 ɣ 介音要變 i 介音併入三／四等，但梗攝字有例外(王力 1980：137)，如"革、客、更、耕"等字在官話方言中都未如此變而是變入一等，此例亦然。

8. 洽部(山咸入)(1例)

（1446）豽（納）　豽　女滑切　　　山合二入黠娘　　　n̠wɣæt
     納　奴荅切　　　咸開一入合泥　　　nɒp

按：此例是開合口互注，可疑。《集韻》豽字還有一等沒韻與三等術韻合口讀法。但與此相差似更遠。本讀如不是合口問題，則與邵雍《皇極經世聲音唱和圖》一等舌音(發類)入二等傾向相似。

  以上二等與一等相混共 9 例，見于 8 個韻部。聲母是唇音、舌音，或合口喉牙音，唯獨"(529)翮（黑）"是例外。不過耕陌韻開口喉牙音至今官話大多不與三等混。

(二)中古二等與三／四等相混(8例)

  喉牙音二等字原介音 ɯ 在近代音中 i 化是漢語語音史一重大變化，我們發現除二等自注外，《音圖》寒蕭陌藥等部中有下列例字出現二等喉牙音與三／四等混

注現象,可視爲這類現象出現的一種徵兆,現分别列舉如下:

1. 寒部·先部(山咸舒)(2例)

(308)襇(减)	襇 古典切	山開四上銑見	kien
	减 古斬切	咸開二上豏見	kɣɐm
(1525)减(檢)	减 古斬切	咸開二上豏見	kɣɐm
	檢 居奄切	咸開三上琰見	kɣĭɛm(重三)

2. 蕭部(效)(3例)

(727)磝(堯)	磝 五交切	效開二平肴疑	ŋɣau
	牛交切	效開二平肴疑	ŋɣau(《集韻》)
	堯 五聊切	效開四平蕭疑	ŋieu

按:《廣韻》"磝"字"五交切",釋義爲"砝磝",與《爾雅》義不合。而《集韻》此字"牛交切",正合《爾雅》義。二者雖音韻地位相同,但今亦把二書讀法一併列出以供參考。《廣韻》另有"聱"字"五勞切",爲疑母豪韻字,義雖合《爾雅》,但與注音字音韻地位相差較遠,存此待考。

(1347)梟(交)	梟 古堯切	效開四平蕭見	kieu
	交 古肴切	效開二平肴見	kɣau
(1390)鷮(交)	鷮 舉喬切	效開三平宵見	kɣĭɛu(重三)
	交 古肴切	效開二平肴見	kɣau

3. 陌部·質部(梗曾臻深入開口)(1例)

(811)虉(逆)	虉 五革切	梗開二入麥疑	ŋɣæk
	(五歷切)	梗開四入錫疑	ŋiek
	逆 宜戟切	梗開三入陌疑	ŋɣĭɐk(重三)

按:"虉"字《廣韻》有兩讀,從音變角度看,這兩讀與注音字"逆"音韻均合,今據義訓取其"五革切"一讀,並列出"五歷切"備參。

4. 藥部(江宕入)(2例)

(335)蹻(角)	蹻 其虐切	宕開三入藥群	gĭak
	角 古岳切	江開二入覺見	kɣɔk
(1201)蠖(岳)	蠖 王縛切	宕合三入藥云	ɦwĭak(《集韻》)
	(烏郭切)	宕合一入鐸影	ʔuɑk
	岳 五角切	江開二入覺疑	ŋɣɔk

按:"蠖"字《廣韻》只有"烏郭切"一讀,與注音字"岳"字的讀音相差較遠。且不符合二等開口喉牙音演化的一般規律。檢《集韻》"蠖"字有"屋郭切、王縛切、鬱縛切"三讀,除"屋郭切"即《廣韻》的"烏郭切"外,另外二讀爲藥韻合口讀法,與注音字

"岳"的音韻地位相當,因疑母爲次濁字,今取同爲次濁的"王縛切"一讀做比較,並在括號內附列《廣韻》的讀法備參。

以上二等與三/四等相混共有8例,均是喉牙音,並且除了1例是開合口互注外,均是開口。完全符合二等韻變入三/四等的音變條件,只不過例子少了一些而已。這些例子分見于《音圖》的四個韻部,這四個韻部又同見于二等與一等相混的韻部,這種分布上的一致性,極可注意。

不過,我們認爲,二等變入三/四等的例字與二等變入一等的例字情況有所不同。根據漢語語音史的一般情況,二等開口喉牙音與三/四等合流的時間通常晚于二等與一等合流的時間,這從《蒙古字韻》和《中原音韻》中可以得到證明。所以以上幾個例字尚不足以説明在這些韻部中的二等開口喉牙音完全與三/四等合流。根據詞彙擴散理論,音變在詞彙上是逐漸擴散的,有的字先變,有的字後變,以上幾例只是個別字先變的標誌,不能由此推及到所有的二等喉牙音字群。

這樣,在理論上應該具有中古二等韻的全部九個《音圖》韻部中(這九個韻部與《四聲等子》和《切韻指掌圖》具有二等韻的九組韻攝完全相當),從下面的"《爾雅音圖》二等韻變化統計表"中可以看出,除了皆部和麻部外,在《音圖》中都有反映。下面的統計表中還列出了東部,但實際上東部無例,其實這是很正常的,因爲東部相當于中古音的通攝,本沒有二等,只是因爲在《中原音韻》中東鍾韻與庚青韻互見,即中古梗/曾攝的舒聲二等字既見于庚青,又見于東鍾,所以此表才列出了東部以備參考。《中原音韻》這種梗/曾攝二等字的兩部互見可能是方言的原因,而《音圖》的東部不存在與庚部的互見問題,所以東部無例字是正常的。但《音圖》中與舒聲東部相對應的入聲屋部卻有二等,這個二等其實是從《音圖》庚部入聲陌部的合口演變而來,如同《中原音韻》的東鍾韻有二等韻一樣,很可能也是一種方言現象。

這裡順便討論一下《音圖》中江/宕、梗/曾攝兩類韻攝的合流問題。我們知道,中古音的十六攝至宋代的《四聲等子》和《切韻指掌圖》時期,已演變爲一種十三攝系統。即發生了江/宕、梗/曾和果/假這三類韻攝的合流現象,等韻家所謂"內外混等"蓋即指此。但《音圖》的"內外混等"情況與《四聲等子》和《切韻指掌圖》有所不同,即無果/假二攝合流現象。而只有江/宕、梗/曾這二類韻攝的各自合流。這兩項音變同時見于《音圖》和《等子》《指掌圖》,絕非偶然。它表明這兩項音變至晚在五代宋初業已完成。而且舒、入聲的演化是一致的。在《音圖》中,江宕二攝舒聲合流爲陽部,入聲合流爲藥部,梗曾二攝舒聲合流爲庚部,入聲開口合流爲陌部的一部分,合口合流爲屋部的一部分,有關例證已見上文。總之,這兩項異攝合流音變與等位的演化是密不可分的,"內外混等"之義或即在此。

關於二等消變的原因,這裡也簡單説明一下,二等韻變入一等,可從元音和介音兩方面來説,從元音方面説,可能是一、二等韻的主元音相近,某些二等韻的主元音在演變過程中,開口度加大,向一等韻靠攏,最後因類化作用使得一、二等韻合流;關於二等開口喉牙音併入三/四等,一般認爲是因爲腭化作用使得二等韻的喉牙音產生腭介音-i-,這個-i-與三/四等韻的前腭介音相同,因而導致了二等與三/四等合流。近年來,隨着漢語音韻研究的進展,音韻學界已一般接受中古二等韻具有從上古 *-r-變來的後腭介音-ɣ-介音之説。如果這樣的話,似乎可以這樣解釋二等韻消變的原因,即:二等的這個-ɣ-介音在開口喉牙音之後轉化爲-i-,即-ɣ->-ɯ->-i-(鄭張尚方,1995),以至與三/四等合流,而在開口其它聲母和合口之後,-ɣ-介音消失,導致與一等韻合流。這個問題還有必要從語音學角度加以進一步的詳細説明。

下面,我們把《音圖》二等韻的上述變化表列總結如下,一項是與《音圖》中獨立二等韻互注例的數量比較,一項是與《中原音韻》和《四聲等子》《切韻指掌圖》含有二等韻的對應韻部、韻攝的比較,這對於我們準確判定《音圖》等位演化的性質很有幫助。

表3　《爾雅音圖》二等韻變化統計表

二等變化類型＼《音圖》韻部	舒　声						入　声				總計
	東部	陽部	庚部	寒部	蕭部	皆部	麻部	屋部	藥部	陌部	洽部	
二等>一等		1	2	1	1			1	1	1	1	9
二等>三/四等				2	3				2	1		8
二等互注				4		7				6	2	19
有中古二等韻的《中原音韻》韻部	東鍾	江陽	庚青	寒山監咸	蕭豪	皆來	家麻車遮		蕭豪	皆來	家麻	共9個韻部
《四聲等子》《切韻指掌圖》有中古二等韻的韻攝		江/宕舒聲	梗/曾舒聲	山·咸舒聲	效	蟹	果/假		江/宕入聲	梗/曾入聲	山·咸入聲	共7個韻攝

此表需要説明的有下列兩點:表中的">"號是變化的意思;表頭的"二等互注"一欄只限于二等重韻互注的統計,如果是中古同韻僅只是聲母不同(如聲母清濁不同),或者雖然等位相同但韻尾不同,均未統計在內。

總之,由於反映《音圖》二等變化的例子畢竟太少,所以它們在《音圖》中出現的韻部範圍和數量分布無疑都要受到限制(這從上表中不難看出),因而未能反映中古二等韻變化的全貌。所以我們的推論只能是適可而止。

爲了便于全面瞭解《音圖》異音互注例的等位分布情況,我們又做了一張《音圖》異音互注例等位分布統計表。根據我們最新的統計結果,《音圖》中共有異音互注520例,此中除了25例一時無從研究外,其餘495例的各等自注和互注情況如下表:

表 4　《音圖》異音互注例等位分布統計表

同等互注	一等	二等	三等	四等	合計
	69	33	239	23	364
異等互注	一／二等	一／三等	二／三等	二／四等	三／四等	合計
	12	25	14	5	75	131
例外或無從研究	25					
總計	520					

二、中古三等韻的變化

本文所謂中古三等韻的變化專指三等韻的洪音化，即三等韻讀同一等或二等的情況。但在《音圖》中中古的三、四等韻業已合流成爲一個新的等位：三／四等。由於《音圖》中三、四等韻合流的時代早於中古二等韻的分化。所以此處所謂三等韻的洪音化雖然絕大多數是中古三等韻的變化，也包括個別中古四等韻的洪音化。

這個問題比較複雜，我們分成七類加以討論，它們是：1. 止／蟹二攝合口三／四等與蟹攝合口一等灰泰韻合流；2. 莊三組聲母後 -i- 介音的消失；3. 通攝三等唇牙喉音字 -i- 介音消失變入一等；4. 輕唇音聲母後 -i- 介音的消失；5. 止攝開口三等精知莊章組字和日母字洪音化；6. 照組化精問題；7. 其他孤立音變。這些三等韻的洪音化情況各有不同，音變的先、後、早、晚也有不同，現分別舉證說明如下。

（一）止／蟹二攝合口三／四等字與蟹攝合口一等灰泰韻字合流

《音圖》中止、蟹一發生合流現象，但是這種音變開口與合口的合流情況有所不同。在開口類中，蟹攝的齊、祭二韻系（理論上還應包括廢韻系，但實際上《音圖》中無例）與止攝的支脂之微四韻系發生合流（詳見馮蒸，1992、1995）。這種合流的性質是細音和細音合流。但是這二攝合口的合流情況則與開口的情況頗多不同，它不只是蟹攝齊祭二韻系的合口與止攝支脂微三韻系的合口這種與開口平行的細音合流（之韻系只有開口無合口），而是蟹攝的一等韻灰韻系和部分泰韻字介入到這種音變中來。對此，王力先生曾有所說明，他說："支脂微祭廢屬三等，齊屬四等，但是在合口呼上，它們完全和灰韻合流了。以等呼而論，應該說是三四等跑到了一等；但是，以韻攝而論，倒反應該說是蟹攝一部分字跑到止攝裏來，因爲蟹攝的主要元音是 ai 及其類似音，止攝的主要元音是 i 及其類似音 (ei)。有三件事值得注意：第一，蟹攝二等合口字（'懷''淮''怪''快'）並沒有跑到止攝裏來；第二，泰韻合口字一部分跑到了止攝，另一部分停留在蟹攝（'檜''儈''劊''外'）；第三，支脂兩韻莊系合口字起了特殊的變化,跑到蟹攝里去了('揣'tʂ'uai,'衰''帥''率'ʂuai)。上面所述的音變,早在十四世紀以前已經完成了。"(王力,1980:160)

《音圖》中有下列3條例證與此有關:

(713)歸(魁)　歸　丘追切　k'wɤi　　　止合三平脂溪(重三)
　　　　　　　魁　苦回切　k'uɒi　　　蟹合一平灰溪
(734)峞(委)　峞　五灰切　ŋuɒi　　　蟹合一平灰疑
　　　　　　　委　於爲切　ʔwɤe　　　止合三平支影(重三)
(769)澮(貴)　澮　古外切　kuɑi　　　蟹合一去泰見
　　　　　　　貴　居胃切　kwǐei　　　止合三去未見

以上3例,2例是灰韻,1例是泰韻合口,並與止攝合口字相混,完全符合王先生所描述的音變方向。其中第3例值得注意。留在蟹攝的泰韻合口字讀uai,以喉牙音爲主,澮也屬喉牙,本來也有留在蟹攝的可能,但從本書看表明它走的是跑到止攝的方向,《蒙古字韻》也是如此,"澮貴"同音gue(去聲),與"規季桂"所在的gėue(giue)不同韻。

(二)莊₃組聲母後-i-介音的消失

此種情況《音圖》中只有如下一例:

(348)晪(策)　晪　初力切　tʃ'ɤək　　曾開三入職初
　　　　　　　策　楚革切　tʃ'æk　　　梗開二入麥切

雖然只有這樣一例,但卻代表着一種獨立的音變類型,即:莊₃組的洪音化。亦即莊₃組聲母字失去-i-介音與莊₂、知₂合流。因爲如前所述,二等與三等相混,通常是二等變入三等,而且只限于喉牙音開口,本例顯然與此不類。

中古的知、莊、章三組聲母在《音圖》中已分合爲兩組聲母,即:知₂、莊系是一組,知₃、章系是一組,前者出現在沒有-i-介音的洪音韻母前,後者出現在有-i-介音的細音韻母前。(馮蒸1994b)此外,也與《中原音韻》的情況一樣,在東部(《中原》的東鍾韻)和支部(《中原》的支思韻)這兩個韻部前,知、莊、章三組聲母合而爲一。由此看來,中古莊組字雖可因韻母的洪細的不同而分成莊₂和莊₃,但在演變中卻與知組不同,知組的知₂、知₃分屬兩組聲母,但莊₂、莊₃卻只是一組聲母,即帶有-i-介音的三等細音韻母在莊組聲母後失去-i-介音變爲洪音。我們沒有把此例放在前面的"中古二等韻的變化"中加以討論,是因爲它不是按照一般二等韻的演化規律演變,而應屬於三等韻的變化範疇,故在此加以討論。

關於莊₃組的韻母失去-i-介音後變成洪音,其音變方向是變入同攝的一等還是二等,有必要加以考察。有的學者認爲莊₃組韻母失去-i-介音後是變入一等。董同龢先生在研究了《古今韻會舉要》後說:"三等韻的莊系字都變入同攝一等韻,例如,尤韻的'鄒''愁'等與侯韻字同屬'鉤'字韻,東₃等的'崇'與東₁等字同屬'公'

字韻;如果同攝沒有一等韻,則獨立成韻,如侵部的'簪''森'等獨成'簪'字韻,陽韻的'莊''霜'等字不與唐韻字同而獨自成韻,恐怕是有(引者按:此'有'字疑是衍文)宕攝有江攝字混入的緣故"(董同龢,1968:206)。按:以上是董氏根據《古今韻會舉要》一書對莊₃演變方向所做出的推論。不過,我認爲董氏的這個推論恐怕有不全面之處。至少從《音圖》此例來看,情況並非全然如此。

我們認爲:雖然基本上莊₂、莊₃不同見于一個韻攝,但在個別既有莊₂又有莊₃的韻攝中,不應排除莊₃應先變入莊₂。此外,由於此項音變是發生在內外混等(如江/宕合流、梗/曾合流)之後,內外混等以後的新韻攝已不遵守傳統內外轉的界限。此時的莊₃亦應先變入莊₂,如本例。董氏已注意到的江/宕攝的莊₃亦是如此。此種情況與輕唇音失去-i-介音後洪音化的情況非常相似,詳見後文。

(三)通攝三等唇牙喉音字-i-介音消失變入一等

《音圖》中屬於此種變化的有如下三例:
(98)恐(孔)　　恐　丘隴切　　k'wĭoŋ　　通和三上腫溪
　　　　　　　　孔　康董切　　k'uŋ　　　通和一上董溪
(339)儚(蒙)　　儚　謨中切　　mĭuŋ　　　通和三平東明(《集韻》)
　　　　　　　　蒙　莫紅切　　muŋ　　　 通合一平東明
按:《廣韻》無"儚"字,此字讀音今從《集韻》。
(1319)鶩(木)　 鶩　莫六切　　mĭuk　　　通合三入屋明
　　　　　　　　木　莫卜切　　muk　　　 通合一入屋明

以上三例,通攝三等讀如通攝一等限于牙音溪母和唇音明母。關於前者,王力先生只是簡單地把它們視爲是一種例外(王力,1980:189注①),關於東₃明母字的失去-i-介音問題,王先生看來沒有注意到,因而一直沒有加以解釋。我們認爲:通攝三等-i-介音的消失而變入通攝一等在各組聲母之後消變之速率是不平衡的,可能唇音明母後失去-i-介音的時代較早,否則這些字就應該輕唇化。本處明母二例雖只限于東₃韻,但這種東₃明母字讀如一等的音變並不始于《音圖》,而是由來已久看,早在隋唐時期的陸德明(約555—627)的《經典釋文》中已有很多這樣的例子,《音圖》的此種現象乃是自古一脈相傳。尤韻和東₃的明母字何以不變輕唇音韻學界曾有諸種不同的解釋,據邵榮芬(1991),東₃(和尤韻)明母字在唇音輕化之前絕大多數都已變入一等,所以沒有跟同韻的純塞音字一起變輕唇,因爲它們已失去了前腭介音,使輕唇化的音變規律對它們不起作用。喉牙音的失去-i-介音也不會太晚,因爲在《蒙古字韻》和《中原音韻》中已出現此中音變。但《中原音韻》東鍾韻在ts、ts'、s、n、l等聲母下還分一、二等,而蘭茂的《韻略易通》(1442)已無此區別,與今音非常接近,可見通攝三等字-i-介音的消失在各聲母之後是不同步的,大致是唇牙喉音字後的-i-介音先消失,舌齒音字後的-i-介音後消失。總之,《音圖》東部的情況與《中原音韻》的東鍾韻已非常相似,此三例亦是一證。

(四)輕唇音聲母後 -i- 介音的消失

《音圖》中已産生輕唇音聲母,詳見馮蒸(1994a)。輕唇音産生以後,它原來的三等-i-介音亦同時脫落而變成洪音。據有關音韻史料,輕唇音的洪音化無疑早于二等韻的消失時代,但由於一、二等都是洪音,那麽,輕唇音的諸韻母是同一等還是二等? 有必要加以探討。

唇音輕化現象限于下列十韻,這十韻分屬於內、外轉的九個韻攝,請見下表:

表5 輕唇十韻內外轉分布表

內外轉＼輕唇十韻	虞	尤	微	文	東₃	鍾	陽	凡	元	廢
內轉	遇	流	止		通	通	宕			
外轉				臻				咸	山	蟹

此中見于內轉的 6 個韻系分屬 5 個韻攝,即:遇攝(虞韻)、流攝(尤韻)、止攝(微韻)、通攝(東₃、鍾韻)、宕攝(陽韻)。由於內轉韻攝沒有二等韻,所以除了止攝微韻外,其餘 5 個韻系的唇音輕化以後,原屬三等韻的-i-介音消失,其韻母變入同攝的一等。微韻系的情況比較特殊,因止攝既無二等也無一等,只有三等,唇音輕化當然不能再保持原來的等位,其音變方向耐人尋味。從有關資料來看(詳下),微韻的輕唇音是被排在所謂"四等",看來這極可能是專爲止攝輕唇音而設立的一個新等位。至於這一新等位是否還與止攝和蟹攝的細音合流有關,尚待研究。

見于外轉的 4 個韻系分屬 4 個韻攝:即臻攝(文韻)、咸攝(凡韻)、山攝(元韻)、蟹攝(廢韻)。此中臻攝實際上應予排除,因爲它不是眞正具有獨立二等韻的韻攝,它應劃歸內轉,此攝的文韻在唇音輕化以後,應讀同本攝的一等韻痕魂韻。如此則眞正屬於外轉的只有凡、元、廢三韻系。這三個韻系的唇音輕化以後其韻母是變入同攝的一等還是二等,亟需研究。

我們認爲,外轉的韻攝唇音輕化以後當讀同本攝的二等,至少對於咸、山二攝來説是如此。至於蟹攝的廢韻還需要另外加以解釋,這一看法可有下面兩條證據説明此點。

第一,從宋代邵雍(1011—1077)的《皇極經世聲音唱和圖》來看,元韻和凡韻唇音輕化後變讀入二等,請看下面《唱和圖》的"四音"(代表輕唇音聲母)一圖:

```
        清 濁 清 濁
    開   夫 父 武 文   (一等)
    發   法 凡 晚 万   (二等)
    收   □ □ □ □    (三等)
    閉   飛 吠 尾 未   (四等)
        (非)(奉)(微)(微)
```

爲了便于觀覽和説明,此圖中括號內的字爲筆者所加。

從圖中可以看出,《唱和圖》的開類(即一等),例字是屬於內轉的遇攝虞韻和名爲外轉而實爲內轉的臻攝文韻。而發類(二等)例字全是屬於外轉的咸攝凡韻和山攝元韻,它們輕脣化後看來是被置于二等的位置而不是一等的位置。收類(三等)無字,這表明脣音輕化後已失去-i-介音。

閉類(四等)的情況比較複雜。此類既有屬於內轉止攝的微韻,又有屬於外轉蟹攝的廢韻,看來這兩韻業已合流。這種止/蟹合流從等韻學的角度來説顯然也是一種內外混等。本來,外轉蟹攝的三等廢韻,脣音輕化以後,從理論上來説,應失去-i-介音變入同攝的二等,具體言之,韻母當讀同本攝的皆、佳、夬等韻,與前述外轉山、咸二攝的情況相同。但是廢韻的實際演變情況並非如此,從《唱和圖》的情況來看,廢韻乃是與止攝的微韻合流。我們認爲這種變化當與其具有-i韻尾有關,而且又因爲是三等有-i-韻頭,由於前後有兩個 i 的作用,使主元音的開口度變小,導致廢韻很早就脱離蟹攝而轉入止攝,雖然《音圖》中並无廢、微二韻合流之例,但那極可能是因爲例字有限所致,因爲《音圖》中其他蟹攝細音(齊、祭)與止攝合流之例並不少(見馮蒸,1992)。不過,廢(ɣei/ɣwei)、微(ɣei/ɣwei)二韻合流後,主元音雖發生變化,但決不是前高元音-i,因爲脣音輕化原來只限于央元音或後元音。從這兩韻音的後代反映來看,當是-əi 類音然後向-ei 發展,《唱和圖》把它們放在四等,應是很合適的。總而言之,我們認爲廢韻是隨着內轉微韻變化的,而非依外轉的模式變化。

第二,西夏文漢文對音資料也可證明凡是外轉的山咸二攝的輕脣音(元凡二韻系)失掉-i-介音後韻母當讀如二等,與其他漢語二等字一同对译西夏文的二等韻。據龔煌城(Gong Hwang-cheng,1994),西夏文同一攝內的韻母一般分成三類,可分稱爲一、二、三等,一等無介音,二等有-i- 介音(鄭張尚芳認爲西夏文二等應是-r-介音),三等有-j-介音,並分別應于宋代漢語韻母的三類:一等、二等、三/四等。其中與西夏文二等對應的漢語除了一般的二等字外,還有莊組字和元、凡二韻的輕脣音字。如西夏文平聲 25 韻(總 R26)的"𗁦"對漢語"山","𗃴"對漢語"拴",皆山母字,同韻還有二等字"𗴂患"及"幡煩凡發"等輕脣音字。同韻(上聲 23 韻)的"𗵐"注音"尼盞""挐",也都屬二等字,可知元凡二韻的輕脣音與二等同類。

以上二例均可證明屬外轉的元凡二韻在輕脣化後韻母同于二等,而不是變入同攝的一等,脣音輕化後韻母在內外轉的不同走向,是漢語語音史研究中值得注意的一個重要現象。

不過,以上筆者雖力主外轉的輕脣音當讀如二等之説,但並不認爲這就是一種唯一的模式,因爲有的音韻資料如《古今韻會舉要》的表現似乎不是如此。據研究:《舉要》三等韻的非系字都變入同攝一等韻,如虞韻的"膚""敷""扶""無"等與模韻字同屬"孤"字韻,元韻的"蕃""翻""煩"等與寒韻字同屬"干"字韻;只有微韻,因爲止攝沒有一等韻,沒有這種情形(董同龢,1968:206)。據此,似乎外轉的元韻亦當讀入同攝一等。不過,《舉要》二等韻開口字,屬於喉牙音幫知莊系的,都變入同攝一等韻,只有喉牙音見影系字仍然保持獨立。所以很可能輕唇音開始也是先變入二等,然後一、二等再合流。這個問題尚需進一步研究。

(五)止攝開口三等精知莊章組字和日母字洪音化

中古的止攝四韻和蟹攝的細音(三、四等)齊祭廢三韻合流後,至《音圖》時形成了支部和齊部兩個韻部,前都基本上與《中原音韻》的支思韻相當,後者與《中原音韻》的齊微韻相當。這里只討論《音圖》支部的韻母和聲母問題,而這需要從如何確定支部的形成問題談起。

我們知道,近代漢語韻母系統中的支思韻是唯一的一個聲母、韻母互相依存無法分開考察的韻部,也就是說脫離一定的聲母條件是無法確定該韻母的範圍和性質的。而確定了這個韻部的性質也就等於說明了這是一個洪音韻部,更確切地說是一個從細音轉化而來的洪音韻部。而導致這種細音韻母變成洪音韻母音變的又是在一定特殊的聲母條件下完成的。

如何確定《音圖》支部的所屬字,須從支思韻的形成歷史談起。我們認爲,支思韻的全部完成前後共經歷了三個階段,可分別稱之爲三次支思化。

第一次支思化指的是止攝開口支脂之三韻系精組字讀舌尖元音。王力先生說:"支脂之三韻的精系字讀ɿ。這是三韻合流以後的事,也就是說:tsi→tsɿ,ts'i→ts'ɿ,si→sɿ。當支脂之三韻精系的 i 變成 ɿ 的時候,齊祭兩韻還沒有從蟹攝轉到止攝(原注:在《切韻指掌圖》里,齊祭已經轉入止攝,可見 i 變 ɿ 還在《切韻指掌圖》的時代之前),條件不同,所以這兩韻的精系開口字還沒有一起變 ɿ。"(王力,1980:163)這一音變的時代約發生於宋代中葉以前,主要根據是《切韻指掌圖》一書。

第二次支思化是在第一次支思化的基礎上,聲母、韻母的範圍都有所擴大,聲母方面除精組外,擴大至莊、章組和個別知組字,以及日母字,韻母方面除了止攝的支脂之三韻系外,還包括個別蟹攝的祭韻字以及臻、深、曾三攝的個別入聲字。元代《中原音韻》的支思韻是其代表。關於《中原音韻》此韻還要說明這樣四點:(一)聲母方面基本上是莊章兩組字,知組只有兩個字:胝、徵。我們認爲雖然知組只有此兩個字,也不應忽視。(二)該韻的知、章、莊這三組聲母字必須居于一個同音字組,不能分立。(三)該韻的精組不只是中古音的精組,還包括中古爲莊組但在《中原音韻》時已變成精組的字,如"淄、涘、俟"等字是。(四)此韻基本上只是止攝支脂之三韻字,不含微韻,雖還包括蟹攝的祭韻,但只有"筮、噬"二字,看來此第二次支思化聲母方面雖有所擴大,韻母方面仍基本上只限于止攝開口。

第三次支思化是指《中原音韻》支思韻中一些後來在官話標準語(如北京話)中韻母讀作舌尖元音的字。如"知笞耻豸世"等字是。筆者核查了《中原音韻》支思韻中的這部分字,聲母方面只限于知₃、章組字,韻母方面仍只限于止攝開口的支脂之三韻和蟹攝的祭韻,不雜蟹攝細音齊韻和廢韻,顯然是因爲這兩韻的聲母結構使然。廢韻是純三等,只有唇牙喉音,無舌齒音字,當然與支思化問題無關。齊韻開口舌齒音亦無知、章、莊組,雖有精組,但我們知道,在第一次支思化時,只有止攝開口的支脂之三韻精組這些三等韻參加演變,此時並無蟹攝的齊韻字參加,原因只能是此時蟹攝齊韻還未與止攝諸韻合流,因而齊韻未能介入止攝開口精組的舌尖元音化演變,等到這一次支思化音變過去以後,第三次支思化時只限于三等的知章莊組,四等精組一直不參加變化,因此此時的齊韻精組開口不再發生舌尖元音化音變。以上是舒聲,入聲限于深梗曾三攝的入聲字。筆者統計了一下《中原音韻》齊微韻中的這部分字,舒聲有35字,入聲有37字,共72字。關於這第三次支思化與第二次支思化的區別,韻母方面從中古音的來源上看不出有何區別,給我的印象只是,第二次支思化中祭韻字極少,而第三次支思化中祭韻字頗多。二者的區別主要在聲母方面,第二次支思化的聲母是莊章組和少數知組字,而第三次支思化的聲母在開口只是知₃和章組。根據蔣希文(1982)的研究,中古的知莊章三組聲母在支思韻是捲舌音 tʂ 系聲母,在齊微韻開口是舌葉音 tʃ 系聲母。看來,齊微韻中的這部分字支思化一定是在系 tʃ 系>tʂ 系之後或同時才產生的,至於這第三次支思化的字具體在什么時代產生一時尚難準確斷言,但一定是在知章莊聲母由 tʃ、tʂ 二套演變成一套 tʂ 系的時候才會產生,最早的資料可能是明代徐孝的《重訂司馬溫公等韻圖經》(1606)一書。

　　以上我們概括說明了支思韻形成的三個階段,至於《音圖》應處于哪個階段,根據該書中知莊章三組聲母的分合情況亦不難判明。

　　根據馮蒸(1994a)可知,《音圖》中知莊章三組聲母的分合情況與《中原音韻》的情況幾乎完全相同,即:知莊章三組聲母分為兩套,知₃莊組聲母是一套,音值為 tʂ,拼洪音韻母;知₃章組聲母是一套,音值為 tʂ,拼細音韻母。在東部(相當于《中原音韻》的東鍾韻)和支部(相當于《中原音韻》的支思韻)中,則是知莊章三組聲母合流,聲母是 tʂ,拼洪音。在齊部(相當于《中原音韻》的齊微韻)中聲母雖只是知₃章組,但又因開、合口的不同而音值有異:開口聲母是 tʃ,合口的聲母是 tʂ。

　　從中古的知莊章三組聲母在《音圖》中的分合和分布規律,可以幫助我們確定中古音的細音韻母在《音圖》時已改變為洪音韻母的情況。由於《音圖》中三組聲母的分合情況與《中原音韻》幾乎完全一致,所以它的舌尖元音韻母分布情況亦應與《中原音韻》完全相同,即處于第二次支思化時期。我們把《音圖》舌尖元音韻母稱為支部。具體確定《音圖》支部的所屬字是根據一下兩點:

1. 韻母方面。必須是止攝支脂之三韻系或蟹攝集韻的開口字;
2. 聲母方面。有三種情況:A.是精組字;B.是莊章組字或知莊章組字;C.是日母字。

這里在聲母方面必須強調的一點是:上面所列聲母的三種情況是指在一組同音互注關係內的兩個或兩個以上的字的聲母條件。以《音圖》為例,一組同音互注關係一般是指被注音字和注音字兩個字之間所構成的關係,此時這兩個字的聲母必須是精組互注,或者是莊章組互注,或者是日母互注,但由於《音圖》中有用同一個注音字給不同的被注音字注音的情況,所以在 B 項內有時會出現"知莊章"三組聲母互注的情況,請看下例:

(151)弛(止)　(172)峙(止)　(296)茝(止)　(564)第(止)　(569)徵(止)　(683)枳(止)

在此例中注音字"止"是章母字，而被注音字則有莊母子"第"和知母字"徵"等，這樣就形成了知莊章三組聲母的互注情況。而如果在 B 類情況中的一組同音互注字的聲母如果只是知=莊組互注或知=章組互注，而無莊章組互注，均與支思韻無關。

根據以上所定的兩項規則，我們暫時確定了下列 12 字爲支部字，與《中原音韻》的支思韻相當。在這 12 個字當中，韻母均爲止攝的支脂之三韻，聲母方面也均符合上面所定的 A、B、C 三種情況，不復贅述。今把本文所定的《音圖》異音互注例的支部所屬字表列如下表：

表 6　《爾雅音圖》支部韻字表（異音互注例）

中古韻部＼中古聲母	開口			總計
	精組	知/莊/章組	日	
1. 之		(172)峙(止) (564)第(止) (569)徵(止)		3
2. 脂/之	(521)蠹(咨)	(296)茝(止)	(223)侕(二)	3
3. 支/之	(318)藜(斯)	(151)弛(止) (683)枳(止) (827)觜(史)		4
4. 支/脂	(638)觜(咨) (61)(1006) (1471)刺(次)			2
合計	4	7	1	12

注：本表中的精組字包括中古爲莊組但《音圖》時已變爲精組的字，如"藜"字。

表中的 12 例共用了 6 個注音字，以此爲線索，凡全書中用同此注音字的其他注音例，自然亦應屬於支部。根據馮蒸 1995 所附的"《爾雅音圖》注音字表"可知，上表中的注音字"斯、咨、二"三字還給其他字注音，如：(126)褫(斯)，(1080)樴(斯)，(1160)蚳(斯)、(1148)齜(斯)、(812)粢(咨)、(1084)樲(二)等，只不過它們全是同音互注例，故上表中未予列出而已。此外，我們認爲，支思韻的形成與知章莊組聲母的分合密切相關，而《音圖》中知莊章組的分合情況與《中原音韻》完全一致，所以，如果我們的推測更大膽一點的話，自然可以認爲《中原音韻》入支思韻的字，在《音圖》中當然也可能入支部，這樣可以進一步擴大《音圖》支部所屬字的範圍。當然，由於《音圖》一書編撰體例和直音這種注音方式的限制，我們一時尚不能像上表的 12 例那樣準確地加以認定。現把《音圖》中凡注音字屬於《中原音韻》支思韻的其他有關同音互注例或雖屬異音互注但一時不屬於本文所確定的互注條件者，一併匯列如下，以供參考。此處所列諸例的唯一根據就是注音字在《中原音韻》中屬於支思韻，而我們不妨亦認爲它們在《音圖》中屬於支部。(1360)鶿(慈)、(341)仳(此)、(171)呬(四)、(1469)豾(四)、(396)姒(似)、(708)汜(似)、(294)榰(枝)、(1343)鳾(支)、(1142)鼶(施)、(1363)鸍(施)、(1302)鳲(屍)、(420)塒(時)、(1491)蒔(時)、(41)謚(侍)、(207)恀(是)、(407)厬(士)、(707)涘(士);(1049)栭(而),以上共 18 例。另外被注音字亦有若干字在《中原音韻》中屬支思韻,同樣應屬於支部,兹不贅列。

　　確定了《音圖》的韻母系統中有獨立的支部,就等於確定了其韻母已從原來的舌面前高元音 i 變成了舌尖元音,即 ɿ 和 ʅ。也就是說,其韻母已經由細音變成了洪音。至於何以會發生此中洪音化的音變,自然是與該部中的那幾組聲母的發音部位有關,此點無須贅述。這些字的韻母變成舌尖元音以後,其等位自然也就不是在三等了,至於支部字洪音化以後應置于何等位,筆者推測,大概精組字應如《切韻指掌圖》那樣位于一等,而該部中的知莊章組日母字似乎應該位于二等,前者的韻母是 ɿ,後者的韻母是 ʅ。這種等位情況是指在中古音的三、四等韻合流以後,韻母保持一、二、三/四等三個等位的系統中應是如此。至於《音圖》中是否是這樣的三個等位,詳見下文。

(六)照組化精組問題

　　中古照組(莊、章組)字變讀精組可簡稱爲照組化精,它是近代漢語語音史中一個比較特殊的音變現象。據有人統計,《中原音韻》中共有 18 字屬於此項音變(張衛東,1984)。根據有關音韻資料來看,絶大多數字是變讀精組。類似的情況《音圖》中共有二例,其中一例是莊組字變讀精組,一例是章組字變讀精組,這後一例是否屬於此一音變範圍,尚待進一步研究,今暫時歸入此類,並把它們統稱作"照組化精"。從等位的角度看,變讀前它們都是照組三等字,變讀後丟變成了精組一等字。二例如下:

(318)漦(斯)　　漦　俟甾切　ʒǐə　　止開三平之俟
　　　　　　　斯　息移切　sǐə　　止開三平之心

　　按:此處"漦"字聲母的音韻地位和擬音未依郭錫良(1986),而是依邵榮芬(1982)。此字的中古聲母是俟母(禪₂),不是崇母,詳細的討論見馮蒸(1991c)。此字的聲母變化固屬本類,但韻母的變化又屬上類,故在前一類中亦列入此例,說詳上文。

(893)茝(採)　　茝　昌紿切　tɕʻiɒi　　蟹開三上海昌
　　　　　　　採　倉宰切　tsʻɒi　　蟹開一上海清

　　按:"茝"是一個音韻地位比較特殊的字,分見于《廣韻》的止韻(諸市切)和海韻(昌紿切),釋義都是"香草"。從《音圖》的注音字是"採"來看,顯然是讀作上聲海韻,而非止韻。咍韻系的傳統看法是認爲只有一等,音位一等韻不應有章組字,所以有人認爲"茝"字的海韻讀法是錯的,應是止韻字(余明象,1984)。但咍韻系亦應有三等,近年來已被音韻学家所肯定(李荣,1956;邵榮芬,1982)。此字是反切上字三等,反切下字一等,被切字三等,由反切上字決定被切字的等位。王力先生的中古音體系亦認爲哈韻系只有一等。故此處哈韻系三等的擬音是筆者根據王力先生的體系增補的。總之,《音圖》對"苢"字的注音不但可給哈韻字的三等讀法增加一項證據,而且可知海韻的昌母讀法一定是由來已久了。至於聲母由昌母改讀清母于古無征,可能是昌母與一等海韻類結合發音不便而作了改讀。莊組變精是比較自然,上古精莊本是一母,現代方言精莊合流也很多。而昌母變清母,則是一種特例變化。"苢"字本身就是一個特例。

《音圖》中照組化精的例子尚不止此,如(608)陬(鄒),(688)菑(緇),(1398)鶅(緇)等,但因均是同音互注,不在本文討論範圍之列。

(七)其他孤立音變(7例)

除了以上六類情況以外,三/四等韻與其他洪音等位混讀的還有以下諸例,這些例子有的是細音讀作洪音,有的是洪音讀作細音,有的甚至可能沒有任何音變關係。看來多是一些孤立音變,甚至可能還存在着誤讀半邊的可能性,今一併匯列于此,以待進一步的研究。

1. 寒·先部

(9) 昄(反)　　昄　布綰切　　pɣan　　山開二上潛幫
　　　　　　　　　扶板切　　bɣan　　山開二上潛並
　　　　　　　　　博管切　　puɑn　　山合一上緩幫
　　　　　　反　府遠切　　pǐwɐn　　山合三上阮幫

按:此例不但等位有異,且輕重唇互注,可疑。"昄"字《廣韻》有三讀,如上所列。這三讀的釋義均是"大也",符合《爾雅》之義。此字今音一般字典均標作bǎn。"反"字《廣韻》有二讀:府遠切、孚袁切,以前一讀爲最常見。從《廣韻》音系的角度看,"昄"字不管取哪一讀,均與注音字"反"音韻不合。檢《集韻》"昄"字有八讀:披班切、補滿切、部滿切、補綰切、普版切、部版切、博漫切、匹見切。"反"字有四讀:甫遠切、部版切、孚袁切、孚萬切。其中,"部版切"一讀二字同音。所以"昄"和"反"根據《集韻》這條反切作爲同音字處理當然也可以。但"反"字四讀中,當以"甫遠切"最爲常見。"反"是常見字,不太可能用"部版切"這樣的冷僻字去注。所以本文暫把"昄"作爲誤讀半邊與"反"同音處理。宋刻十行本《爾雅音釋》"昄"字音"蒲板切"。

(292) 忨(阮)　　忨　五悹切　　ŋuɑn　　山合一上緩疑　　(《經典釋文》)
　　　　　　　　阮　虞遠切　　ŋǐwɐn　　山合三上阮疑
(512) 糷(輦)　　糷　郎旰切　　lɑn　　山開一去翰來
　　　　　　　　輦　力展切　　lǐɛn　　山開三上獮來

按:宋刻十行本《爾雅音釋》直音與此同,看來不象是誤讀。

(1171) 蛤(剡)　　蛤　胡感切　　ɣɒm　　咸開一上感匣

《爾雅音圖》音注所反映的五代宋初等位演變

（1567）羷(臉)	剡	以冉切	jĭɛm	咸開三上琰喻
	羷	良冉切	lĭɛm	咸開三上琰來
	臉	力減切	lyɐm	咸開三上琰見
		居奄切	kyĭɛm	咸開三上琰見 （《集韻》)(重三)

按：此條的注音關係比較複雜，我們不能簡單根據這兩個字的《廣韻》反切就推斷它們之間的等位變化。由於"臉"字的音韻地位不易確定，所以究竟是何種等位的變化尚待研究。

"羷"字《廣韻》只有良冉切一讀，《集韻》則有力冉切、虛檢切二讀，釋義都同于《爾雅》此處的"角三觠，羷"，這里取《廣韻》的來母讀法。而注音字"臉"《廣韻》只有力減切一讀，《廣韻》此讀的釋義是"臉臟羹屬也"，指一種羹類食品，顯然此讀並非是今天"臉"字意義的讀法。今"臉"字讀作 liǎn，音韻地位當是來母三等，《廣韻》未收此讀，與之相當的是《集韻》的"居奄切"（釋義爲"臉，頰也"），不過此讀韻母雖爲三等，但聲母是見母，音韻仍不合。所以今北方方言中"臉"字的來母三等讀音在古代的韻書中竟無着落。這里暫把《廣韻》的讀法和《集韻》的讀法一併列出，以供參考。看來注音人旣不是用《廣韻》的力減切也不是用《集韻》的居奄切來給羷字注音。很可能在五代宋初時，"臉"字表面頰時已有如今天一樣讀作 liǎn 的三等來母讀法，讀音跟羷一樣作"良冉切"（據本書反映的方音當時 –m 已變同 –n 尾），而臉字此讀爲《廣韻》《集韻》等韻書失收。如果是用當時業已存在完全同於今義今音的臉字在給"羷"字注音，本條則屬同音互注。而此讀與《集韻》的"居奄切"有關，《集韻》此讀爲重紐字，上古應爲 *kr- 複輔音，據鄭張尚芳（1987：76—77），其中古音 kyĭɛm（< *krăm，比較藏文 figram），今音 liǎn 相當"良冉切"，屬古複輔音分化現象。如果這樣的話，本條就不是什么二等變三等的問題。因尚待確定，我們暫時把它放在孤立音變中加以論述。

2. 陽部

（453）盎(怏)	盎	烏浪切	ʔɑŋ	宕開一 去宕影
	怏	於亮切	ʔĭaŋ	宕開三去漾影

按：此條可能是誤讀聲符"央"。

3. 眞部

（203）徇(遜)	徇	辭閏切	zĭuěn	臻合三開稕邪
	遜	蘇困切	suən	臻合一去恩心

按：這兩個字的中古音韻地位無可置疑，但不能據此就簡單地認爲是一、三等之間發生等位變化。這兩個字的今音都是 xùn，徇是三等，此注從今音可以理解，從遜字今音也讀成腭化音來看，遜字在中古應亦有三等讀法，因爲根據古今音演變規律，遜字如是一等的蘇困切，今音應爲 sùn，不應是 xùn，旣然兩字相注，被注音字

"徇"的三等讀法可以反證"遜"字亦當讀同三等,即可能"遜"字在宋代已有類似今音的讀法。遜的三等音讀法中古韻書失收,但卻在現代漢語方言中保存了下來。總之此條注音可視爲是一種特例,上面所列的這兩個字的音韻地位之間沒有音變關係,這說明在今音來源考證上,《音圖》一書很有價值的。

《音圖》二十二部與中古十六攝和《中原音韻》十九部對照表

序號	《音圖》	中古十六攝	《中原音韻》	序號	《音圖》	中古十六攝	《中原音韻》
1	東部	通舒	東鍾	12	齊部	止蟹(開口三、四等及合口)	齊微
2	陽部	江宕舒	江陽	13	支部	止(精照日系開口)	支思
3	庚部	梗曾舒	庚青	14	蕭部	效	蕭豪
4	眞部	臻深舒	眞文·侵尋	15	尤部	流	尤侯
5	寒部	山咸舒(一、二等)	寒山·監咸	16	屋部	通入梗曾臻深入[合口]	魚模·尤侯
6	先部	山咸舒(三、四等)	先天·廉纖	17	曷部	山咸入(一等唇牙喉音)	歌戈
7	魚部	遇	魚模	18	洽部	山咸入(一等舌齒音/二等)	家麻
8	歌部	果	歌戈	19	屑部	山咸入(三、四等)	車遮
9	麻部	假(二等)	家麻·車遮	20	陌部	梗曾臻入(開口一、二等)	皆來
10	遮部	假(三等)	車遮	21	質部	梗曾臻深入(開口三、四等)	齊微·支思
11	皆部	蟹(開口一、二等)	皆來	22	藥部	江宕入	蕭豪

三、結　語

　　以上我們分類論述了《音圖》一書中的等位變化情況，由於三等韻的洪音化音變都是一些局部性的音變，並不導致一、三等韻的全體發生本質上的變化，換言之，即不影響韻母系統的分類格局，所以這里只對《音圖》二等韻的消失與否問題發表一點看法，我們的初步意見是除了（尤以皆麻二部爲著）喉牙開口，其他各母的二等韻已全部消失。它們大多併入一等（部分併入三等）。所以《音圖》所保存的只是一種殘餘的二等韻系統。這也與《蒙古字韻》和《中原音韻》的表現很有相同之處，這個結論對於近代語音的發展史很有意義。

參考文獻：

　董同龢：《漢語音韵學》，(臺北)學生書局，1968年。

　馮蒸(1991a)：《〈爾雅音圖〉音注所反映的宋初零聲母》，《漢字文化》1991年第1期，第29—36頁。

　馮蒸(1991b)：《〈爾雅音圖〉音注所反映的宋代濁音清化》，《語文研究》1991年第2期，第21—29頁。

　馮蒸(1991c)：《"蔾"字今讀考》，《漢字文化》1991年第2期，第42—49頁。（署名"楊義"）

　馮蒸(1991d)：《〈爾雅音圖〉音注所反映的宋代k-/x- 相混》，《語言研究》（增刊）1991年，第78頁轉103頁。

　馮蒸(1992)：《〈爾雅音圖〉音注所反映的宋初四項韵母音變》，《宋元明漢語研究》，山東教育出版社，1992年，第510—578頁。

　馮蒸(1993a)：《〈爾雅音圖〉音注所反映的宋初濁上變去》，《大陸雜志》第87卷第2期，第21—25頁。

　馮蒸(1993b)：《"〈爾雅音圖〉音注所反映的宋代濁音清化"補遺》，《語言研究》1993年，第4期，封三。

　馮蒸(1994a)：《〈爾雅音圖〉音注所反映的宋初非敷奉三母合流：兼論〈音圖〉微母的演化》，《語言研究》（增刊）1994年，第53—62頁。

　馮蒸(1994b)：《〈爾雅音圖〉音注所反映的宋代知莊章三組聲母演變》，《漢字文化》1994年第3期，第24—32頁轉23頁。

　馮蒸(1995)：《〈爾雅音圖〉音注所反映的宋初三、四等韵合流》，《漢字文化》1995年4期，第48—62頁。

　馮蒸(1998)：《〈爾雅音圖〉音注所反映的五代宋初重紐韻演變》，《走向新世紀的語言學》台湾万卷楼图书有限公司，1998年。

　郭錫良：《漢字古音手册》，北京大學出版社，1986年。

　李　榮：《切韵音系》，科學出版社，1956年。

蔣希文:《從現代方言論中古知莊章三組聲母在〈中原音韻〉裏的讀音》,《中國語言學報》,1982年第1期,第139—159頁。

邵榮芬:《切韻研究》,中國社會科學出版社,1982年。

邵榮芬:《〈切韻〉尤韻和東三等唇音聲母字的演變》,《東方文化》(Journal of Oriental Studies),vol.XXIX,no.1,1991年,第45—53頁。

王 力:《漢語史稿》(上冊),中華書局,1980年。

余明象:《〈廣韻〉札記一則》,《中國語文》1984年第5期,第358頁。

張衛東:《論中古知照系部分字今讀同精組》,《深圳大學學報》,1984年創刊號第109—115頁。

鄭張尚芳:《上古韻母系統和四等、介音、聲調的發源問題》,《溫州師院學報》1987年第4期,第67—90頁。

鄭張尚芳:《重紐的來源及其反映》,《第四屆國際暨第十三屆全國聲韻學學術研討會論文集》,1995年,A3-1-7。

本文載《語言研究》(增刊),1996年6月,第195—212頁。

《爾雅音圖》音注所反映的五代宋初重韻演變
——兼論《音圖》麻、佳二韻的相混

一、重韻的範圍

所謂重韻,是指在攝、等、開合都相同的情況下,併存着兩個或三個韻類。重韻通常指一、二等韻。按《廣韻》韻目説,除了寒韻與桓韻、歌韻與戈韻音韻學界通常認爲它們各自之間是開合韻關係外,一、二等重韻有下列 14 組(舒、入聲分列,舒聲舉平以賅上去):

表 1

一 等 重 韻								二 等 重 韻					
通		蟹	臻		咸		蟹	山		梗		咸	
1	2	3	4	5	6	7	8	9	10	11	12	13	14
東 冬	屋 沃	咍灰泰	痕魂	[麧]沒	覃談	合盍	皆佳夬	山刪	黠鎋	耕庚_二	麥陌_二	咸銜	洽狎

此中"痕魂"、"咍灰"以及下文將要提到的"欣文"三對韻系,我們認爲它們之間不是開合韻關係(馮蒸 1991e),應視爲重韻。不過痕韻入聲向無單獨標目字,本文暫以"麧"字代表,併字外加括號以作標識。由此看來,一、二等重韻共分布于中古的 6 個韻攝:通、蟹、臻、山、梗、咸。雖然這兩個等位各見于其中的 4 個韻攝,但在分布上有參差:重見部分只是蟹、咸 2 個韻攝。

近年來,有些學者又把重韻的觀念從一、二等韻擴展到三等韻,如邵榮芬(1981)、黃典誠(1986)、丁鋒(1995)等論著均明確提出了"三等重韻"這一術語。根據相同的標準,三等重韻共有如下 14 組:

三等重韻見于 9 個韻攝:通、止、遇、蟹、臻、山、梗、流、咸,遠多于一、二等重韻。此中有的三等重韻之間,可能還是重紐韻關係,如梗攝的"庚_三、清(陌、昔)"一對韻系,詳見馮蒸(1997a)。

我們認爲,把重韻的範圍從一、二等韻擴展到三等韻,是很有意義的。衆所周知,從漢語語音史的角度來看,同攝、同等、同開合的三等韻的合流是一個非常顯著

表2

三 等 重 韻													
通		止	遇	蟹	臻		山		梗		流	咸	
1	2	3	4	5	6	7	8	9	10	11	12	13	14
東三	屋三	支脂之微	魚虞	祭廢	眞臻文欣	質櫛物迄	元仙	月薛	庚三清	陌三昔	尤幽	鹽嚴凡	葉業乏
鍾	燭												

的音變現象。而以往對這一類現象的研究,一直缺乏一個普遍的概括性提法,學者們多是以攝爲單位來分別觀察有關三等韻的演變。這當然沒有什麼不可以,但這種考察方式失之零碎,系統性不強。但如果仿照一、二等重韻的處理方式,把同攝、同等、同開合的三等韻亦用一個總的總稱"三等重韻"加以概括,情況就不同了。因爲這不但對系統考察三等韻的同類音變現象有幫助,而且還可以與一、二等重韻聯繫起來,對全面研究同攝、同等、同開合韻類演變的共性和特性,無疑有重要意義。所以本文采用這種擴大的重韻觀。

現把以上三個等位的重韻的韻攝分布表列如下,以供下文討論的參考:

表3

重韻類型＼攝別	通	止	遇	蟹	臻	山	梗	流	咸	合計
一等重韻	√			√	√				√	4
二等重韻				√		√	√		√	4
三等重韻	√	√	√	√	√	√	√	√	√	9

由此看來,16攝中涉及到重韻的韻攝共有9個,其餘7個韻攝,或者只含有一韻,如:果、假、江、深4攝,或者雖有二韻,但等位不同,如:效、曾、宕3攝,均與重韻無關。

以此爲基礎,我們可以討論《爾雅音圖》音注的重韻演變問題。

二、《爾雅音圖》重韻的混並情況併論佳、麻二韻的相混

《爾雅音圖》(下文簡稱《音圖》)音注是筆者近年發現的一份反映五代宋初漢語北方官話語音的重要資料,對此,筆者已先後撰寫了多篇論文加以探討(參馮蒸,1991a、b、c、d;1992;1993a、b;1994a、b;1995;1996;1997a、b、c;1998)。《音圖》一書有《圖》有《音》,其音注的作者,清代學者孫星衍、曾燠等人都認爲是五代時期後蜀(934—965)的毋昭裔,筆者認爲其說可信。關於此書的全面文獻學考察,我們準備另文探討,此處不贅。

本文專門研究《音圖》的重韻問題。《音圖》共出現重韻異音互注例 127 例(重複出現例按 1 例計算)。其中一等重韻 17 例,二等重韻 18 例,三等重韻 92 例。下面按照韻尾的不同把《音圖》重韻例在 9 個韻攝、三個等位共 28 組舒入聲韻的數量分布表列如下:

表 4 《音圖》重韻例數量分布統計表

類型＼組別	-∅		-i	-u	-ŋ/-k				-n/-t				-m/-p		合計
	止	遇	蟹	流	通		梗		臻		山		咸		
					舒	入	舒	入	舒	入	舒	入	舒	入	
一等重韻			6		6	3			0	0			8	1	18
二等重韻			4				3	6			2	1	1	1	18
三等重韻	63	10	0	2	5	2	1	0	3	1	4	0	1	0	92
總計	63	10	10	2	11	5	4	6	3	1	6	1	3	2	128

從上表中可以看出,以上三等位的 28 組重韻,除了一等重韻有 2 組和三等重韻有 4 組無注音例外,其餘 22 組均有例證。

《音圖》共有注音例 1583 條,其中 37 條因文字有問題,本文不作研究。余下的 1546 條注音中,同音互注有 1048 條,異音互注有 535 條。而異音的重韻互注例共有 128 條之多,佔《音圖》全部異音互注例的 23.9%,足見是一個非常顯著的音變現象,亟有必要加以研究。這 128 條重韻互注例,雖然在各組重韻的數量分布上不甚平衡,但分布的範圍卻相當廣泛,對於我們考察五代宋初的重韻演變,無疑提供了一份珍貴的資料。

下面,我們按照上文表中所列的等位和攝別次序,把除止攝以外的例字全部列出,依次考察一下《音圖》重韻的混注情況。例字的列舉格式一如筆者前此已刊諸文,茲不贅述。唯一要說明的是,在重韻的 9 個韻攝當中,遇、流、通、咸 4 個是獨韻攝,止、蟹、梗、臻、山 5 攝是開合韻攝。對開合韻攝的例字列舉,我們分成開口、合口、唇音三類。因爲唇音不分開合,故另立一類,與開、合二類併列。唇音例字後音韻

地位的標注，本應把開合一項去掉，但因系轉錄自郭錫良(1986)，故暫仍其舊。

(一) 一等重韻(18例)

1. 蟹攝：咍灰泰

A. 開口

(136) 汽(蓋)	汽	居代切	蟹開一去代見	kɒi(《集韻》)
	蓋	古太切	蟹開一去泰見	kai

按：《廣韻》"汽"字許訖切，爲入聲迄韻曉母字，但義爲水乾涸，與《爾雅·釋詁》音義均不合。《集韻》汽字另有居代切一讀，義爲"切近也"，音義正合《爾雅》，今取以比較。《集韻》此讀當本自《經典釋文》。此條原文《爾雅·釋詁》："凱，汽也。"陸德明《釋文》："汽，古愛反。"

(508) 饻(亥)	饻	呼艾切	蟹開一去泰曉	hai
	亥	胡改切	蟹開一上海匣	ɦɒi
(1262) 能(奈)	能	奴代切	蟹開一去代泥	nɒi
	奈	奴帶切	蟹開一去泰泥	nai

B. 合口

(279) 潰(會)	潰	胡對切	蟹合一去隊匣	ɦuɒi
	會	黃外切	蟹合一去泰匣	ɦuai
(1099) 瘣(會)	瘣	胡罪切	蟹合一上賄匣	ɦuɒi
	會	黃外切	蟹合一去泰匣	ɦuai

C. 唇音

(664) 旆(佩)	旆	蒲蓋切	蟹開一去泰並	bai
	佩	蒲昧切	蟹開一去隊並	buɒi

2. 通攝(舒)：東_冬

(11) 艐(宗)	艐	子紅切	通合一平東精	tsuŋ
	宗	作冬切	通合一平冬精	tsuoŋ
(464) 緵(宗)	緵	子紅切	通合一平東精	tsuŋ
	宗	作冬切	通合一平冬精	tsuoŋ
(989) 緵(宗)	緵	子紅切	通合一平東精	tsuŋ
	宗	作冬切	通合一平冬精	tsuoŋ
(1408) 緵(宗)	緵	子紅切	通合一平東精	tsuŋ
	宗	作冬切	通合一平冬精	tsuoŋ
(1435) 豵(宗)	豵	子紅切	通合一平東精	tsuŋ

（1570）檧(宗)	宗	作冬切	通合一平冬精	tsuoŋ
	檧	子紅切	通合一平東精	tsuŋ
	宗	作冬切	通合一平冬精	tsuoŋ

3. 通攝（入）：屋_沃

（51）（206）告(谷)	告	古沃切	通合一入沃見	kuok
	谷	古祿切	通合一入屋見	kuk
（149）梏(谷)	梏	古沃切	通合一入沃見	kuok
	谷	古祿切	通合一入屋見	kuk
（542）鵠(斛)	鵠	胡沃切	通合一入沃匣	ɦuok
	斛	胡谷切	通合一入屋匣	ɦuk

4. 咸攝（舒）：覃談

（914）萏(胆)	萏	徒感切	咸開一上感定	dɒm
	胆	都感切	咸開一上敢端	tɒm
（1444）魽(含)	魽	胡甘切	咸開一平談匣	ɦɑm
	含	胡南切	咸開一平覃匣	ɦɒm

5. 咸攝（入）：合盍

（535）盍(合)	盍	胡臘切	咸開一入盍匣	ɦɑp
	合	胡南切	咸開一入合匣	ɦɒp

（二）二等重韻（18例）

1. 蟹攝：皆佳夬

A. 開口

（115）瘵(債)	瘵	側界切	蟹開二去怪莊	tʃɣɐi
	債	側賣切	蟹開二去卦莊	tʃɣai
（511）餲(隘)	餲	於介切	蟹開二去怪影	ʔɣɐi
	隘	烏懈切	蟹開二去卦影	ʔɣai

B. 合口

（169）叏(快)	叏	苦怪切	蟹合二去怪溪	k'wɣɐi
	快	苦夬切	蟹合二去夬溪	k'wɣæi
（1093）懷(歪)	懷	戶乖切	蟹合二平皆匣	ɦwɣɐi
	歪(竵)	火鍋切	蟹合二平佳曉	hwɣai

按：這里注音字"歪"值得注意。"歪"是個後起的俗字，其本字原作"竵"。《說文·

立部》:"蠨,不正也。"大徐音"火蠆切",《廣韻》"火燭切"。此字聲母原是曉母,從《音圖》注音中亦可看出,後來才變作零聲母。明梅應祚《字汇》:"歪,烏乖切",乃與今音一致,但中古時並非如此。此"歪"字何時出現,通常認爲晚至明代才有,舉證多爲《字彙》。但從《音圖》的注音用字可知,"歪"這一字形至晚在五代宋初業已出現。這條注音對漢語俗字研究很有價值。

這里所列的二等蟹攝皆、佳、夬組重韻互注例,數量雖然不多,但其中佳韻的演變需要特別加以注意,就是佳韻表現爲一種雙向演變,一個是上面所舉的與皆韻合流,另一個是佳韻部分字與假攝的麻韻二等字合流,《音圖》中有下列兩例:

[附]蟹/假攝:佳麻₂

A. 開口

| (701)厓(牙) | 厓 | 五佳切 | 蟹開二平佳疑 | ŋɣai |
| | 牙 | 五加切 | 假開二平麻疑 | ŋɣa |

B 合口

| (1229)䯻(畫) | 䯻 | 胡化切 | 假合二去禡匣 | ɦwɣa |
| | 畫 | 胡卦切 | 蟹合二去卦匣 | ɦwɣai |

這里佳韻的"厓、畫"二字當讀同麻韻。從語音特點上看,顯然是蟹攝佳韻的-i尾脫落而導致與假攝的麻₂韻合流。

佳韻的這種雙向演變發生的時代頗早,它與同攝皆、夬韻的合流在多種中古音韻文獻中都有表現,佳韻與麻₂韻的混併看來至晚在中唐甚至此前即已發生。在李白、杜甫、白居易這些大詩人的用韻里,佳韻中的"佳、涯、崖、娃、罷、畫、鼉"等字都押入了麻韻。裴務齊正字本《王韻》把佳韻移到歌、麻之間,也反映了佳韻更靠近麻韻的情況(黃笑山,1995:176)。但佳韻的這種雙向演變是同時發生,抑或有早有晚,尚需進一步研究。至於有人認爲佳韻混入麻韻,主要是唇牙喉音,佳韻與皆韻混併,主要是齒音莊組字(黃笑山,1995:176—177),從《音圖》的有關例證來看,情況並非全然如此,所以佳韻的分化條件,目前尚不能斷定。

2. 梗攝(舒):耕庚₂

A.唇音

(188)抨(烹)	抨	普耕切	梗開二平耕滂	pʰɣæŋ
	烹	撫庚切	梗開二平庚滂	pʰɣɐŋ
(874)䒌(萌)	䒌	武庚切	梗開二平庚明	mɣɐŋ
	萌	莫耕切	梗開二平耕明	mɣæŋ
(1259)黽(猛)	黽	武幸切	梗開二上耿明	mɣæŋ
	猛	莫杏切	梗開二上梗明	mɣɐŋ

3. 梗攝(入):麥陌₌

A. 開口

(648)磔(責)	磔	陟格切	梗開二入陌知	ȶɣɐk
	責	側革切	梗開二入麥莊	tʃɣæk
(780)茖(革)	茖	古伯切	梗開二入陌見	kɣɐk
	革	古核切	梗開二入麥見	kɣæk

B. 唇音

(153)覛(陌)	覛	莫獲切	梗開二入麥明	mɣæk
	陌	莫白切	梗開二入陌明	mɣɐk
(513)𤿡(拍)	𤿡	普麥切	梗開二入麥滂	p'ɣæk
	拍	普伯切	梗開二入陌滂	p'ɣɐk
(785)(937)薜(百)	薜	博厄切	梗開二入麥幫	pɣæk
	百	博陌切	梗開二入陌幫	pɣɐk
(1292)擘(拍)	擘	博厄切	梗開二入麥幫	pɣæk
	拍	普伯切	梗開二入陌滂	p'ɣɐk

按:此條注音聲母有送氣、不送氣之別,疑注音字"拍"為"柏"字之誤,待考。

4. 山攝(舒):山刪

A. 開口

(300)閒(諫)	閒	古莧切	山開二去襇見	kɣæn
	諫	古晏切	山開二去諫見	kɣan
(375)骭(莧)	骭	下晏切	山開二去諫匣	ɦɣan
	莧	侯襇切	山開二去襇匣	ɦɣæn

58. 山攝(入):點鎋

A. 合口

(310)姡(滑)	姡	下刮切	山合二入鎋匣	ɦwɣat
	滑	戶八切	山合二入黠匣	ɦwɣæt

6. 咸攝(舒):咸銜

(1448)巖(巖)	巖	五咸切	咸開二平咸疑	ŋɣɐm
	巖	五銜切	咸開二平銜疑	ŋɣam

7. 咸攝(入):洽狎

(181)翜(插)	翜	所甲切	咸開二入狎山	ʃɣap

| | 插 | 楚洽切 | 咸開二入洽初 | tʃɣɐp |

按：此條注音聲母未合，待考。

(三)三等重韻(92例)

1. 止攝：支脂之微

關於止攝三等重韻支(-ɣe/-ɣwe)、脂(-i/-wi)、之(-ɣə)、微(-ɣei/-ɣwəi)四韻系的混併情況，我們在別的文章中曾列舉過有關例證(馮蒸，1992)，茲不贅述。但是當時的討論很不充分，所舉例證亦有疏誤。中古以後止攝諸韻的合流是一個非常顯著的音變現象，但目前我們對這四韻的合流過程研究得還很不夠，這四韻的合流一定有一個過程，不可能同時合流，一定有個先後次序，比如可能支脂之先合流，微韻的合流在後，《五經文字》音切的情況即是如此；而且合流的起點可能還有聲母的條件，這些均有待進一步的研究。這裡我們只把止攝重韻的全部63條例證分聲母、分開合統計列表如下，這一統計為前述拙文所缺，希望此表能對這一音變合流的過程考察提供一些必要的線索。

表5　《音圖》止攝重韻互注統計表(唇音)

聲母\韻類	唇音
支/脂互注	7
支/微互注	2
總計	9

表6　《音圖》止攝重韻互注統計表(開口)

聲母\韻類	喉牙音	舌齒音	合計
支/脂互注	2	8	10
支/之互注	4	9	13
支/微互注	6		6
脂/之互注	4	4	8
脂/微互注	1		1
之/微互注	1		1
總計	18	21	39

止攝諸韻合流以後,韻母基本上是-i/-ei,後來,其開口齒音精組和莊組字的韻母開始發生舌尖元音化的變化,這部分字成爲後代"支思"韻的先河,我們則另立爲"支"部,(詳見馮蒸,1996)。

表7 《音圖》止攝重韻互注統計表(合口)

韻類＼聲母	喉牙音	舌齒音	合計
支/脂互注	1	2	3
支/微互注	8		8
脂/微互注	4		4
總計	13	2	15

2. 遇攝:魚虞

(21)諏(苴)　　諏　　子于切　　遇合三平虞精　　tsĭu
　　　　　　　苴　　子魚切　　遇開三平魚精　　tsĭo

(343)瘐(與)　　瘐　　以主切　　遇合三上虞余　　jĭu
　　　　　　　與　　余呂切　　遇開三上語余　　jĭo

(637)姁(疽)　　姁　　子于切　　遇合三平虞精　　tsĭu
　　　　　　　疽　　七余切　　遇開三平魚清　　tsʻĭo

按:此條注音聲母有送氣、不送氣之別,略有不合。

(1101)蔞(呂)　　蔞　　隴主切　　遇合三上虞來　　lĭu(《集韻》)
　　　　　　　【力朱切　　遇合三平虞來　　lĭu】
　　　　　　　呂　　力舉切　　遇開三上語來　　lĭu

按:"蔞"字《廣韻》只有平聲一讀,與注音字聲調不合,今取《集韻》的"隴主切"一讀,併附《廣韻》的反切備參。

(1035)樗(樞)　　樗　　丑居切　　遇開三平魚撤　　ṭʻĭo
　　　　　　　樞　　昌朱切　　遇合三平虞昌　　tɕʻĭu

(1053)栩(許)　　栩　　況羽切　　遇合三上虞曉　　hĭu
　　　　　　　許　　虛呂切　　遇開三上語曉　　hĭo

(1054)杼(柱)　　杼　　直呂切　　遇開三上語澄　　ḍĭo
　　　　　　　柱　　直主切　　遇合三上虞澄　　ḍĭu

(1212)翥(住)　　翥　　章恕切　　遇開三去御章　　tɕĭo
　　　　　　　住　　持遇切　　遇合三去遇澄　　ḍĭu

(1316)臚(廬)	臚	力朱切	遇合三平虞來	lǐu
	廬	力居切	遇開三平魚來	lǐo
(1350)雛(鋤)	雛	仕于切	遇合三平虞崇	dʒǐu
	鋤	士魚切	遇開三平魚崇	dʒǐo

3. 流攝：尤幽

(411)(559)黝(悠)	黝	於虯切	流開四平幽影（準重三？）(《集韻》)	ʔ(ɣ)iəu
	悠	以周切	流開三平尤余	jǐəu
(1313)鷲(求)	鷲	渠幽切	流開四平幽群（準重三？）	g(ɣ)iəu
	求	巨鳩切	流開三平尤群	gǐəu

4. 通攝(舒)：東₃鍾

(83)(599)(705)重(崇)	重	直容切	通合三平鍾澄	ɖǐwoŋ
	崇	鋤弓切	通合三平東崇	dʒǐuŋ
(366)夆(風)	夆	符容切	通合三平鍾並	bǐwoŋ
	風	方戎切	通合三平東幫	pǐuŋ
(652)肜(容)	肜	以戎切	通合三平東余	jǐuŋ
	容	餘封切	通合三平鍾余	jǐwoŋ
(678)邛(穹)	邛	渠容切	通合三平鍾群	gǐwoŋ
	穹	去宮切	通合三平東溪	k'ǐuŋ
(1161)蜙(嵩)	蜙	息恭切	通合三平鍾心	sǐwoŋ
	嵩	息弓切	通合三平東心	sǐuŋ

5. 通攝(入)：屋₃燭

(304)燠(浴)	燠	於六切	通合三入屋影	ʔǐuk
	浴	余蜀切	通合三入燭余	jǐwok
(460)屬(竹)	屬	陟玉切	通合三入燭知	ţǐwok
	竹	張六切	通合三入屋知	ţǐuk

6. 梗攝(舒)：庚₃清

A.合口

(756)潁(影)	潁	餘頃切	梗合三上靜余	jwǐɛŋ（準重四）
	影	於丙切	梗合三上梗影	ʔɣǐɐŋ（準重三）

7. 臻攝(舒)：眞臻文欣

A. 開口

| (1501)釁(靳) | 釁 | 許覲切 | 臻開三去震曉 | hɣǐən(重三) |
| | 靳 | 居焮切 | 臻開三去焮見 | kǐən |

按：此條注音聲母未合，待考。

B.合口

(976)菌(郡)	菌	渠殞切	臻合三上軫群	gwɣǐən(重三)
	郡	渠運切	臻合三去問群	gǐuən
(1422)麕(君)	麕	居筠切	臻合三平眞見	kwɣǐən(重三)
	君	舉云切	臻合三平文見	kǐuən

按：本組重韻未出現臻、文韻系例字，入聲組亦然。

8. 臻攝(入)：質櫛物迄

A. 開口

| (1130)䫻(氣) | 䫻 | 去吉切 | 臻開三入質溪 | k'ǐět(重四) |
| | 氣 | 去訖切 | 臻開三入迄溪 | k'ǐět |

9. 山攝(舒)：元仙

A.合口

(378)嬡(怨)	嬡	王眷切	山合三去線雲	ɦw(ɣ)ǐɛn(重三)
	怨	於願切	山合三去願影	ʔwǐɐn
(520)圓(袁)	圓	王權切	山合三平仙云	ɦw(ɣ)ǐɛn(重三)
	袁	雨元切	山合三平元云	ɦw(ɣ)ǐɐn
(1254)蜎(遠)	蜎	以轉切	山合三上獮余	jwǐɛn(重四)
	遠	雲阮切	山合三上阮云	ɦwǐɐn
(1255)蠉(喧)	蠉	許緣切	山合三平仙曉	hw(ɣ)ǐɛn(重三)
	喧	況袁切	山合三平元曉	hwǐɐn

10. 咸攝(舒)：鹽嚴凡

A.

| (723)顩(儼) | 顩 | 魚檢切 | 咸開三上琰疑 | ŋɣǐɛm(重三) |
| | 儼 | 魚埯切 | 咸開三上儼疑 | ŋǐɐm |

按：本組重韻無凡韻例。

　　以上是《音圖》除止攝以外的全部重韻互注例。雖然各組重韻互注例的數量分布多寡不一，有 3 組只有 1 例，另外還有 6 組重韻甚至 1 例也沒有，但是，根據《音圖》中出現的其他一些可以斷定爲時代更爲晚近的音變現象以及該注音資料所代表的時代——五代宋初,我們可以確信這三個等位的 28 組重韻在《音圖》中均已合流。

我們所以這樣認爲,是因爲《音圖》中還出現了大量異攝、異等韻類的合流現象。前者如江、宕二攝合流,梗、曾二攝合流,山、咸二攝合流,臻、深二攝合流等;後者如三、四等韻的合流,這些我們均已另文論述(參馮蒸,1992、1996)。而這一類合流音變從漢語語音演變史的角度來看,無疑應晚於同攝、同等諸韻類的合流。所以《音圖》各組重韻例數量的多寡看來並不影響重韻合流這一音變確已完成的事實。

三、關於重韻演變的幾點看法

《音圖》的這 128 條異音重韻互注例,表面上看來,數量似乎也不是太少,但由於它們分布在 28 個重韻組中(實際上是 22 個重韻組),各組的例字數量實在有限,而且有的組還付闕如,我們雖然可以大致肯定《音圖》的重韻業已合流,但根據這點有限的資料,實在很難看出這種合流有什麼條理。

我們認爲,我們對《音圖》重韻的研究,不應該僅限於事實的描寫,應該在此基礎上,上升到理論的高度,對重韻演變的具體過程,或者說是對重韻演變的機制,做出一些推斷,以促進漢語語音演變史的深入研究。

關於重韻的演變過程,我們認爲有這樣幾個問題需要考慮:

1. 一等、二等、三等這三個等位的重韻演變是否同步?
2. 同一等位內各攝重韻的演變是否同步?
3. 同一等位內同一攝內各組(指舒聲、入聲在同一攝內的重韻組)重韻的演變是否同步?
4. 同一攝但不同等位的重韻演變是否同步?
5. 重韻在中古及其後各音韻資料中的表現有哪些相同點和不同點?
6. 重韻演變研究對歷史語言學研究有哪些啓發意義?

顯然,要回答這些問題,僅僅根據《音圖》的這點重韻資料是不夠的,還需要綜合其他一些反映重韻演變的有關音韻資料,並根據語音演變的一般原理,全面加以考慮。

對中古重韻的演變規律和過程,我們初步形成了下面幾點看法,現提出來供學者們做進一步的研討。由於反映重韻演變的資料發表得還很少,音韻學界對重韻演變的理論研究幾乎是空白,加之體例和篇幅的限制,這裡不可能做全面的展開討論,所以,這裡的探討僅僅是初步的,這個問題今後顯然有必要另做一專題研究。

表面上看來,重韻的演變是一種相近元音的合併過程。但由於重韻的數量衆多,韻類情況複雜,其合流過程一定是一個漸進的過程,其具體的演化條件一定有多種因素在起作用,可能很複雜。總的來看,重韻的演變與聲母、韻母和聲調都有關

係,根據現有資料,我們初步認爲大概有下列五種演變趨勢值得注意:

1. 重韻演變在舌齒音後和唇牙喉音後的合流速度不同步;
2. 重韻演變與等位有關,二等重韻的合流較一等、三等重韻的合流時間要早;
3. 重韻在開音節韻和閉音節韻的演變不同步:開音節先變,閉音節後變;
4. 重韻在舒聲韻(陽聲韻)和入聲韻的演變不同步:入聲韻先變,舒聲韻(陽聲韻)後變;
5. 重韻在平聲和仄聲的演變不同步:仄聲韻先變,平聲韻後變。

以上五條,第1條是聲母條件,第2、3、4條是韻母條件,第5條是聲調條件,現分別做一個簡單解釋。

1. 關於重韻合流的聲母條件,目前在三等止攝重韻合流例中可以看出一些線索。最早指出此點的似乎是日本學者上田正(見森博達,1981),他根據原本《玉篇》的反切和玄應的反切資料指出:脂、之兩韻的混併,早期只限於舌齒音,唇牙喉音聲母下並不發生混淆。以前諸家所以未看出來,可能與單純使用反切系聯法有關。所以考察止攝重韻的合流,宜以聲母爲條件分別加以考察,不宜籠統泛論,混而不分。《音圖》的脂、之相混,喉、牙音互注和舌齒音互注各有4例,尚看不出此種區別,可能是因爲時代較晚的緣故。至於其他重韻的合流是否也有聲母的問題,尚待研究。不過,《音圖》梗攝重韻的混注,舒聲全是唇音例,入聲也是唇音居多數,似乎是一個值得注意的現象。

2. 關於重韻演變與等位的關係。從唐代《後漢書》李賢注(675—680)(黃錦君,1986)和張參《五經文字》(775—776)(邵榮芬,1964)二書的反切來看,二等重韻的混同或合併最爲普遍與徹底。我們知道,中古音的等位區別主要在介音方面,根據目前的通常看法,一、四等韻無介音,二等韻有 ɣ(> ɯ)介音,三等韻有 i 介音。既然二等重韻的演變與一、三等重韻的演變不同步,時間上早於後者,那麽這種情況很可能與二等韻的 ɣ(> ɯ)介音有關。中古的 ɣ(> ɯ)介音是從上古的 r 介音演化而來,上古的 r 介音據李方桂先生說是具有一種中央化作用(centralization)(李方桂,1980:23)。引申李先生這個意見,我們不妨認爲中古的這個 ɣ(> ɯ)介音有一種使其後的元音與相近元音趨同的作用,從而導致重韻的合流。當然,中古這個介音的具體作用,尚有待從語音學上加以詳細闡釋。《音圖》的注音在這一點上雖然無明顯表現,但這個現象的確不應該忽視。除了二等的 ɣ(> ɯ)介音對重韻的演變有影響外,三等韻的 i 介音看來對某些開音節重韻的演變也有影響,說詳下文。

3. 音節結構與重韻的演化也有密切關係。這里所說的音節結構,主要是指韻母的結構類型。簡言之,是從開、閉音節的角度來看重韻。我們認爲,開音節重韻與閉音節重韻的演變速率和演變方向應是不同的。一般說來,開音節重韻演變的速度快,閉音節重韻演化的速度慢。這一看法雖然是受普通語音學的啓發,但看來與歷史語言學所提供的事實是一致的。普通語言學中有所謂受阻元音(checked vowel)和不受阻元音(unchecked vowel)的理論。受阻元音是指閉音節中位於輔音韻尾之前的元音,元音發出後由於後面還有輔音,發音器官要形成阻礙,導致閉音節中的元音也受到阻礙,不能延長。反之,不受阻元音是指開音節中的元音,由於後面沒有使發音氣流受阻的輔音,不受阻元音的氣流不受阻礙,可以延長(Abercrombie, 1967)。引申這一理論並把它移用到漢語語音史中,可以認爲受阻元音變化較慢而不受阻元音變化較快。重韻的演變當與此有關。在重韻所見的九個韻攝當中,止、遇、蟹、流四攝可稱作開音節重韻,通、梗、臻、山、咸五攝可稱作閉音節重韻。

不少音韻資料開音節重韻和閉音節重韻的混併比例不同,如隋曹憲《博雅音》中三等重韻閉音節韻混切的比例總的說來低於開音節各組,看來後者合併的時代略爲早些,尤其是支脂之一組(丁鋒,1995:56)。《爾雅音圖》的情況雖不甚顯著,但該書三等止攝重韻的混併情況十分徹底,給我們留下了深刻的印象(馮蒸,1992)。需要指出的是:鑒于這個現象在三等韻里比較明顯,看來此中除了有開、閉音節的因素外,恐怕還有介音的問題,即與三等韻的-i-介音有關。至少止攝諸韻的演變是如此,不像是單純的開、閉音節問題。至於三等重韻中的開、閉音節演變,介音和韻尾哪一個起主要作用,尚需集合更多的資料作進一步的探索才能斷定,但不管怎樣,開、閉音節問題肯定是一個值得認真考慮的因素。上文對《音圖》重韻例的列舉是按照韻尾的類型排列的,即是考慮到此點。

4. 關於重韻在舒聲韻(陽聲韻)和入聲韻演變的不同步。這里所説的舒聲韻專門是指帶鼻音-m、-n、-ŋ韻尾的陽聲韻。按照中古音研究者的通常做法,上文對重韻組別的劃分,就是把舒聲重韻和入聲重韻分別獨立設組,因成28組,而不是以平賅上、去、入,目的就是考察帶-p、-t、-k或-ʔ韻尾的重韻與帶-m、-n、-ŋ韻尾的重韻在語音演變上有何不同。這一點在若干中古音韻資料的某些韻攝中表現得至爲明顯,以張參《五經文字》和玄應《一切經音義》通攝一等舒聲東_/冬、入聲屋_/沃2組重韻爲例,《五經文字》"東、冬入聲混切較多,'楛、鵠、暴'等字都是比較常用的字,看來在《文字》的韻系里,屋一等、沃大概已經不能分辨。舒聲混切只有一例,'宗'雖然是常用字,'窦'則不然。冬、東舒聲是否混併,還有疑問。玄應《一切經音義》的反切和這兒的現象完全一樣。玄應東、冬舒聲共有音切67次,混切2次,入聲共有音切127次,混切23次,也是舒聲混切的少,入聲混切的多"(邵榮芬,1964:222)。其他音韻資料也有類似的現象,但是否一定是入聲重韻混併的速度早于舒聲重韻混併的速度,還需根據有關資料逐一分類考察。

上文第3點以開、閉音節作爲標準來考察重韻的演變,如此則不管是帶鼻音韻尾還是塞音韻尾都是閉音節。而根據這第4點的情況來看,顯然還需把閉音節的韻尾作進一步的區分。即閉音節的漢語輔音韻尾實際上有兩種,一種是以鼻輔音-m、-n、-ŋ結尾的,一種是以塞輔音-p、-t、-k結尾的,雖然它們都是輔音,但從普通語音學的角度來看,這兩類輔音顯然有所不同,傳統漢語音韻學稱前者爲陽聲韻,後者爲入聲韻,是有道理的。以鼻音結尾的音節不是純粹的閉音節,有人稱之爲半閉口音節。因爲"鼻音近似元音,聲調的尾巴可以落在鼻音韻尾上面,它和清塞音的性質大不相同"(王力,1960)。唯其如此,這兩類韻尾對其前面元音的影響是否完全相同,尚需認真加以研究。看來研究漢語音韻不應籠統地用"閉音節"一名而把這兩種韻尾混而不分。

　　這里我們要指出,目前音韻學界對"舒聲/促聲(入聲)"這一對傳統音韻學術語的理解似乎還頗不一致。即舒聲、入聲到底是指韻母的結構類型還是指聲調,已有的定義並不明確。① 由於"入聲"不是一個單純的聲調問題,還有-p、-t、-k 韻尾,所以,舒聲和入聲的區別可能兼具韻母類型和聲調兩種意義。如在已有的定義中進行抉擇,我們傾向於是指音節類型,因這里所舉的中古音韻資料不像是音高影響重韻演變。

　　這第 4 點雖然和第 3 點有關係,都指的是韻母結構,但不能混爲一談,因這兩項的立論標準是不同的。第 3 條的立論標準是音節的開閉,本條的標準是舒聲和入聲,這兩條雖然指的都是韻尾,但劃分標準並不一樣。在第 3 條中,帶-Ø、-i、-u 韻尾者是開音節,帶-p、-t、-k、-m、-n、-ŋ 韻尾者是閉音節。在這第 4 條中,帶-p、-t、-k 韻尾者是入聲,帶-Ø、-i、-u、-m、-n、-ŋ 韻尾者都是舒聲。而如果專指同一攝内與入聲-p、-t、-k 相對的舒聲而言,則又專指帶-m、-n、-ŋ 尾的音節。而這兩者都是閉音節。所以不能用第 3 條的標準看待第 4 條,也不能用第 4 條的標準看待第 3 條,二者應併行不悖。這兩項條件各有各的作用。如果全然用音節開閉的觀點來看待這第 4 點,則鼻尾韻是半閉口音節,入聲塞尾韻是標準的閉音節,如用第 3 條的觀點來判斷這第 4 條,則帶鼻音尾的重韻合併的時代應早於帶入聲韻尾的重韻合併演變,但實際上本條所舉的有關例證則是恰恰相反,是入聲重韻的合併時代早於舒聲重韻的演變,所以此項條件的語音性質恐怕不是音節的開閉問題所可解釋。這個問題還需進一步加以研究。

　　5. 聲調的平仄不同可以影響到中古音韻系的合併速度,仄聲韻先變,平聲韻後變。這是美國學者朱樂本(R. A. Juhl)教授提出來的。朱氏在《唐代元音演變與聲調的關係》(Juhl,1980)一文中提出了這個看法。該文的主要内容是:爲了探查初唐、

---

① 目前音韻學界對"舒聲/促聲(入聲)"這一對術語缺乏統一的解釋,這里舉幾種有代表性的説法以見一斑。羅常培(1956:85)在"4.6 辨識聲調之方法"一節中説:"以平聲對上去入言則謂之'平'、'仄',以平上去對入聲言則謂之'舒'、'促'。"汪壽明、潘文國(1992:25):"舒促:這是對古四聲的又一種分類法。平、上、去爲一類,這三種聲調或平或曲,但都可延長,讀起來比較舒緩,故稱爲舒,入聲爲一類,因無法延長,讀來較爲短促,故稱爲促。"曹述敬等(1991:195、19):"舒聲:音韻學術語。也稱舒調,與促聲相對,指讀音舒緩的音節,即沒有入聲韻尾的字。這類字讀音舒緩,並可以自然延長。""促聲,:音韻學術語。也稱促調,與舒聲相對,指讀音短促的音節,即入聲字。入聲收[-p]、[-t]、[-k]、[-ʔ]等塞音尾。這類字由於主元音後緊接塞音,音節必然讀得短促。"李葆瑞(1988:74):"四聲可以分成兩類,平、上、去是一類,入聲是一類。平、上、去合稱舒聲,對舒聲説入聲也叫促聲。因爲古入聲都有塞音韻尾,有的是[-p],有的是[-t],有的是[-k]。也就是在一個音節的發音過程中,口腔的兩個部位,兩唇、舌尖和齒齦或舌根和軟腭忽然接觸阻住氣流,使聲音戛然而止。這樣就使音節短促,所以叫促聲。反之,沒有塞聲韻尾的音節就顯得舒緩,所以叫舒聲。"前兩種解釋主聲調,後兩種解釋主音節。

盛唐時期漢語元音的演變，作者調查了當時 26 位詩人的用韻情況，發現中古韻類的混併現象十分顯著，其本質反映的是不同類的元音正處在合併的過程中。值得注意的是：當時正處在合併過程中的一些元音，似乎受了聲調的影響。大致説來，元音的合併現象（混韻）首先發生在仄聲韻中，過了較長的時間，才發生在平聲韻中。朱樂本的這個觀點並非專對重韻説的，是對各種類型的韻系合併而言的（包括不同等位、不同韻攝的韻類合併等），但是我們此處自然可以把他的這個看法移用到專指重韻的韻系合併演變中來。朱樂本的論文除了引證唐詩押韻例外，還引用了反切中的混韻例，其中引證的《五經文字》的"仙、元"混韻例恰恰是一組三等重韻，作者指出：《五經文字》"仙、元"混韻的 137 個反切中，分屬四聲的反切總數與四聲分別出現反切混用的情況如下表：

表 8　四聲反切情況表

	反切總數	反切混用數	反切混用百分比
平聲	53	1	1.88%
上聲	37	2	5.40%
去聲	15	2	13.33%
入聲	32	1	3.13%

　　上表可以從統計學上説明反切混用現象，在仄聲里比在平聲里先出現。因此推斷：元音合併的過程是較先發生於仄聲，而較晚發生於平聲，即聲調對元音音質是有影響的。此外，作者還引證了一些現代北方方言例，説明聲調的平仄也會影響到元音的音質，兹不贅引。

　　我們在這里介紹朱氏的這種看法，只是表明音韻學界有這樣一種意見，至於這種説法能否成立，我覺得還需要有更多可靠的資料證明後才能確定。至少從朱氏所舉《五經文字》的例子來看，我們認爲這種説法有些牽強，因爲一共才 6 個例字。《爾雅音圖》的資料似乎也看不出有這種條理。所以要想在重韻演變中完全驗證這個假説，尚需考察更多的中古音韻資料，這里就不多説了。

　　需要指出的是：平仄通常被認爲是聲調問題，這一點殆無疑義。至少在中古時期應是如此。但也有學者認爲平仄的區别是韻尾的問題，持此説的學者認爲平聲没有輔音韻尾，或説是 -Ø 韻尾，而仄聲都有輔音韻尾（上聲是 -ʔ 尾，去聲是 -h（<*-s）尾，入聲是 -p、-t、-k 尾。所以如果這個假説成立，那麽到底是音高影響元音混併還是韻尾影響元音混併，尚需進一步論定。平仄的性質如果是韻尾問題的話，這第 5 條倒是與第 4 條有某種程度的相似性，至少入聲韻先變是這兩條都共同承認的事實。

　　以上五條，總的來説，都可以看作是重韻演變的音變條件，這里第 3 條與第 4

條或與第 4、5 兩條有矛盾,這一點我們早已看到,但這里仍然把它們全都提出來,就是爲了今後做進一步研究的需要。産生這種矛盾的原因邏輯上只能有兩種可能:一種是資料上的問題,一種是理論上的問題,這里暫不忙于做判斷。其實,這些條件即使有交叉,也不妨礙重韻演變的研究,因爲我們知道,任何音變條件都具有時間性和方言性,這些條件很可能只是在某些方言、某個時間內分別發生作用,不太可能併時同地這些條件同時發生作用。至於這五項條件,哪些具有普遍性,哪些可能只是個別現象,這些均尚待進一步加以研究。

重韻研究還有其他一些問題,如音變方向等,因爲比較簡單,這里就不多説了。

參考文獻:

曹述敬等:《音韻學辭典》,湖南出版社,1991 年。

丁鋒:《〈博雅音〉音系研究》,北京大學出版社,1995年。

馮蒸(1991a):《〈爾雅音圖〉音注所反映的宋初零聲母》,《漢字文化》1991 年 1 期,第 29—36 頁。

馮蒸(1991b):《＜爾雅音圖＞音注所反映的宋代濁音清化》,《語文研究》1991 年第 2 期,第 21—29 頁。

馮蒸(1991c):《"藜"字今讀考》,《漢字文化》1991 年 2 期,第 42—49 頁。[署名"楊義"]

馮蒸(1991d):《＜爾雅音圖＞音注所反映的宋代 k-/x- 相混》,《語言研究》(增刊),1991 年,第 78 轉 103 頁。

馮蒸(1991e):《〈切韻〉"痕魂""欣文""哈灰"、非開合對立韻說》,《隋唐五代漢語研究》,山東教育出版社,第 472-509 頁。

馮蒸 (1992):《＜爾雅音圖＞音注所反映的宋初四項韻母音變》,《宋元明漢語研究》,山東教育出版社,第 510-578 頁。

馮蒸(1993a):《＜爾雅音圖＞音注所反映的宋初濁上變去》,《大陸雜誌》第 87 卷第 2 期,第 21—25 頁。

馮蒸(1993b):《"＜爾雅音圖＞音注所反映的宋代濁音清化"補遺》,《語文研究》1993 年第 4 期,封三。

馮蒸(1994a):《＜爾雅音圖＞音注所反映的宋初非敷奉三母合流:兼論＜音圖＞微母的演化》,載《語言研究》(增刊)1994 年,第 53—62 頁。

馮蒸(1994b):《＜爾雅音圖＞音注所反映的宋代知莊章三組聲母演變》,《漢字文化》1994 年第 3 期,第 24 — 32 頁轉 23 頁。

馮蒸(1995):《＜爾雅音圖＞音注所反映的宋初三、四等韻合流》,《漢字文化》1995 年第 4 期,第 48—62 頁。

馮蒸(1996):《＜爾雅音圖＞音注所反映的五代宋初等位演化:兼論＜音圖＞江/宕、曾/梗兩組韻攝的合流問題》,《語言研究》(增刊)1996 年,第 195—212 頁。

馮蒸(1997a):《〈爾雅音圖〉的疑母》,《雲夢學刊》1997年第1期,第73—76頁轉52頁。

馮蒸(1997b):《〈爾雅音圖〉的聲調》,《語言研究》1997年第1期,第148—159頁。

馮蒸(1998):《〈爾雅音圖〉音注所反映的五代宋初重紐韻演變》,申小龍主編《走向新世紀的語言學》,台北萬卷樓圖書有限公司,1998年,第394—489頁。

郭錫良:《漢字古音手冊》,北京大學出版社,1986年。

黃典誠:《曹憲〈博雅音〉研究》,《音韻學研究》(第二輯),中華書局,1986年,第63—82頁。

黃錦君:《〈後漢書〉李賢注反切考》,《研究生論文選刊:第二集》(四川大學學報叢刊第三十二輯),1986年,第12—21頁。

黃笑山:《〈切韻〉和中唐五代音位系統》,(台北)文津出版社,1995年。

李葆瑞:《應用音韻學》,東北師範大學出版社,1988年。

李方桂:《上古音研究》,商務印書館,1980年。

羅常培:《漢語音韻學導論》,中華書局,1956年。

邵榮芬:《〈五經文字〉的直音和反切》,《中國語文》1964年第3期,第214—230頁。

邵榮芬:《〈晉書音義〉反切的語音系統》,《語言研究》1981年第1期,第103—124頁。

王力:《上古漢語入聲和陰聲的分野及其收音》,《語言學研究與批判》(第二輯),高等教育出版社,1960年。

汪壽明、潘文國:《漢語音韻學引論》,華東師範大學出版社,1992年。

森博達1981:《重紐をめぐる二三の問題》,《中國語學》1981年228號,第109—118頁。

木村公直(1989)L:"曹憲〈博雅音〉にすける止攝の分合について",《均社論叢》16號,第1—5頁,1989年京都。

Abercrombie,D.1967.*Elements of General Phonetics*. Edinburgh University Press.
Juhl,R.A.1980.Tonal influence on vowel merger. JCL vol.8,No.2,PP.241—272.

本文載《漢語史研究集刊》(第一輯),巴蜀書社1998年版,第384—409頁。

《爾雅音圖》音注所反映的
五代宋初重紐韻演變

　　《切韻》音系所反映的中古音重紐系統,到唐末時,尚有基本完整的保存;但至明清時期,似已消失殆盡。根據目前所掌握的資料,重紐韻的這種從有至無的轉捩點,可以大致推斷在五代宋元時期。所以研究這一時期的重紐韻演變,對漢語語音史研究有重要意義。據我們了解,對元代的幾種重要音韻資料(如《古今韻會舉要》、《蒙古字韻》、《中原音韻》)中的重紐現象已有學者加以探討(董同龢,1948;花登正宏,1977;平山久雄,1991)。至於五代和宋時音韻資料的重紐情況如何,因種種原因,尚少有研究發表。《爾雅音圖》為五代宋初的一種重要音韻資料,尚未有人系統研究過,對考察重紐演變是個好極的對象,為此我們做了這項專題研究。

　　《爾雅音圖》(下文簡稱《音圖》)音注是近年發現的一份研究五代宋初漢語北方官話語音的珍貴資料。對此,筆者已先後撰寫了多篇論文加以探討(參馮蒸,1991a、b、c;1992;1993a、b;1994a、b;1995;1996)。《音圖》一書有圖有音,關於音注的作者,清人孫星衍、曾燠,從文獻學的角度推定是後蜀的毋昭裔,我們認為其說可信。

　　關於《爾雅音圖》一書音注資料的詳細文獻學考察,我們準備另文探討,此處不贅。

　　《爾雅》一書分19篇,有2091個條目,共收詞與4300多個。毋昭裔的音係對《爾雅》一書的難字、易誤讀字進行注音,其注音形式全是直音,全書共有注音條目1583條,用986個注音字給1478個被注音字注音,共涉及2464個不同字形的字,資料可謂豐富。在這批注音資料中,涉及到重紐韻和準重紐韻的字多達234條(其中同音互助的110條,異音互注的124條),約佔條數總目的1/7,實在是一個顯著和不容忽視的現象,亟有必要加以探討。

　　由於目前音韻學界對中古音重紐的範圍和性質尚無一致意見,所以在對《音圖》的重紐現象進行全面探討之前,有必要先談一下筆者對于重紐韻的看法,以作為下文探討的基礎。

一、中古音重紐韻概說

　　《切韻》音系中的"重紐"問題,雖然早在清道光二十二年陳澧的《切韻考》(1842)一書中既已发现,但明確從現代語言學角度加以探討的實始自20世紀30年代中期。近年來,對重紐韻的音類區別性質和音值區別特徵的研究,已取得了很大進展,對部分問題音韻學界已開始有了漸趨一致的看法。

本文係研究中古音重紐韻在《音圖》中的演變情況,在研究此問題之前,雖然有必要根據今年重紐研究的進展,重新確認一下中古音重紐的範圍、反切特點、區別性質和上古來源等問題,在明確了這些問題的基礎上,才能比較準確地說明重紐韻的演變。所以,下文我們就分別談一談這四個問題:

(一) 關于重紐韻的範圍

重紐的範圍涉及到韻部和聲母兩個方面,這裏先討論一下韻部的問題。音韻學界公認《廣韻》的支、脂、祭、眞、諄、仙、宵、侵、鹽等幾個韻系,是所謂標準重紐韻系。但除此之外,一種主要意見就是:有的學者提出庚$_三$/清、尤/幽、蒸/東$_三$這三對六個韻繫也是一個重紐的關繫。這三對韻系與前面的支脂等韻系有所不同,首先,在《切韻》音系中,它們都分別獨立成韻,並不在一個韻內,已不宜稱作傳統意義上的"重紐";其次,重紐的脣音字一般都保持為重脣,但東$_三$和尤韻的一部分已變為輕脣;第三,它們並非如支脂等韻系那樣都來自上古的前元音,而有央後元音來源。雖然如此,許多學者從不同的角度卻仍認為它們是重紐關繫,對此,各家的根據和說明並不一樣,不過大要是既看其中古音的表現,也看其上古音的來源,是綜合考慮的結果。現只從中古韻圖的排列角度對這三對韻系(下文稱作"準重紐韻")分別作一簡單評述。

先說庚$_三$/清一對準重紐韻。周法高先生說:"在《韻鏡》中,清韻的脣牙喉音列在四等,和庚韻三等列列在三等,恰巧配成一組重紐A、B類"(周法高,1992)。這個問題此前已有許多學者加以論及,如葛毅卿(1962)、余迺永(1987)等。據此庚$_三$可釋為重三,清可釋為重四。(本文把重紐三等稱為重三,即通稱的B類;把重紐四等稱為重四,即通稱的A類)。鄭張尚芳先生則從上古音的角度得出與此相同的看法。但指出,需注意的是庚$_三$有兩個來源,一部分來自前元音耕部,此部分與清韻形成重紐。脣音不變輕脣;一部分來自非前元音的陽部,此部分本來不與清韻形成重紐(中古陽韻脣音輕脣化)。還有一點要說明的是,就《切韻》反切來說,清韻系只有一類大概是可信的。在中古時期,有的方言清韻系有重紐,有的方言合併了。呂靜《韻集》把'益、石"兩個字分為兩韻,顏之推不同意,就指出清韻系在當時是有方言分別的。此外早期韻圖如《七音略》清韻也有重紐。《切韻》是屬于合併了的那種方言。(邵榮芬,1982:71、80)。所以對清韻系通常只看作重四。目前多數學者似乎已承認庚$_三$和清是一封重紐韻。

不過,以上諸家把庚$_三$視為重三,實際上還有一個很重要的問題需要解決,這就是庚$_三$除了有脣牙喉音字外,還有莊組字。眾所周知,庚韻是二三等合韻,那麼庚韻的莊組字是全部屬於庚$_二$,還是一部分(用二等切下字的)屬庚$_二$,一部分(用三等切下字的)屬於庚$_三$,音韻學界曾有不同意見。邵榮芬先生在《切韻研究》中曾專立一節對此加以討論,指出庚韻系莊組字凡切下字用三等的都應屬庚$_三$,不屬庚$_二$。論證充分,完全可以信據。據此,應可確定庚$_三$確有莊組字。這樣就產生了一個問題,即我們如果接受庚₃是重三看法的話,那麼就説明重三除了有唇牙喉音字外,還可以出現莊組字。而目前音韻學界通常的看法是,重三是不應該有舌齒音字(包括莊組字)的(參董同龢,1984;李榮,1956)。也正是因為此點(以及庚₃可能還有束母和知組字),邵先生似乎並未肯定庚₃就是重三。在此不由得使我們想起了陸志韋先生對重紐韻中某些舌齒音字的歸屬的看法,陸先生早就提出過莊組字應與重三同類的意見(陸志韋,1947:28)。鄭張尚芳教授在 1987 年的論文中也已經指出:是否拼莊組是重三這一類韻的一個特點。這一特點除了反切材料可以證明外 (邵榮芬,1982:76—77),唐代的梵漢對音資料也可以證明這種看法正確。劉廣和先生研究反映唐代長安音的不空和向漢譯梵咒材料,除了證明重紐三四等字的語音區別在於介音,三等是 r 介音,四等是 i 介音外,對舌齒音的重紐歸屬,結論是"重紐跟齒音的關係。從對音上看,重紐三等和莊組字可以歸一類,四等和章組、精組(四等)能歸一類"(劉廣和,1987:112—113)。説明反切材料和對音的分類"若合符節"。其實從上古音的角度來看,莊組字帶有-r-介音,與重三(也帶有-r-介音)的性質相合,確可視為同類。總之,筆者是贊同庚₃/清是一對重紐韻的看法的。我們認為,確定庚₃與清韻為重紐,除了其本身的意義之外,更重要的是確定了重三可以出現莊組字,這無疑可對舌齒音的重紐歸屬問題提供新的參照點,詳見《論莊組字與重紐三等韻同類説》一文,此處不贅。同理,清韻如定為重四的話,清韻則有見組、知組、章組、幫組、精組及來、日、以母(開合),但沒有莊₃組(二等韻的莊組可稱莊₂,三等韻的莊組可稱莊₃)。這也為進一步考察舌齒音的重四歸屬問題提供了新的參照點。

　　尤/幽一對韻系的情況比較複雜。幽韻字中古韻圖排在四等,基本上只有唇牙喉音。雖幽韻尚有穋小韻子幽切,慘小韻山幽切,繆小韻力幽切,上聲黝韻愀小韻兹糾切,但基本上上、去二聲無舌齒音字。尤韻系韻圖排在三等,與幽系共居一圖。邵榮芬先生説:"尤、幽兩韻系早期原是一個重紐韻系,就像支韻系或脂韻系那樣。到了《切韻》時代,這個重紐韻的四等一類的主元音已經起了變化,所以《切韻》另立為幽韻系。它的主元音比尤韻系的舌位較高,所以韻圖把它作為尤韻系的四等。至於《切韻》幽韻系'繆、穋、慘、愀'幾個舌齒音字,可以認為是從尤韻系不規則地變來的,在方言裏未必有代表性,所以韻圖由於沒有地位,就擠掉其中的'穋、慘、愀三个小韻。"(邵榮芬,1982:80)據此,尤韻似可視為重紐三等,幽韻似可視為與之相配的重紐四等。但可否就驟然直接把它們視為一對重紐韻系,我們認為還需要研究。首先,我們知道《切三》《王二》《王三》幽韻系曉母有重出小韻,説明幽韻本身可能就是个重紐韻,無須与尤韻構成重紐。但這是《切韻》時的情況,而《廣韻》幽韻系並無重紐。其次,鄭張尚芳先生的看法明顯與上述意見不同,他認為幽韻可以是重四也有可能包含重三。但尤韻是一般三等韻。他主要是從上古音的角度來看此同題的。按照他的上古音体系,凡是三等的央後元音都应輕唇化,因 r 介音有阻止唇音輕唇化的作用,所以沒有輕唇化的央後元音來源的三等韻都應有 r 介音,尤韻系輕唇化,應無 r,幽韻系無輕唇,應為前元音 *iu 或有 r,他認為幽韻系列在四等,不輕唇化，可以是重四 (來自上古 *iu)，但上古幽部有 *u、*ɯu、*iu 三個來源，其中 *u、*rɯu 變中古尤韻為一般三等韻，*rɯu、*riu 照規則也應變如中古幽韻，形成重三 (特別是唇音字，因漢越語重四要舌齒化，但幽韻唇音沒有此現象)，但中古韻圖都將尤幽合圖，尤韻佔了三等，幽韻都放在四等，沒有對其再作重三、重四的區別(《切韻》系早期韻书幽韻曉母有重紐)。因此，一個幽韻系字既可能是 *-iu，但也有可能是-ɣiu，據此我們把幽韻標為-(ɣ)iu，表示它有重三的部分可能性。简言之，可以認為幽韻本身就是重紐韻，依鄭張先生意見，其唇音是重三，喉牙音則有二套：重三和重四，不能简单地認為幽韻在早期韻图中列在四等即認為是重四。不過，邵荣芬先生在《切韻研究》132 頁的《切韻》韻母音值表中把幽韻放在三 C 欄內，擬作 ieu，是作為重三看待的。本文則基本上依據鄭張尚方先生的看法立論，詳見下文。為了慎重起見，我們把《音圖》有關這二韻的分混情況放在附論中考察。

　　至於蒸/東₃一對韻系，中古雖均屬三等，但並不共居一圖。李新魁先生認為它們也是一對重紐韻。李先生就："蒸韻字從中古的韻书來看，它好像自成一類，沒有什麼韻類与它相配對，並不構成配套的重紐韻。但从上古音來考察，它与東₃韻有密切的關係，東₃的一些字如弓、窮、雄、馮、夢等，這些字在上古音中，都屬蒸部(直到現在，這些字在閩南方言中，仍讀与蒸韻同音)。事實上，在上古時期，東₃應是蒸韻相配的重紐韻，蒸韻字為 A 類字，東韻字為 B 類字(引者按：鄭張尚芳先生的看法与此正相反，他認為蒸韻為 B 類，東₃與 A 類同類)。由於它們分化為兩韻的時間比較早，所以一般也看不出它們之間本有關係。……總之，種種迹象都表明東₃与蒸韻的關係頗為密切。如果一定要指出蒸韻有何相配的韻類的話，那麼，東₃韻的一部分就是它相配對的韻。東₃韻的喉、牙、唇音字，相當于 B 類字，蒸韻字相當於 A 類字。"(李新魁，1984：84—85)相信東₃/蒸是一對重紐韻的學者並不多。鄭張尚芳先生認為，徙上古音的角度看，東₃的一部分字是從上古蒸部合口來的，這部分字如果不輕唇化，它們與蒸韻將形成重紐，按其理論(詳見下文)，凡是三等的央後元音都應輕唇化，但介音 r 有阻止輕唇化的作用，所以留在蒸韻，保持重唇，相當於重三。但由於東₃有輕唇所以東₃應無 r。鄭張氏雖不把蒸/東₃視為重紐關係，本文因蒸韻喉牙合口從來源看有 r 介音，跟其他重三相同，故也列為準重紐，借以观察重三的變化。《音圖》中有關這一對韻系的演化情況亦作為附論加以观察和討論。

　　以上我們简單介紹了一些學者對標準重紐韻以外的韻系中，哪些尚有重紐關係的主要看法,這些看法綜合起來其要點就是認為下列三對韻系原也是三組重紐韻：

　　1. 庚₃/清　　2. 幽/尤　　3. 蒸/東₃

　　持此說者並認為這三組韻系中的每一組韻都有一個是重三，另一個是重四。現在需要詳細表明本文的看法。

　　此中第一組庚₃/清兩韻系是重紐韻，音韻學界似乎已少有不同意見，國內外很多學者都持此說。在此我們亦接受這種看法，把它們視為是一組配對的重紐韻。但由於它們在《切韻》音系中与共居一韻的標準重紐韻情況不同，已分为兩個獨立的韻系,故暫稱之為準重紐韻,並確認庚₃是準重三,清是準重四。

至於另外兩組韻系:幽/尤、蒸/東₃是否亦可視為是配對的重紐韻,我們認為情況就大不相同了。

就《切韻》音系而言,我们认为标准重纽韵主要有下列四个特徵:

(1)兩組小韻唇牙喉音聲母相重,共居一韻,韻圖分置於三四等;
(2)重紐韻的唇音都不輕唇化;
(3)主元音是前元音;
(4)根據俞敏(1984)和鄭張尚芳(1987),相重的兩組唇牙喉音聲母中,其中一組後面有介音r/ɣ,一組無這個介音。這是產生重紐韻兩組對立的根源。

目前,音韻學界一般以前三個標準確認支脂等九個韻系(含諄韻,下同)是重紐韻。但就來源說,第四個特點才是最本質的,即r/ɣ介音的有無實在是考察重紐韻演變的最本質的特徵。可以說沒有r/ɣ介音,就不存在重紐韻。我們認為,研究重紐韻的演變本質上就是研究帶r/ɣ介音的三等韻的演變。

根據上文的介紹可知,從上古音或比《切韻》早些的語音情況而言,認為幽/尤、蒸/東₃是兩組各自配對的韻是對的 (參下文的重紐韻和準重紐韻上古來源表),但降及中古,單從中古音的立場而言,把幽/尤、蒸/東三仍視為是兩組配對的重紐韻,並將其中之一定為重三,另一定為重四,是不合理的,因為重四不可能有輕唇音,而東₃、尤韻是有輕唇音的。東₃和尤只是一般三等韻。

說明了中古東₃、尤二韻系應与重紐韻無關之後,如果以唇牙喉音之後,如果以唇牙喉音後–ɣ–介音的有無作為確立重紐韻的標準,則蒸、幽二韻系确應視作是重紐韻或準重紐韻。

在理論上,上古 r 介音在三等的前元音及央、後元音前都出現,前元音部分構成了標準重紐韻。央、後元音的帶 r 的 a,o 在中也轉入 e 類韻,成為標準重紐韻重三的來源之一,而帶 r 的 ɯ,u 則在蒸、幽兩韻還遺留下來。唇音後的 ɯ 依音變慣例要變 u,p+ĭu 形成輕唇化,所以上古的蒸部、幽部的一部分字變入東₃、尤韻是合於音理的。但另有一部分卻仍留在蒸、尤韻保持重唇不變。鄭張尚芳先生認為,這就是因為有 r 隔開了唇音聲母与央、後元音的接觸所致,可見留在蒸、幽二韻的應該帶 r,據此可知中古三等韻中唇音(及合口牙喉音)帶 r 的幽、蒸二韻系,應該跟標準重紐三等同一來源,雖然這兩個韻系的主元音已超出前元音範圍(幽韻得主元音有人擬作前元音 ɛ,為本文所不取,本文從王力先生的音擬,把幽、蒸的主元音作 ə,鄭張尚芳先生認為幽、蒸二韻系的主元音是后元音 *ɯi,還有越南譯音可證。這些問題這裡暫不討論)。

幽、蒸二韻系的唇音具有 r 介音可由不輕唇化來決定。但喉牙音的情況則因開合口之異而有所不同。據鄭張尚芳教授研究,喉牙合口也应与唇音一樣變入東₃、尤韻,如不变东₃、尤韻而留在幽、蒸二韻系,則其喉牙音合口應和唇音一樣具有 –ɣ–一介音,殆無疑義。但喉牙音开口字中,則情況頗為複雜,雖以原不帶–r–介音的字為主,其中可能也混有一定數量的帶–r–來源的字,從蒸韻入聲職韻異讀例看,如棘劈相通表明有見母、來母二讀,可見原有-r-介音。也就是說蒸職韻(其實還有之韻,但本文暫不牽涉之韻)的喉牙開口本身內部含有重紐,但因 ɣ(ɯ)介音与 ɨ 元音音色重合而一時不易辨認。筆者曾聽説日本平山久雄教授撰有討論《切韻》蒸職韻性質的論文,尚未拜讀,不知是否与此有關。

為了全面考察 r/ɣ 介音的演化情況,下文我們將此二韻系的唇牙喉音也列入考察的範圍,作為研究中古帶 r/ɣ 介音的標準重紐三等字演化痕跡的補充。不過,幽、蒸二韻系的唇牙喉音雖可確定為帶有-ɣ-介音,但因蒸是開合韻,幽由於收-u尾而致中古開合混一成為獨韻。具體情況亦有所不同。

如上所述,蒸韻系是開合韻,其唇音和牙喉音合口含有-ɣ-介音,形式上与標準重紐韻支脂等八韻系的重三很相似,但喉牙音開口則有帶-ɣ-介音和不帶-ɣ-介音兩種可能性。

但幽韻是獨韻,唇音只有一類自不必說,牙喉音亦只有一類,韻圖都把它們列為開口,其喉牙音雖亦應包括帶-ɣ-介音和不帶-ɣ-介音兩種可能性,但從來源上看,比蒸韻尚分開合複雜,這兩韻的唇牙喉音來源略如下表:

声母類型		韻部 上古蒸部	上古幽部
单纯	唇音(P)	中古东三韻	中古尤韻
	喉牙合(Kw)		
	喉牙開(K)		
帶 r	唇音(Pr)	中古蒸韻	中古幽韻
	喉牙合(Kwr)		
	喉牙開(Kr)		

根據此表,上古帶-r-介音的喉牙音字,在蒸韻有開合口之別,開口之內只有上古喉牙開口帶-r-的一個來源。但幽韻的喉牙音只有一類,從來源看,應有從上古喉牙合口帶-r-和開口帶-r-兩個來源。這種情況与主元音有關。鄭張尚芳教授認為,中古三等韻從上古短元音增生的 ɣ 介音音值應為偏央元音近 ɨ,這個 ɨ 介音在銳音 i、e 前介音要變 i 而入重四,而 B 類帶-ɣ-的則不變 i 而保留 ɨ 為重三,但之蒸幽主元音都為 ɨ,故不帶 ɣ 與否介音都保留 ɨ 並與主元音音色重合而發生中立化,因而不能察分來源分出 AB。

為了行文統一和處理的方便,本文把幽、蒸二韻系的唇音和蒸韻系的喉牙合口都加-ɣ-介音,稱作準重三,幽、蒸兩韻系的喉牙開口則斟酌情況,根據諧聲、又音等材料判斷其來源,有些標作"準重三(?)",把 ɣ 介音放在括号內;有的標作"準重四(?)",無 ɣ 介音,均加問号,表示慎重,以待進一步的研究。這是在一個韻系內部因開合的不同而又進一步区分為重三和重四,這似乎可以反映重紐研究的最新進展。

總之,本文把對支、脂、祭、眞、諄、仙、宵、侵、鹽等九個標準重紐韻系的討論作為本論,把對庚₃、清、幽、蒸等三组準重紐韻系的這種擴大標準重紐範圍的看法稱作大重紐觀,下文的稱引和討論準此。

關於重紐的聲母範圍問題,一般的説法是唇牙喉音,這只是一個籠統的説法。具體言之,唇音包括幫滂並明,牙音包括見溪群疑,均無異議。但傳統喉音包括"影曉匣喻"諸母,而一般重紐研究者確定的喉音卻只指"影曉"二母,並不包括"匣喻"。李新魁先生説:"韻圖的喉音一類除影曉兩紐之外,還有匣紐和喻紐。中古的喻紐有喻三与喻四之分,有人認為喻三來自上古的匣,喻四來自上古的定,好像它們也構成一组重紐。其實,喻三與喻四的關係,在中古來説,並不是同一聲母之下的一组重紐。諸多學者認為喻三在中古之時還是讀為[ɣi],即匣紐的細音,而喻四的音值則是[j]。這兩者的音值不同,屬於不同的聲母,不應視為重紐。而匣紐在中古時本來就沒有三等字,事實上,喻三就是匣紐的三等。匣紐之中並不出現重紐,它只有喻三一類。因此,"重紐出現的範圍,只見于幫等十紐,不計入匣紐和喻紐"(李新魁,1984:76)。李榮(1956:140)、邵榮芬(1982:71)先生雖不如李氏説得這樣詳細,但看法是一樣的,即只在幫滂並明、見溪群疑、影曉十個聲母中出現重紐。

根據以上所引可知,一般認為中古喻三是云母,喻四是余母,它們是不同聲母,故不是重紐。但鄭張尚芳先生指出,出現重紐現象各韻的余母合口字中有大批字聲符跟云母合口相同,而跟其他余母字無關,這類余母(喻四)字應該原屬云母,是云母的重四部分變來的,相對未變留在喻三的云母字当然是重三。(非合口余母字則不在此列)。庚三、蒸韻的云母合三自然也應為重三,凡此類都來自 *ɦwr-,中古常是 ɦw(ɣ)-,其重四与余母相混則儅標為 jw-(<ɦwj-)。説明一下,喻三云母這部分轉入喻四余母,即原來的 ɦwj- 轉入 j 母成 jw-,可能中古很多方言兩者的發音都已接近 jw-。但為了照應云母余母的分類,我們將仍留在云母的記為 ɦwj-,變入余母的紀為 jw-,這是一種權宜的區分方式(在重紐意義上,jw- 等於 ɦwhj-。由於 ɦwj- 与 wj- 在語音上區別甚微,所以在本文中我們甚至無法把喻三從舌根濁擦音 ɦwj- 就直接修正為半元音 wj-,這樣的話喻三就是 wj-,喻四合口就是 jw-,二者之別:前者 w- 在前,後者 -w 在後。喻三的這種擬音在有些方言中仍有蹤迹可尋,如在唐五代西北方言的藏漢譯音中可得到證明。)所以本文所涉及的重紐字除了上述十個聲母外,還包括喻三和喻四的合口字,這是与其他學者的不同之處。

(二)重紐的反切區別

長期以來,我國部分音韻學者一直認屬重紐的區別表現在反切下字,而与反切上字無關。但實際上這種看法是不正確的,至少是片面的。早在1952年,周法高教授就發表了《三等韻重唇音反切上字研究》一文,列舉了《廣韻》(以《切韻》校勘)、陸德明《經典釋文》、玄應《一切經音義》及慧琳《一切經音義》諸书中的唇音反切,发现重紐 AB 類字(按:即重紐三四等)不互相用作反切上字。後來,杜其容教授也在 1975 年發表《三等韻牙喉音反切上字分析》一文,同樣得到重紐 AB 類的牙喉音亦不互相用作反切上字的結論。在日本方面,辻本春彥教授在 1954 年發表了《所謂三等重紐的問題》一文,獨立而又全面地提出了重紐的區別表現在反切上字,唇牙喉音均是如此,並進而指出:上字若 A 類則被切字亦屬 A 類,上字若 B 類則被切字亦屬 B 類。也就是後來平山久雄教授所稱的"類相關"同題。所以本文接受重紐的區別基本上在反切上字的看法。因辻本春彥教授此文是關於重紐研究的重要文獻,國內學者知道的人不多,我們現在把它譯成漢語附在文末,以供進一步研究的參考。

(三)重紐區別的性質是 r/ɣ 介音的問題

如前所述,重紐三、四等(即所謂 A、B 類)之間的區別,表現為反切上字,而不是反切下字,並且反切上字的類別可以決定被切字的類別,那麼,據此進而推想重紐三、四等之別乃是聲母之別,應為順理成章之事。但我們認為,問題並不如此單純,声母區別說也並不是唯一的解釋,因為發生類相關的還有 C 類(即一般三等韻)介入,而 C 類並無此限制,説明不是簡單的聲母問題,這個問題尚需另文詳細討論。所以許多學者認為重紐的區別在於介音,筆者認為是可以接受的。介音之別也可以在反切上字表現出來,介音本來就既可認為屬於韻母,也可認為屬於聲母。至於是什麼樣的介音?俞敏從梵漢對音(俞敏,1984),鄭張尚芳从汉藏语比较等证据(郑张尚芳,1984) 确认古重紐三等带介音r,郑张尚芳進一步指出重紐三等上古有 r 介音,中古變為ɣ介音,來源不限於前元音,本文接受這個結論。

(四)關於重紐的上古音來源

要想全面和準確地認識中古音重紐的性質,必須考查重紐韻的來源,也就是就有必要与上古音關聯起來,只有這樣才能準確説明重紐的來源与演變,因為中古重紐的若干區別,無疑是其上古來源的反映。

目前漢语上古音语擬體系有多家,音韻學界尚無統一意見。從重紐的角度來看,有的體系完全未考慮到重紐的問題(如高本漢、王力),有的體系雖考慮到重紐問題,但或上古元音系統及与重紐的關係不夠理想(如董同龢),或處理不夠系統全面(如李方桂),所以權衡之後,我認為目前能夠比較全面考慮到重紐問題並作出合理解釋的,是鄭張尚芳先生的上古音體系。我在本文中就採用這個體系對《音圖》重紐韻的演變作出說明。所以這里有必要先簡單説明一下鄭張先生體系中與重紐有關的一些上古音內容(參鄭張尚芳,1984、1987、1992)。

鄭張先生認為上古漢語有六個元音:i、e、a、o、u、ɯ,這六個元音都有長短對立,長元音發展為《切韻》的一、二、四等韻,短元音發展為《切韻》的三等。四等與等聲母配合全同,四等是前元音 i、e,一等是央後元音,這兩個等是互補的。二等是聲母帶 r 介音。三等與一、二、四等這三類對應,其內部亦可以別為三類:一類是重紐三等(包括庚₃、蒸、幽),有 r 介音,一類是重紐四等(包括清韻),一類是一般三等(唇音輕唇化或不拼唇音)不帶 r 介音。其分布情況如下表:

元音長短	介音	前元音	央後元音
		*i *e	*a *ɯ *u *o
長元音	-o- -i-	四等	一等
	-r-	二等	
短元音	-o- -i-	重四(含清韻)	一般三等(東₃、尤)[唇音輕唇化]
	-r-	重三(含庚₃、蒸、幽)	

由於重三還涉及到莊組的問題,所以我們把鄭張尚芳(1987)表八改畫再錄如下表:

古長短元音	介音	前元音	央後元音
		*i *e	*a *ɯ *u *o
長元音	不帶 r	四等	一等
	帶 r	二等	
短元音	不帶 r	重四(三 A)(含清韻)(唇音不變輕唇,漢越音變 t 組)	一般三等(唇音變輕唇或不拼唇音,含東₃尤)
	帶 r	重三(三 B)(及庚蒸、幽幫見庄組及各韻壯組)(唇言不變輕唇,汉越音也不变 t 组)	

這兩張表表面上看來非常簡單,但十分重要,其具體意義有下列几點:①解釋了"等"的產生原因;②解釋了重紐產生的條件,即解釋了重紐來歷;③揭示了輕唇化的條件;④說明了為什麼中古三等韻如此之多(中古《切韻》61 韻中一等 14 韻,二等 12 韻,四等 5 韻,三者共 31 韻,佔總數 51%,三等為 30 韻,約等於前三者之和,佔總數 49%。)与本文有關的主要是前兩點。

從此表中可以看出,原來重紐三等(下文簡稱"重三")和重紐四等(下文簡稱"重四")的區別是-r-介音的有無之別。不過,以 r 介音的有無劃界,除了傳統公認的支脂祭眞諄仙宵侵鹽九個重紐韻系是此種情況外,庚₃/清、尤/幽、蒸/東₃三對也可以認為是重紐韻,但由於它們在《切韻》音系中是不同韻的,与前述支脂等九個韻系的情況並不相同,我們暫稱之為"準重紐韻"。

至於這些重紐韻和準重紐韻的具體上古音來源,需先了解一下鄭張先生的上古音分部,他的分部与前人頗有不同,可以這樣說,雖承用王力先生的古韻 30 部之名,但實分為 57 部,如下表:(括号內的部目名鄭張先生稱之為分部)。

	i	ɯ	u	o	a	e
-ø	脂	之	幽	侯	魚	支
-g	質(即)	職	覺	屋	鐸	錫
-ŋ	眞(黾)	蒸	終	東	陽	耕
-u	幽(幼)	幽	×	宵(夭)	宵	宵(堯)
-ug	覺(激)	覺	×	藥(沃)	藥	藥(的)
-b	緝(執)	緝(澀)	緝(納)	盍(乏)	盍	盍(夾)
-m	侵(添)	侵(音)	侵(枕)	談(贛)	談	談(兼)
-i	×	微(尾)	微(灰)	歌(戈)	歌	歌(地)
-d	質	物(迄)	物(術)	月(脫)	月(曷)	月(滅)
-n	眞	文(欣)	文(諄)	元(桓)	元(寒)	元(仙)

根據這個上古音系統,可知上述中古重紐韻和準重紐韻的上古來源如下(鄭張尙芳,1992):

重紐韻和準重紐韻上古來源表

①支韻系	ɣiɛ(重三)	<*re,*rai,*roi(支部,歌部,歌部的戈分部)
	jiɛ(重四)	<*e(支部)
②脂韻系	ɣi(重三)	<*ri,*rɯi,*(w)rɯ(脂部,微部,之部)
	ji(重四)	<*i(脂部)
③祭	ɣiɛi(重三)	<*reds,*rads,*rods(月部的滅、曷、脫分部)
	jiɛi(重四)	<*eds(月部的滅分部)
④眞韻系	ɣin(重三)	<*rin,*rɯn(眞部、文部的欣分部)
	jin(重四)	<*in,iŋ(眞部,眞部的黾分部)
⑤仙韻系	ɣiɛn(重三)	<*ren,*ran,*ron(元部的仙、寒、桓分部)

⑥宵韻系	jiɛn(重四)	<*en(元部的仙分部)
	ɣiɛu(重三)	<*reu,*rau,*rou(宵部的堯、宵、夭分部)
⑦侵韻系	jiɛu(重四)	<*eu(宵部的堯分部)
	ɣim(重三)	<*rim,*rɯm(侵部的音、枕分部)
	jim(重四)	<*im(侵部的音分部)
⑧鹽韻系	ɣiɛm(重三)	<*rem,*ram,*rom(談部的兼、談、贛分部)
	jiɛm(重四)	<*em(談部的兼分部)
⑨庚₃韻系	ɣiæŋ(ɣiaŋ)	<*raŋ(陽部)
	(ɣiɛŋ)	<*reŋ(耕部)
		[注:庚三的耕部來源與清韻系構成準重紐]
⑩清韻系	jiɛŋ	<*eŋ(耕部)
⑪幽韻系	iu,(ɣ)iu	<*iu,*riu,*rɯu(幽部)
⑫尤韻系	ju	<* u,* ɯu(幽部)]
⑬蒸韻系	(ɣ)iɯŋ	<* rɯŋ(蒸部[唇牙喉])
⑭東₃韻系	juŋ	<* ɯŋ,* uŋ,* um,* ɯm(蒸部[唇牙喉],冬部,侵部的枕和音分部)

從上面的來源表中可以看出,標準重紐韻系的重四和清韻系是來自上古的前元音 *i、*e,而重三和庚₃、蒸、幽等韻系不但不是只有一個來源,而且不限於前元音,而是六個元音都有,情況顯然複雜得多。這也不難理解,因為在鄭張先生的體系中,整個重三(包括庚₃、蒸、幽)與整個二等韻相對當,所以其來源亦與二等的情況相似。但與重四對當的東₃和尤韻卻是來自非前元音的 *u、*ɯ,而且其唇音輕唇化。

以上我們從四個方面對重紐問題做了必要的簡單說明,目的是希望在對重紐問題有較為準確認識的基礎上再討論《音圖》重紐韻的演變,這樣或可把握住重紐演變的實質。

二、《音圖》重紐同音互注例考察

本文把《音圖》重紐的注音情況分成同音互注例和異音互注例兩大類。這裏先觀察一下同音互注例。我們認為,要想全面了解《音圖》重紐的演化情況,對同音互注例和異音互注例分別加以觀察,並計算他們各自所佔的比例是十分必要的。

這裏所謂同音互注例,一般都是指的在《廣韻》中同音,但個別同音例我們是根據《集韻》的音韻地位確定的。凡此種情況均在該例後加以注明。

《音圖》中的重紐同音互注例共有110例,現逐韻並按聲母的脣、牙、喉音之別分類列舉如下,開合韻的牙喉音按開口、合口分列;其脣音部分和獨韻則無需分列。各類之內的同音條目是按它們在《音图》一書中的出現順序先後排列的。有入聲的韻系則舒聲在前,入聲在後。下文的異音互注例同此。

脣音、牙音各家無異議。但喉音除無異議的影、曉母外,因鄭張氏認為余母開口來自 *l,不與云母形成重紐,但余母的發展與重三 *-r- 有相類之處,故仍附入喉音觀察。具體標準是:余母合口注音例收,純是開口余母互注的不收。但開口余母和匣、云、影三母互注的我們暫收,以備進一步研究。例證的排列體例仍同於筆者此前發表的諸文,即每條例證前有編號,其後列有被注音字和注音字的《廣韻》反切、中古音韻地位和王力先生的擬音,凡此均根據郭錫良先生的《漢字古音手冊》一書(參馮蒸,1991a、b、c;1992;1993a、b;1994a、b;1995;1996)。唯一需要說明的是,由於王力先生的中古音體系不分重紐,所以對於重紐韻在音類和音值上均無區別(如"緡民"都注作 mǐěn),對此我們則在王力先生的擬音之後分別加注了"重三"、和"重四"的字樣以區別表示重紐三等和重紐四等。至於二者音值上的區別,如前所述,我們同意鄭張尚芳等先生的意見,亦認為重紐三、四等的區別是介音 r 的有無問題,即重紐三等有介音 r,重紐四等無介音 r,這種語音區別雖然是就重紐的來源而言,即重紐的上古音情況而言,但由於中古《切韻》音系中仍有重紐之別,所以介音 r 仍應保留,但須注意此時 r 的音值已變為舌根濁擦音[ɣ],實際是半元音[ɯ],但通常用 ɣ 表示,而非 r 的本來音質。(鄭張氏認為介音 r 的演變律是 r→ɣ(ɯ)→ɯ→ɨ→i)。為了更準確地反映中古音的實情和為了便於與《音圖》進行比較,我們主要根據鄭張尚芳先生的古音體系對王力先生的擬音做了以下四點改動:(一)分別對支、脂、祭、真、諄、仙、宵、侵、鹽諸韻系以及庚₃加標了-ɣ-[ɯ]介音(對幽、蒸二韻系加標了"(ɣ)"介音),對應的二等字也加-ɣ-介音。(二)改云母(喻三)為 ɦwɣǐ-(云母變余母的作 ɦwǐ-),同時將其他帶圓脣ǐw、iw介音的合口喉牙音 Kǐw-類韻改標為 Kwɣ-,Kwǐ,以與 ɦwɣ-ɦwǐ-一致。(三)影母本非零聲母,王先生原標元音起頭,加 ɣ 後易與他的匣母 ɣ 相混,故將"喉音"影、曉、匣改標為喉輔音 ʔ、h、ɦ,與牙音相區別。(四)王力先生沿用高本漢對"船、禪"二母的擬音是標反了,根據陸志韋、邵榮芬、鄭張尚芳諸先生意見改禪母為 dʑ,船母為 ʑ。(五)娘母字仍獨立,不併入泥母。依邵榮芬先生意見擬音作 ɳ。

下面我們就把本論韻系放在前面,附論韻系放在後面,依次加以討論。

本論:

(一)支紙寘(11例)

    1. 脣音

        (138)　埤(脾)

| | 符支切 | 止開三平支並 | bǐe(重四) |
| | | | |

(1362) 痺(脾)
    頻彌切   止開三平支並   bǐe(重四)(《集韻》)

(1042) 柀(彼)
    甫委切   止開三上紙幫   pɣǐe(重三)

(1473) 被 (披)
    攀縻切   止開三平支滂   p'ɣǐe(重三)(《集韻》)

按:"被"字《廣韻》有皮彼切、平義切二韻;"披"字有匹靡切、偏羈切、敷羈切三讀(後二讀同音),聲母未合,今取《集韻》反切。

2. 牙音

A. 開口:

(450) 觭 (寄)
    居義切   止開三去寘見   kɣǐe(重三)

(507) 犧 (儀)
    魚羈切   止開三平支疑   ŋɣǐe(重三)

(1183) 螘 (蟻)
    魚倚切   止開三上紙疑   ŋɣǐe(重三)

(1198) 踦 (倚)
    巨綺切   止開三上紙群   gɣǐe(重三)(《集韻》)

按:"踦"字《廣韻》居綺切,為紙韻見母字;"倚"字於綺切,為紙韻影母字,聲母相差太遠。《集韻》二字同音,但有"巨綺切"和"隱綺切"二讀,今據《爾雅》義訓取"巨綺切"一讀。

B. 合口

(720) 峗 (危)
    魚為切   止合三平支疑   ŋwɣǐe(重三)

3. 喉音

A. 合口

(287) 燬(毀)
(1073) 檓(毀)
    許委切   止合三上紙曉   hwɣǐe(重三)

(二)脂旨至(17例)

1. 唇音

(137)　肶（毘）
(876)　蚍（毘）
(1454)　貔（毘）
　　　房脂切　　　止開三平脂並　　　bi(重四)
(182)　馝（祕）
　　　兵媚切　　　止開三去至幫　　　pɣi(重三)
(393)　妣（比）
　　　卑履切　　　止開三上旨幫　　　pi(重四)
(709)　溦（湄）
　　　旻悲切　　　止開三平脂明　　　mɣi(重三)(《集韻》)
(710)　伾（丕）
　　　攀悲切　　　止開三平脂滂　　　p'ɣi(重三)(《集韻》)
(760)　湄（眉）
(936)　攠（眉）
(981)　麋（眉）
　　　武悲切　　　止開三平脂明　　　mɣi(重三)

2. 牙音

A. 開口：

(515)　鮨（祁）
　　　渠脂切　　　止開三平脂群　　　gɣi(重三)
(1461)　麈（幾）
　　　居履切　　　止開三上旨見　　　kɣi(重三)

B. 合口：

(164)　匱（櫃）
　　　求位切　　　止合三去至群　　　gwɣi(重三)
(742)　氿（軌）
(749)　厬（軌）
　　　居洧切　　　止合三上旨見　　　kwi(重三)
(744)　湀（揆）
　　　求癸切　　　止合三上旨群　　　gwi(重四)
(975)　馗（逵）

渠追切　　　止合三平脂群　　　gwǐi(重三)

(三) 祭(1例)

唇音

(276)　獘(弊)
　　　毗祭切　　　蟹開三去祭並　　　bǐɛi(重四)

(四) 眞軫震質(12例)

1. 唇音

(68)　瞖(閔)
(984)　簢(閔)
　　　眉殞切　　　臻開三上軫明　　　mɣǐěn(重三)
(399)　嬪(頻)
　　　符眞切　　　臻開三平眞並　　　bǐěn(重四)
(690)　邠(彬)
　　　府巾切　　　臻開三平眞幫　　　pɣǐěn(重三)
(63)　蟁(蜜)
　　　覓畢切　　　臻開三入質明　　　mǐět(重四)(《集韻》)

按:《廣韻》無"蟁"字,今從《集韻》。

(912)　蔤(密)
　　　美筆切　　　臻開三入質明　　　mɣǐět(重三)
(1249)　鮅(必)
　　　卑吉切　　　臻開三入質幫　　　pǐět(重四)
(1337)　鴄(匹)
　　　譬吉切　　　臻開三入質滂　　　pʻǐět(重四)

2. 牙音

A. 開口:

(575)　沂(銀)
　　　語巾切　　　臻開三平眞疑　　　ŋɣǐěn(重三)

按:此條見於《爾雅·釋樂》,原文是"大箎謂之沂"。《廣韻》沂字只有"魚衣切"一讀,釋義為"水名,出泰山",顯然與此無關。"沂"字此處似為俗寫,其本字當作"䢵"、"笒"或"䇷"。《經典釋文·爾雅音義》"沂"字下云:"郭魚斤反,又魚靳反。李孫云:篪聲悲。沂,悲也。或作䢵,又作笒。"檢《廣韻》"䢵"字有兩讀,一語巾切,為眞韻字,一語斤切,為欣韻字。釋義均為:"大箆";《集韻》"釿"字亦有兩讀,魚斤切一讀釋義為"大箆也,《爾雅》通作沂。"魚斤切一讀併"釿䒦䒦"為一條,釋義為"大箆,或作'䒦'、'䒦',通作沂。"今取《廣韻》的語斤切一讀,與"銀"同音。

B. 合口:

(925)　　菣(窘)
　　　　　渠殞切　　　臻合三上軫群　　　gwɣǐěn(重三)

3. 喉音

A. 開口:

(128)　　䛼(因)
(1541)　　駰(因)
　　　　　於眞切　　　臻開三平眞影　　　ʔǐěn(重四)

(五)諄準稕術(6例)

1. 唇音

(66)　　勔(泯)
　　　　　弭盡切　　　臻開三上準明　　　mǐěn(重四)(《集韻》)

按:"勔"字《廣韻》只有"彌兖切"一讀,為上聲獮韻明母字;"泯"字有彌鄰切、武盡切(又作"亡忍切")二讀,前者為平聲眞韻明母字,後者為上聲軫韻明母字,韻母未合,今取《集韻》反切。

2. 喉音

(19)(367)遹(聿)
(133)　　噊(聿)
(1243)　　鱊(聿)
(1370)　　鷸(聿)
(1518)　　驈(聿)
　　　　　余律切　　　諄合三入術以　　　jǐuět(重四)

按:根據本文確定的標準,這部分雖是喻四合口相注,亦算重紐。

(六)仙獮線薛(21例)

1. 唇音

(320)　　便(楩)
　　　　　房連切　　　山開三平仙並　　　bǐɛn(重四)

(424)　　　閜（下）
　　　　　皮變切　　山開三去線並　　bɣĭɛn（重三）
(1127)　　蝒（縣）
　　　　　武延切　　山開三平仙明　　mĭɛn（重四）

按：本條注音字原作"縣"，《四部叢刊》影印鐵琴銅劍樓舊藏宋刻本十行本《爾雅》每卷末所附的《爾雅音釋》此條註音字亦是"縣"。與被注音字聲母相差太遠。檢《經典釋文·爾雅音義》"蝒"字音"緜"，可知"縣"乃"緜"字之誤，今逕改。

2. 牙音

A. 開口：

(209)　　　謇（愆）
　　　　　去乾切　　山開三平仙溪　　k'ĭɛn（重三）
(410)　　　樐（虔）
(1532)　　　騝（虔）
　　　　　渠焉切　　山開山平仙群　　gĭɛn（重三）
(872)　　　攐（蹇）
(1015)　　　寋（蹇）
　　　　　九輦切　　山開三上獮見　　kĭɛn（重三）
(418)　　　樧（竭）
　　　　　渠列切　　山開三入薛群　　gĭɛt（重三）
(762)　　　揭（竭）
　　　　　渠列切　　山開三入薛群　　gĭɛt（重三）

B. 合口：

(566)　　　鬳（眷）
　　　　　古倦切　　山合三去線見　　kɣwĭɛn（重三）（《集韻》）
(994)　　　菤（捲）
　　　　　居轉切　　山合三上獮見　　kwɣĭɛn（重三）
(1139)　　　蠸（權）
(1558)　　　桊（權）
(1566)　　　𤸰（權）
　　　　　巨員切　　山合三平仙群　　gwɣĭɛn（重三）
(945)　　　觖（缺）
　　　　　傾雪切　　山合三入薛溪　　k'wĭɛt（重四）

3. 喉音

合口：

(492)　　　褑（院）
(555)　　　瑗（院）
　　　　　　王眷切　　　　山合三去線云　　　　ɦw(ɤ)ǐɛn(重三)
(816)　　　兖（兖）
(1527)　　　駄（兖）
　　　　　　以轉切　　　　山合三上獮余　　　　jǐwɛn(重四)
(1150)　　　蝝（緣）
　　　　　　與專切　　　　山合三平仙余　　　　jǐwɛn(重四)

(七) 宵小笑(15例)

1. 唇音

(577)　　　剽（瓢）
　　　　　　符霄切　　　　效開三平宵並　　　　bǐɛu(重四)
(582)　　　䚿（妙）
　　　　　　彌笑切　　　　效開三去笑明　　　　mǐɛu(重四)
(979)(1020)　藨（標）
(614)(1021)　猋（標）
(1274)　　　贆（標）
　　　　　　甫遙切　　　　效開三平宵幫　　　　pǐɛu(重四)
(1442)　　　貓（苗）
　　　　　　武瀌切　　　　效開三平宵明　　　　mγǐɛu(重三)

2. 牙音

(336)　　　憍（嬌）
　　　　　　舉喬切　　　　效開三平宵見　　　　kγǐɛu(重三)
(573)　　　鷮（喬）
(712)　　　嶠（喬）
　　　　　　巨嬌切　　　　效開三平宵群　　　　gγǐɛu(重三)
(580)　　　簥（矯）
　　　　　　居妖切　　　　效開三平宵見　　　　kγǐɛu(重三)(《集韻》)

按：《廣韻》簥字舉喬切，為見母宵韻字；矯字居夭切，為見母小韻字，聲調未合。《集韻》二字併居妖切，今從《集韻》。

(875)　　　蔲（翹）

　　　　　　　渠遙切　　效開三平宵群　　gǐɛu(重四)

3. 喉音

(633)　　栘（嚻）
(1574)　 獢（嚻）
　　　　　　　許嬌切　　效開三平宵曉　　hɤǐeu(重三)
(861)　　夭（夭）
　　　　　　　於兆切　　效開三上小影　　ʔɤǐeu(重三)
(1083)　 要（腰）
　　　　　　　於宵切　　效開三平宵影　　ʔǐɛu(重四)

(八)侵寢沁緝(2例)

牙音

(947)　　芨（急）
　　　　　　　居立切　　深開三入緝見　　kɤǐəp(重三)
(1305)　 鵖（及）
　　　　　　　極入切　　深開三入緝群　　gɤǐəp(重三)(《集韻》)

(九)鹽琰豔葉(3例)

喉音

(285)(623)弇（掩）
(605)　　闇（掩）
　　　　　　　衣儉切　　咸開三上琰影　　ʔɤǐɛm（重三）
(1107)　 厭（厭）
　　　　　　　於琰切　　咸開三上琰影　　ʔǐɛm(重四)

附論

(十)庚梗映陌(6例)

1. 唇音

(346)　　怲（柄）
(609)　　寎（柄）
　　　　　　　陂病切　　梗開三去映幫　　pɤǐɐŋ(準重三)
(929)　　荓（平）
　　　　　　　蒲兵切　　梗開三平庚並　　bɤǐɐŋ(準重三)(《集韻》)

2. 牙音

A. 開口：

(1154) 䁲（驚）
(1459) 麖（京）
　　　　舉卿切　　梗開三平庚見　　kɣĭɐŋ（準重三）

3. 喉音

A. 合口：

(1283) 蠑（榮）
　　　　永兵切　　梗合三平庚雲　　ɦiwɣĭɐŋ（準重三）

（十一）清靜勁昔（6例）

1. 唇音

(434) 屏（並）
　　　必郢切　　梗開三上靜幫　　pĭɛŋ（準重四）（《集韻》）
(539) 鉼（餅）
　　　必郢切　　梗開三上靜幫　　pĭɛŋ（準重四）

2. 牙音

A. 合口：

(249) 烓（頃）
　　　犬潁切　　梗合三上靜溪　　k'wĭɛŋ（準重四）（《集韻》）

按：《廣韻》烓字口迥切，為溪母迥韻字，頃字潁切，為溪母靜韻字，不同音。《集韻》二字併犬潁切，今從《集韻》。

(344) 惸（瓊）
(871) 藑（瓊）
　　　渠營切　　梗合三平清群　　g'wĭɛŋ（準重四）

3. 喉音

A. 開口：

(1500) 䜴（益）
　　　伊昔切　　梗開三入昔影　　ʔĭɛk（準重四）

(十二) 幽黝幼 (1 例)

牙音

(1063)　　杋 （糾）
　　　　　居黝切　　流開四上黝見　　kiəu（準重四?）

按：《音圖》"杋"原誤作"枓"，據《天祿琳琅叢書》所收宋監本《爾雅》校改。關於幽韻的重紐地位標注，根據本文所確立的原則，唇音是重三，喉牙音多數是重四，但也有少量重三字混入，此例今標作"準重四（?）"。此字因為切下字黝又音"於脂切"有脂四念法。

(十三) 蒸拯證職 (9 例)

1. 唇音

(305)　　堛 （逼）
　　　　　筆力切　　曾開三入職幫　　pɣĭək（準重三）（《集韻》）

2. 牙音

開口：

(283)　　殛 （亟）
(897)　　棘 （棘）
　　　　　紀力切　　曾開三入職見　　kĭək（準重四?）

按：根據前文所述，蒸韻系的情況與幽韻系相似，唇音當是重三，喉牙音則多數是重四，但也混有少數重三字，所以這裏標作"準重四（?）"。但喉牙音合口都是重三

3. 喉音

A. 開口

(572)　　膺 （膺）
　　　　　於陵切　　曾開三平蒸影　　ʔĭəŋ（準重四?）
(1045)　　檍 （億）
　　　　　於力切　　曾開三入職影　　ʔĭək（準重四?）

B. 合口：

(404)　　閾 （域）
　　　　　越逼切　　曾合三入職云　　ɦwĭək（準重三）（《集韻》）
(387)　　緎 （域）
(465)　　罭 （域）
(1101)　　棫 （域）
　　　　　雨逼切　　曾合三入職云　　ɦwĭək（準重三）

以上是《音圖》重紐和準同紐同音互注例的全部例證。從中可以看出，這些同音互注例在各種重紐和準重紐韻的各類聲母(脣、牙、喉)及各等位(重三、重四)諸方面的分布並不平均，這有多種原因。從重紐演變的角度來看，這種同音互注，雖然是在同韻的範圍之內，而且只能是重三注重三，重四注重四，不會出現重三/重四互注的情況，但我們認為，這種互注與下文重紐異音互注例中的重三與重三或一般三等韻，重四與重四或純四等韻的互注在性質上並無二致。下面把它們列表統計如下。通過這些同音互注例與下文的異音互注例的對比，可有助於我們全面了解《音圖》重紐韻的演變情況。

《音圖》重紐同音互注例統計表

重紐韻系	聲母類別	脣	牙	喉	總計	
1. 支	重三	2	5	2	9	11
	重四	2			2	
2. 脂	重三	6	6		12	17
	重四	4	1		5	
3. 祭	重三					1
	重四	1			1	
4. 眞	重三	4	2		6	12
	重四	4		2	6	
5. 諄	重三					6
	重四	1		5	6	
6. 仙	重三	1	12	2	15	21
	重四	2	1	3	6	
7. 宵	重三	1	4	3	8	15
	重四	5	1	1	7	
8. 侵	重三		2		2	2
	重四					
9. 鹽	重三			2	2	3
	重四			1	1	
10.庚₃		3	2	1	6	
11.清		2	3	1	6	
12.幽			1		1	
13.蒸		1	2	6	9	
總計		39	42	29	110	

注：重複出現例按一例計算。

三、《音圖》重紐異音互注例考察

本節考察《音圖》一書中重紐的異音互注例,體例同前。《音圖》中共有重紐異音互注例 124 例。需要加以說明的是,各重紐韻之間的相混例的位置問題,雖然放在相混韻的任何一方均可,但為了觀察上的方便和避免統計上的重複,我們把它們集中放在某一個韻系內,至於放入哪個韻系中,完全是隨意的,並非任何先入之見。

本論:

(一) 支紙寘(33 例)

1. 唇音

(38)　　媲 (譬)
　　　　媲　匹詣切　　　蟹開四去霽滂　　p'iei
　　　　譬　匹賜切　　　止開三去寘滂　　p'ǐe(重四)

(218)　　敉 (米)
　　　　敉　綿婢切　　　止開三上紙明　　mǐe(重四)
　　　　米　莫禮切　　　蟹開四上薺明　　miei

(533)　　羆 (卑)
　　　　羆　彼為切　　　止開三平支幫　　pɣǐe(重三)
　　　　卑　府移切　　　止開三平支幫　　pǐe(重四)

(549)　　弭 (尾)
　　　　弭　綿婢切　　　止開三上紙明　　mǐe(重四)
　　　　尾　無匪切　　　止合三上尾明　　mwǐəi

(686)　　陂 (披)
　　　　陂　彼為切　　　止開三平支幫　　pɣǐe(重三)
　　　　披　敷羈切　　　止開三平支滂　　p'ɣǐe(重三)

(800)　　蓽 (避)
　　　　蓽　傍禮切　　　蟹開四上薺並　　biei
　　　　　[必至切　　　止開三去至幫　　pi(重四)]
　　　　避　毗義切　　　止開三去寘並　　bǐe(重四)

按:"蓽"字《廣韻》有"傍禮切、並弭切"二讀,義訓均合《爾雅》,今根據音理選擇"傍禮切"一讀。《廣韻》另有一字形與"蓽"字極近的"薜"字,音必至切,義亦同《爾雅》,今一併列此備參。

(923)　　𪐗 (美)
　　　　𪐗　文彼切　　　止開三上紙明　　mɣǐe(重三)
　　　　美　無鄙切　　　止開三上旨明　　mɣi(重三)

(960)　　　　䵋（尾）
　　　　　　䵋　綿婢切　　　止開三上紙明　　　mǐe（重四）
　　　　　　尾　無匪切　　　止合三上尾明　　　mwǐəi
(1143)　　　蛶（謎）
　　　　　　　　綿婢切　　　止開三上紙明　　　mǐe（重四）
　　　　　　謎　莫計切　　　蟹開四去霽明　　　miei
　　　　　　［綿批切　　　蟹開四平齊明　　　miei（《集韻》）］
按："謎"字《廣韻》只有去聲一讀，《集韻》另有平聲一讀，今一並列此備參。
(1146)　　　蜱（毗）
　　　　　　蜱　符支切　　　止開三平支並　　　bǐe（重四）
　　　　　　毗　房脂切　　　止開三平脂並　　　bi（重四）
(1228)　　　魾（皮）
　　　　　　魾　敷悲切　　　止開三平脂滂　　　pʻɣɪ（重三）
　　　　　　皮　符羈切　　　止開三平支並　　　bɣǐe（重三）
(1261)　　　盧（皮）
　　　　　　盧　符支切　　　止開三平支並　　　bǐe（重四）
　　　　　　皮　符羈切　　　止開三平支並　　　bɣǐe（重三）
(1540)　　　駓（皮）
　　　　　　駓　敷悲切　　　止開三平脂滂　　　pʻɣɪ（重三）
　　　　　　皮　符羈切　　　止開三平支並　　　bɣǐe（重三）
(1548)　　　犤（悲）
　　　　　　犤　斑糜切　　　止開三平支幫　　　pɣǐe（重三）（《集韻》）
　　　　　　［符羈切　　　止開三平支並　　　bɣǐe（重三）］
　　　　　　悲　府眉切　　　止開三平脂幫　　　pɣɪ（重三）
按：此條《爾雅》原文作"犤牛"，被注音字"犤"字《廣韻》有兩讀，一薄佳切，釋義"牛也"；一符羈切，釋義為"下小牛也。"從注音字看，顯然與前一讀無關，但第二讀音義亦均不相合。《廣韻》另有一"犤"字，彼為切，釋義為"牛名，又音皮。"音義均合但字形又不合。《集韻》"犤犤"為異體字，並音"斑糜切"，今以《集韻》音切為主，附列《廣韻》音讀備參。

2. 牙音

A. 開口

(58)　　　毅（義）
　　　　　　毅　魚既切　　　止開三去未疑　　　ŋǐəi
　　　　　　義　宜寄切　　　止開三去寘疑　　　ŋɣǐe（重三）
(110)　　　疻（祁）

	疧 巨支切	止開三平支群	gǐe(重四)	
	祁 渠脂切	止開三平脂群	gɤi(重三)	
(1514)	踦（欺）			
	踦 去奇切	止開三平支溪	k'ɤǐe(重三)	
	欺 去其切	止開三平之溪	k'ǐə	
(1553)	觭（欺）			
	觭 去奇切	止開三平支溪	k'ɤǐe(重三)	
	欺 去其切	止開三平之溪	k'ɤǐe	

B. 合口

(55)	垝（鬼）		
	垝 過委切	止合三上紙見	kwɤʁǐe(重三)
	鬼 居偉切	止合三上尾見	kwǐəi
(193)	祪（鬼）		
	祪 過委切	止合三上紙見	kwɤǐe(重三)
	鬼 居偉切	止合三上尾見	kwǐəi
(1565)	觤（鬼）		
	觤 過委切	止合三上紙見	kwɤǐe(重三)
	鬼 居偉切	止合三上尾見	kwǐəi
(916)	蘬（虧）		
	蘬 丘追切	止合三平脂溪	k'ɤwi(重三)
	虧 去為切	止合三平支溪	k'wɤǐe(重三)
(1549)	巍（危）		
	巍 語韋切	止合三平微疑	ŋwǐəi
	危 魚為切	止合三平支疑	ŋwɤǐe(重三)

3. 喉音

A. 開口：

(40)	忥（戲）		
	忥 計既切	止開三去未曉	hǐəi
	戲 香义切	止開三去寘曉	hɤǐe(重三)
(379)	猗（衣）		
	猗 于离切	止開三平支影	ʔɤǐe(重三)
	衣 於希切	止開三平微影	ʔǐəi
(400)	庡（倚）		

	扆	於豈切	止開三上尾影	ʔĭəi
	倚	于綺切	止開三上紙影	ʔɣĭe(重三)
(759)	漪(衣)			
	漪	于离切	止開三平支影	ʔɣĭe(重三)
	衣	於希切	止開三平微影	ʔĭəi
(1097)	椅(依)			
	椅	於離切	止開三平支影	ʔɣĭe(重三)
	依	於希切	止開三平微影	ʔĭəi

B. 合口：

(45)	頠(委)			
	頠	魚毀切	止合三上紙疑	ŋwɣĭe(重三)
	委	於詭切	止合三上紙影	ʔwɣĭe(重三)
(734)	嵬(委)			
	嵬	五灰切	蟹合一平灰疑	ŋuɒi
	委	於為切	止合三平支影	ʔwɣĭe(重三)
(842)	萎(威)			
	萎	於為切	止合三平支影	ʔwɣĭe(重三)
	威	於非切	止合三平微影	ʔwĭəi
(1029)	蔿(葦)			
	蔿	羊捶切	止合三上紙余	jwiĭe(重四)
	葦	于鬼切	止合三上尾云	ɦwĭəi
(1430)	獮(偉)			
	獮	羊捶切	止合三上紙余	jwĭe(重四)
	偉	于鬼切	止合三上尾云	ɦwĭəi

(二)脂旨至(15例)

1. 唇音

(215)	圮(起)			
	圮	符鄙切	止開三上旨並	bɣi(重三)
	起	墟里切	止開三上止溪	kʻĭə

按：此條聲母相差頗遠，疑注音有誤。

(244)	紕(備)			
	紕	毗至切	止開三去至並	bi(重四)(《集韻》)
	備	平祕切	止開三去至並	bɣi(重三)

按：《爾雅》此處原文是"紕，飾也。"《廣韻》"紕"字有三讀，合《爾雅》此義的只有

平聲"符支切"一讀,但《音圖》及宋刻十行本《爾雅音釋》此字注音均作"備",為去聲至韻字,當非偶然。如取《廣韻》的"符支切",則聲調明顯不合。檢《集韻》"紕"字有十讀,其中去聲"毗至切"一讀音義皆合《音圖》,故取以比較。

2. 牙音

A. 開口：

(373)　暨(忌)
　　　　暨　其冀切　　　止開三去至群　　　gɣi(重三)
　　　　忌　渠記切　　　止開三去至群　　　gǐə

B. 合口：

(713)　巋(魁)
　　　　巋　丘追切　　　止合三平脂溪　　　kʻwɣi(重三)
　　　　魁　苦回切　　　蟹合一平灰溪　　　kʻuɒi

(922)　匱(貴)
　　　　匱　求位切　　　止合三去至群　　　gwɣi(重三)
　　　　貴　居胃切　　　止合三去未見　　　kwǐəi

(1181)　巋(圭)
　　　　巋　居追切　　　止合三平脂見　　　kwɣi(重三)
　　　　圭　古攜切　　　蟹合四平齊見　　　kwiei

(1279)　頯(葵)
　　　　頯　渠追切　　　止合三平脂群　　　gwɣi(重三)
　　　　葵　渠佳切　　　止合三平脂群　　　gwi(重四)(《王二》《王三》)

按：此條中的"葵"字反切,非據《廣韻》。《古今字音對照手冊》97頁說："'葵'字《廣韻》反切上下字和'逵'字相同,也是渠追切,但不在同一小韻內。宋跋本和項跋本王仁昫《刊謬補缺切韻》'葵'字皆渠佳反,今據改。"《廣韻》"頯"與"逵"字同音,但與"葵"字不在一個小韻。今從《手冊》校改。

3. 喉音

A. 開口：

(170)　鼽(係)
　　　　鼽　虛器切　　　止開三去至曉　　　hɣi(重三)
　　　　係　胡計切　　　蟹開四去霽匣　　　ɣiei(《集韻》)
　　　　　[古詣切　　　蟹開四去霽見　　　kiei]

按：依照《廣韻》反切,此條注音聲母不合,疑"係"字可能誤讀半邊"系"。"系"字《廣韻》胡計切,為霽韻匣母字,又《集韻》"係"也有胡計切一讀,皆與"鼽"字聲母正相當。"係"字今以《集韻》反切為主,附列《廣韻》反切備參。

(389) 屎(希)
  屎　喜夷切　　　止開三平脂曉　　hi(重四)
  希　香衣切　　　止開三平微曉　　hǐəi

(510) 饐(意)
  饐　乙冀切　　　止開三去至影　　ʔɣi(重三)
  意　於記切　　　止開三去志影　　ʔɪə

(1195) 蛜(伊)
  蛜　與職切　　　曾開三入職余　　jǐək
  伊　於脂切　　　止開三平脂影　　ʔi(重四)

按：《爾雅音圖》此處原文作"蛜威，委黍"。這里的"蛜"字他本《爾雅》(如《天祿琳琅叢書》的《宋鑒本爾雅》)均作"蛜"或"蚭"(《阮刻十三經注疏》本《爾雅》)。"蛜"和"蚭"為一字之異體，《說文·虫部》："蛜，蛜威，委黍。委黍，鼠婦也。從蟲，伊省聲。"《廣韻》只有"蚭"與"伊"同音而無"蛜"，《集韻》二字併有，且視為異體，同音"於夷切"。故此處所注實應是"蚭"字的音。

B. 合口：

(264) 遺(位)
  遺　以醉切　　　止合三去至余　　jwi(重四)
  位　於愧切　　　止合三去至云　　ɦwɣi(重三)

(1068) 樻(胃)
  樻　求位切　　　止合三去至群　　gwɣi(重三)
  胃　於貴切　　　止合三去未云　　ɦwǐəi

按：此條聲母似有不合。疑"胃"系"貴"之誤字，《音圖》中尚有用"貴"注音的字三例，即(166)蹶(貴);(769)澮(貴);(922)蕢(貴)。而除此例外從未有用"胃"字注音者，而且注音字多用被注字的聲符。又，宋刻十行本《爾雅音釋》樻字"起愧切"。

(1238) 鮪(偉)
  鮪　榮美切　　　止合三上旨云　　ɦwɣi(重三)
  偉　於鬼切　　　止合三上尾云　　ɦwǐəi

(1361) 鷾(意)
  鷾　乙翼切　　　止開三去至影　　ʔɣi(重三)
  意　於記切　　　止開三去志影　　ʔɪə

以上凡涉及支、脂二韻系的相混例，本文一律置於支韻系類中。

(三) 祭 (5 例)

1. 牙音

A. 開口：

(458)　甈(契)
　　　　甈　去例切　　蟹開三去祭溪　　k'ɣĭɛi(重三)
　　　　契　苦計切　　蟹開四去霽溪　　k'iei
(739)　灡(計)
　　　　灡　居例切　　蟹開三去祭見　　kɣĭɛi(重三)
　　　　計　古詣切　　蟹開四去霽見　　kiei
(894)　繭(計)
　　　　繭　居例切　　蟹開三去祭見　　kɣĭɛi(重三)
　　　　計　古詣切　　蟹開四去霽見　　kiei

B. 合口：

(166)　蹶(貴)
　　　　蹶　居術切　　蟹合三去祭見　　kwɣĭɛi(重三)
　　　　貴　居胃切　　止合三去未見　　kwĭəi

2. 喉音

A. 開口：

(145)　瘞(亦)
　　　　瘞　於罽切　　蟹開三去祭影　　ʔɣĭɛi(重三)
　　　　亦　羊益切　　梗開三入昔余　　jĭɛk

按：此條舒入聲互注，待進一步研究。

(四) 真軫震質 (15 例)

1. 唇音

(317)　緡(民)
　　　　緡　武巾切　　臻開三平真明　　mɣĭěn(重三)
　　　　民　彌鄰切　　臻開三平真明　　mĭěn(重四)
(3)(23)　辟(畢)
　　　　辟　必益切　　梗開三入昔幫　　pĭɛk(準重四)
　　　　畢　卑吉切　　臻開三入質幫　　pĭět(重四)
(43)　謐(密)

| | 謐 彌畢切 | 臻開三入質明 | mǐĕt(重四) |
| | 密 美筆切 | 臻開三入質明 | mɣǐĕt(重三) |

(1357) 鴔(必)

| | 鴔 皮及切 | 深開三入緝並 | bɣǐəp(重三) |
| | 必 卑吉切 | 臻開三入質幫 | pǐĕt(重四) |

按:"鴔"字《說文》作"䮽",《廣韻》作"𱀀",《廣韻》之字體乃是隸定有誤,此點黃侃先生和《廣韻聲系》的編者均早已指出。分見《廣韻校錄》(黃侃箋識,黃焯編次,上海古籍出版社,1985年)第315頁,《廣韻聲系》(中華書局,1985年)上冊第518頁。

2. 牙音

A. 開口

(799) 菣(腎)

| | 菣 去刃切 | 臻開三去震溪 | kʻɣǐĕn(重三) |
| | 腎 時忍切 | 臻開三上軫禪 | ʑǐĕn |

按:此條音注聲母不合,疑是注音人誤讀。宋刻十行本《爾雅音釋》"菣"字去刃切。

(1165) 螼(菫)

| | 螼 棄忍切 | 臻開三上軫溪 | kʻɣǐĕn(重三?) |
| | 菫 居隱切 | 臻開三上隱見 | kǐən |

按:此條聲母略有不合。且"螼"字的重紐地位尚待進一步確定。此字通常認為是重紐三等,但此說可商榷(參李新魁《韻鏡校證》60頁和188頁註釋30)。《廣韻》"螼"字棄忍切,棄是重紐四等字,平常四等字以四等字为反切上字。又《通志·七音略》以"螼"為四等字,誠然,聲符"菫"屬於文部,從文部字得聲的字按規律不應該有重紐四等字,但說"螼"屬於四等並不是沒有根據。董同龢(1948)以"螼"為重紐四等字。本文暫仍按重三處理。

(78) 劼(吉)

| | 劼 喫吉切 | 臻開三入質溪 | kʻǐĕt(重四)(《集韻》) |
| | 吉 居質切 | 臻開三入質見 | kǐĕt(重四) |

按:"劼"字《廣韻》"恪八切",為入聲點韻溪母字,與"吉"字注音明顯不合,今取"劼"字《集韻》一讀以作比較。但《集韻》此讀韻母雖與"吉"相當,但聲母仍有較大差異。疑注音人對"劼"字誤讀半邊。

(1130) 䏣(氣)

| | 䏣 去吉切 | 臻開三入質溪 | kʻǐĕt(重四) |
| | 氣 去訖切 | 臻開三入迄溪 | kʻɣət |

B. 合口：

(976)　菌（郡）
　　　　菌　渠殞切　　　臻合三上軫群　　　gwɣĭĕn（重三）
　　　　郡　渠運切　　　臻合三去問群　　　gĭuən

按："菌"字《廣韻》在軫韻，《集韻》入準韻。

(1422)　麕（君）
　　　　麕　居筠切　　　臻合三平真見　　　kwɣĭĕn（重三）
　　　　君　舉云切　　　臻合三平文見　　　kĭuən

3. 喉音

A. 開口：

(518)　垽（印）
　　　　垽　吾靳切　　　臻開三去焮疑　　　ŋĭən
　　　　印　於刃切　　　臻開三去震影　　　ʔĭĕn（重四）

(1501)　釁（靳）
　　　　釁　許覲切　　　臻開三去震曉　　　hɣĭĕn（重三）
　　　　靳　居焮切　　　臻開三去焮見　　　kĭən

按：此條音注聲母略有不合。又，宋刻十行本《爾雅音釋》和《經典釋文·爾雅音義》該處釁字併"許靳切"。

B. 合口：

(46)　隕（允）
　　　　隕　于敏切　　　臻合三上軫云　　　ɦw(ɣ)ĭĕn（重三）
　　　　允　余準切　　　臻合三上準余　　　jĭuěn

(47)　殞（允）
　　　　殞　于敏切　　　臻合三上軫云　　　ɦw(ɣ)ĭĕn（重三）
　　　　允　余準切　　　臻合三上準余　　　jĭuěn

按：以上二條的"隕殞"兩字《廣韻》在軫韻，《集韻》入準韻。

(1031)　䘕（允）
　　　　䘕　于敏切　　　臻合三上軫云　　　ɦw(ɣ)ĭĕn（重三）
　　　　允　余準切　　　臻合三上準余　　　jĭuěn

(五) 仙獮綫薛（19 例）

1. 唇音

(211)　褊（匾）

褊	方緬切	山開三上獮幫	pǐɛn(重四)
匾	方典切	山開四上銑幫	pien

(995) 蘨(別)

蘨(虌)	並列切	山開三入薛幫	pǐɛt(重四)
別	方別切	山開三入薛幫	pɣǐɛt(重三)
	皮列切	山開三入薛並	bɣǐɛt(重三)

按：《廣韻》只有"虌"字，但《切韻》殘卷及內府本王仁昫《刊謬補缺切韻》及蔣斧本《唐韻》均作"蘨"，《集韻》視二字為異體。注音字"別"有兩讀，今併列出，下同此。

(1137) 蛂(別)

蛂	蒲結切	山開四入屑並	biet
別	方別切	山開三入薛幫	pɣǐɛt(重三)
	皮列切	山開三入薛並	bɣǐɛt(重三)

(1206) 蠛(滅)

蠛	莫結切	山開四入屑明	miet
滅	亡列切	山開三入薛明	mǐɛt(重四)

(1242) 䗃(滅)

䗃	莫結切	山開四入屑明	miet
滅	亡列切	山開三入薛明	mǐɛt(重四)

(1392) 鷩(別)

鷩	並列切	山開三入薛幫	pǐɛt(重四)
別	方別切	山開三入薛幫	pɣǐɛt(重三)
	皮列切	山開三入薛並	bɣǐɛt(重三)

2. 牙音

A. 開口：

(1166) 蜸(遣)

蜸	牽繭切	山開四上銑溪	kʻien
遣	去演切	山開三上獮溪	kʻǐɛn(重四)

(681) 齧(孽)

齧	五結切	山開四入屑疑	ŋiet
孽	魚列切	山開三入薛疑	ŋɣǐɛt(重三)

(958) 藒(挈)

藒	丘竭切	山開三入薛溪	kʻɣǐɛt(重三)
挈	苦結切	山開四入屑溪	kʻiet

B. 合口：

(180)　　沇(捲)
　　　　沇　姑泫切　　　山合四上銑見　　　kwien
　　　　捲　居轉切　　　山合三上獮見　　　kwɣĭɛn(重三)
(504)　　捐(絹)
　　　　捐　與專切　　　山合三平仙余　　　jwĭɛn(重四)
　　　　[𧄍　古玄切　　　山合四平先見　　　kwien]
　　　　絹　吉掾切　　　山合三去線見　　　kwĭɛn(重四)
　　　　[圓　似宣切　　　山合三平仙邪　　　zwĭɛn
　　　　　　火玄切　　　山合四平先曉　　　hwien]

按：此條音注聲母和聲調不合，疑注音有誤，或被注字音韻地位非此。此條見《爾雅·釋器》，原文是"環謂之捐"。王引之《經義述聞》云："家大人曰：環與捐皆圓貌也。捐之言圓也。《說文》：'圓，規也。'規亦圓也。""圓"字《廣韻》有兩讀，今一併列此備參。李榮先生在《怎樣根據北京音辨別古音的聲母》一文中認為："'捐 juān'可能不是'與專'切的'捐'字，而是從'𧄍，古玄切'來的，那就是常例，不是例外了。"(李榮 1982 年：48) 這裏亦把"𧄍"字的音韻地位列出備參。

(903)　　菤(眷)
　　　　菤　渠篆切　　　山合三上獮群　　　gwɣĭɛn(重三)
　　　　眷　居倦切　　　山合三上線見　　　kwɣĭɛn(重三)

3. 喉音

A. 開口：

(1182)　　蜆(演)
　　　　蜆　胡典切　　　山開四上銑匣　　　ɦien
　　　　演　以淺切　　　山開三上獮余　　　jĭɛn

按：此例和下文監韻系的"(1171)蛤(剡)"與清韻系的"(999)鼛(亦)"、"(117)橄(亦)"三例均是匣母和余母的開口互注例。在《音圖》中多數匣母都是清化讀同曉母，合於北方方言的一般音系特徵。這四例的匣母讀法顯屬特殊，而與南方今吳語方言 ɦ- 與 j- 有些先生處理為同一音位的讀音情況相似，有待進一步研究。

B. 合口：

(378)　　媛(怨)
　　　　媛　王眷切　　　山合三去線云　　　ɦw(ɣ)ĭɛn(重三)
　　　　怨　於願切　　　山合三去願影　　　ʔwĭɐn
(520)　　圜(袁)
　　　　圜　王權切　　　山合三平仙云　　　ɦw(ɣ)ĭɛn(重三)

	袁	雨元切	山合三平元云	ɦwĭɐn
(1254)	蜎(遠)			
	蜎	以轉切	山合三上獮余	jwĭɐn(重四)
	遠	云阮切	山合三上阮云	ɦwĭɐn
(1225)	蠉(喧)			
	蠉	許緣切	山合三平仙曉	ɦw(ɣ)ĭɛn(重三)
	喧	況袁切	山合三平元曉	hwĭɐn
(1409)	鳶(員)			
	鳶	與專切	山合三平仙余	jwĭɛn(重四)
	員	王權切	山合三平仙云	ɦw(ɣ)ĭɛn(重三)
(1534)	駽(絹)			
	駽	許縣切	山合四去霰曉	hwĭen
	絹	吉掾切	山合三去線見	kwĭɛn(重四)

按：此條注音聲母略有不同。

(六) 宵小笑(11例)

1. 唇音

(48)	摽(俵)			
	摽	符少切	效開三上小並	bĭɛu(重四)
	俵	方廟切	效開三去笑幫	pɣĭɛu(重三)
(350)	穮(標)			
	穮	甫嬌切	效開三平宵幫	pɣĭɛu(重三)
	標	甫遙切	效開三平宵幫	pĭɛu(重四)

按："穮"字不見於《廣韻》字頭，只見於"穮"字的注中。又本條和下面"(505)鑣(標)"、"(1022)藨(標)"二條以及上文重紐同音互注例中的"(614)森(標)"一條中的注音字原均作"摽"，我們認為均應是"標"字之誤，理由有這樣三點：1."摽"字在《音圖》中是作為被注音字出現的〔參"(48)摽(俵)"一條〕，不可能再作為注音字出現，而"標"字作為注音字在《音圖》中已有多例；2.被注音字"森"字在《音圖》中凡兩見，在《釋草》的(1021)號一條中注音字是"標"，而在此《釋天》的(614)號一條中注音字又寫作"摽"，根據一般的注音原則，同一個被注音字不可能有這種兩歧注音；從字形和音韻地位上看，顯然"摽"字應是"標"字之誤；3.如果"摽"字作為被注音字，則只能取其"符少切"一讀，這樣就造成了注音字和被注音字之間不但聲母有清濁之別，聲調也有平上之異，這種注音情況在《音圖》中是相當罕見的，而如把"摽"字改為"標"字，則此種情況即可避免，而做到音韻非常切合。根據以上三點，我們把這幾例的注音字"摽"逕改為"標"。

(505)　鑣(標)
　　　　鑣　甫嬌切　　　效開三平宵幫　　pɣĭɛu(重三)
　　　　標　甫遙切　　　效開三平宵幫　　pĭɛu(重四)
(1022)　藨(標)
　　　　藨　甫嬌切　　　效開三平宵幫　　pɣĭɛu(重三)
　　　　標　甫遙切　　　效開三平宵幫　　pĭɛu(重四)

2. 牙音

(1390)　鷸(交)
　　　　鷸　舉喬切　　　效開三平宵見　　kɣĭɛu(重三)
　　　　交　古肴切　　　效開二平宵見　　kɣau

3. 喉音

(258)　嚻(驍)
　　　　嚻　許嬌切　　　效開三平宵曉　　hɣĭɛu(重三)
　　　　驍　古堯切　　　效開四平蕭見　　kieu

按：此條注音聲母喉牙不同。已開今音"驍"讀 xiāo 之先河。本條放在牙音處亦可，暫依今音置於此處。

(324)　憢(嚻)
　　　　憢　許幺切　　　效開四平蕭曉　　hieu
　　　　嚻　許嬌切　　　效開三平宵曉　　hɣĭɛu(重三)

(402)　窔(要)
　　　　窔　烏叫切　　　效開四去嘯影　　ʔieu
　　　　要　於笑切　　　效開三去笑影　　ʔĭɛu(重四)

按："窔"字不見於《廣韻》字頭。嘯韻"窔"字下注云："亦作窔，東南隅謂之窔。"

(1003)　要(夭)
　　　　要　於霄切　　　效開三平宵影　　ʔĭɛu(重四)
　　　　夭　於喬切　　　效開三平宵影　　ʔɣĭɛu(重三)

(1344)　鴞(遙)
　　　　鴞　于嬌切　　　效開三平宵云　　ɦɣĭɛu(重三)
　　　　遙　餘昭切　　　效開三平宵余　　jĭɛu

按：這裏的"鴞"雖是云母開口字，亦是重三。李方桂先生對此曾有解釋，認為原來可能是合口字。他說："最值得注意的是喻母三等多數是合口字(其中少數的開口字可以暫時保留另有解釋)，因此我們可以認為喻母三等是從圓唇舌根濁音 *gw+j- 來的，群母是不圓唇的舌根濁音 *g+j- 來的，或者是 *gw+j+i- 來的(詳見各韻部的討論)，開口的喻母三等字常見的為矣 jï，焉 jän 都是語助詞，語助詞在音韻的演變上往往有例外的地方(失去合口成分)。其他喻三開口字也多數可以用唇音異化作用(dissimilation)去解釋,如鴞 jäu 可以認為是 ＊gwjagw>＊jwäu> jäu…等的演變程式"(李方桂 1980:18)。

（1432） 幺(腰)
  幺 於堯切　　效開四平蕭影　　ʔieu
  腰 於霄切　　效開三平宵影　　ʔĭɛu(重四)

(七)侵寑沁緝(3例)

1.牙音

（1552） 愲(急)
  愲 古闃切　　梗合四入錫見　　kwiek
  急 居立切　　深開三入緝見　　kĭɤəp(重三)

按:此例開合口互注,可疑。疑注音字有誤。

2.喉音

（165） 歆(欣)
  歆 許金切　　深開三平侵曉　　hĭɤĕm(重三)
  欣 許斤切　　臻開三平欣曉　　hĭən

（286） 閲(吸)
  閲 許激切　　梗開四入錫曉　　hiek
  吸 許及切　　深開三入緝曉　　hĭɤəp(重三)

(八)鹽琰豔葉(7例)

1.牙音

（732） 嗛(儼)
  嗛 魚檢切　　咸開三上琰疑　　ŋĭɤɛm(重三)
  儼 魚埯切　　咸開三上儼疑　　ŋĭɐm

（1426） 豜(檢)
  豜 吉典切　　山開四上銑見　　kien(《集韻》)
  檢 居奄切　　咸開三上琰見　　kĭɤɛm(重三)

按:此條《爾雅·釋獸》原文是"(麝)絕有力,豜"。"豜"字《廣韻》有"古賢切""吾甸切"二讀。其中"吾甸切"一讀《廣韻》著者認為合於《爾雅》此義。宋刻十行本《爾雅音釋》是"吾見切",恰與《廣韻》此讀相合。但"豜"字此讀與《音圖》的注音字"檢"(《廣韻》居奄切)明顯不合,特別是聲母方面。不過《集韻》"豜"字有"經天切""輕烟切""吉典切""倪甸切"四讀,其中合於《爾雅》此義的是"吉典切",此讀恰與注音字"檢"的音讀相合,今取以比較。

(1525)　減（檢）
　　　　　減　古斬切　　咸開二上豏見　　kɐm
　　　　　檢　居奄切　　咸開三上琰見　　kɣĭɛm（重三）
(968)　　 跲（劫）
　　　　　跲　其輒切　　咸開三入葉群　　gɣĭɐp（重三）
　　　　　劫　居怯切　　咸開三入業見　　kĭɐp

2. 喉音

(329)　　 懕（嫣）
　　　　　懕　一鹽切　　咸開三平鹽影　　ʔĭɛm（重四）
　　　　　嫣　於乾切　　山開三平仙影　　ʔɣĭɛn（重三）
(1171)　 　蛤（剡）
　　　　　蛤　胡感切　　咸開一上感匣　　ɦɒm
　　　　　剡　以冉切　　咸開三上琰余　　jĭɛm

按：此例請參看上文仙韻系"(182)蜵（演）"例注。

(162)　　 饁（叶）
　　　　　饁　筠輒切　　咸開三入葉云　　ɦwɣĭɐp（重三）
　　　　　叶　胡頰切　　咸開四入帖匣　　ɦiep

按：此條注音字原文即作"叶"，非"葉"之簡化字。

附論：

（九）庚梗映陌（3例）

1. 唇音

(1306)　　鵧（平）
　　　　　鵧　旁經切　　梗開四平青並　　bieŋ（《集韻》）
　　　　　　［卑盈切　　梗開三平清幫　　pĭɛŋ（準重四）（《集韻》）］
　　　　　平　符兵切　　梗開三平庚並　　bɣĭɛŋ（準重三）

按：《廣韻》鵧字只有房脂切一讀，與注音字"平"音韻未合。《集韻》鵧字有七讀，其中"旁經切"和"卑盈切"二讀與注音字有關。根據《集韻》釋義和聲母演變規律，應取"旁經切"一讀，今同時列出"卑盈切"一讀備參。宋刻十行本《爾雅音釋》此字"符悲切"。

2. 牙音

A. 開口

(782)　　 勁（徑）

勍 渠京切　　　梗開三平庚群　　　gɣɪɐŋ(準重三)
徑 古定切　　　梗開四去徑見　　　kieŋ

按:《爾雅·釋草》中"勍"字凡兩見,但釋義不同。與此相應,《廣韻》《集韻》的注音也不相同,但《音圖》則均注音為"徑",请见下表:

《音图》编号	《尔雅》被释字	《尔雅》释义	《广韻》反切	《集韻》反切	《音图》注音
(782)	勍	山薊	渠京切	渠京切	徑
(802)	勍	鼠尾	巨成切	①渠成切 ②堅正切	徑

其中编号为(802)释义为"鼠尾"的勍字,《集韻》有两读,其"渠成切"一读与《廣韻》"巨成切"相当,但因声调与《音圖》注音字"徑"字有平去之異,我們取其"堅正切"一讀,見下文清韻系類中的"(802)勍(徑)"字例。但本處釋義為"山薊"的"勍"字與注音字"徑"仍有平去之異。

(811)　　䕲(逆)
　　　　䕲 五革切　　　梗開二入麥疑　　　ŋɣæk
　　　　　[五歷切　　　梗開四入錫疑]　　　ŋiek
　　　　逆 宜戟切　　　梗開三入陌疑　　　ŋɣɪɐk(準重三)

按:此條見於《爾雅·釋草》,原文是:"䕲,綬。"䕲或作鶪,草名。因該草有雜色如綬帶,又名綬草。《詩經·陳風·防有鵲巢》:"中唐有甓,邛有旨鶪。"《毛傳》:"鶪,綬草也"。《廣韻》䕲字有二讀,一讀五革切,釋義云"《爾雅》云:䕲,綬。䕲小草雜色似綬。"一讀五歷切,釋義是:"䕲,綬草。"兩讀的釋義實際上完全相同,均和《爾雅》。從音變角度看此二讀似亦均與注音字"逆"相合,宋刻十行本《爾雅音釋》注音亦作"逆"。今暫以"五革切"為主,同時列出"五歷切"備用。

3. 喉音

A. 開口:

（226）　　媵(映)
　　　　媵 以證切　　　曾開三去證余　　　jɪəŋ
　　　　映 於敬切　　　梗開三去映影　　　ʔjɣɪɐŋ(準重三)

按:牙音開口有一庚₃韻系的入聲陌₃韻與蒸韻系入聲職韻相混例,即"(447)劇(極)",本文放在蒸韻系類中討論,詳下文。本例的"媵"字雖屬蒸韻系,但非重紐字,故仍放在此處。

(十)清靜勁昔(8例)

1. 唇音

(385) 擗(劈)
擗 房益切　　梗開三入昔並　　bĭɛk(準重四)
劈 普擊切　　梗開四入錫滂　　p'iek

按：此條注音聲母略有不合。疑注音字劈或本作辟。

(445) 甓(擗)
甓 扶歷切　　梗開四入錫並　　biek(準重四)
擗 房益切　　梗開三入昔並　　bĭɛk(準重四)

(478) 鼊(璧)
鼊 北激切　　梗開四入錫幫　　piek
璧 必益切　　梗開三入昔幫　　pĭɛk(準重四)

2. 牙音

A. 開口：

(802) 勁(徑)
勁 堅正切　　梗開三去勁見　　kĭɛŋ(準重四)(《集韻》)
　 [巨成切　　梗開三平清群　　gĭɛŋ(準重四)]
徑 古定切　　梗開四去徑見　　kieŋ

按："勁"字《廣韻》有渠京切、巨成切兩讀，今根據其義訓選擇清韻一讀。但與注音字聲調不合。《集韻》另有去聲讀法，今取以比較，並列出《廣韻》讀法備參。又，參上文庚韻系的"(782)勁(徑)"條按語。

3. 喉音

A. 開口：

(999) 䩏(亦)
䩏 胡狄切　　梗開四入錫匣　　ɦiek
亦 羊益切　　梗開三入昔余　　jĭɛk

(1117) 檄(亦)
檄 胡狄切　　梗開四入錫匣　　ɦiek
亦 羊益切　　梗開三入昔余　　jĭɛk

按：以上二例請參看上文仙韻系"(1182)蜆(演)"例注。

B. 合口：

(489) 褮(營)
褮 於營切　　梗合三平清影　　ʔwĭɛŋ(準重四)

	營 余傾切	梗合三平清余	jwiɛŋ（準重四）
（756）	穎（影）		
	穎 餘頃切	梗合三上靜余	jwiɛŋ（準重四）
	影 於丙切	梗合三上梗影	ʔγɪɐŋ（準重三）

(十一) 幽黝幼 (3 例)

1. 牙音

（546）璆(留)
	璆 渠幽切	流開四平幽群	g(ɣ)iəu（準重三？）
	留 力求切	流開三平尤來	lĭəu

按：此條音注聲母不合。注音字"留"《廣韻》《集韻》均只有來母一讀，"璆"字《廣韻》為群母，《集韻》璆字有七讀：居尤切、渠尤切、夷周切、張流切、居虯切、渠幽切、力救切。雖"力救切"為來母讀法，但忽讀去聲，來源可疑，不足為據。宋刻十行本《爾雅音釋》注音字為"求"，亦可證"璆"讀牙音。此條注音如果不是毋昭裔誤讀的話，就是重三-r-的上古音遺留。

（1313）鷚(求)
	鷚 渠幽切	流開四平幽群	g(ɣ)iəu（準重三？）
	求 巨鳩切	流開三平尤群	gĭəu

2. 喉音

（411）（599）黝(悠)
	黝 於虯切	流開四平幽影	ʔ(ɣ)iəu（準重三？）（《集韻》）
	悠 以周切	流開三平尤余	jĭəu

(十二) 蒸拯證職 (1 例)

1. 牙音

A. 開口

（447）劇(極)
	劇 奇逆切	梗開三入陌群	gɣɪɐk（準重三）
	極 渠力切	曾開三入職群	g(ɣ)ɪək（準重三）

按：此例為蒸韻系與庚₃韻系入聲相混例，本來置於前面的庚₃韻系類中也可以，但由於《音圖》中涉及到蒸韻系的異音互注僅此一例，為了便於觀察蒸韻系的演變，故獨立為一例，不併在庚₃系類中。

以上我們分類列舉了《音圖》全部異音重紐韻字的相混例出現情況。下面我們把這些重紐字分類列成一張統計表，以便下文討論。全表分成兩部分，傳統公認的八個標準重紐韻系：支、脂、祭、真(諄)、仙、宵、侵、鹽作為一個統計單元(《音圖》中諄韻由於不單獨出現，現併入真韻內)，另外三個"準重紐"韻系：庚₃／清、幽、蒸另外作為一個統計單元。表頭橫行分為唇、牙、喉音三欄，表頭豎行是重紐韻目，舉平以賅上去入，備注欄中注明重紐韻間相混例的歸屬問題，重複出現例按一條統計。

《音圖》重紐異音互注例統計表

声母類別 重紐韻系	唇	牙	喉	總計	備注
支	14	9	10	33	與脂韻相混例歸此
脂	2	5	8	15	
祭	0	4	1	5	與脂韻系去聲、清韻系入聲相混例歸此
真(諄)	4	6	5	15	與清韻系入聲、侵韻系入聲相混例歸此
仙	6	6	7	19	
宵	4	1	6	11	
侵	0	1	2	3	
鹽	0	4	3	7	與仙韻系相混例歸此
庚₃	1	2	1	4	
清	3	1	4	8	與庚三韻系相混例歸此
幽	0	2	1	3	
蒸	0	1	0	1	與庚三系入聲相混例歸此
總計	34	42	48	124	

下面我們以列表的形式把上述諸標準重紐韻和準重紐韻的異音相混情形重新統計如下，以便觀覽和討論。由於入聲韻的演變與舒聲韻不同步，至少就《音圖》而言是如此(《音圖》的入聲 –p、–t、–k 尾已混同為 –ʔ，而舒聲韻尾雖 –m 已變為 –n，但 –n、–ŋ 並不相混)，所以下面的表舒、入聲分別統計，舒聲韻是舉平以賅上去，而入聲韻另舉。

支韻系相混表(33例)

相混韻 重紐韻		支		脂		之	微	齊	灰
		重三	重四	重三	重四				
支	重三	2	2	5		2	11		1
	重四			1	1		4	4	

注：本韻與脂韻系的相混例列在本表中，下面的"脂韻系相混表"中不再列出。

脂韻系相混表(15例)

重纽韻 \ 相混韻	脂 重三	脂 重四	之	微	齊	灰	職
脂 重三	3	4	3	2	1		
脂 重四					1		1

注：本韻與支韻系的相混例見上表。又，本韻有與入聲職韻相混一例，可疑，有待進一步研究。

祭韻相混表(5例)

重纽韻 \ 相混韻	微	齊	昔
祭 重三	1	3	1
祭 重四			

注：本韻有祭韻與入聲昔韻相混一列，比較特殊，有待進一步研究。

甲 真(諄)韻系相混表(10例)

重纽韻 \ 相混韻	真 重三	真 重四	真	諄	文	欣
真 重三		1	1	3	2	2
真 重四						1

乙 質韻相混表(5例)

重纽韻 \ 相混韻	质 重三	质 重四	缉 重三	缉 重四	迄	昔
质 重三						
质 重四	1	1	1		1	1

注：此類我們把舒入聲分列，理由詳上文。另外因諄韻系無自注例，所以真諄韻也不再分開表列，入聲術韻《音圖》無例，故亦不列出。其中舒聲真韻重三互注例中的"腎"字是禪母字，暫列於此。入聲可看出-p、-t、-k尾已混。

甲 仙韻系相混表(12例)

重纽韻 \ 相混韻	元	先	仙 重三	仙 重四
仙 重三	3	1	1	1
仙 重四	1	3		1
仙		1		

乙 薛韻相混表(7例)

重纽韻 \ 相混韻	屑	薛 重三	薛 重四
薛 重三	3		
薛 重四	2	2	

注：本類亦舒入聲分列統計。其中舒聲仙韻系與鹽韻系的相混例我們列在"(八)甲 鹽韻系相混表"中統計。

宵韻系相混表(11例)

重纽韻 \ 相混韻	宵 重三	宵 重四	蕭	肴	宵
宵 重三		5	2	1	1
宵 重四			2		

甲 侵韻系相混表(1例)

重纽韻 \ 相混韻	欣
侵 重三	1
侵 重四	

乙 緝韻相混表(2例)

重纽韻 \ 相混韻	錫
緝 重三	2
緝 重四	

注：本類舒入聲分列。入聲緝韻與質韻相混例見上文"(四)乙 質韻相混表"中。

甲 鹽韻系相混表(5例)

重纽韻 \ 相混韻	覃	咸	嚴	先	仙 重三	仙 重四
鹽 重三		1	1	1		
鹽 重四					1	
鹽	1					

乙 葉韻相混表(2例)

重纽韻 \ 相混韻	业	帖
葉 重三	1	1
葉 重四		

甲 庚₃・清韻系相混表(6例)

准重纽韻 \ 相混韻	庚₃	清	青	蒸
庚（準重三）			2	1
清（準重四）	1	1	1	

注：與蒸韻系的相混列在本類中。

乙 陌₃・昔韻相混表(6例)

准重纽韻 \ 相混韻	錫	麦
陌三(準重三)		1
昔(準重四)	3	
昔(余母開口)	2	

幽韻系相混表(3例)

相混韻 \ 准重纽韻	幽 唇音	幽 牙喉音(準重三)	幽 牙喉音(準重四)
尤		3	

蒸韻系(入聲)相混表(1例)

相混韻 \ 准重紐韻	職			
	脣音	牙喉音合口	牙喉音開口(準重三)	牙喉音開口(準重四)
陌三(準重三)			1	

以上我們把十一類標準重紐韻和準重紐韻在《音圖》中的相混情況分別列表做了統計。這是以每一對重紐韻系和準重紐韻系爲單位，分別觀察其演變特點，可以說是一種個體性的觀察。但我們認爲，光有這種個體性觀察還不夠，還必須把范圍擴大，做整體性的觀察，即觀察一下整個重紐三等有何演變特點，整個重紐四等又有何演變特點，唯其如此，才能全面深入了解到重紐韻的演變情況。因爲如前所述，重三和重四的區別是以—ɣ—介音的有無劃分爲兩大類，這兩大類可謂各有其語音特徵，所以下面我們再以全部重三和全部重四爲單位分別觀察一下這兩大類韻系的演變情況。

《音圖》重紐韻舒聲相混表(102例)

重紐韻 \ 相混韻	重 三			一般三等	重 四			純四	一等	二等	合計
	脣	牙	喉		脣	牙	喉				
重三 脣	5			1	8			1			15
重三 牙		2		17		2		7	1	2	31
重三 喉			1	19			5	3	1		29
重四 脣				2	1			5			8
重四 牙						1		2			3
重四 喉				5			1	3			9
其他											3
總計		8		44		18		21	2	2	101

《音圖》重紐韻入聲相混表(23例)

重紐韻 \ 相混韻	重 三			一般三等	重 四			純四	二等	合計
	脣	牙	喉		脣	牙	喉			
重三 脣					4			1		5
重三 牙		1						3	1	5
重三 喉								2		2
重四 脣					2			4		6
重四 牙				2		1				3
重四 喉										
一般三等								2		2
總計		1		2		7		12	1	23

在舒聲的統計表中，我們把"(1195)翃(伊)、(145)瘞(亦)、(799)敳(賢)、(1182)蜆(演)、(1171)蛤(刾)、(226)塍(映)"六例作爲特例歸入"其他"類中，特此說明。

根據上面兩張表所列的數字，下面我們把《音圖》全部124條重紐異音相混例分成：重三與重三和一般三等相混例：舒45，入2（簡稱重三與三等）、重四與重四和純四等相混例：舒13，入8（簡稱重四與四等），重三與重四／純四和重四與重三／一般三等相混例：舒33，入12（簡稱重三與重四），重三與一、二等相混例：舒4，入1（簡稱重三與一、二等）和其他這5種情況分別根據它們在舒、入聲總體中所佔的比例統計列表如下，以便下文討論。

相混类型＼舒入声	重三與三等	重四與四等	重三與重四	重三與一、二等	其他
舒聲（101例）	$\frac{45}{101}$=44.5%	$\frac{13}{101}$=12.9%	$\frac{33}{101}$=32.7%	$\frac{4}{101}$=4%	$\frac{6}{101}$=5.9%
入聲（23例）	$\frac{2}{23}$=8.7%	$\frac{8}{23}$=34.8%	$\frac{12}{23}$=52.2%	$\frac{1}{23}$=4.3%	

四、中古脣音重紐在《音圖》齊部和質部中的反映

在上文中，我們把見於《音圖》的中古音重紐例根據其音韻關係，分成同音互注例和異音互注例兩種情況分別做了匯錄與分類考察，一共有234條，涉及的重紐字有四百余字之多，《音圖》中的全部重紐字已輯錄無遺。從表面上看，中古音的重紐區別在《音圖》中似已消失殆盡，至少從表面的數量統計上已看不出有明顯區別的迹象。特別是如果僅僅單純按照原中古音的韻母體系對各個重紐韻系分別孤立地統計觀察，尤可得出這樣的印象（詳見下文第五節）。

但是從漢語語音史的角度來看，我們認爲還應該根據《音圖》本身的韻部體系對這個問題加以探討，以最終確定中古重紐韻在《音圖》的消變情況到底如何。我們之所以這樣做，是因爲我們知道，比《音圖》時代還晚的《蒙古字韻》和《中原音韻》二書中，雖然中古音的重紐對立多數已經消失，但至少在《蒙古字韻》的支韻和《中原音韻》的齊微韻中，都還相當完整地保存着中古的脣音重紐對立（其實《蒙古字韻》的重紐保存情況尚不只此），所以從時代上來說，與上列二書的支韻和齊微韻相當的《音圖》齊部和質部脣音字，無疑更應該有保存中古音重紐區別的很大可能性，我們考察《音圖》齊部和質部脣音字的初衷即來源於此。

限於篇幅，《蒙古字韻》的重紐情況暫不討論，這里有必要先從時代更晚的《中原音韻》（1324）齊微韻的脣音重紐現象談起。

最早注意到中古音的脣音重紐在《中原音韻》的齊微韻中有反映的是日本的藤

堂明保教授。他在《中國語音韻論》(1957)一書的 187—188 頁中指出：在《中原音韻》的齊微韻里，中古止攝、蟹攝和臻攝入聲的唇音三等字多作 /—wəj/ 韻母，唇音四等字則多作 /—jəj/ 韻母。對此種現象做進一步全面研究的則是日本的平山久雄教授(平山久雄，1991)。他把《中原音韻》齊微韻的唇音字分成止攝支、脂韻、蟹攝祭韻和入聲質韻三小類分別做了詳細考察，並把第一類字列成了對比字表。爲了便於與《音圖》的情況做比較，本文把平山教授列的表略作改動，將第二小類祭韻字例併在第一類的止攝支脂韻字表內，即把第一、二小類合成一張表，表示《中原音韻》舒聲的情況，入聲則獨立另成一張表，此外所列《中原音韻》的入聲字表比平山教授所列的入聲字例略有擴大，即按照本文的大重紐觀，除了入聲質韻字外，還增加了陌韻和昔韻字例。平山先生原文對表的格式有所說明，要點如下：(1)把齊微韻里的有關唇音字按其擬測音值排列，音值則是按趙蔭堂《中原音韻研究》(商務印書館，上海，1936 年，1956 年重印本)第三章"原著注音"所擬，並把趙氏的 —I(藤堂氏 /—jəj/)改寫作 -i, -ei(藤堂氏 /—wəj/)改寫作 -ei。(2)表中所載字后用小字注其中古音類，如"妣"字等后面注"脂上幫 A"以表示"脂部上聲(即旨韻)幫母 A 類"。中古重紐四等叫 A 類，重紐三等叫 B 類。(3)例外情況有兩種，一爲三等字而作 -i(/—jəj/)者，稱作甲種例外；另一爲四等字而作 -ei(/—wəj/)者，稱作乙種例外。表中字左邊記 □ 號的屬甲種例外，記 ○ 號的屬乙種例外，還有記 × 號的是聲母或聲調不符合對應規律的字，例如"鼻"字作"去聲作平聲陽"不符合中古音和《中原音韻》之間聲調的對應規律。凡此近均一仍其舊。現把改訂后的兩張表轉錄如下：

《中原音韻》齊微韻唇音舒聲字表

声調＼聲母＼韻母		-i	-ei
平聲陰	p-		碑陂支平幫B 悲脂平幫B○卑支平幫A
	p'-	纰脂平滂A	披支平滂B 丕脂平滂B ×邳脂平並B
平聲陽	p'-	脾支平並A 比毗脂平並A □疲支平並B ×□羆支平幫B	皮支平並B
	m-	彌瀰支平明A	糜醿支平明B 眉湄楣嵋麋脂平明B
去聲作平聲陽	p-	×鼻脂去並A	
上聲	p-	妣比匕脂上幫A	彼支上幫B 鄙脂上幫B
	p'-		嚭脂上滂B×否×痞×圮脂上並B×○秕脂上幫
	m-	弭支上明A	美脂上明B

声调 \ 声母 \ 韵母		-i	-ei

去聲	p-	畀庇脂去幫A
		      幫
		比脂去 A
		      並
		□ 賁支去幫B
		□ 秘脂去幫B
		笓(秕)脂去並A
		蔽祭去幫A 斃祭去並A
			上
			詖支去帮B 髲支 並B
			         去
			         上
			被支 B
			         去
			帔支去滂B 備脂去並B
			○ 婢支上並A○ 臂支去幫A
			○ 避支去並A
			弊幣祭去並A

	p'-		×轡脂去幫B
	m-		媚魅脂去明B ○ 寐脂去明A 袂祭去明A

按：上表去聲欄中"笓(秕)脂去並A"一條需略作說明，原文的音韻地位標注漏排聲母，今補"並"字。"笓"字《廣韻》只有"部迷切"一讀，聲調不合，《中原音韻》此字的去聲一讀無疑當來自《集韻》的"毗至切"，上表笓字音韻地位的標注本此。

《中原音韻》齊微韻唇音入聲字表

声调 \ 声母 \ 韵母		-i	-ei
入聲作 上聲	p-	必畢蹕筆幫質A 碧幫陌(B)/昔(B)璧幫昔(A)	筆幫質B
	p'-	匹滂質A 闢並昔(A) 僻滂昔(A)	
入聲作 去聲	p-	蜜明質A	密明質B

  上文入聲字表中質韻8字以外的"碧璧闢僻"4字是筆者所加，並按照本文確定的重紐標準加注了A、B類，為與原表質韻字相區別，A、B字外分別加了括號。其中"碧"字需要特別說明一下。本文認為庚₃和清是一對準重紐，庚₃相當重三，清相當重四。但《廣韻》清韻系入聲昔韻有一"碧"字乃是重三字，昔韻之有B類，唯此一例。《集韻》"碧"字則有陌三和昔韻兩讀，所以《廣韻》昔韻的"碧"字可能照規則本應分在陌₃，留在昔₃的是後加字，但恰反映了陌₃與昔₃古音有聯繫。故表中"碧"字的音韻地位據《集韻》標出陌₃、昔兩讀。

  上面的兩個表，舒聲字表共收錄了59個重紐字，其中46個字重三(B類)、重四(A類)區分得很清楚。重四作 –i 者共 17 字,重三作 –ei 者共 29 字,二者加起來佔總數的 78%。例外 13 字,佔總數的 22%。也就是說在齊微韻脣音的舒聲例中,重紐區分例約佔五分之四,重紐相混例約佔五分之一。說明《中原音韻》的齊微韻脣音仍基本上保持着中古音的重紐區別。

入聲字表中,如果如平山教授那樣持傳統的重紐觀,則只限于質韻 8 字,這 8 字中重三(B 類)作 –ei 者 2 例,重四(A 類)作 –i 者 6 例,沒有例外。而如果按照我們的大重紐觀,則還包括昔韻(A 類)3 字,和具有陌三、昔兩讀的碧字,共 12 字。唯 B 類的"碧"字作 –i 是例外。這樣的話,重三、重四有區別者佔總數的 92%,例外只佔 8%。

如果把舒入聲合併起來觀察,則總數是 71 字,例外 14 字。重紐區分者佔 80%,例外佔 20%。所以,中古脣音重紐在《中原音韻》的齊微韻中尚有區別之說是可信的。例外佔到五分之一,雖不能不說多了一些,但這些例外(除了我們加的"碧"字外)平山先生都有解釋,雖然有的解釋還可以再研究,但皆言之有據,成一家之言。平山先生對這些例外所做的詳細解釋,這里恕不贅引。據此,我們完全贊同藤堂明保、平山久雄等教授所確認的中古脣音重紐在《中原音韻》齊微韻中尚有區別的觀點。

我們所以這樣不避繁冗地把《中原音韻》齊微韻的中古脣音重紐字全部引錄列出,目的有兩點:(1)本文也想用這種格式把中古脣音重紐在《音圖》齊部和質部的注音字例全部羅列出來;(2)想具體比較一下《音圖》和《中原》二書有關例字的共同點和不同點。在此基礎上,再進而探討一下與脣音重紐有關的幾個音韻問題。

下面我們就考察一下中古脣音重紐在《音圖》齊部和質部的演變情況。

與整理《中原音韻》脣音重紐的格式一樣,我們也把《音圖》的舒聲齊部和入聲質部的脣音重紐字分列成兩張表。但由於處理的資料不一樣,所以《音圖》的字表在具體制作上與《中原音韻》有下列幾點不同:

1. 標音形式基本上不是採用今人的擬音,而是根據《蒙古字韻》的八思巴字標音(據照那斯圖和楊耐思編著的《蒙古字韻校本》,民族出版社,1987)。具體說來,本表韻母部分亦分左右兩欄,左欄是《蒙古字韻》寫作 –i 韻母的字,它們恰與重四(A 類)相當,右欄是《蒙古字韻》寫作 –ue①韻母的字,它們恰與重三(B 類)相當。但表頭左欄的聲母部份標寫則用的不是《蒙古字韻》標音,因為《蒙古字韻》的雙脣塞音是分 b、p'、p 三套,全濁聲母仍然自成一套;而《韻圖》的雙脣塞音只有二套,全濁聲母業已清化,我們擬作 *p– 和 p'–。因聲母一欄內是我們的擬構音,所以在音標的左上角用星號標示。但表內對每個例字都錄出《蒙古字韻》的原標寫符號。所以從中不難看出本文擬音與八思巴字聲母的對應關係。

2. 表內同聲韻調的字按《音圖》的順序號排列,每條例字依次是:編號、被注音

---

① 按:八思巴字的 –ue 韻母,《蒙古字韻》原作 –uɥ,邵榮芬、鄭張尚芳二先生均認為 –uɥ 是訛體。見邵榮芬(1982:78),今據改,下同。

字、注音字(放括號內)、《蒙古字韻》注音(放在[ ]號內,被注音字與注音字同音的寫一個注音,不同者則分寫,中間用斜綫隔開。《蒙古字韻》所無者則標音空缺),中古音韻地位標注(二字同音者則只寫一個音韻地位,二字不同音者則分寫二個音韻地位,中間用黑點隔開,寫法完全同於上文的《中原音韻》表例),共五項。《音圖》例字為《蒙古字韻》所無者,則在該字下加一橫綫表示。

3.對例外字用漢字標明"(例外)",放在括號內,不用符號表示,並斟酌情況確定放在 –i 韻母欄還是 –ue 韻母欄。

4.本表字例的收錄是採用所謂大重紐觀,所以入聲質部表內收有昔韻和職韻的唇音字。

5.因受《音圖》的直音注音形式所限,表中個別注音字或被注音字不是重紐字。

下面,我們就把《音圖》齊部和質部中涉及到唇音重紐的全部字例分成兩個表列錄如下,然後再加以討論。

《爾雅音圖》舒聲齊部唇音字表(29 例)

声调	声母	韻母 –i	–ue
陰平	″p-		(1548)㠯(悲)[bue]支平幫B·脂平幫B (533)龗(卑)[/bi]支平幫B·A(例外)
陰平	″p'-		(710)坯(丕)[p'ue]脂平滂B (686)陂(披)[bue/p'ue]支平幫B·支平滂B (1473)被(披)[p'ue]支平滂B
陽平	″p'-	(138)埤(脾)[pi]支平並A (1362)瘅(脾)[pi]支平並A (137)肶(毘)[pi]脂平並A (878)蚍(毘)[pi]脂平並A (1146)蜱(毘)[pi]支平並A·脂平並A (1457)貔(毘)[pi]脂平並A	(1228)魾(皮)[pue]脂平並B·支平並B (1261)鼙(皮)[/pue]支平並A·B(例外) (1540)豾(皮)[pue]脂平並B·支平並B
陽平	″m-		(709)瀓(湄)[mue]脂平明B (761)湄(眉)[mue]脂平明B (939)攗(眉)[mue]脂平明B (985)麋(眉)[mue]脂平明B
上聲	″p-	(393)妣(比)[bi]脂上幫A	(1042)柀(彼)[bue]支上幫B
上聲	″m-	(218)敉(米)[mi]支上明A·齊上明(960) 蘼(尾)[/wi]支上明A·微上明	(923)靡(美)[mue]支上明B·脂上明B

声调 \ 声母 \ 韻母		-i	-ue
去聲	*p-	（276）獘(弊)[pi]祭並A （800）薜(避)[pi]齊上並·支去並A	（182）惫(祕)[bue]脂去幫B （244）紕(備)[/pue]脂去並A·B(例外)
〃	p'-	（38）媲(譬)[p']齊去滂·支去滂A	
〃	m-	（1143）蝥(謎)[mi]支上明A·齊去明	

《爾雅音圖》入聲質韻唇音字表(11例)

声调 \ 声母 \ 韻母		-i	-ue
入聲	〃 p-	（3）（23）辟(畢)[bi]昔幫·質幫A （487）繋(璧)[bi]錫幫·昔幫 （1252）鉍(必)[bi]質幫A （1357）滭(必)[bi]緝並B·質幫A(例外)	（305）堛(逼)[p'ue/bue]職幫
	〃 p'-	（385）擗(劈)[pi/p'i]昔並·錫滂 （445）甓(擗)[pi]錫並·昔並 （1337）鷝(匹)[p'i]質滂	
	〃 m-	（43）謐(密)[mi/mue]質明A·B(例外)（43） 蠠(蜜)[mi]質明A	（914）蓾(密)[mue]質明B

　　上面的《音圖》例字表中有22個被注音字《蒙古字韻》未收，我們是根據它們與注音字同音關係而用同一個八思巴字給其注音的；另外一種情況是某字《蒙古字韻》雖有，但非《音圖》所用字的音韻地位，今亦不取。對後一種情況現舉一例說明如下：

　　（244）紕(備)[/pue]脂去並A·B

　　按：《音圖》"紕"字此處應取《集韻》的"毗至切"一讀，方與注音字"備"音韻密合，說詳前文。但此讀《蒙古字韻》未收，却收有一平聲讀法，注音作[p'i]，此音實來自《廣韻》的"匹夷切"，即脂韻平聲滂母字，與《音圖》此處"紕"字的音義無關，故此八思巴字音今不取。

　　根據以上兩張表所提供的例字，下面我們準備討論這樣五個問題：

(一)《音圖》齊部和質部的唇音是否尚保存着中古音的重紐區別

　　此點運用統計方法不難看出。上表舒聲齊部共有29例，涉及到53個重紐字（另有5個非重紐字），基本上是重三注重三，重四注重四，十分明顯，例外只有3例，涉及到3個字，例外只佔有總數的6％。入聲質部有11例，共22字，其中19個是重紐字，3個是非重紐字，例外有2例，涉及到2個重紐字，例外字佔總數的

11%。如果舒入聲合起來考察,全部共 40 例,例外是 5 例,重紐字總數是 72 字,例外是 5 字,例外字只占總數的 7%。根據這個統計,我們可以確定:中古唇音重紐在《音圖》的齊部和質部尚有相當完整的保存,而且比《中原音韻》更為完整,例外更少。

毋庸諱言,《音圖》齊質二部的唇音重紐字例在數量上畢竟還是少了一些,這就不可能不影響到統計比例的可靠性。如果例字更多一些,這裡所統計的比例數可能還會有所改變。不過,就此已不難看出《音圖》這兩部的唇音重紐仍有明顯的區別,而且從另一個角度來說,《音圖》的例外少於《中原》,這種情況正反映了重紐現象的消變過程,因為《音圖》的時代比《中原音韻》要早數百年,當然例外更少才是合理的現象。現把二書的重紐情況對比列表如下,以供參考:

《音圖》齊質部與《中原音韻》齊微韻唇音重紐字比較表

	唇音重紐總字數	例外字數及比例	非例外字及比例
《中原音韻》（齊微韻）	71	14(20%)	57(80%)
《爾雅音圖》（齊、質部）	72	5(7%)	67(93%)

(二)《音圖》與《中原音韻》的具體異同比較

《音圖》齊質二部的唇音和《中原》的齊微韻一樣仍基本上保存著中古的重紐區別,上文業已確認,但這是從總的方面來說的。這裏有必要具體比較一下它們之間的異同。在具體比較之前,我們先要說明一點,就是《音圖》的時代和注音時代和注音形式雖與《中原音韻》不同,但二者之間却存在著可以比較的共同基礎。首先,二書的韻部性質完全一樣,只不過《音圖》有入聲,在《中原》表面上無入聲而已。其次,在表現音韻關係方面,《中原》是以不在一個同音字組表示重紐對立,《音圖》則是通過與哪些字同音互注和不與哪些字同音互注來表示這種對立,但我們認為,二者在表示重紐語言區別的性質上,實在是異曲同工,殊途同歸,並無二致。因為我們歸納出的《音圖》韻部最終也是以這種互注還是不互注所反映的音韻關係來分別類聚成各個同音字組,並以此來確定它們之間的關係是對立還是不對立,所以二書的不同只是表面上的不同而已。

《音圖》的 72 個重紐字與《中原》的 71 個重紐字相比較,完全相同的有下列 22 個字:悲、卑、丕、披、脾、毗(《中原》作毗)、皮、眉、湄、妣、比、彼、美、備、獒、弊、必、畢、璧、匹、蜜、密。也就是說有近三分之一的字二書相同。特別值得注意的是這些字都是常用字,它們都同見於二書,而且它們的重紐歸類(A 類或是 B 類,即重三或是重四)基本上也完全一樣,我們認為這種情況絕非偶然,它說明二書的重紐區別當有着共同的語言依據,共同的淵源,二者之間一定有着相承的關係。僅此一點已足以確定二書的唇音重紐在本質上是相同的。除了有這些常用字二書同見並且重紐歸類也基本相同外,我們還發現二書的某些例外也是相同的,如二書均以"卑"字為例外,亦非偶然。

其餘的字二書不同,也就是說二書各有約 50 字不互見,其實這對確定二書的唇音重紐性質並無妨礙。這種情況大概是因為《音圖》的字(主要是被注音字)只限於《爾雅》中的僻字,而《中原音韻》的字又僅限於元曲用字,所以這種用字不同是完全可以理解的。可以注意的是這些二書不互見字的重紐歸類,也基本上各自符合規律,這更說明唇音重紐的對立絕非偶然。以上是二書最主要也是最本質的相同點。二書的不同點應僅限於二書相同字例中的不同處理,這種情況共有 5 例,現分別說明如下:

① (276)嫳(弊)[pi]祭去並 A

《音圖》此例中二字的歸屬和《蒙古音韻》標音全都合乎音變規律。因為蟹攝祭韻唇音字只有重四(A 類),而無重三(B 類)。但《中原音韻》齊微韻去聲下列諸字平山久雄教授的引例是:

pi:蔽嫳　pei:弊幣(引者按"弊"字趙蔭棠《中原音韻研究》170 頁漏收)

在《音圖》中"嫳弊"同音,而在《中原》中它們則分屬兩個同音字組,"弊幣"韻母作 –ei,當屬例外(平山先生對這種例外有解釋)。這幾個字在《廣韻》中韻母完全相同,《蒙古字韻》"蔽弊嫳幣"諸字的韻母也是 –i,與《廣韻》相合,亦與《中原》不同。看來《音圖》在此點上同於《廣韻》、《蒙古字韻》而不同於《中原音韻》,表現了較早的讀法。

② (43)謐(密)[mi/mue]質明 A·B(例外)

　　(914)蕀(密)[mue] 質明 B

　　(63)蟁(密)[mi] 質明 A

《音圖》以上三例說明的是一個現象。在《中原音韻》中"蜜"字韻母是 –i,屬 A 類,"密"字韻母是 –ei,屬 B 類,二字區別劃然。《音圖》中"蜜"字的讀音符合規律,沒有問題。但"密"字則二見,一與 B 類字注,一與 A 類字注,與 A 類字相注的"(43)謐(密)"一例當屬例外,這是與《中原》不同之處。也可能"密"字的讀音在《音圖》中已經開始發生變化,出現 A 類異讀。

③ (1252)鮅(必)[bi]質幫 A

　　(1357)鵖(必)[bi]緝並 B·質幫 A

《音圖》此二例說明"必"字的表現似與《中原音韻》有所不同。"必"在中古音中屬 A 類,《中原》韻母是 –i,與"筆"(B 類,韻母是 –ei)不同,完全合乎重紐演變規律。但《音圖》的"必"字除注 A 類字外,還給 B 類字注音。我認為這並不是說"必"字讀音有變化,而極可能是表明原屬 B 類字的"鵖"字此時已讀同 A 類,即其重紐介音業已消失。

④(1228)鮍(皮)[pue]脂平滂B・支平並B
　(1261)盧(皮)[/pue]支平並A・B(例外)
　(1540)駊(皮)[pue]脂平滂B・支平並B

此例的情況與上二例相同。"皮"字本屬 B 類,《中原音韻》中韻母亦作 -ei。但此處的 3 例中,"皮"字 2 次與 B 類字相注,合乎規律;1 次與 A 類字相注,視為例外。目前似難斷定"皮"字已從 B 類轉向 A 類,但在當時是否正處於演變當中,而具有 A、B 二讀,尚需進一步研究。

⑤(244)紕(備)[/pue]脂去並A・B(例外)

按:"備"字屬 B 類,《中原音韻》韻母是 -ei。《音圖》此例却給 A 類字的"紕(《集韻》毗至切)字注音,當屬例外。至少從"備"字的今音來看韻母仍是 -ei,所以不像是"備"字音讀發生變化。這可能屬於平山教授所說去聲字所特有的變化。

以上五例是《音圖》與《中原》的主要不同之處。雖然總的來說《音圖》和《中原》的唇音重紐區別均劃然不紊,但在某些具體重紐字的演變上,《音圖》也出現了比《中原音韻》更為晚近的例外變化。

(三) 重紐例的重要音韻學意義

這里我們想談兩點:首先《音圖》只在齊、質二部的唇音聲母後保持中古的重紐對立,而在喉牙音聲母後面則無此區別,似乎說明重紐在不同的聲母之後演變的速率是不一樣的,在喉牙音後變化得快,在唇音後變化得慢。另外,下面一例似乎很值得注意:

⑥(305)堛(逼)[pʻue/bue]職幫

《廣韻》"堛逼"二字聲母不同。"堛"字芳逼切,為職韻滂母字;逼字彼則切,為職韻幫母字。這里所列出的《蒙古字韻》"堛逼"二字標音不同,顯然來自《廣韻》。但《集韻》"堛"字另有筆力切一讀,與"逼"同音,當為《音圖》所本,此讀《蒙古字韻》未收,但韻母相同,故仍可供參考,此例的重要性主要在於其韻母讀音。根據本文的大重紐觀,蒸韻系的情況與幽韻系相似,唇音當是重三,喉牙音則多數是重四,但也混有少數重三字。本例是唇音,當屬重三,按照本文的標音體系,其中古音當是 pɤɪ̆ək。從前文例字表中可以看出,《蒙古字韻》用 -i 標唇音重四(A 類),-ue 標重三(B類)。此例的八思巴字標音恰與鄭張先生的推測相合,故這種例子對於我們研究大重紐觀確實很有啓發意義。

(四)《音圖》齊質二部唇音重紐區別的語音性質如何

從上文的字表中,我們用《蒙古字韻》來標寫《音圖》齊質二部的唇音重紐字。可以看出重四字韻母《蒙古字韻》用 -i 標寫,重三字韻母《蒙古字韻》用 -ue 標寫,井然不紊。也就是說,在確定了《音圖》這兩套音類有區別之後,再與《蒙古字韻》的標音進行對照,其語音性質也就豁然開朗了。這里不免要產生一個疑問,即重三脣音字後的 –u– 介音是從何而來?換言之,重三字的脣音爲什麽具有這種合口性?我們知道,脣音本不分開合,但在近代漢語(包括《蒙古字韻》)的 –i 韻母中,脣音後出現了一個合口成份 –u–,成為一種脣音的開合口對立(如:pi:pui/puei),這種對立除了部份一等字(如"杯"字)外,三等字主要是重紐造成的。根據本文所採用的重三有 –r– 介音之說,則這個 –u– 就很容易解釋了。重三的 –r– 介音,後來變作 –ɣ– 或 –ɯ (ɰ),到了《蒙古字韻》時代,–ɣ– 或 – ɯ(ɰ)– 介音在脣音聲母後進一步發展就是 –u–,也就是說,這個 –u– 其實是 –ɯ– 介音的一種反映形式(整張尚芳 1995)。

我們認爲,在《音圖》的齊質二部脣音重紐字中,脣音重三的韻母形式當與《蒙古字韻》一樣,也具有 –u– 介音(或者更早的 ɯ 介音)。

(五)《音圖》齊質二部脣音重紐對立的發現在音韻學史上的意義

《音圖》齊質二部脣音重紐對立的發現表明:在沒有徹底把《音圖》本身的韻部系統搞出來之前,也就是說在未確定《音圖》的齊部和質部獨立之前,純然仍以中古音的重紐韻系為單位來觀察是不易看出這種脣音區別的。這個道理看來也很顯然,因為不管是《音圖》還是《中原音韻》,此時其重紐對立的韻母單位已不再是以原中古音的韻系為單位,即此時不但止攝諸韻已經合流,而且止攝和蟹攝的細音齊祭等韻也已經合流,所以在此二書中脣音重三和重四的區別,韻母方面顯然是以合流以後的新韻母形式出現的,此點無煩贅論。這充分說明了對《音圖》本身(或其他被研究資料)的韻部系統必須先確立,然後才便於進一步觀察。此其一。另外,我們認為整理近代漢語音韻史料(如《音圖》),有必要聯繫與其時代前後有關的其他音韻資料加以綜合考察,才可最終確立這種重紐現象的可信度。此其二。

五、《音圖》重紐韻演變討論

上文我們從各個角度對《音圖》重紐韻和準重紐韻的相混情況做了描寫與統計。這里對其音變特點做一討論。

(一)重紐演變的方向

根據中古等韻圖的排列情況和早期有關音韻資料所反映的重紐音變情況的啟示,我們需主要考察一下純四等韻和一般三等韻與重四和重三的關係如何。因為等韻圖將重三排在三等,重四排在四等,那麼重三與三等韻、重四與四等韻或當有相當密切的關係。而早期音韻資料如慧琳《一切經音義》的反切的重紐音變情況與此恰又若合符節。如慧琳反切中仙韻牙喉音的重四類字併入先韻,重三類字併入元韻;真韻重三類字併入文、欣二韻,而重四類字仍在本韻(董同龢,1948)。那麼《音圖》所反映的中古重紐音變情況又是如何呢？在上文所列諸表的基礎上，我們又列出了如下一表，此表旨在考察《音圖》重紐音變的方向。此表的相混韻部分按等列分成四欄，為了便於觀察重紐音變方向，把純四放在第一欄，三等次之，最後一欄是一、二等。所以把純四排在最前，還特別考慮到了中古音研究中所謂純四等韻與三四等合韻的配合問題（葛毅卿 1962）。

除了個別舒入聲相混例外，《音圖》重紐韻的演變方向可見上面的兩張表。由於中古音的韻尾系統在《音圖》中已發生了很大的變化，(-m>-n, -p、-t、k>-ʔ)，從而導致了某些韻攝及其所屬的重紐韻發生了混併現象，特別是入聲的情況尤甚。但其演變的方向，在舒聲韻卻仍可大致看出一些特點來(上表為了簡化起見，對重紐韻

《音圖》重紐韻音變方向考察表（舒聲部分）

相混韻＼重紐韻	(1)止・蟹攝 支脂祭	(2)(2)臻・深攝 眞諄侵	(3)山・咸攝 仙鹽	(4)效攝 宵	(5)梗・曾攝 庚₃清蒸	(6)流攝 幽	總計
純四	齊		先(添)	蕭	青		4
一般三等	之微	欣文	元嚴			尤	7
二等			咸	肴			2
一等	灰		覃				2

《音圖》重紐韻音變方向考察表（入聲部分）

相混韻＼重紐韻	臻入⁽¹⁾梗入・曾入深入 質・陌昔 職・緝	山入⁽²⁾咸入 薛・葉	總計
純四	錫	屑帖	3
一般三等	迄	業	2

不再分重三、重四，但分述時仍分別統計)。大致説來，重紐的演變可有下列兩種情況:(1)直接合流;(2)間接合流。具體又因攝而異，因為從上面的兩個表中可以看出，有的重紐韻組缺少與之相混的純四等韻，有的重紐韻組缺少與之相混的一般三等韻，在這種情況下各重紐韻不可能仍然遵循重三與一般三等韻相合流，重四與純四等韻相合流的一般規律走，即不能走這種間接合流的道路，而只能走直接合流的

道路。當然,從上表中和前面的統計表中還可以看出,即使某些重紐韻組雖既有相混的純四等韻,又有相混的一般三等韻,也不一定完全遵循上述的間接合流的道路走,這當是重紐韻本身起了變化所致,此點還待進一步研究。下面我們把各重紐韻組的具體合流情況分述如下:

(1)支脂祭(53例)。《音圖》蟹攝的祭齊灰三韻与止攝相混。原与本組祭韻(一說支韻)相配的純四等韻是齊韻,与本組相混的一般三等韻是之微二韻系。本組共53例,除去支三,脂三与一等灰韻相混的2例,脂、祭各与入聲相混的1例不計外,本組相混共49例。其中重三与一般三等(含重三,下同)相混28例,重四与純四等(含重四,下同)相混5例,二者共33例,佔總數的67%,重三与重四相混共16例,佔總數的33%。其中重三与重四相混例佔到三分之一,比重較大。不過,本組韻系在《音圖》中為齊部,其唇音部份尚有重紐區別。說詳上文。

(2)眞(諄)侵[舒聲](11例)。《音圖》臻深二攝舒聲相混。本組無相配的純四等韻,故無重四与四等相混例,与本組相混的只是一般三等韻欣文二韻系。全部共11例。其中重三与三等相混6例,佔55%,重三/重四相混5例,佔45%。本組重三、重四似已基本無別。不過,本組中的"(46)䫟(允)、(47)殞(允)、(1031)莙(允)"三例均是重三与余母互注例,暫按三、四等相混論,所以相混比例較大。

(3)仙鹽[舒聲](17例)。《音圖》山咸二攝舒聲相混。与本組相配的純四等韻是先和添二韻系,但《音圖》無添韻舒聲相混例(故上面的舒聲表中把添韻用括號括起來)。与本組相混的一般三等韻是元嚴二韻系。除鹽韻重三与二等咸韻和鹽韻余母与一等覃韻相混的2例不計外,本組全部共15例。其中重三与三等相混6例,重四与四等相混5例,二者共11例,佔全部的73%,重三與重四相混共4例,佔27%。

(4)宵(11例)。屬效攝。与本組相配的純四等韻是蕭韻系,而缺少可以相混的一般三等韻。除重三与二等肴韻相混的1例不計外,共10例。重四与四等相混2例,佔總數的20%,重三与重四相混8例,佔80%。可以說本組重三与重四已完全相混。

(5)庚₃清蒸(舒聲)(6例)。《音圖》的梗曾二攝舒聲韻相混。原与本組的清韻相配的純四等韻是青韻系。但缺乏与本組相混的一般三等韻。本組共7例,準重三與三等相混1例,準重四与四等相混2例,二者共3例,佔總數的50%,準重三/重四的相混3例,佔50%。

(6)幽(3例)。屬流攝。本組本無相配的純四等韻,与本組幽韻相混的一般三等韻是尤韻系。本組共3例,均是与尤韻相混例,且其中一与尤韻來母混,一与余母混。由於例證太少,其演變性質尚待進一步研究。

(7)質陌昔職緝(14例)。中古的臻入,梗入,曾入,深入在《音圖》中已混而不分,因此也導致這五個重紐和準重紐入聲韻亦混而不分。說明入聲的-p、-t、-k尾已變成為-ʔ。本組韻系的開口三、四等在音圖中爲質部,其唇音部分尚有重紐區別,詳見上文第四節。与本組相混的純四等入聲韻是錫韻,与本組相混的一般三等入聲韻是迄韻。本組共14例(除職韻与去聲志韻相混的1例不計外),重三与三等相混 1 例,重四與四等相混 7 例,二者共 8 例,佔總數 57%;重三與重四相混 5 例,佔總數的 36%。另有重三與二等相混 1 例,佔 7%。

(8)薛葉(9 例)。《音圖》的山入、咸入已混而不分。與本組相混的純四等入聲韻是屑帖二韻,相混的一般三等入聲韻是業韻。本組共 9 例,重三與三等相混 1 例,重四與四等相混 2 例,二者共 3 例,佔總數 33%,重三與重四相混 6 例,佔總數的 67%。本組重紐可以說已完全消失。

以上我們分成八組(舒聲 6 組,入聲 2 組)描述了全部重紐韻和準重紐韻在《音圖》中與純四等韻和一般三等韻的相混情況,以探討其演變方向。我們總的印象是:大致符合重三多與一般三等韻合流,重四多與純四等韻合流。但各組重紐韻的發展並不平衡,不宜一概而論。而且至少在《音圖》中,重三与重四的直接合併,亦佔有相當的比例。

(二)《音圖》重紐演變的性質

如前所述,我們認為重三與準重三有 ɣ 介音,而重四與準重四則無此介音,而此 ɣ 介音又是從上古的 r 介音演化而來。所以觀察重紐韻的演變,其實質就是觀察介音 ɣ 的演變。我們認為在《音圖》中,不管是重三與一般三等先合流,還是重三與重四直接合流,似乎都已表明 ɣ 介音已經消失。《音圖》中還令人感興趣地出現了幾個重三與二等韻(肴、咸)的相混例,這不但說明了此時這幾個二等韻的 ɣ 介音已轉化為前腭介音 i(Walter Simon,1956),而且也進一步說明了重三的 ɣ 介音業已消失(參見馮蒸,1996)。

(三)《音圖》重紐演變的特點

一般三等韻和純四等韻介入重紐演變的情況值得注意。關於純四等韻,《廣韻》共有"齊先蕭青添"五個韻系,但《音圖》中無添韻系舒聲例。關於一般三等韻,通常認為《廣韻》共有 29 個三等韻(包括二、三等合韻的庚麻和一、三等合韻的東戈),除去 13 個重紐韻和準重紐韻外,剩下的 16 個一般三等韻中,有"東₃、鍾魚虞廢臻陽凡戈"9 個韻系在《音圖》中沒有介入到重紐演變中去外,其餘 7 個一般三等韻(之微欣文元嚴尤)都與重紐韻的演變有一定關連。

參考文獻:

董同龢:《廣韻重紐試釋》,《史語所集刊》第 13 本,1948 年,第 1—20 頁。

馮蒸(1991a):《〈爾雅音圖〉音注所反映的宋初零聲母》,《漢字文化》1991 年第 1 期,第 29—36 頁。

馮蒸(1991b):《〈爾雅音圖〉音注所反映的宋代濁音清化》,《語文研究》1991 年第 2 期,第 21—29 頁。

馮蒸(1991c):《〈爾雅音圖〉音注所反映的宋代 k-/x- 相混》,《語言研究》(增刊)

1991年,第78頁轉103頁。

馮蒸(1992):《〈爾雅音圖〉音注所反映的宋初四項韻母音變》,《宋元明漢語研究》,山東教育出版社,1992年,第510—578頁。

馮蒸(1993a):《〈爾雅音圖〉音注所反映的宋初濁上變去》,《大陸雜志》第87卷第2期,第21—25頁。

馮蒸(1993b):《"〈爾雅音圖〉音注所反映的宋代濁音清化"補遺》,《語文研究》1993年第4期,封三。

馮蒸(1994a):《〈爾雅音圖〉音注所反映的宋初非敷奉三母合流:《兼論〈音圖〉微母的演化》,《語言研究》(增刊)1994年,第53—62頁。

馮蒸(1994b):《〈爾雅音圖〉音注所反映的宋代知莊章三組聲母演變》,《漢字文化》1994年第3期,第24—32頁轉23頁。

馮蒸(1995):《〈爾雅音圖〉音注所反映的宋初三、四等韻合流》,《漢字文化》1995年第4期,第48—62頁。

馮蒸(1996):《〈爾雅音圖〉音注所反映的五代宋初等位演變:兼論〈音圖〉江/宕,梗/曾兩組韻攝的合流問題》,《語言研究》1996年(增刊),第195—212頁。

葛毅卿:《評高本漢所擬齊先蕭青添及支仙宵清鹽的韻值體系》,《南師學報》1962年第1期,第81—90頁轉23頁。

平山久雄:《中古唇音重紐在〈中原音韻〉齊微韻里的反映》,《〈中原音韻〉新論》,北京大學出版社,1991年,第28—34頁。

李方桂:《上古音研究》,商務印書館,1980年。

李榮:《音韻存稿》,商務印書館,1982年。

邵榮芬:《切韻研究》,中國社會科學出版社,1982年。

俞敏:《等韻溯源》,《音韻學研究》第一輯,中華書局,1984年,第402—413頁。

鄭張尚芳:《上古音構擬小議》,《語言學論叢》第14輯,商務印書館,1984年第36—49頁。

鄭張尚芳:《上古韻母系統和四等、介音、聲調的發源問題》,《溫州師院學報》1987年第4期,第67—90頁。

鄭張尚芳:《方言中的舒聲促化現象說略》,《語文研究》1990年第2期,第6—9頁。

鄭張尚芳:《切韻四等韻的來源與方言變化模式》,中國音韻學研究會第7次討論會論文,1992年。

周法高:《隨唐五代宋初重紐反切研究》,《第二屆國際漢學會議論文集》(語言文字組),1989年,上冊第85—110頁。

Walter Simon: Tibetan so and Chinese yá 'tooth', BSOAS 18:3,1956年。漢譯文見《語言學論叢》(第一輯),新知識出版社,1957年,第211—213頁。

花登正宏:《古今韻會舉要考——古今韻會舉要に於ける三等重紐諸韻》,《日本中國學會報》,1977年第29期。

本文載申小龍主編:《走向新世紀的語言學》,台北萬卷樓圖書有限公司,1998年,第394—489頁。

三、聲調篇

《爾雅音圖》音注所反映的宋初濁上變去

　　濁上變去是中古以來發生的一項重要的聲調演變。它指的是中古時期的全濁聲母(濁塞音、濁塞擦音和濁擦音)上聲字在許多漢語方言尤其是官話區方言中變為去聲。如下列諸字原均是中古濁聲母上聲字，現在在北京話中均讀去聲：部(並母)、坐(從母)、序(邪母)、士(崇母)、甚(船母)、社(禪母)、巨(群母)、禍(匣母)、杜(定母)、憤(奉母)、柱(澄母)、俟(俟母)等。全濁上聲變去聲，大約在唐代後期(九、十世紀)就已經開始了，但明確把全濁上聲字和有關的去聲字看成是同音字而編排在一起的最早文獻，學術界公認為是元代的《中原音韻》(1324)一書。

　　本文擬研究一下比《中原音韻》早近四個世紀的、反映宋代官話音的《爾雅音圖》音注的"濁上變去"情況。

　　關於《爾雅音圖》的音注，筆者已經先後撰寫了五篇論文，[①]其中四篇討論的是音注的聲母，一篇討論的是音注的韻母，[②]還沒有機會討論到音注的聲調。本文就想談談這方面的問題，但這裡並不是對《音圖》的音注聲調的全面討論，只是想探討一下《音圖》音注在聲調上的一個顯著現象——濁上變去。

　　關於《爾雅音圖》音注的時代和作者，我們在上述幾篇論文中均已作了詳略不同的說明，這裡不再贅述。簡言之，我們認為《爾雅音圖》的音注的作者是後屬(934—965)的河中龍門人毋昭裔。也就是說這份音注資料反映的是宋初的北方官話音。

　　關於中古音的全濁聲母，根據邵榮芬先生《切韻研究》的擬測，《切韻》音系的全

[①] 這五篇論文分別是：1.《〈爾雅音圖〉音注所反映的宋初零聲母》，《漢字文化》1991年第1期，第219—316頁；2.《〈爾雅音圖〉音注所反映的宋代濁音清化》，《語言研究》1991年第2期，第211—219頁；3.《〈爾雅音圖〉音注所反映的宋代K-/X-相混》，《語言研究》1991年增刊，第713頁轉107頁；4.《〈爾雅音圖〉音注所反映的宋初四項韻母音變》，《宋元明漢語研究》(程湘清主編)，山東教育出版社，1992年，第510—578頁；5.〈爾雅音圖〉音注所反映的宋代知、莊、章組合流》(待刊)。

[②] 我們在《〈爾雅音圖〉音注所反映的宋初四項韻母音變》一文中有一節討論入聲韻母的消變，但我們知道傳統的"入聲"實包括有兩個概念，一個是韻母概念，一個是聲調概念，它們的演變性質全然不同，對於入聲的韻母概念來說，是指-p、-t、-k尾變成喉塞音-ʔ尾或進一步入聲舒化；對於聲調概念來說則是入派三聲。該文討論的《音圖》音注入聲乃是韻母概念，不是聲調問題。

濁聲母有十一個,即:並【b】、定【d】、澄【ɖ】、從【dz】、崇【dʒ】、禪【dʑ】、群【g】、邪【z】、俟【ʒ】、船【ʑ】、匣【ɣ】。這是中古音早期的全濁聲母情況,由於《音圖》音注的時代已處於 10 世紀,是為中古音晚期,此時輕唇音聲母"非敷奉微"業已產生,故此時的全濁聲母應增加一個奉【v】母,即為 12 個。但《音圖》音注中此項聲調演變涉及到的全濁聲母並沒有 12 個,而僅有 6 個聲母的 18 個字,具體如下:

1. 並母上聲字 1 字:蓽
2. 奉母上聲 1 字:膹
3. 定母上聲字 3 字:禮、庀、潭;
4. 群母上聲 3 字:薗、菌、倨;
5. 邪母上聲 1 字:象;
6. 禪母上聲 1 字:受;
7. 匣母上聲 8 字:旱、珦、餃、瓠、薠、菡、瘓、鼼。

這 18 個字在《音圖》的音注中均已變為去聲。下面我們將按照聲母的發音部位把以上各例字逐一列舉說明。例字列舉的格式一如拙作此前諸文,即先列出《音圖》一書的音注順序編號,再列出被注音字,最後是注音字放在括號內。然後對音注中的每一對例字(注音字和被注音字)都根據郭錫良先生的《漢字古音手冊》(1986)一書分別標注出它們的中古音音韻地位,即每字的《广韻》反切。王力先生的中古擬音,和其所屬的攝、開合口、等、聲調、韻部、聲母。《廣韻》失收或音義與音注情況未合者改用《集韻》的反切。

下面我們就按照聲母發音部位的唇、舌、牙、齒、喉的次序把全部例字列舉如下:

1. 唇音

並母

(800)蓽(避)

蓽:蒲禮切	biei	蟹開四上薺並
蓽:必至切	pi(重四)	止開三去至幫
避:田比义切	bǐe(重四)	止開三去至並

奉母

(918)膹【賁】(忿)

膹:父吻切	bǐuən	臻合三上吻奉(《集韻》)
(忿)賁:匹向切	pʰǐuən	臻合三去向滂

2. 舌音

定母

(380)禮(但)

襢:徒旱切　　　　　dɑn　　　　　山開一上旱定
但:徒案切　　　　　dɑn　　　　　山開一去翰定

(615)庉 (頓)
庉:徒損切　　　　　duən　　　　臻合一上混定
頓:都困切　　　　　duən　　　　臻合一去慁定

(746)潭 (但)
潭:徒旱切　　　　　dɑn　　　　　山開一上旱定
但:徒案切　　　　　dɑn　　　　　山開一去翰定

3. 牙音

群母

(903)蔨(眷)
蔨:渠篆切　　　　　gǐwɛn　　　　山合三上獼群
眷:居倦切　　　　　kǐwɛn　　　　山合三去線見

(976)菌(郡)
菌:渠殞切　　　　　gǐwěn　　　　臻合三上軫群
郡:渠運切　　　　　gǐuɛn　　　　臻合三去問群

(1504)倨(巨)
倨:居御切　　　　　kǐo　　　　　遇合三去御見
巨:其呂切　　　　　gǐo　　　　　遇合三上語群

4. 齒音

邪母

(75)(611)相(象)
相:息亮切　　　　　sǐaŋ　　　　宕開三去漾心
象:餘雨切　　　　　zǐaŋ　　　　宕開三上養邪

禪母

(656)狩(受)
狩:舒救切　　　　　ɕǐəu　　　　流開三去宥書
受:殖酉切　　　　　ʑǐəu　　　　流開三上有禪

5. 喉音

匣母

(129)熯(旱)
熯:呼旴切　　　　　xɑn　　　　　山開一去翰曉
旱:胡可切　　　　　ɣɑn　　　　　山開一上旱匣

(360)琄(楦)
琄:胡畎切　　　ɣiwen　　　　山合四上銑匣
楦:虛願切　　　xǐwen　　　　山合三去願曉

(508)餩(亥)
餩:呼艾切　　　xɑi　　　　　蟹開一去泰曉
亥:胡改切　　　ɣɒ　　　　　蟹開一上海匣

(806)瓠(戶)
瓠:胡誤切　　　ɣu　　　　　遇合一去暮匣
戶:侯苦切　　　ɣu　　　　　遇合一上姥匣

(829)蔨(潰)
蔨:胡罪切　　　ɣuɒi　　　　蟹合一上賄匣
潰:胡對切　　　ɣuɒi　　　　蟹合一去隊匣

(913)菡(漢)
菡:胡感切　　　ɣɒm　　　　咸開一上感匣
漢:呼旰切　　　xɑn　　　　 山開一去泰曉

(1099)瘣(會)
瘣:胡罪切　　　ɣuɒi　　　　蟹合一上賄匣
會:黃外切　　　ɣuɑi　　　　蟹合一去泰匣

(1486)鼸(現)
鼸:胡忝切　　　ɣiem　　　　咸開四上忝匣
現:胡甸切　　　ɣien　　　　山開四去霰匣

以上例字數量雖然不是很多,但確是十分珍貴的。這些例字中有的注音字是全濁上聲,有的被注音字是全濁上聲,而其另一注音關係均是去聲。由於這些注音字與被注音字是同音關係,而且分布於不同的全濁聲母,所以是確鑿無疑的濁上變去。其具體數量分布如下表:

注音關係＼聲調類別	注音字	被注音字
全濁上聲	5	13
去聲	13	5

廣而言之,可以說這一聲調演化現象在宋初的該官話方言中業已完成。此外,我們知道,不但此書如此,就是在宋代的其他一些音注資料如《九經直音》中亦有同樣現象,① 由此看來,我們說濁上變去這項聲調演變在宋代的多數官話方言中已經

---

① 參竺家寧:《九經直音聲調研究》,台灣《淡江學報》1980年第17期,第1—19頁。

完成大概離事實不遠。

但是,《音圖》音注中並不是所有的全濁上聲字均變為去聲,也有若干例外,如分布於下列三種聲母中的五個例子即是:

1. 定母

(328)怟(底)

| 怟:徒禮切 | diei | 蟹開四上薺定(《集韻》) |
| 底:都禮切 | tiei | 蟹開四上薺端 |

(561)柢(弟)

| 柢:都計切 | tiei | 蟹開四上去薺 |
| 弟:徒禮切 | diei | 蟹開四上薺定 |

(914)菪(膽)

| 菪:徒感切 | dɒm | 咸開一上感定 |
| 膽:都敢切 | tɑm | 咸開一上敢端 |

2. 群母

(744)湀(揆)

| 湀:居誄切 | kwi | 止合三上旨見 |
| 揆:求癸切 | gwi | 止合三上旨群 |

3. 崇母

(578)棧(盞)

| 棧:士限切 | dʒæn | 山開二上產崇 |
| 盞:阻限切 | tʃæn | 山開二上產莊 |

以上都是全濁上聲和上聲的互注例,換言之,這些全濁上聲字並沒有變為去聲。對於這些濁上變去的例外字,看來應該有所解釋。對此我是這樣看的,我覺得可以援用美國王士元教授創立的"詞匯擴散理論"(Lexical diffusion theory)對此進行解釋。這個理論的主要內容有兩點:第一點,音變在詞匯上的變化是漸漸的,不是全盤的,但是在變的過程里,雖然詞匯上的變化是漸漸的,但是語音上的變化倒是突然的、即時的,簡言之,"詞匯擴散論"的看法是詞匯漸變,語音突變,它與"新語法學派"(NG)的詞匯突變,語音漸變說正好相反;第二點,音變是通過"異讀"來進行的。[1]在運用這個理論對"濁上變去"的例外字進行解釋之前,我認為還應該區分在音系中尚保存有全濁聲母和音系中全濁聲母已經消失這兩種情況的"濁上變去"例外字。因為這個變化顯然和全濁聲母有密不可分的關係。

在一個音系中如果尚保存有完整的全濁聲母,這時它的一部分全濁上聲字已

---

[1] 參王士元:《況爭性演變是剩餘的原因》,漢譯文見石鋒:《語音學探微》,北京大學出版社,1990年,第225—251、119—120頁。

變為去聲,而另一部分尚未發生這項音變,可以認為是演變剛剛開始或者說是正在演變途中,也就是說演變還沒有完成,因為詞彙是漸變,故不可能所有的全濁上聲字全部一起變為去聲。這時該音系中的全濁上聲字往往有上聲和去聲兩讀,由此看來,凡是具有這種兩讀情況的時候,該音系中一定還存在有全濁聲母。因為根據前述的"詞彙擴散理論",音變正在進行過程中的標誌就是有一個階段是一字兩讀,所以此項音變有上去兩讀表明它正在演變進行之中,是一種完全符合此項音變理論的正常現象,需注意的是這時的上聲絕不是一般的上聲,而是全濁上聲,也是說全濁聲母的存在不但是"濁上變去"這一音變的前提條件,也是一字兩讀存在的前提條件,如此時全濁聲母已經消失,這項音變就應停止,即只有一讀存在,已變的只應有去聲一讀,未變的只應有清聲母上聲一讀,不可能再發生"濁上變去",因而也就不存在表現這種音變正在進行當中的"一字兩讀"現象。由此我們可以得出這樣一條推論:"濁上變去"時的有無一字兩讀能夠暗示全濁聲母存失的情況,如果存有一字上去兩讀,其濁聲一定沒有消失。這一推論對於純然依靠詩歌押韻研究"濁上變去"的學者進一步推測該詩歌作者的音系中的全濁聲母存失情況無疑有重要意義。由於《音圖》音注的情況並不屬於此種類型,我們在此就舉一個符合此型的例子——白居易詩歌的用韻中的"濁上變去"情況來對此型加以說明。

目前研究唐代詩人白居易(772—846)詩歌用韻中的"濁上變去"情況的學者有好幾家,我們認為最詳盡準確的是賴江基先生的《從白居易詩用韻看濁上變去》一文[①],根據此文可知,白居易詩歌中入韻的全濁上聲字共有62字,它們表現為下列三種情況:

(1)只與上聲押韻的:33個字;
(2)只與去聲押韻的:10四個字;
(3)即與上聲押韻又與去聲押韻的:15個字。

這裡的第三種情況大致就是符合我們上文所說的"一字兩讀",詳細的分析請見賴先生上文,不過賴先生文中解釋此一現象時尚未用到"詞彙擴散理論"。我們舉此例的目的並不是在與指出第三種情況是一字兩讀,符合詞彙擴散理論的說法,而是想據此做一點進一步的推測,也就是說根據我們前面的推論,由於白居易詩的"濁上變去"過程中存在有一字上去兩讀的情況,那麼白居易的方言音系中一定還存在著整套的全濁聲母,而這一結論僅從只能反映韻母和聲調情況的詩歌用韻上是無從推測出來的,而在詞彙擴散理論的指導下,仔細分析一字兩讀的意義,特別是濁上變去時的一字兩讀的意義,才可做出上述進一步的推測。當然這裡所述只是筆者的一得之見,詳情還有待進一步的研究。

至於全濁聲母已經消失的方言音系,其情況與前述全濁聲母尚存的情況顯然有所不同。換言之我們認為"濁上變去"的聲調變化和"濁音清化"的聲母變化這兩

[①] 載《暨南學報》(哲學社會科學版)1982年第4期,第97—109頁。

項音變之間無疑存在著一定的聯繫。從邏輯上來推測,濁上變去一定在先,而濁音清化一定在後,否則濁音聲母如果已經清化,就不可能再發生濁上變去的現象了。所以那些聲母已經清化的原全濁上聲字當然不變成去聲,《音圖》音注的上述例外還沒有在所有的全濁上聲字上完成,而聲母的濁音清化就已發生,那些未及變的全濁上聲字因為聲母已經清化,完全失去了濁上變去的條件,不可能再發生"濁上變去"的現象,所以仍然留在上聲的範疇內,成為一種音變的殘餘(residue)。而我們已確知《音圖》音注是一種濁聲母已全然消失的方言,詳見拙作《<爾雅音圖>音注所反映的宋代濁音清化》一文,這里不再贅引。此外,如前文所提示,這種全濁聲母已消失類型的濁上變去的特徵之一就是不存在有聲調 "一字兩讀"(上去兩讀) 的情況,《音圖》音注的情況也恰恰與此相合,顯非偶然。

　　以上是我們對《音圖》音注"濁上變去"現象及其例外字的簡單分析和說明。根據現代音韻學的發展趨勢,漢語音韻研究除了事實的羅列和現象的闡述分析之外,看來還應包括對各種現象形成原因的進一步解釋和理論探究。本文以《音圖》音注的"濁上變去"為例所做的努力只是一種初步嘗試,不妥之處尚有待方家指正。

本文載《大陸雜誌》1993年第87卷第2期,第21-25頁。

《爾雅音圖》的聲調

一、《爾雅音圖》簡介及其聲韻系統概說

《爾雅音圖》(下文簡稱《音圖》)音注是筆者近年發現的一份反映五代宋初漢語北方官話語音的重要資料,對此,筆者已先後撰寫了多篇論文加以探討(參馮蒸,1991a、b、c、d;1992;1993a、b;1994a、b;1995;1996;1998)。《音圖》一書有《圖》有《音》,其音注的作者,清代學者孫星衍(1753-1818),曾燠(1760—1831)等人都認爲是五代時期後蜀(934—965年)的毋昭裔,筆者認爲其說可信。關於此書的全面文獻學考察,我們準備另文探討,此處不贅。

《音圖》的音注是對《爾雅》一書中的難字、易誤讀字進行注音,注音方式全是直音,沒有反切。全書共有注音1583條,用986個注音字給《爾雅》一書近1500個字進行注音,資料可謂豐富。

《音圖》一書表面上分上、中、下三卷,但由於卷下又分前,後,所以實際上共分四卷,即:卷上,卷中,卷下前,卷下後。這種四卷分法也是清代學者據以確認《音圖》作者是毋昭裔的重要根據之一。各卷所轄《爾雅》19篇的篇目多寡不等,但各卷注音數量大致相同,即約400條左右。

從《廣韻》(部分根據《集韻》)音系的角度來看,《音圖》的這1583條注音中,除去37字不研究外,爲1546條;同音互注的共有1048條,約佔總數的3/4弱;異音互注的有535條,約佔總數的1/4強。異音互注的數量雖然不如同音互注的數量多,但卻最爲重要。因爲它直接反映了很多重要的音變現象,對考訂五代宋初語音的實情,彌足珍貴。

根據筆者的初步研究,《音圖》共有24個聲母,這24個聲母的構擬音值及其與中古音聲母的對應關係約如下表[①]:

p 幫並仄	p' 滂並平	m 明	
		ɱ 微	f 非敷奉
t 端定仄	t' 透定平	n 泥娘	l 來

[①] 本文所依據的中古音系統及其構擬基本上是郭錫良先生《漢字古音手冊》所列的王力先生系統,但又增加了邵榮芬先生《切韻研究》(1982)中所擬的娘母和俟母及其擬音。此處的聲母對應暫又增加了中古晚期宋人36字母中的"非敷奉微"四母。又,此處《音圖》日母的擬音參考了王力(1985:234)的構擬。

續表

ts 精從仄	tsʻ 清從平		s 心邪侯	
tʂ 知二澄二仄 莊崇仄	tʂʻ 徹二澄二平 初崇平		ʂ 生禪	r 日
tʃ 知三澄三仄 章禪仄	tʃʻ 徹三澄三平 昌禪平		ʃ 書船	
k 見群仄	kʻ 溪群平	ŋ 疑	x 曉匣	
∅ 影于余疑				

《音圖》的韻母可分爲 22 個韻部，與中古 16 攝和《中原音韻》19 部的對應關係如下表：

序號	《音圖》	中古 16 攝	《中原音韻》	序號	《音圖》	中古 16 攝	《中原音韻》
1	東部	通舒	東鍾	12	齊部	止蟹(開口三、四等及合口)	齊微
2	陽部	江宕舒	江陽	13	支部	止(精照日系開口)	支思
3	庚部	梗曾舒	庚青	14	蕭部	效	蕭豪
4	眞部	臻深舒	眞文·侵尋	15	尤部	流	尤侯
5	寒部	咸舒(一、二等) 山舒(開口一、二等，合口二等，元韻輕唇音)	寒山·監咸	16	屋部	通入梗曾臻深入[合口]	魚模·尤侯
6	桓部	山舒(合口一等)	桓歡	17	曷部	山咸入(一等唇牙喉音)	歌戈
7	先部	山咸舒(三、四等)	先天·廉纖	18	洽部	山咸入(一等舌齒音、二等)	家麻
8	魚部	遇	魚模	19	屑部	山咸入(三、四等)	車遮
9	歌部	果	歌戈	20	陌部	梗曾臻入(開口一、二等)	皆來
10	麻部	假	家麻·車遮	21	質部	梗曾臻深入(開口三、四等)	齊微·支思
11	皆部	蟹(開口一、二等)	皆來	22	藥部	江宕入	蕭豪

本文則在此基礎上專門討論《音圖》的聲調系統問題。文中對《音圖》注音例的引用體例和音韻地位標注一如筆者前此諸文，茲不贅述。

下面，我們將對《音圖》的所有注音條目做一全面的聲調考察。需要説明的是，在《音圖》的全部 1583 條注音中，有 37 條本文暫不做研究。這 37 條我們認爲或其注音字有誤，或其注音情況在聲，韻，調的某一方面過于特殊，音理上無從解釋。因爲從音韻學的角度看，注音字與被注音字的音韻地位相差頗遠，無由相注。其中前者多數不是注音人的疏誤，而是傳抄者或版刻者所造成的疏誤，後者則還需要另外詳加考索。因筆者一時尚無法確定其致誤之由並恢復原注音本字，故暫不做研究。只是把它們作爲附録全部列出，以備統計時檢核。

除此之外，《音圖》注音中還有五條雖亦可確定其注音有誤，但根據有關文獻材料和音韻、文字方面的知識，可判明其致誤之由並可確定原正字者，本文則不予剔除，仍與其它正常注音條目等同看待而予以研究。這五條的原文及本文的刊正如下：

(714)岌(兀)：注音字"兀"當爲"乙"字之誤。（質部）
(1127)蜎(縣)：注音字"縣"當爲"緜"字之誤。（先部）
(1170)鵛(聲)：注音字"聲"當爲"馨"字之誤。（庚部）
(1195)蜊(伊)：被注音字"蜊"當爲"蠣"字之誤。（齊部）
(1329)鷽(掘)：注音字"掘"當爲"握"字之誤。（藥部）

刊正的詳細理由我們也準備另文説明，不再在此細述了。
這樣，《音圖》中正式作爲本文研究資料的是 1546 條注音。

二、《音圖》聲調的考察方法

如前所述，《音圖》的注音形式全是直音，直音這種形式可否準確地反映出《音圖》作者的聲調系統，作者在運用直音這種形式注音時是否具有明確的聲調觀念，換言之，作者在運用直音注音時對於聲調的考慮是有意識還是無意識的，需要我們首先加以辨明。

誠然，《音圖》作者毋昭裔的音系到底有幾個聲調，《音圖》的作者並未明言，但是，我們認爲《音圖》的作者在做注音工作時肯定已具有明確的聲調觀念。這有兩點可以證明：

1. 從中古音四聲的角度來看，在《音圖》的 1546 條注音中，注音字與被注音字在聲調上的表現幾乎是完全一致的，即基本上是平聲注平聲，上聲注上聲，去聲注去聲，入聲注入聲（具體的統計説明見下文），例外極少，這種情況絶非偶然。這一方面是因爲直音這種注音形式的限制所致，因爲用直音注音，理論上需要注音字與被注音字在聲、韻、調三方面必須完全密合，缺一不可。另一方面，我們知道，古人對聲調的注意不如對聲母、韻母那樣敏感，直音注音如果可以降低標準的話，則聲，韻兩方面都必須絕對相同,而聲調方面的要求相對來說不如前二者嚴格,在某種程度上似可通融。但實際上除了誤讀以及個別字的調類與以《切韻》音系爲代表的中古音可能有來歷上的不同外,《音圖》在聲調方面誤注的一條都沒有,這充分說明了《音圖》作者在注音時對聲調問題的敏感性以及在運用上的嚴格性。表明作者在運用直音注音時是有聲調意識的。

2.《音圖》中出現的唯一一條涉及到聲調術語的注音是:

(570) 灑 音篩上聲

這里"灑"字是被注音字,"音篩上聲"是作者的注音,這種注音方式也就是音韻學家常說的"紐四聲法"。從這條注音中我們可以知道,在毋昭裔的音系中至少有"上聲"這一術語和這一調類。由此看來,注音人不但有聲調觀念,而且在注音時對聲調的考慮是異常嚴格的。換言之,作者是在有明確聲調意識的基礎上來給《爾雅》注音。

據此,我們認爲應該完全可以從《音圖》的直音注音中歸納出它的聲調系統來。

至於如何從直音這種注音方式中歸納出《音圖》的聲調系統來,我們認爲只有用統計法,並且宜分兩步求出《音圖》的聲調系統。

第一步,以中古音的四聲爲基礎,全面統計《音圖》的注音,看注音字與被注音字在聲調上的一致性與歧異性,平、上、去、入四聲分別考察,然後加以統計,這種統計可以暫時不考慮聲母的清濁問題,目的是求出中古音的四聲在《音圖》中的反映情況。這一步考求所得出的調類可暫稱之爲大調類。

第二步,在這種大調類的基礎上,在逐一統計考察每個大調類內部的聲母清濁問題,清濁聲母分別統計,以期得出每個大調類內部的下屬調類,這種調類可暫稱之爲小調類。

最後,把全部大調類和小調類加以綜合,以最終確定《音圖》的聲調系統。

考察大調類的方法這里無需多述。至於如何在大調類的基礎上進一步考察和統計中古聲母的清濁對分陰陽調的影響問題,還需要做一些具體詳細地說明。需要說明的問題有:

1. 清、濁音的分類問題。主要是濁音的分類,無疑應分成全濁和次濁兩類。由於直音這種注音方式的限制,《音圖》基本上是全濁注全濁,次濁注次濁,二者各自成類。次濁雖然在注音上獨爲一類,但是我們知道,根據北方方言聲調發展的一般規律,次濁聲母的聲調一般不獨立,而是或併在清類中,或併在全濁類中。所以我們在統計的時候,雖然是分成清,次濁,全濁三類分別加以統計,但是並不認爲這三類聲母可導致三個聲調。換言之,現代漢語方言的聲調演變基本上沒有清,次濁,全濁三分的局面,次濁類宜併入相應的清類或全濁類中,而這又是因大調類的情況而異的。《音圖》的次濁類如何歸屬,本文的處理是:次濁在上聲中歸入清類,在平、去、入三聲中歸入全濁類。

關於《音圖》次濁聲母的統計範圍,也需加以說明。本文對次濁聲母的界定與等韻學家的傳統說法略有出入,這主要是影母的問題,其次還有匣母的問題。

先談影母的問題,中古音的影母是全清聲母,在《音圖》中影母多數是自注,這類注音條目本文歸在清聲母類中加以統計,自無問題。但除此之外,《音圖》中尚有若干影母與于母。余母和疑母互注之例,于、余、疑三母是次濁聲母,此時的影母是歸在清類中統計還是歸在次濁類中統計,尚需斟酌。對於這種情況,我們是把影母放在次濁類中統計,而不是把于、余、疑三母放在清類中統計的。我們如此處理是考慮到在近代漢語音韻文獻和漢語方言中影母確有全清和次濁兩種發展方向。邵榮芬先生在《切韻研究》中曾論及此點,他說:"影母入聲字在《中原音韻》裡和次濁聲母字一起派入去聲,現代北京話影母入聲字也基本上都變去聲……和《中原音韻》的分派大致一樣。這樣影母在聲調變化方面就存在着平、入不一致的現象:平聲和清聲母一起變,入聲和濁聲母一起變。"(邵榮芬,1982:108)《音圖》此處的情況當然與邵先生所舉的現象不同,但影母在聲調的演變中有全清和次濁兩種表現,看來不是一個偶然現象,這似乎可以給本文對影母的處理提供一個類例。好在《音圖》中這種例子並不很多,僅有 17 例,計:于影互注 2 例,余影互注 10 例,疑影互注 5 例。在全部次濁中並不佔很大的比例(參馮蒸,1991a)。

再談匣母的問題。匣母在中古音中是全濁聲母,一般擬爲 ɣ- 或 ɦ-,但《音圖》中有 3 例是匣母與余母互注例[即(999)蔽(亦)、(1117)橄(亦)、(1182)蜆(演)],而余母是次濁,一般擬爲 j-。我們認爲此種情況的互注,顯然是 ɣ-(或 ɦ-)>j-,因此本文把此 3 例放在次濁類中而不是放在全濁類中加以統計。

據此,我們在中古音四聲的基礎上,把材料按照聲母的古清濁進一步分類,計:平聲分爲清平、次濁平、全濁平;上聲分爲清上、次濁上、全濁上;去聲分爲清去、次濁去、全濁去;入聲分爲清入、次濁入、全濁入 12 目來看一下它們之間的自注和互注關係。具體考察時,是以韻部爲單位。《音圖》的韻母系統可分爲 22 部,計陰聲韻 8 部,陽聲韻 7 部,入聲韻 7 部。除了入聲韻部只有入聲調外,陰聲韻部和陽聲韻部均各有平、上、去三個聲調。

2. 清、濁類的對比統計問題。在平、上、去、入四聲這種大調類確立的基礎上,統計各聲調之內清濁自注和互注所佔的數量和比例,如果清濁各類自注的數量大於清濁互注的數量,我們就說該聲調內部的"清濁類"有別;反之,即認爲該聲調內的"清濁類"無別。這裡所謂"清濁類"我們臨時加了引號,意思是:這種"清濁類"的性質既可能是聲母的清濁有別,也可能是聲母的清濁無別,而只是聲調的陰陽問題。當然,這種"清濁類"性質的確定,除了看統計結果外,尚需要憑藉其他材料才能最終加以確定。

3. 清、濁數量對比的解釋問題。在既有的清、濁自注和互注數量統計結果的基礎上,如果自注的數量遠大於互注的數量,從理論上來說可有兩種解釋,解釋的焦點就是全濁聲母的存失問題。

(1)該音系中尚保存有完整的全濁聲母。在這種情況下,則只能是清注清,濁注濁,不可能存在清濁互注的情況,因爲此時清濁聲母表現爲是兩種完全對立的音位。這时的清濁自注,只能認爲是聲母的問題,不能認爲或基本上不能認爲是聲調的問題,雖然同一聲調内的清濁聲母在聲調上也會有所不同,但那可以認爲是一種伴隨現象。

(2)該音系中的全濁聲母業已消失,而分別來自中古清濁聲母的兩套字仍是自注爲主,那么這種清濁自注已不是聲母的清濁問題,而是轉化爲聲調的陰陽問題。不過此時肯定會出現相當數量的清濁互注,而且這種互注的數量在各個大調類之内的表現是不平衡的。

從下文的實際統計數字來看,各聲調之内的"清濁類"顯然以自注爲多,但清濁互注也佔有相當數量,不但平,上,去,入四聲内都有,而且遍及全部十二個中古全濁聲母,總計有91例,這顯然不是一個偶然現象,對此,我們認爲《音圖》的全濁聲母業已消失(參見馮蒸,1991b)①,所以《音圖》的"清濁類"自注優勢反映的應只是聲調的陰陽問題。

下面,我們將在確定《音圖》四聲的基礎上,對各聲調内部的清,濁自注,互注情況逐一作具體的統計和分析。

三、中古音的四聲系統在《音圖》中的反映

根據上文確定的原則,我們先做第一步的考察,即首先檢查一下中古音的平、上、去、入四聲在《音圖》中的存變情況。方法是統計中古音的這四個聲調在《音圖》全部注音例中的自注和互注數量及其所佔比例。此項考察可暫時不考慮聲母的清濁問題,全濁上聲的自注例仍放在上聲類中加以統計。統計結果如下表:

《音圖》四聲自注、互注統計表

	平	上	去	入
平	677	3	1	
上		246	23	
去			247	1
入				348

---

① 拙文(馮蒸,1991b、1993b)原共列出"濁音清化"例109條,經進一步研究,最後確認只有91條可靠,其餘均應刪去,説另詳。

根據上面的統計結果可知：在《音圖》全部注音條目 1546 條中，平聲自注 677 條，上聲自注 246 條，去聲自注 247 條，入聲自注 348 條，總計 1518 條，即同調自注的數量約佔注音條目總數的 98.2%。(百分比的統計計算到小數點後一位，下同)；不同聲調互注的有 28 條，約佔注音條目總數的 1.8%。聲調自注與互注的比例差距是顯而易見的。而在這 28 條不同聲調的互注例中，又有 21 條是全濁上聲與去聲互注，當反映的是漢語語音史中著名的"濁上變去"音變，對此我們已有專文探討（馮蒸，1993a）①，所以真正的不規則聲調注音只有 7 條。

根據以上的統計結果，我們認為：中古音的平、上、去、入四個聲調格局在《音圖》中基本上完整地保存了下來。《音圖》亦有平、上、去、入四個大調類。

《音圖》中同調自注佔了絕大多數，這裡就不逐一舉例説明了。在 7 條不規則聲調注音中：平/上互注 3 條，平/去互注 1 條，上/去互注 2 條，去/入互注 1 條。此中除了去/入互注的 1 條[(145)瘞(亦)]我們認為當時作者的方言中"瘞"字可能確有入聲讀法而中古韻書失收外，其餘 6 條恐怕也多是方言的問題。

下面把這 7 條不同聲調互注例全部列出，以供參考。為了便於核檢，有關的音韻地位亦一併列出。

(一)平/上聲互注例(3 例)

（288） 曩（囊）[陽部]

   曩 奴朗切 nɑŋ 宕開一上蕩泥
   囊 奴當切 nɑŋ 宕開一平唐泥

（474） 罞（茆）[蕭部]

   罞 莫交切 mau 效開二平肴明
   茆 莫飽切 mau 效開二上巧明

（1143） 蝒（謎）[齊部]

   蝒 綿婢切 mĭe 止開三上紙明
   謎 緜批切 miei 蟹開四平齊明[《集韻》]
      莫計切 miei 蟹開四去霽明

按：宋刻十行本《爾雅音釋》"蝒"字"亡婢切"，與《廣韻》同。注音字"謎"《廣韻》只有去聲一讀，《集韻》此外另有平聲一讀，今併列出，並根據《集韻》的反切定此例為平/上聲互注。

---

① 拙文（馮蒸，1993a）原共列出"濁上變去"例 20 條（實際 21 條，陽部的"(75)(611)相(象)"一例在本文中算作 2 條），經進一步研究，確認有 4 條應該刪去，另增補 4 條，即：(48)摽(俵)；(132)徯(係)；(800)蓶(避)；(918)臄[黃](忿)。全濁上聲與上聲相注的 7 例中，亦有 3 條應該刪去。這樣，該文共應刪去 7 條，即：1.(565)(745)(1104)辨（片）；2.(397)娣(第)；3.(551)厴(腎)；4.(829)蘆(潰)；5.(1140)(1478)父(甫)；6.(588)蹇(寒)；7.(578)棧(盞)。說另詳。

(二)平/去聲互注例(1例)

(782)　蓟(徑)　[庚部]
　　蓟　　渠京切　　　gÿĭɐŋ　　　梗開三平庚群
　　徑　　古定切　　　kieŋ　　　　梗開四去徑見

按:《爾雅·釋草》中"蓟"字凡兩見,但釋義不同。與此相應,《廣韻》《集韻》的注音也不相同,但《音圖》則均注音為"徑",請見下表:

《音圖》編號	《爾雅》被釋字	《爾雅》釋義	《廣韻》反切	《集韻》反切	《音圖》注音
(782)	蓟	山薊	渠京切	渠京切	徑
(802)	蓟	鼠尾	巨成切	(1)渠成切 (2)堅正切	徑

其中編號為(802)釋義為"鼠尾"的蓟字,《集韻》有兩讀,其"渠成切"一讀與《廣韻》"巨成切"相當,但因聲調與《音圖》注音字"徑"字有平去之異,我們取其"堅正切"一讀。但本處釋義為"山薊"的"蓟"字與注音字"徑"仍有平去之異。

(三)上/去聲互注例(2例)

(880)　蔞(屢)　[魚部]
　　蔞　　隴主切　　　lĭwo　　　　遇合三上虞來[《集韻》]
　　屢　　良遇切　　　lĭu　　　　　遇合三上遇來

按:《廣韻》無"蔞"字,此字音讀今從《集韻》。

(1359)　鴦(訪)　[陽部]
　　鴦　　妃兩切　　　pʻĭwaŋ　　　宕合三上養滂
　　訪　　敷亮切　　　pʻĭwaŋ　　　宕合三去漾滂

(四)去/入聲互注例(1例)

(145)　瘞(亦)　[質部]
　　瘞　　於罽切　　　ʔÿĭɛi　　　蟹開三去祭影(重三)
　　亦　　羊益切　　　jĭɛk　　　　梗開三入昔余

在母昭裔的音系中存在有若干與中古標準音(以《切韻》系韻書為代表)的聲調系統相異的字例,是完全可以理解的,這可以從兩個方面加以解釋:

(1)《音圖》作者的注音如果不是照抄《切韻》系韻書的話,他所代表的某一方言音系與以《切韻》為代表的中古標準音音系,不可能完全一致。我們已從諸多方面闡發了《音圖》音系與中古音的不同。其實,《音圖》的注音方式全是直音,僅此一點就可以證明他的注音不是抄自中古韻書。所以,它們在聲調方面存在若干差異,是很自然的。

(2)在漢語語音演變史中,聲調演變例外字較多是通例。而此處才有7例,雖是例外,但不足爲怪。

以上7條不規則聲調注音,不到《音圖》注音條目總數1546條的1%,所以《音圖》同調自注的趨勢是極爲明顯的。

四、《音圖》平聲分陰陽證

如前所述,平聲見于《音圖》的陰聲韻8部和陽聲韻7部。下面,我們按照聲母的清濁類分成:1.清平自注;2.濁(指全濁,下同)平自注;3.次濁平自注;4.清平/濁平互注四類列表統計其自注和互注在各部中的數量分布情況。表頭橫行是韻部名稱,豎行是"清濁類"名。"清濁類"中自注的只列出一個類名,互注的則列出兩個類名,中間用斜線隔開,下文各表同此。統計結果如下表:

《音圖》平聲統計表

韻部名稱\清濁類	魚	歌	麻	皆	齊	支	蕭	尤	東	陽	庚	眞	寒	桓	先	總計	百分比	自注互注百分比
清平	37	2	10	5	41	12	37	13	20	17	19	27	5	5	22	272	40.2%	97.7%
濁平	25	6	4	1	41	1	15	15	9	14	20	18	14	5	17	205	30.3%	
次濁平	22	4		4	40	1	17	27	10	11	12	13	2	1	18	184	27.2%	
清平/濁平	2	2			1	4		1		2	1	2				16	2.3%	2.3%
總計	86	14	16	11	126	15	69	55	40	44	52	60	21	11	57	677	100%	100%

從表中可以看出:《音圖》平聲共有677例,自注的數量是661例,佔總數的97.7%;互注的數量是16例,佔總數的2.3%。自注的數量遠大於互注的數量,說明該聲調內"清濁類"有別。在自注的661例中,清平自注272例,佔平聲總數的40.2%,濁類自注389例(內:全濁平自注205例,次濁平自注184例),佔平聲總數的57.5%。清平/濁平互注16例,佔平聲總數的2.3%。對於這個統計結果,我們準備說明三點:

1. 平聲的清類自注與濁類自注的趨勢至爲明顯,從數量和比例上看,清類自注與濁類自注基本上平分秋色,幾乎各佔平聲總數的一半。由於《音圖》中的全濁音聲母業已清化,所以原中古聲母的清濁區別無疑已轉化到聲調方面,也就是說《音圖》

中的平聲此時已經一分爲二,來自清聲母的平聲變爲陰平,來自濁聲母的平聲變爲陽平。

2. 變爲陽平的原中古全濁聲母,聲母清化後當讀爲送氣清聲母。這從 16 條清平/濁平互注例中可以推知,因爲這 16 條清平/濁平互注例均是全濁聲母與送氣清聲母相混,(詳見馮蒸,1991b)。這種情況與今天絕大部分官話方言的全濁聲母演變情況相同。

3. 次濁平聲自注有 184 例,雖自成一類,但在多數官話方言中,次濁平聲的聲調是與全濁平聲相同,亦即當讀同陽平,本文亦準此處理。

此外,我們認爲對《音圖》中的 16 條清平/濁平互注例,雖然數量不多,應該加以必要的解釋。

如前所述,《音圖》的注音是非常嚴格的,這不只是因爲直音這種注音方式的限制,而且注音人有着相當高的音韻學修養,在聲調方面尤其敏感,其中的任何一點差異都要加以辨證。準此而論,就平聲而言,理論上不應該出現清濁互注的情況:因爲這種互注,不管是聲母的清濁之異還是聲調的陰陽之異,甚至元音方面有差異,都是在聲、韻、調的某一方面存在着不同。而這種不同在直音注音中是絕對不可以的,至少理論上是不能互注的。我們在別的文章中已經證明《音圖》的濁音聲母業已清化,所以其間的不同只能是聲調的不同。但這種不同在注音人看來,顯然也是具有重大差異的。但實際上《音圖》中確有少量的這類互注例子,我們認爲唯一可能的解釋就是:因爲沒有合適的完全同音字可用,於是注音人就用了一個聲、韻均同只是聲調略有差別、但仍屬一個大調類的準同音字代替。於是就出現了這種陰陽調互注的情況。這可以說是一種不得已而爲之的做法。

當然,從理論上來說,還有另一種可能,就是在作者的方言中,這些字作爲例外,可能由陽平變讀爲陰平。但本文不取此種看法。

全濁聲母清化過程的詳細語音學解釋還需認眞加以研究。我們雖認爲《音圖》中的全濁聲母清化後轉化爲陽平調,且其聲母與送氣清聲母無別。但從現代漢語方言的實情來看,不排除還有其他的可能解釋,比如元音方面的不同(如氣化元音與非氣化元音之別)等。但不管是何種不同,對注音人來說都肯定意識到。作者之所以還如此注音,肯定是音理以外的原因使然,所以我們認爲上述推測是最有可能的解釋。

這里對清平/濁平互注例所作的解釋也同樣適用於其他三個聲調(上、去、入)的清/濁互注例,這里作一總的說明,下文就不一一解說了。

五、《音圖》的上聲

關於《音圖》的上聲,我們同樣分成清上、次濁上、全濁上三類加以考察。但由於上聲的情況于其它三個聲調(平、去、入)的情況頗有不同,所以在統計上聲字例的

範圍時,有三點需要特別加以說明:

1.《音圖》中有 21 條全濁上與去聲互注例,足見漢語語音史中著名的"濁上變去"演變在《音圖》中業已發生,這部分濁音上聲字顯然應該置於去聲類中加以統計。

2.《音圖》中尚有相當數量的濁上自注例,共有 49 例之多。我們認爲,如果濁上變去的音變在《音圖》中沒有發生,則這部分濁上自注應該置於上聲類中加以統計。但如已發生濁上變去的音變,則這部分濁上自注例,雖然表面上都是上聲自注,但實際上應該置於去聲類中。

3. 次濁上聲在《音圖》中同樣自爲一類,但由於它並不介入濁上變去的音變,所以我們不能象平聲那樣把它與全濁類合併統計,仍應置於上聲類中單獨統計。

根據以上三點,《音圖》的上聲在 15 個韻部中的分布情況如下表:

《音圖》上聲統計表

清濁類＼韻部名稱	魚	歌	麻	皆	齊	支	蕭	尤	東	陽	庚	眞	寒	桓	先	總計	百分比	自注互注百分比
清上	12	1	5	6	23	10	6	8	4	2	7	8	11	3	21	127	64.5%	98%
次濁上	8				22		4	8		2	11	2			9	66	33.5%	
清上/濁上					1	1		1			1					4	2%	2%
總計	20	1	5	6	46	11	10	16	5	2	9	19	14	3	30	197	100%	100%

上表共有 197 例,其中清上自注 127 例,次濁上自注 66 例,清上/濁上互注 4 例。從清濁類上看,只有清上和次濁上兩類了。根據有關漢語音韻史料和現代漢語方言的實際情況,次濁在上聲中均是讀同清上,所以《音圖》的上聲只有一類,即陰上。

至於清上/濁上互注的 4 例,顯然屬於聲母的濁音清化問題。不過這 4 例的情況比較特殊,本來全濁上聲應與去聲互注,但此 4 例卻是與上聲互注,與一般規律不合。我們認爲:這是"詞彙擴散理論"中所稱的音變殘存現象,對此我們已另文探討(馮蒸,1993a),此處不再多贅。這 4 例顯然亦當讀同陰上。

六、《音圖》去聲分陰陽證

《音圖》的去聲情況比較複雜,如上文所述,除了有清去、次濁去、全濁去三類外,全濁上聲與去聲互注例和全濁上聲自注例亦當列在去聲中加以考察。爲了準確統計和觀察去聲清濁兩類的對立情況,我們把濁上/去互注例分爲濁上/清去互注

和濁上/濁去互注兩類分別統計。這樣,以上六類再加上清去/濁去互注的情況,則《音圖》整個去聲各類的數量分布如下表:

《音圖》去聲統計表

清濁類＼韻部名稱	魚	歌	麻	皆	齊	支	蕭	尤	東	陽	庚	眞	寒	桓	先	總計	百分比	自注互注百分比
清去	8			9	35	4	8	6		5	4	12	6	4	10	111	35%	89.3%
濁去	4	1	3	3	25	2	1	2		1		1	6	1	6	56	17.7%	
次濁去	9		1	5	10	2	4	6	1	2		6	2	2	7	58	18.3%	
濁上	14			7	4		7	3		3	1	6			4	49	15.5%	
濁上/濁去	1				3					1		3			1	9	2.8%	
清去/濁去	2		1		14		3				1	1				22	6.9%	10.7%
濁上/清去	1			1			1	1		2		2	2		2	12	3.8%	
總計	39	1	5	18	94	12	24	18	1	13	7	29	19	7	30	317	100%	100%

上表去聲共 317 例,自注的數量是 283 例,佔總數的 89.3%;互注的數量是 34 例,(內:清/濁去互注 22 例,濁上/清去互注 12 例)佔總數的 10.7%,自注的數量明顯大於互注的數量,説明該聲調內"清濁類"有別。在自注的 283 例中,清類自注的有 111 例(均爲清去自注),佔去聲總數的 35%;濁類自注的有 172 例(內:全濁去自注 56 例,次濁去自注 58 例,濁上自注 49 例,濁上/濁去互注 9 例),佔去聲總數的 54.3%。

根據這個統計結果,我們認爲去聲的清、濁自注仍是主流,雖然清/濁互注佔到 10.7%,已是一個不小的比例,但從漢語語音史和現代漢語方言的情況來看,由於絕大多數的官話方言去聲均不分陰陽,所以去聲的全濁聲母清化較其它聲調爲甚,也是很自然的。這種情況不妨視爲後來多數官話方言去聲不分陰陽消變的先聲。《音圖》清去、濁去自注所表現的清、濁兩類對立,當然也是一種聲調上的對立,即陰去與陽去的對立。

從數量和比例上看,去聲清類自注所佔的比例小於濁類自注所佔的比例,兩者相差到 19.3%,不能不引起我們的注意。但我們認爲這種差異可能只是一種偶然現象。因爲《音圖》的注音數量畢竟有限,這種有限的數量很容易導致在某一聲調內分布上的不平均,由於清去自注的數量畢竟遠大於去聲清/濁互注的數量,所以上述差異未必就一定具有音韻學上的意義。換言之,我們認爲這種差異尚不足以説明去聲不分陰陽,我們持《音圖》去聲分陰陽的看法。

七、《音圖》入聲分陰陽證

除了去/入互注 1 例外,《音圖》中共有入聲 348 例,這 348 例均爲入聲自注。它們分見于 7 個入聲韻部。我們同樣分成清入自注、次濁入自注、全濁入自注和清入/濁入互注四種情況加以考察,統計結果如下表:

《音圖》入聲統計表

清濁類＼韻部名稱	屋	曷	洽	屑	陌	質	藥	總計	百分比	自注互注百分比
清入	39	5	13	33	16	44	18	168	48.3%	95.4%
濁入	14	9	5	18	3	12	12	73	21%	
次濁入	20	1	1	18	7	29	15	91	26.1%	
清入/濁入	2			3	2	6	3	16	4.6%	4.6%
總計	75	15	19	72	28	91	48	348	100%	100%

上表共 348 例,自注的數量是 332 例,佔總數的 95.4%;互注的數量是 16 例,佔總數的 4.6%。自注的數量遠大於互注的數量,說明該聲調內"清濁類"有別。在自注的 332 例中,清入自注 168 例,佔入聲總數的 48.3%;濁入自注 164 例(內:次濁入自注 91 例,全濁入自注 73 例),佔入聲總數的 47.1%。清入自注與濁入自注的數量基本相等,所以清入,濁入的自注是《音圖》入聲的主流。因《音圖》的全濁聲母已經清化,所以我們完全可以斷言:《音圖》的入聲當分爲陰入和陽入兩類。次濁入和全濁入均爲陽入。

至於少量的清入/濁入互注例,與平、上、去三聲清/濁互注的性質的相同,反映的是《音圖》聲母系統的濁音清化現象,我們已另文論及,茲不贅述。

八、結　語

綜上所述可知,除了上聲外,《音圖》的平聲,去聲,入聲均各分陰陽,也就是說《音圖》有陰平、陽平、上聲、陰去、陽去、陰入、陽入七個聲調。可簡稱爲四聲七調。

綜合《音圖》音系各方面的特點以及《音圖》作者的籍貫和仕宦經歷,我們不難確定《音圖》音注的音系是一個官話方言。但它居然有 7 個聲調,以今天的眼光看來,未免令人感到驚異。因爲在現代漢語方言中,似乎還未見有哪一個官話方言具有7個聲調。

但是,我們對《音圖》聲調情況的實際分析結果就是如此,所以目前我們只能是根據材料說話,承認這一事實。

《音圖》聲調的這種情況,我們認爲不妨這樣解釋:

1. 現代漢語的官話方言中雖無7個聲調者,但不能據此就認爲歷史上的官話方言不能有7個聲調。

2. 這種7個聲調體系中最難理解的就是去聲分陰陽,因爲現今官話方言中平聲、入聲分陰陽的都並不罕見,唯獨去聲分陰陽的似乎未見。但我們認爲歷史上的漢語北方方言去聲分陰陽的並不是沒有先例,據邵榮芬先生研究唐五代西北方音,推定當時敦煌地區的漢語方音就是去聲分陰陽的(邵榮芬,1963);此外,音韻學界所熟知的日本沙門安然《悉曇藏》(880)中就有關於"四聲之中,各有輕重"的記載,原書共記載了表、金、正、聰四家的聲調,其中正、聰二法師音就已有四聲八調。《悉曇藏》卷五明說正法師"初習洛陽,中聽太原,終學長安",聰法師"久住長安",則四聲八調正是當時洛陽長安官話標準音的聲調格局。可知公元9世紀以前的中唐時代,去聲已經因聲母的清濁不同而分化爲兩個調類(周祖謨,1966)。鄭張先生對《悉曇藏》所述日傳四種四聲調值的構擬如下表(鄭張尚芳,1992),可供參考:

	平		上		去		入	
	輕(陰)	重(陽)	輕(陰)	重(陽)	輕(陰)	重(陽)	輕(陰)	重(陽)
表	33	11	?45		53		4	
金	33	11	?45	?223	53		4	
正	44(怒33)	22	?335	224	53	41	4	2
聰	44(怒33)	22	225	?34	341	342	4	2

這些資料都可以和本文的研究結果互相印證。

3. 《音圖》的作者毋昭裔是河中龍門人,其地在今山西省河津縣,處于陝西和山西交界處,也離河南不遠。根據已有的漢語歷史音韻文獻資料可知,直至明代河南地區的官話方言中有六個聲調的仍不罕見,如明代桑紹良的《青郊雜著》(1518)一書就有6個聲調,桑氏是濮州人(今地是河南省范縣的濮城鎮);明代呂坤的《交泰韻》(1613)亦是6個聲調,呂坤是河南的寧陵人。看來聲調分6聲(陰平、陽平、上聲、去聲、陰入、陽入)是近古河南方言的一個重要特點。毋昭裔的籍貫已近河南,河南近古的6個聲調與《音圖》的7個聲調僅相去一間,所以我們認爲《音圖》有7個聲調是完全可能的。

附錄:本文暫不研究之《音圖》注音條目表(34條)

(一)疑有誤字的《音圖》注音條目

1.（12） 攉(推)　　　2.（13） 畁(訃)　　　3.（16） 觳(叩)
4.（54） 圮(移)　　　5.（215） 圮(起)　　　6.（298） 癣(侁)
7.（576） 𪒠(則)　　　8.（597） 闋(刺)　　　9.（731） 㴇(肇)
10.（810） 攉(雷)　　11.（864） 蕵(肖)　　12.（919） 枲(移)
13.（943） 蓨(肖)　　14.（997） 蘮(敖)　　15.（1466） 驢(追)

(二)音注特殊的《音圖》注音條目

1.（52） 迥(扃)　　　2.（78） 劼(吉)　　　3.（85） 罄(擊)
4.（238） 寠(縷)　　　5.（292） 忨(阮)　　　6.（312） 翩(刁)
7.（453） 㽅(怏)　　　8.（472） 槮(慘)　　　9.（497） 襜(佔)
10.（504） 捐(絹)　　11.（512） 糲(輦)　　12.（637） 嫩(疽)
13.（646） 庋(機)　　14.（655） 獮(剪)　　15.（798） 鼔(腎)
16.（855） 㤄(酌)　　17.（928） 蕩(傷)　　18.（1171） 蛅(剡)
19.（1210） 雔(仇)

參考文献:

馮蒸(1991a):《〈爾雅音圖〉音注所反映的宋初零聲母》,《漢字文化》1991年第1期,第29—36頁。

馮蒸(1991b):《〈爾雅音圖〉音注所反映的宋代濁音清化》,《語文研究》1991年第2期,第21—29頁。

馮蒸(1991c):《"蔡"字今读考》,《漢字文化》1991年第2期,第42—49頁。[署名"杨义"]

馮蒸(1991d):《〈爾雅音圖〉音注所反映的宋代 k-/x- 相混》,《語言研究》(增刊)1991年,第78頁轉103頁。

馮蒸(1992):《〈爾雅音圖〉音注所反映的宋初四項韻母音變》,《宋元明漢語研究》,山東教育出版社,1992年,第510—578頁。

馮蒸(1993a):《〈爾雅音圖〉音注所反映的宋初濁上變去》,《大陸雜志》第87卷第2期,第21—25頁。

馮蒸(1993b):《"〈爾雅音圖〉音注所反映的宋代濁音清化"補遺》,《語文研究》1993年,第4期封三。

馮蒸(1994a):《〈爾雅音圖〉音注所反映的宋初非敷奉三母合流:兼論〈音圖〉微母的演化》,《語言研究》(增刊)1994年,第53—62頁。

馮蒸（1994b）：《〈爾雅音圖〉音注所反映的宋代知莊章三組聲母演變》，《漢字文化》1994年第3期，第24—32頁轉23頁。

馮蒸（1995）：《〈爾雅音圖〉音注所反映的宋初三、四等韻合流》，《漢字文化》1995年第4期，48—62頁。

馮蒸（1996）：《〈爾雅音圖〉音注所反映的五代宋初等位演化》，《語言研究》，1996年（增刊），第195—212頁。

馮蒸（1998）：《〈尔雅音图〉音注所反映的五代宋初重纽韵演变》，申小龙主编：《走向新世纪的语言学》，臺北万卷楼图书有限公司，1998年。

郭锡良：《汉字古音手册》，北京大学出版社，1986年。

邵荣芬：《敦煌俗文学中的别字异文和唐五代西北方音》，《中国语文》1963年第3期，第193—217页。

邵荣芬：《切韵研究》，中国社会科学出版社，1982年。

王力：《汉语语音史》，中国社会科学出版社，1985年。

鄭張尚芳：《汉语方言一些语音现象的历史解释三题》，第一屆國際漢語語言學會議論文，新加坡国立大学，1992年。

周祖谟：《关于唐代方言中四声读法的一些资料》，《问学集》，中华书局，1966年，第494—500页。

本文載《中国语学研究：开篇》，vol.14，日本早稻田大学文学部古屋研究室，株式会社好文出版，1996年12月31日发行，第18—31页；《语言研究》1997年第1期，第148—159页。

附注：本文經邵榮芬、鄭張尚芳二先生指正，謹致謝意

四、總論篇

論《爾雅音圖》的音系基礎

《爾雅音圖》(以下簡稱《音圖》)的音注是近年來發現的一份反映晚唐五代時期漢語音韻的重要資料。此書注音的特點是：一字一音，全是直音，沒有反切。全書共有注音 1583 條。完全採用直音這種注音方式就説明其音不可能是襲自傳統韻書，而直接反映了當時作者的口語。對此，筆者已經先後撰寫了 15 篇論文加以探討，詳見文末所附的"參考文獻"目録。

本文試圖對《音圖》音注的音系基礎做一探討。

從理論上來説，討論《音圖》的音系基礎的研究必須解决這樣兩個問題：

1. 能否確定《音圖》的作者就是毋昭裔？

2. 如果《音圖》的作者是毋昭裔的話，那麽他給《音圖》注的音是什麽地方的音，也就是説《音圖》的音系基礎是什麽？

而這兩個問題其實是互爲表里、密不可分的一個問題。

關於第一個問題，由於《音圖》不著撰人名氏，所以它的著者是誰，一直是個謎。要想從文獻學角度直接認證《音圖》的作者是很困難的。根據筆者的研究，我們認爲《音圖》的著者應該就是清人曾燠、孫星衍等人所認定的毋昭裔。而宋刻十行本《爾雅》各卷末所附的《爾雅音釋》的作者不是毋昭裔(詳見馮蒸，2005)。此處不再贅述。

在確定了《音圖》音注的作者是毋昭裔的情況下，我們就可以進而討論這第二個問題，毋昭裔的語言情況如何就成爲解决此問題的關鍵了。

毋昭裔的準確生卒年未詳，史料關於其人的記載也非常簡略。

考毋昭裔爲後蜀(934—965)著名學者，河中龍門(今山西省河津市)人。著有《爾雅音略》三卷，《宋史》和《宋史新編》中有其傳。《宋人傳記資料索引》説："毋昭裔，河中龍門人，守素(921—973)父。博學有才名。孟知祥擢爲御史中丞。昶立，拜中書侍郎同平章事，累進左僕射，以太子太師致仕。性嗜藏書，酷好古文，精經術，嘗按雍都舊本九經，命張德昭書之，刻石于成都學宫。又令門人句中正、孫逢吉書《文選》、《初學記》、《白氏六貼》，刻板行之，著有《爾雅音略》。(《宋史》479/20 下；《宋史新編》190/14 下)"(昌彼得等編：《宋人傳記資料索引》，中華書局，1988 年，第 397 頁)。

由此看來，他當生於晚唐，主要生活工作均在五代時期，甚至有可能已經跨到了宋初。所以其所注音所反映的時代跨度可以説經歷了三個朝代：晚唐—五代—宋初。從某種程度上來説，把他的音算作中古音後期可以，算作近代音的開端也可以。

顯然，要想考索毋昭裔給《音圖》注的音是當時什麽地區的話，弄清毋昭裔的籍貫和其主要生活工作經歷是非常重要的。而這兩點文獻上已經有明確的記載,毋昭裔是河中龍門人,他長期工作生活在後蜀的都城四川成都。

先從毋昭裔的籍貫談起。唐五代時期的河中龍門即今山西省河津市。河津歷史非常悠久,遠在 100 萬年以前,就有先民集居。歷史上曾稱冀州、耿地。春秋時建耿國,戰國時改爲皮氏,隸屬於魏。秦設皮氏縣。西漢襲秦制,縣名依舊。王莽建"新"以後,改爲延平縣。東漢又復稱皮氏縣。北魏改皮氏縣爲龍門縣。公元 1120 年北宋時期,改龍門縣爲河津縣。歷時 874 年,到 1994 年 1 月 12 日經國務院批準,撤縣改市(縣級市)。河津市仍屬鹽湖區(原運城地區)管轄。(史秀菊,2004)

今山西方言屬於晉語區,其內部又分成了五個小片,各有其特點。河津市在晉南,靠近今河南省,從地域上看,已接近所謂中原地區。河津方言內部又可以分爲城關話、汾南話、北坡話、下化話四個小片。四者之間的差異主要表現在語音上。但總的來說差別不是很大。關於今河津市城關話的方言情況,目前已經有了很好的調查紀錄,據史秀菊(2004),今河津方言的音系特點如下:

一、聲母

河津方言有 28 個聲母(包括零聲母)。如下:

p	簸爸	ph	怕波	m	門馬			f	夫肺	v	武霧
pf	猪追	pfh	出除								來離
t	多剶	th	托掏	n	內男					l	
ts	左資	tsh	搓雜					s	沙歲	z	耳肉
tʂ	知丑	tʂh	恥趙					ʂ	厦射		人熱
tɕ	假雞	tɕh	取騎			ŋ	牙年	ɕ	徐酸		
k	歌該	kh	可開			ŋ	愛我	x	海憨		
∅	兒爺										

二、韻母

河津方言有 40 個韻母。如下:

a	怕查	ia	假爺	ua	瓜瓦			ya	瘸斜	
ɤ	歌我	iɤ	想岳	uɤ	搓騾					
		iɛ	血井			yɛ	鐝缺			
		i	你力	u	鋪猪	y	女徐			
ɿ	紙雌									
ʅ	知持									
ɯ	黑圪									
ər	兒二									
ai	帶改	iai	解蟹	uai	塊怪					

ei	筆皮	uei	累跪				
au	毛包	iau	敎飄				
əu	偷租	iəu	酒求				
æ̃	男含	iæ̃	天建	uæ̃	端團	yæ̃	全犬
ẽ	跟很	iẽ	根貧	uẽ	昏屯	yẽ	孫遵
aŋ	幫藏	iaŋ	強央	uaŋ	廣況		
əŋ	深枕	iəŋ	蔭憑	uəŋ	橫宏	yəŋ	窘用

三、聲調

河津方言有4個單字調。如下：

陰平	31	高豬天飛出六
陽平	324	窮陳神人局服
上聲	53	古口好五僻匿
去聲	44	近厚蓋共岸劇

當然，今河津方言絕不等於1000多年前的毋昭裔時代的河中龍門話，但如果其地沒有大的人口變動遷徙的話，二者之間應有傳承關係，所以這個紀錄還是可以作爲我們研究歷史上河中龍門話的參考的。

毋昭裔的母語可以認爲是他的家鄉當時的河津話，即當地土話，但是我們知道，孩子出生以後，一般在10歲以前說的是家鄉話，或者叫做土話，但是孩童大約最晚從10歲起開始外出讀書，也就是文獻上常說的所謂"就傅"。

"就傅"一詞語出《禮記·由則》："十年，出就外傅，居宿于外，學書記。"鄭玄注："外傅，教學之師也。"梁啓超《禁早婚議》云："常人大抵七八歲始就傅。"古人讀書就學大概都是這種模式。要讀書就要學當時的讀書音，也就是當時的官話，學了準備做官，爲仕途的需要就要學官話。

所以毋昭裔如果十歲以前說的是當時的河中龍門土話——今山西省河津話的祖語的話，那麼"就傅"後肯定學的是一種當時的官話。

但這就需要我們先對毋昭裔的生卒年和生活工作經歷有進一步的瞭解。以確定毋昭裔所處時代的時間標尺和空間標尺。

毋昭裔的生卒年史無記載，所以無法確知，但是他的兒子毋守素(921—973)的生卒年我們是知道的，據此，即使從保守的角度說，我們把毋昭裔的生年往前推20年左右，當是極有可能之事，由此我們可以推知毋昭裔的生年當在900年左右，即9世紀末或10世紀初，當爲晚唐時期。其卒年，我們雖也不能確知，但是，根據有關史實，他至早應卒于953年以後，下面根據《十國春秋》等文獻，把可以系年的史料表列如下，以供參考：

934 年 （後蜀明德元年）	本年爲御史中丞
935 年 （後蜀明德二年）	本年四月,由御史中丞爲中書侍郎,同平章事
940 年 （後蜀廣政三年）	本年分判鹽鐵。後進左僕射,以太子太師致仕
944 年 （後蜀廣政七年）	本年命刻《九經》于石,貯成都學宮
948 年 （後蜀廣政十一年）	本年十月諫阻蜀主興師東向,不果
953 年 （後蜀廣政十六年）	毋昭裔仍在相位,並主刻書

此後史實無載,卒年無考。所以如果他 900 年生,953 年以後故去,應至少活 53 歲以上。他生活在晚唐、五代甚至宋初,应均属可信。

既然毋昭裔生活在晚唐五代,那么就亟有必要先瞭解一下唐代方言的分區情况,以及當時的標準音是什麽。因爲這個問題直接涉及到給毋昭裔的母語土話和他"就傅"時學的官話的方言定性問題,並進而涉及到確認毋昭裔給《音圖》注音的語音基礎問題。

根據現階段漢語中古音的研究成果,筆者在《唐代方音分區考略》（馮蒸,2002）一文中把漢語唐代方音分成了五大方音區,並且指出唐代有兩個標準音。這五大方音區是：

1. 唐代中原方音區：洛陽音
2. 唐代西北方音區：長安音
   唐代西北方音區：河西方言
3. 唐代江淮方音區：揚州音（附：金陵音）
4. 唐代東南方音區：閩音區
5. 唐代江南方音區：吳音區

馮蒸（2005）根據《音圖》音注又補充了一個方音區即：

6. 唐代西南方音區：成都音唐代有兩個標準音,它們是：(一)長安音；(二)洛陽音。

根據這一研究成果,我們就比較容易判定《音圖》注音的方言屬性了。

我們需要解決的問題是,當時毋昭裔的家鄉土話與外出"就傅"時學的官話有多大差異,他是不是用唐代的標準音給《爾雅》注音。

根據近年來對晉方言的研究,有學者提出"晉方言是唐五代西北方言的直系後裔"（喬全生,2004）。如上所述,我們認爲唐代的北方話有兩大方言區,一個是以長安話爲標準音的西北方言區，一個是以洛陽話爲標準音的中原方言區，既然毋昭裔的家鄉話——河津話今屬於晉語，而晉語又源自唐代的西北方言區，其標準音是長安話，所以二者間可能未必有多大差別，或者說是區別甚微，因爲他說的是同一個方言，即使有所區別，大概也只是口語音和讀書音之別，這雖然只是我們的一種推測，但應認爲是極有可能之事。

如果當時的龍門話也屬於唐代的西北方音區，標準音是長安音的話，理論上唐代的河津話與唐代的長安話應差別不是很大，但如果從上面所列現代河津話音系來看，它與唐代的長安音的確差別頗大，不像是有直接的傳承關係。但是由於我們對歷史上的河津話幾乎一無所知，他給《音圖》注的音是不是河津話，當然無法確定。但揆之情理，他不太會用自己的家鄉土話給《爾雅》注音。所以不管他的河津話是否屬於歷史上的唐五代西北方音，對本題的影響都不會太大。這個問題可以暫時存而不論。

但是他"就傅"時應學當時的官話，理論上應是唐代的長安話，雖然可能毋昭裔"就傅"時唐朝已經滅亡，進入了五代時期，但當時這種標準音的影響當不會立刻消失，所以即使他的河津土話與長安音屬於同一系統，也不可能完全相同，所以他仍有進一步學習唐代的標準音和加以正音的必要。

那麼毋昭裔對《音圖》的注音是不是唐代的長安音呢？

現在把我們目前得到的《音圖》音系情況列出如下，然後再把我們所知道的唐代長安音情況與之作一比較。

根據筆者的初步研究，《音圖》共有 24 個聲母，這 24 個聲母的構擬音值及其與中古音聲母的對應關係約如下：

p	幫並仄	p'	滂並平	m	明		
				ɱ	微	f	非敷奉
t	端定仄	t'	透定平	n	泥娘	l	來
ts	精從仄	ts'	清從平	s	心邪俟		
tʂ	知二澄二仄	tʂ'	徹二澄二平	ʂ	生禪	r	日
	莊崇仄		初崇平				
tʃ	知三澄三仄	tʃ'	徹三澄三平	ʃ	書船		
	章禪仄		昌禪平				
k	見群仄	k'	溪群平	ŋ	疑	x	曉匣
ø	影于余疑						

《音圖》的韻目可分爲 22 個韻部，它與中古 16 攝和《中原音韻》19 部的對應關係如下表：

序號	《音圖》	中古16攝	《中原音韻》	序號	《音圖》	中古16攝	《中原音韻》
1	東部	通舒	東鍾	12	齊部	止蟹(開口三、四等及合口)	齊微
2	陽部	江宕舒	江陽	13	支部	止(精照日系開口)	支思
3	庚部	梗曾舒	庚青	14	蕭部	效	蕭豪
4	真部	臻深舒	真文、侵尋	15	尤部	流	尤侯
5	寒部	咸舒(一、二等)山舒(開口一、二等，合口二等，元韻輕脣音)	寒山、監咸	16	屋部	通入梗曾臻深入[合口]	魚模、尤侯
6	桓部	山舒(合口一等)	桓歡	17	曷部	山咸入(一等脣牙喉音)	歌戈
7	先部	山咸舒(三、四等)	先天、廉纖	18	洽部	山咸入(一等舌齒音、二等)	家麻
8	魚部	遇	魚模	19	屑部	山咸入(三、四等)	車遮
9	歌部	果	歌戈	20	陌部	梗曾臻入(開口一、二等)	皆來
10	麻部	假	家麻、車遮	21	質部	梗曾臻深入(開口三、四等)	齊微、支思
11	皆部	蟹(開口一、二等)	皆來	22	藥部	江宕入	蕭豪

《音圖》有七個聲調：陰平、陽平；陰上；陰去、陽去；陰入、陽入。

不難看出，《音圖》的音系有這樣三個特點，表現出與唐代其他方音區有明顯的不同：(一)古全濁聲母已經清化；(二)閉口韻尾-m消失，變成抵腭韻尾-n：-m>-n；

(三)入聲韻尾-p、-t、-k 變爲喉塞音 -ʔ：-p、-t、-k>-ʔ。

而唐代長安音的特點卻與此全然不同(馮蒸，2002)：(一)全濁聲母完整保存；-m 尾完整保存；(二)入聲韻尾-p、-t、-k 亦保存完好。

由此可以肯定，毋昭裔給《音圖》的注音用的不是唐代的長安音，也不是屬於唐代西北方言的他的家鄉話——龍門話。把他的音系與唐代的洛陽音相比較，也可以肯定不是洛陽音。那么他給《音圖》的注音是屬於唐代的哪個方言呢？

排除了《音圖》的語音基礎是唐代長安音和洛陽音的可能性後，毋昭裔給《爾雅》注音使用的看來應是當時的蜀地方言——唐代的成都話，因爲他長期在後蜀任職，在那里做官達數十年之久(詳見上文的系年表)。所以用當時的蜀地方音給《爾雅》注音，完全是合乎情理的。

由於《音圖》未對自己的注音依據做任何説明，所以從《音圖》本身的音系特點雖然可以搞清楚，但其音系基礎仍是一個謎，雖然我們可以推測是唐代的蜀地方音，但仍缺乏直接證據或間接證據。

所幸晚唐胡曾的《戲妻族語不正》詩和反映宋代蜀地成都話的宋祁(998—1061)的《益部方物略記》(1057)的用韻，都可以與《音圖》音系的主要特點相印證。對此我們已經在馮蒸(2005)中作了探討，這里就不再贅引了。

以上三個材料：胡曾的《戲妻族語不正》詩—《音圖》音注—宋祁的《益部方物略記》用韻形成了一個證據鏈，加上清代學者從文獻上推測《音圖》音注的作者就是毋昭裔，據此，我認爲《音圖》的音系基礎是唐代的西南方音——蜀地的成都音。《音圖》的作者也應該是毋昭裔。

上文我們説過，確認《音圖》的作者是毋昭裔和確認毋昭裔給《音圖》注音的音系基礎是一個互爲表里、密不可分的問題，這是因爲在有關資料的啓示下，結合《音圖》注音的實際特點，結合文獻記載，排除了筆者(2002)給歸納的唐代五大方言區的情況下，根據音韻資料和文獻資料二重證據確認了《音圖》注音的音系基礎是晚唐五代的成都話，並進而確定了《音圖》的作者是毋昭裔。又反過來證明毋昭裔給《音圖》的注音既不是用他當時的家鄉話——河中龍門話，也不是用當時唐代的標準音長安話(或洛陽話)。所以，《爾雅音圖》注音資料的出現，給筆者對唐代方音分區的研究增添了一份極爲寶貴的材料，並由此設立了一個新的方音區：唐代西南方音區——成都話。进而提出唐代应有六大方音区。

综上所述，我认为《音圖》的音系基础是晚唐五代的成都话。

參考文獻：

馮蒸(1991a)：《〈爾雅音圖〉音注所反映的宋初零聲母》，《漢字文化》1991年第1期，第29—36頁；轉載于人大復印資料 H1《語言文字學》1991年第6期。

馮蒸(1991b)：《〈爾雅音圖〉音注所反映的宋代濁音清化》，《語文研究》1991年第2

期,第21—29頁。

馮蒸(1991c):《〈爾雅音圖〉音注所反映的宋代 k-/x- 相混》,《語言研究》1991年增刊,第78頁轉103頁。

馮蒸(1992):《〈爾雅音圖〉音注所反映的宋初四項韻母音變》,《宋元明漢語研究》(程湘清主編),1992年,第510—578頁。

馮蒸(1993a):《〈爾雅音圖〉音注所反映的宋代濁上變去》,《大陸雜志》第87卷第2期1993年,第21—25頁。

馮蒸(1993b):《"〈爾雅音圖〉音注所反映的宋代濁音清化"補遺》,《語文研究》1993年,第4期,封三。

馮蒸(1994a):《〈爾雅音圖〉音注所反映的宋代知莊章三組聲母演變》,《漢字文化》1994年第3期,第24—32頁轉23頁。

馮蒸(1994b):《〈爾雅音圖〉音注所反映的宋初非敷奉三母合流:兼論〈音圖〉微母的演化》,《語言研究》1994年增刊[1994年6月],第53—62頁;《雲夢學刊》1994年第4期,第72—78頁;轉載于人大復印資料H1《語言文字學》1995年,第4期。

馮蒸(1995):《〈爾雅音圖〉音注所反映的宋初三、四等韻合流》,《漢字文化》1995年第4期,第48—62頁。

馮蒸(1996a):《〈爾雅音圖〉音注所反映的五代宋初等位演化:兼論〈音圖〉江/宕、曾/梗兩組韻攝的合流問題》,《語言研究》1996年增刊[1996年6月],第195—212頁。

馮蒸(1996b):《〈爾雅音圖〉的聲調》,《中國語學研究:開篇》,vol.14,日本早稻田大學文學部古屋研究室,株式會社好文出版,1996年,第18—31頁;《語言研究》1997年第1期,第148—159頁。

馮蒸(1997):《〈爾雅音圖〉的疑母》,《雲夢學刊》1997年第1期,第73—76頁轉52頁。

馮蒸(1998a):《〈爾雅音圖〉音注所反映的五代宋初重紐韻演變》,申小龍主編:《走向新世紀的語言學》,臺北萬卷樓圖書有限公司,1998年,第394—498頁。

馮蒸(1998b):《〈爾雅音圖〉音注所反映的五代宋初重韻演變》,《漢語史研究集刊》(第一輯),巴蜀書社,1998年,第384—409頁。

馮蒸(2002):《唐代分音分區考略》,《龍宇純先生七秩晉五壽慶論文集》,臺灣學生書局,2002年,第301—382頁。

馮蒸(2005):《〈爾雅音圖〉與〈爾雅音釋〉注音异同説略》,董琨、馮蒸主編:《音史新論》,學苑出版社,2005年,第101—175頁。

哈平安:《五代兩宋詞的入聲用韻》,《語言與言語障礙論集》,首都師範大學出版社,1996年,第17—41頁。

黃尚軍:《〈益都方物略記〉用韻與〈廣韻〉音系的比較》,《渝州大學學報(哲學社會科學版)》,1993年第1期,第14—19頁轉34頁。

喬全生:《晋方言與唐五代西北方言的親緣關係》,《中國語文》2004年第2期。

邵榮芬:《漢語語音史講話》,天津人民出版社,1979年。

史秀菊:《河津方言研究》,山西人民出版社,2004年。

王國維:《覆五代刊本爾雅跋》,《觀堂集林》卷21,中華書局1959年印本。
張興武:《五代十國文學編年》,人民文學出版社,2001年。
周祖謨:《爾雅校箋》,江蘇教育出版社,1984年。

本文載《漢字文化》2007年第3期,第21—25頁。

《爾雅音圖》與《爾雅音釋》注音異同說略

引言：宋以前關於《爾雅》的注音資料

根據胡元玉的《雅學考》一書所錄，宋以前關於《爾雅》的注音資料有如下 15 種，今編號依次轉錄如下，以供參考：

1. 樊光《爾雅音》
2. 李巡《爾雅音》

按：《釋文·叙錄》及史志諸書均未著錄，而《釋文》引樊、李音甚多，今據錄其目，卷數無考。

3. 孫炎《爾雅音義》

《釋文·敘錄》云：孫炎音一卷(《冊府元龜》《通志》並同)《隋志》云：梁有《爾雅音》二卷，孫炎、郭璞撰(案此蓋謂孫郭合二卷也)

4. 郭璞《爾雅音義》

《釋文·敘錄》云：郭璞音一卷(《舊新唐志》並同)

《通志》云：《爾雅音略》三卷，郭璞(案《爾雅音略》乃毋昭裔所作，此誤屬之郭璞也)

臧在東《重雕宋本爾雅書後》雲：郭氏注中有音注外，別爲音一卷，後人多所祖述乃注疏本，見音切與郭同者多，刪注中之音以避複，惟明朗奎金《五雅》本，吳元恭單注本，陳深《十三經解詁》本注下不附音切，故無刪。

5. 沈旋《爾雅音》
6. 施乾《爾雅音》(事迹未詳)
7. 謝嶠《爾雅音》(會稽山陰人，《陳書》附謝岐傳云：弟嶠，篤學，爲世通儒)
8. 顧野王《爾雅音》(字希馮，吳郡人，事迹具《陳書》本傳)

《釋文·敘錄》云：梁有沈旋，集衆家之注，陳博士施乾，國子祭酒謝嶠，捨人顧野王，並撰音，既是名家，今亦採之附於先儒之末。

按：沈旋音衆家未著錄，《釋文》屢引之，今據列其目。

9. 《爾雅音訓》

《崇文總目》云：《爾雅音訓》二卷(《通志》《文獻通考》並同)，不著撰人名氏，以孫炎、郭璞二家音訓爲尚狹。頗增益之。

按：《通考》列於陸德明音後，今據《崇文總目》所云，則此書似在沈旋諸家前。《通考》以無姓氏,故附《釋文》後,今定爲唐前書,姑列於此。

10. 江灌《爾雅音》(濟陽考城人。《陳書》附江摠傳云:第七子灌,駙馬都尉,秘書郎,隋給事郎直秘書省學士)

《隋志》云:《爾雅音》八卷,秘書學士江灌撰。

《歷代名畫記》云:江灌字德源,陳尚書令,至武德中爲隋州司馬,著《爾雅圖》二卷,《音》六卷,《贊》二卷。

《舊唐志》云:《爾雅音》六卷,江灌注(《新唐志》同,無注字。案注乃撰字之誤)

《通志》云:《爾雅音》八卷,江灌

余仲林《古經解鉤沈》序錄云:竇蒙述書賦注上卷載江灌字道羣,陳留人,晉侍中中護軍,不言作《爾雅贊》,當從張彥遠爲唐人。

翁覃溪《經義考補正》云:丁杰按:晉江灌即江逌從弟,本傳不言其曾注《爾雅》,此作《圖贊》者,乃陳之江灌,唐初尚存,下引《名畫記》所稱是也。此合爲一人,列於梁沈旋之前,似誤。

按:此書自《隋志》而外皆題江灌。考江灌乃江逌從弟,曾爲秘書監,後遷尚書中護軍,出爲吳郡太守,未拜,卒。與陳之江灌判然兩人,與《名畫記》所云:亦不合,據摠之長子名溢,字深源(見摠傳)。則第七子名灌,字德源,正無可疑。《陳書》失載,其字《名畫記》誤題其名,不有《隋志》孰得而訂其訛哉?其書至宋已佚,灌之誤灌,蓋始於宋,以後徒知晉有江灌,曾爲秘書監而不考《摠傳》故也。《舊唐志》、《名畫記》之作江灌,皆後人校改,決非本題。張彥遠言其入唐而《隋志》錄其書者,蓋成于爲秘書學士時,故《隋志》錄之,猶陸德明、曹憲諸人皆入唐而所作《周易大義》、《廣雅音》,《隋志》皆著於錄也,史傳不言其仕唐,不言其爲尚書令,則記有詳略,不足致疑也。

11. 陸德明《爾雅音義》(本名元朗,以字行,蘇州吳人,事迹具《舊新唐書》本傳)

《書錄解題》云:《爾雅釋文》一卷,陸德明撰(《文獻通考》同)

《宋志》云:陸德明《經典釋文》三十卷,又《爾雅音義》二卷

按:《玉海》云:天聖四年五月戊戌,國子監摹印陸德明《爾雅音義》二卷頒行。此即從《經典釋文》中摹寫刊行者,後遂與《經典釋文》並行於世。《宋志》兩錄之,誤矣。觀陳振孫題爲《爾雅釋文》,可見《釋文》與《音義》非有兩書(《書錄解題》于經解類著錄《經典釋文》三十卷,又將諸書釋文分錄各類中,故雖《爾雅釋文》與《經典釋文》並列,而非誤。惟以《爾雅釋文》爲一卷,與今本不合,似誤。)《經義考》于《爾雅音義》云:未見,不達《宋志》致誤之由,而以爲實有二書也。

12. 曹憲《爾雅音義》(揚州江都人,事迹具《舊新唐書》本傳)

《舊唐志》云:《爾雅音義》二卷,曹憲撰(新志同)。

臧在東《與段若膺論校〈爾雅〉書》云:《釋獸》麒白虎下尊校引徐鍇曰,曹憲

作《爾雅音》云:音覓。按徐楚金《繫傳》惟《說文》本書爲可信,餘所引經史傳注之文多由臆記誤舉,不可根究。曹憲衹作《廣雅音》。《隋書·經籍志》載《廣雅音》四卷,秘書學士曹憲撰,是也。《唐書·藝文志》誤作曹憲《爾雅音義》二卷,疏舛已極,不料與楚金暗合。朱錫鬯《經義考》誤採唐志,鏞堂撰《爾雅考》嘗訂正之,今《廣雅·釋獸》無魝字,曹憲亦無覓音,不知楚金何由致誤,而可引以爲據乎?

按:《玉海》云:憲注《廣雅》,藏秘書。改廣爲博,書目十卷,因張揖《廣雅》附作音解,更爲十篇,是《廣雅》自憲始更名《博雅》,始分爲十卷也。今《唐志》于曹憲《爾雅音義》外著録《廣雅》四卷,張揖撰,《博雅》十卷,曹憲撰,則所謂《博雅》十卷,即曹憲《廣雅音》明矣,無音字者脫去耳。《隋志》作四卷,乃未定之本。爾時尚未改稚讓之舊也。《唐志》旣出《博雅音》十卷,又出《爾雅音義》二卷,書名卷數判然不同,安可詆爲疏舛耶?至《隋志》不録曹憲《爾雅音》,則由憲入唐後始成書故耳。猶陸德明作《經典釋文》三十卷,而《隋志》但録其《周易·並注音》七卷也。《隋唐志》、《廣雅音》,卷數不符,亦猶《經典釋文》中《易音》僅一卷而《隋志》作七卷也(蓋附經注之下,故有七卷,猶《廣雅音》十卷音即附正文下也)。魝字《廣雅》所無,惟《爾雅》有之,《釋文》引《字林》云:下甘反,又亡狄反,下甘即是酣音,亡狄即是覓音,憲取覓音而不取酣音,與《說文》讀若鼏之音合。故楚金特引之。若定《唐志》爲《廣雅》音之誤,則此音直是楚金憑空結撰矣。豈其然哉?在東所作《爾雅考》雖未得見,然據此書所云,已不可信,今仍從《唐志》録之。

13. 裴瑜《爾雅音》

《中興書目》云:一卷

14. 釋智騫《爾雅音義》(時代事迹均未詳)

《玉海》云:《爾雅音義》二卷,釋智騫撰。景德二年四月丁酉吳鉉言其多誤,命杜鎬、孫奭詳定。

15. 毋昭裔《爾雅音略》(河中龍門人,事迹具吳任臣《十國春秋》本傳)

《郡齋讀書志》云:《爾雅音略》三卷,僞蜀毋昭裔撰(《文獻通考》同)。

《爾雅》舊有釋智騫及陸元朗釋文,昭裔以一字有兩音或三音,後生疑于呼讀,乃擇其文義最明者爲定。

臧在東《重雕宋雪窗書院爾雅書後》云:諸本音切俱經刪改,惟此獨爲完善,深可寶貴。凡切字皆作反,知其所由來者遠矣。《郡齋讀書志》載蜀毋昭裔《音略》三卷,謂《爾雅》舊有釋智騫云云。此書每字一音,其即昭裔所著乎?

右音十五,今存陸德明一家,餘其佚。(胡元玉,1936)

以上胡氏的輯録和說明頗爲詳贍,足資重視。所録的15種書,胡氏認爲除了陸德明的《爾雅音義》外,其餘諸書均已亡佚。清人馬國翰、黃奭等曾有輯本,除個別書(如郭璞《爾雅音義》)外,輯本均是一些零星資料,難於作系統的音韻研究之用。

本文主要是對《爾雅音圖》下文簡稱《音圖》和《爾雅音釋》下文簡稱《音釋》這兩種注音資料做一考辨和說明，但也首先需要了解一下文獻著錄的宋以前有關《爾雅》的注音資料有哪些，這是我們轉錄胡氏資料的目的。

現存的比較系統，數量較多的《爾雅》注音資料，除了《音圖》和《音釋》以外，還有晉人郭璞的《爾雅音義》和唐人陸德明的《經典釋文·爾雅音義》，下面我們就依次從文獻學角度對這四部分作一說明，以觀察其傳承關系，然後重點討論《音圖》和《音釋》的異同問題。

一、陸德明《經典釋文·爾雅音義》說略

陸德明，名元朗，蘇州人。生於梁末陳初(550 年左右)，卒於唐貞觀初年(630 年左右)。著有《經典釋文》一書。

《經典釋文》共分 30 卷，內容是注釋當時重要經典的經文和通行注文的音義。第 1 卷《序錄》包括"序""條例""次第""注解傳述人"四部分。從第 2 卷到第 30 卷分別注釋《周易》《古文尚書》《毛詩》《周禮》《儀禮》《禮記》《春秋左傳》《春秋公羊傳》《春秋穀梁傳》《孝經》《論語》《老子》《莊子》《爾雅》等 14 部著作經文和注文的音義。陸德明編著《經典釋文》，是以注音為主，兼及釋義和校勘，是漢語語音史研究的重要材料。

唐陸德明的《經典釋文·爾雅音義》是現存宋以前對《爾雅》注音最多的音切資料。見於該書第 29、30 兩卷。其所注音的對象，既包括對《爾雅》正文的注音，也包括對郭璞注的注音。其所著錄的音切，除了陸德明本人的音切外，還有陸氏以前其他學者的注音。我們統計了陸氏本人做的音切共有 4513 條(包括直音、反切、如字等)。在這 4513 條注音中，對《爾雅》原文的注音共 3135 條；對郭璞注的注音共有 1378 條。其中特別需要指出的是：在對郭璞注《序》的注音中有 38 條的被注音字不見於郭序，其原因待考。

關於《經典釋文》陸德明的音切(自然包括《爾雅音義》在內)，已有若干學者進行了研究。其中最系統、最全面、最深入的研究當推邵榮芬先生的《經典釋文音系》(臺北：學海出版社，1995)一書。

二、郭璞《爾雅》注音說略

郭璞(276—324)，河東聞喜人，著有《爾雅音義》一書，其書今已亡佚，現有清人黃奭、馬國翰的輯佚本。

關於《爾雅音義》一書，郭璞《爾雅序》云："別為音圖"。《晉書》本傳載："注釋《爾雅》，別為音義、圖譜。"《經典釋文·序錄》載：郭璞"音一卷"。《唐書·藝文志》亦著錄音義一卷。均已佚不傳。清人黃奭輯得 474 條，載《爾雅古義》卷五，馬國翰輯得 345

條,載《玉函山房輯佚書·經編·爾雅類》。

郭璞《爾雅音義》現主要見於《經典釋文》一書,黃、馬二家所輯,亦多從《釋文》輯得,也有極少數從本注、邢昺《疏》各經正義及《齊民要術》《初學記》《藝文類聚》《史記索隱》《後漢書注》《文選注》《集韻》《太平御覽》《一切經音義》等書中輯錄者。

現存的郭璞《爾雅》注音資料雖然只有400餘條(有直音和反切),但在中古以前的注音資料中還算比較多的。郭璞的音切(除《爾雅》注音外還包括《方言》等書的注音)一向引起音韻學界的重視,已經有多位學者研究過,重要的論著有:陸志韋《古反切是怎樣構造的》(載《中國語文》1963年第5期,第349—385頁)和日本學者坂井健一《魏晉南北朝字音研究:經典釋文所引音義考》(東京:汲古書院,1975)等。

三、毋昭裔《爾雅音圖》說略

《音圖》是清代刊印的一部研究《爾雅》的古籍,除了《爾雅》的19篇正文外,尚有注釋、注音和繪圖。據我們所知,該現存有下列諸版本:(1)嘉慶六年影宋繪圖本重摹刊本;(2)道光二十九年翻刻本;(3)光緒三年翻刻本;(4)光緒十年上海同文書局影印本;(5)1985年北京市中國書店據光緒十年上海同文書局本影印本。

關於此書的內容、來歷及其刊印始末,次書卷首有清人曾燠於嘉慶六年(1801)撰寫的一篇《爾雅圖重刊影宋本叙》,此《叙》是我們了解此書的唯一重要綫索,現把該《叙》全文迻錄如下,然後再作討論。

《爾雅圖》三卷,下卷分前、後二卷,實四卷,元人寫本,題《影宋鈔繪圖爾雅》。案:郭氏《叙》云:"別爲《音圖》",則郭本有《圖》及《音義》,與《注》別行。《隋經籍志》稱:梁有《爾雅圖》二卷,郭氏撰,亡故。其《音》及《贊》或見於《釋文》《正義》,而不得其全帙。郭璞之後,又有江灌《圖贊》一卷《音》六卷,見《唐藝文志》,而曹憲及釋智騫亦皆爲音,杜鎬、孫奭又加詳定。至蜀毋昭裔以釋智騫及陸元朗《釋文》一字有兩音或三音,後生疑於呼讀,擇其文義最明者爲定,作《音略》三卷。見晁、陳二《志》及《玉海》。此本經文內有音,中、下卷有圖。其音則較之《釋文》所載郭音、或音、或用反語,多不合,而附經爲三卷,正是《音略》卷數,當為毋昭裔音。其圖則宋元人所繪,甚精緻。疑必有所本。即非郭氏之舊,或亦江灌所爲也。考《晉書》江灌字道群,陳留圉人,吳郡太守。而張彥遠《名畫記》以爲字德源,隋尚書令,至武德中爲隨州司馬,不知何以不合。毋昭裔去宋甚近,所爲蜀本書傳世亦多,宜其音尚存。宋人作韻書,惟取沈約、孫愐定本,其有古音相戾者,即不收入。故楊伯嵒作《九經韻補》以證其缺略。郭音既不存,毋昭裔《音略》亦無傳者。後世圖、畫又分爲二家之學,若《孫子兵法》、《山海經》諸書,皆有書無圖,然則舊音及圖賴有宋本存其梗概,良足寶矣。此畫贈自曹大農文埴,弃藏已久,適孫觀察星衍,張太守敦仁,見而譽之,屬廣其傳,復得姚處士之驎摹繪付刊,特識顛末以質來者。古人云:《爾雅》以觀於政,可以辨言;又云:多識於鳥獸草木之名。一物不知,儒者之恥,遇物能名,可爲大夫。則此書之成不獨好古者所宜服膺,爲政者蓋流覽於斯。嘉慶六年太歲辛酉十月望日兩淮都轉監運使南城曾燠撰。

本書的刊印者曾燠,清江西南城縣人,乾隆年間進士,官至兩淮都轉監運使。從此《叙》中我們可以了解到本書的内容、作者、刊刻原委等文獻學叙述。

(一)關於本書的來源與刊印經過,曾燠的序言介紹説:"元人寫本,題:'影宋鈔繪圖爾雅'。""書贈自曹大農文埴,弆藏已久。適孫觀察星衍,張太守敦仁見而譽之,屬廣其傳,復得姚處士之麟摹繪付刊。"

(二)關於本書的内容和作者,分上、中、下三卷,下卷又分前、後,實有四卷。曾氏序言説:"此本經文内有音,中、下卷有圖。其音則較之《釋文》所載郭音、或音、或用反語,多不合,而附經爲三卷,正是《音略》卷數,當爲毋昭裔音。其圖則宋、元人所繪,甚精緻,疑必有所本,即非郭氏之舊,或亦江灌所爲也。本書載圖 632 幅,兹不論,祇討論它的注音作者。

關於本書所載音,曾燠認爲"當爲毋昭裔音"。理由是《音略》卷數與此書卷數相同,證據未免有些薄弱。

經筆者核對,此書所附的注音非郭璞音確實無疑。但是否就是毋昭裔音,因爲缺乏其他更爲直接的證據,曾氏所説不一定就是定論。但在沒有其他反證出現之前,暫從曾説也未爲不可。清代著名學者孫星衍在見到原書後也認爲是毋昭裔音。他説:"右《爾雅音圖》四卷,本三卷,大版。十二行,廿字,卷上自釋詁至釋親,四篇,有音無圖。卷中,自釋宫至釋水,八篇;卷下前,自釋草至釋蟲,三篇;卷下後,自釋魚至釋畜,四篇,皆有音圖。按郭璞圖亡於梁,後有江灌《圖》,毋昭裔《音略》。此本當即江灌圖昭裔音也。圖亦宋元人手筆,朱緑如新,今於曾轉運署見此,因屬姚君之麟重摹刊版。"(孫星衍撰,陳宗彝編:《廉石居臧書記内編》卷上,叢書集成本,商務印書館,1936 年,第 4 頁)故本文暫從曾、孫二氏的説法,定此本的《爾雅》注音爲毋昭裔音。

曾燠所刊刻的《爾雅音圖》,其原本今已不復可見,目前只能見到曾氏的刻本。曾氏所據以刊刻的原影鈔本是否是影宋本?清代學者周春曾有質疑,對此,清末著名文獻學者故玉縉在《四庫未收書目提要續編》中曾有辨證,其文云:

《爾雅音圖》三卷。不著撰人名氏。其書經文内用直音,中、下卷有圖,下卷又分前後二卷,實爲四卷。爲曹文埴所藏元人影寫宋本,以贈曾燠,而孫星衍、張敦仁屬燠廣其傳,遂於嘉慶辛酉付刻者。其音較陸德明《釋文》所載郭音、或音,或用反語,多不合。曾序據郭璞序有"别爲音圖"一語,《唐志》有江灌《圖贊》一卷、《音》六卷,晁、陳二《志》有毋昭裔《音略》三卷,以爲其《音》附經爲三卷,正是《音略》卷數,當爲毋昭裔《圖》。其圖所繪甚精緻,必有所本,即非敦氏之舊,或亦江灌所爲,而周春《十三經音略》,有《爾雅直音正誤》一卷,並附嘉慶癸亥自記,稱"坊間新刻《爾雅音圖》,假託影宋本,其直音多誤。舊有《直音》一書,其誤較少,因並辨之"云云。今考春辨"做""叔"等,凡百餘條,皆與此本合。惟"瘴"音"譚",此作音"談","嗃"音"學",此本"嗃"作"謞",二字相同,無關出入。"荌"音"丼",此作音"刲",恐係涉筆之誤。"岠"音"極","駅"音

"衮",此本作音"桓"、音"竞",蓋所見為翻刻本。不知是書之刻,非始於坊間,其原本曹氏藏之,孫氏、張氏見而譽之,豈有假託之理。假使作偽,何弗根據《釋文》,且其所輯,大率執後世字母以相繩,於古音多所閡隔,未足相難也。《釋言》:"遝,遝也。""遝"字下音"沓",又載郭注"今荆楚人皆云遝,音沓",殊嫌重復。然考宋雪牕本,郭注有"音沓"二字(見阮元《校勘記》),則益足證明其為宋本。而非假託矣。

所以曾氏所據以刊刻的原書為影宋本,大概是沒有什麼疑問的。所以此書所載的圖和音均當早於宋。其音定為毋昭裔所撰,亦是極有可能的。

考毋昭裔為後蜀(934—965)著名學者,河中龍門(今山西省河津縣)人。著有《爾雅音略》三卷,《宋史》和《宋史新編》中有其傳。《宋人傳記資料索引》說:"毋昭裔,河中龍門人,守素(921—973)父。博學有才名。孟知祥擢為御史中丞。昶立,拜中書侍郎同平章事,累進左僕射,以太子太師致仕。性嗜藏書,酷好古文,精經術,嘗按雍都舊本九經,命張德昭書之,刻石於成都學宮。又令門人句中正、孫逢吉書《文選》《初學記》《白氏六貼》,刻版行之,著有(爾雅音略)。(《宋史》)479/20 下;《宋史新編》190/14 下)"(昌彼得等編:《宋人傳記資料索引》,中華書局,1988 年,第 397 頁)退一步說。此書既為"影宋本",所以即使不是毋昭裔的注音,其音注時代也不會晚於宋。

此書注音的特點是:一字一音,全是直音,沒有反切。全書共有注音 1583 條。完全採用直音這種注音方式就說明其音不可能是襲自傳統韻書,而直接反映了當時作者的口語。

關於此書的注音研究,從 1990 年以來至今,筆者已經先後撰寫了 14 篇論文,詳見文末所附的"參考文獻",此處無須贅述。

四、佚名撰《爾雅音釋》說略

現存《爾雅》的傳本有兩種形式,一種只有正文,無注文的,以唐開成石經本為最早;一種是帶有郭璞注本的,以三種宋刻本為最早,它們是:(1)《天祿琳琅叢書》所收宋監本;(2)《古逸叢書》影刻宋覆蜀大字本;(3)《四部叢刊》影印江蘇常熟鐵琴銅劍樓瞿氏舊藏宋刻十行本。此外又有明吳元恭據元雪窗書院仿宋刻本等。周祖謨先生認為這些宋刻本於"朗、敬、殷、匡、恆、徵、桓、慎"等字都缺末筆,當為南宋時所刻。[①]在這幾種宋刻本中,其中的第三種宋刻十行本,每卷末附有《爾雅音釋》,此《音釋》未署撰人名氏,時代亦不明。此處所論述的就是這份《音釋》。

周祖謨先生在《爾雅校箋》的"凡例"中說:"《爾雅》宋刻十行本三卷,每卷末附有《音釋》,一字一音,不知是否為後蜀毋昭裔所作。"推測此《音釋》為毋昭裔所撰,但未敢肯定。而且沒有提出什麼證據以論證此種看法。如前所述,我們已經認定了

---

① 見周祖謨:《爾雅校箋》,江蘇教育出版社,1984 年。

《音圖》的音注是毋昭裔的注音,所以這裡的《音釋》自然就不是毋昭裔所作。關於這個問題的討論請見後文。雖然目前還不能提出更多的直接證據來否定周先生的看法,但希望以後能夠找出更多的資料來最終解決這個問題。

《音釋》共分上中下三卷,前四篇(釋詁第一——釋親第四)之後是《音釋》卷上的內容;其後八篇(釋宮第五—釋水第十二)之後是《音釋》卷中內容;最後七篇(釋草第十三—釋畜第十九)之後是《音釋》卷下內容。

經筆者統計,這份《音釋》共1788條,注音對象多爲《爾雅》中的僻字、難字,其注音形式有直音(一字一音),也有反切,其中直音注音的有1209條,約佔注音總數的68%;反切注音的有579條,約佔注音總數的32%。

《音釋》的注音特點還未見有人加以系統探討,本文第陸節對其有所論列,可供參考。

誠然,《音圖》和《音釋》是兩份各自獨立的注音資料,但是我們認爲二者之間似乎有着相當密切的關係,不宜完全割裂開來進行研究。純從文獻學的角度看,首先這不僅僅是因爲它們同爲宋代或宋代以前的《爾雅》注音資料,也不是因爲它們的注音數量十分接近(《音圖》1583條,《音釋》1777條)。主要是因爲二者在注音用字上有很多相同之處。雖然《音圖》全是直音注音,而《音釋》的注音卻是既有直音又有反切,但是我們發現《音釋》中凡是用直音注的,與《音圖》的直音用字幾乎完全相同,這種情況絕不像是完全出於偶然。二者不同的部分一般只是《音圖》是直音而《音釋》是反切的條目上。現在的問題是:這兩份注音資料誰在前,誰在後,誰因襲誰?是《音圖》在前,《音釋》把《音圖》的某些直音改成反切,還是《音釋》在前,《音圖》把《音釋》的反切改爲直音? 的確值得我們進一步考索。

從我們初步的對比結果來看,我們認爲二者的音系基礎全然不同。詳見本文第五節,這裡不再贅述。

五、《爾雅音圖》與《爾雅音釋》注音用字異同的統計分析

這裏我們擬對《音圖》與《音釋》的注音用字異同做一詳細的統計、比較和分析。我們認爲這項工作對於推斷此二書的編撰先後以及哪本書的著者是毋昭裔,可以提供相當重要的綫索。

根據本書附碌錄三"《音圖》與《音釋》注音對照表"提供的材料,我們把二書的

表一

	注音總數	直音數量(百分比)	反切數量(百分比)
《音圖》	1583	1583(100%)	0
《音釋》	1788	1209(68%)	579(32%)

表二

	二書共同注音數	二書共有直音數	二書有相同直音數（百分比）	二書有不同直音數（百分比）	《音圖》用直音、《音釋》用反切數（百分比）
《音圖》／《音釋》	1546	1100（71%）	1005（65%）	95（6%）	446（29%）

表三

	《音圖》獨有直音數（百分比）	《音釋》獨有直音數（百分比）	《音釋》獨有反切數（百分比）
《音圖》	$37(\frac{37}{1583} = 2.34\%)$		
《音釋》		$109(\frac{109}{1788} = 6.1\%)$	$133(\frac{133}{1788} = 7.44\%)$

音切情況統計以後做了三個表，區別成三種情況，現開列如下，然後逐一做一說明。

關於表一，表中的數字已表示得很清楚，無需做太多的說明，唯一要說明的是《音釋》，表中寫的注音總數是1788條，但總編號為100的"台(音怡)[下同]"一條注音，注音條目雖只一見，但是由於此條注有"下同"二字，實際上包含了2條注音，只不過是這兩條的注音完全相同，《音圖》就是2條注音重見，但我們在條目上仍只編為1個號，如果計算實際的注首條目數，應是1789條。不過，這裡暫仍按實際字目1788條計算。

關於表二，主要是考察《音圖》和《音釋》共有的注音條目(指二書的被注音字相同)的異同情況。該考察實際上可分為兩部分，第一部分指二書均是直音情況下的統計比較，第二部分指的是《音圖》是直音，《音釋》是反切的統計比較。我認為表二的統計最為重要，它說明二書的編撰有無襲用關係，編撰時代孰先孰後，並進而確定哪部書的編撰者是毋昭裔，都有著直接的意義。

首先引起我們注意的是：在二書共有的1546條中，二書直音完全相同的，有1005條，約佔總數1546條的65%，二書不同直音但實際也可以算作準同音的有95條，約佔總數1546條的6%，兩者相加達到71%，如此大比例的相同數量，絕非是一種偶然現象，根據這個事實，我們說二書有襲用關係，幾乎是無可置疑的。

二書的真正不同之處是《音圖》用直音，《音釋》用反切的446條，這部分佔總數1546條的29%。這種不同是因為音系性質不同所致，大概是因為無法襲用原有的直音才改用了反切。總的來說，二書的相同部分約佔3/4，不同部分約佔1/4，這是總的趨勢，下面我們將對這個趨勢作一細緻分析和推斷。

關於二書具有不同直音的95條，筆者認為其不同祇是一種表面現象。這裡把它們全部匯列如下，以供進一步的研究。不難看出，這種不同區別甚微，大多僅僅是字形的繁簡問題、異體問題,甚至是誤字的問題(不管是原本就已出現誤字還是在後來流傳的過程中抄寫,刻印所誤),當然也有少量的同音替代字。總之,基本上沒有什麽本質上的不同。完全可以把它們視爲是一種"準相同直音"條目。當然每個具體字目還可以一一做進一步的考辨,以分析其異寫之由,限於篇幅,兹不贅述。需要指出的是,二書在直音注音上的這種歧異,在没有其他版本可供參照的情況下,對

《爾雅》卷數	總序號	《爾雅》被注音字	《爾雅音釋》	《爾雅音圖》	《爾雅》卷數	總序號	《爾雅》被注音字	《爾雅音釋》	《爾雅音圖》
一	106	餤	談	淡	七	723	鼎		則
	182	肶	毗	毘		727	簥	嬌	矯
	185	遘	搆	構		731	笴	渥	約
	218	假	遐	暇	八	782	霖	林	霖
	615	䴈	驚	鸞		791	虛	墟	嘘
	617	繁	壁	璧		615	䴈	驚	鸞
	620	罦	浮	孚		617	繁	壁	璧
	640	褘	暉	韋		620	罦	浮	孚
	252	毖	柲	祕		640	褘	暉	韋
	258		略			820	縿	杉	衫
二	314	佻	挑	桃		826	旟	餘	余
	357	懟	隊	對		855	畲	餘	余
	402	絉	袾	秩	九	832	隃	戍	殊
三	450	慅	騷	搔		841	鰈	牒	蝶
	496	遹	述	聿	十	882	濉	眉	湄
五	553	樺		暉		1427	雛	鶵	仇
	559	宋	亡	忙		1440	鰦	兹	滋
	581	瓴	靈	苓	十一	907	泶	學	肇
六	597	斸	衢	劬	十二	931	瀾	闌	諂
	655	檗	柏	拍		949	泲	梓	抔
	684	鈑	扳	板		955	虛	墟	嘘
	687	嶨	嶽	岳	十三	1003	籥	藥	樂
	690	璆	求	留		1008	菱	核	垓

	1049	菫	董	童		1494	賧	摽	標
	1068	蚍	毗	昆		1505	蜥	昔	析
	1073		纍	屢		1506	蝎	亦	易
	1075	龓	聾	龍		1512	螣	騰	滕
	1077	蓯	總	總		1514	擘	柏	拍
	1111	薏	憶	意		1518	筮	誓	世
	1120	萹	偏	徧	十七	1543	鳽	額	研
	1176	萩	輒	輒		1550	鸅	澤	睪
	1195		鼈	別		1552	鸑	握	掘
	1209	芢	亦	弋		1571	鴞	嬌	交
	1214	蠡	禮	里		1617	鷮	驕	交
	1219	芙		襖		1637	鳶	玄	員
十四	1238	椈	菊	匊	十八	1661	獥	亦	叫
	1241	椵	叚	賈		1667	奏	湊	湊
	1245	柟	衫	杉		1672	豥	垓	核
	1252	栵	例	列		1682	麚	巖	巖
	1263	椋	臯	臯		1688	貔	毗	昆
	1280	櫙	輒	輒		1703	麐	鄰	麟
	1300	櫐	輒	輒		1709	被	備	披
十五	1356	蜱	毗	昆		1717	贊	鉉	玄
	1382	蛵	馨	聲	十九	1744	倨	鋸	巨
	1394	蜖	龜	圭		1749	斪	注	住
	1403	黿	誅	朱		1764	駹	龙	龍
	1408	蟫	囚	由		1800	軸	柚	袖
	1484	蚥	附	付		1811	羷	險	臉
十六	1492	珧	遙	瑤		1820	雜	餘	余

於我們確認二書注音字的正誤提供了一個十分重要的綫索。

關於表三,指的是二書的注音對象不同,即被注音字不同,這當是二書作者分別各自選擇注音對象所造成的結果,基本上不能夠表明二書有什麼承襲關係,從常理上來說,《音圖》與《音釋》既然是二本各自獨立的著作,即使有承襲借鑒關係,總要有所不同,所以這些不同也就沒有什麼可奇怪的了。這部分總的來說佔的比例不是很大。

根據本文第捌節的"《音圖》與《音釋》注音對照表"以及有關的統計,可以看出,《音圖》的注音全是直音,《音釋》的注音則2/3的字(68%)也是直音外,另有1/3的字(32%)卻使用反切,這是二書注音形式上的第一個特點;但從二書共有的直音注音部分(1101條)看,可以看出,二書的直音用字幾乎完全相同,這是二書注音形式上的第二個特點,這兩個特點,尤其是這節二個特點,引起了我們的極大注意。我們可以肯定地說,二書在編撰上一定有因襲關係,否則不會出現這種現象。由此推想,從注音用字的角度考察二書的編撰孰先孰後,或不失爲考察二書注音時代並進而探索二書的編撰者誰是毋昭裔的一個途徑。但是,我們在比較了二書的注音用字以後發現,這個問題似乎並不容易做出十分肯定的決斷。因爲純然從注音用字的角度考察二書的編撰關係,無疑存在兩種可能性:一種可能性是《音圖》在前,《音釋》在編撰過程中參考了《音圖》的注音用字,其語音情況一致的則沿用《音圖》的用字,其語音情況不合適的,《音釋》則換用反切。另一種可能性是《音釋》在前,《音圖》在編撰過程中除了沿用《音釋》的直音外,並根據自己的注音體例,把有關的《音釋》反切一律改爲直音。揆之情理,這兩種可能性似乎都存在,很難判斷哪一種情況正確。不過,如果進一步加以考索,我確信是第一種可能性大,即《音圖》的注音在前,《音釋》的注音在後,爲什麽這麽說呢? 其編撰過程可以這樣推測:即《音釋》在因襲《音圖》直音的過程中,首先凡是認爲確是同音的直音一律保留,所以才會出現其書的直音與《音圖》的直音幾乎完全相同;其次,《音釋》的撰者凡是認爲《音圖》直音未妥,二字並不同音的直音,則換用反切替代。爲什麽這麽說呢? 因爲一本書的注音如果絕大多數都採用直音的話,似乎沒有必要對某些字的注音突然改用反切,一定是編撰者在因襲的過程中因不得已而採取的措施,所以才形成了這種二書大量的直音用字相同,少數《音釋》換用了反切或新直音並存的局面。而反之則與情理相乖,因爲我們找不出來爲什麽《音釋》對2/3的字使用直音,對1/3的字卻又使用反切,由這2/3的直音字卻又與《音圖》完全相同的合乎情理的理由。

據此,我認爲《音圖》的編撰在前。《音釋》的編撰在後,當無可疑。既然《音釋》是在《音圖》的基礎上撰作的,而《音釋》的時代是宋代從版本文獻學上已可肯定,那麽據此推測《音圖》的注音時代和作者就是比宋代略早的晚唐五代的毋昭裔,似乎也在情理之中。

六、《爾雅音圖》與《爾雅音釋》音韻特點比較

《爾雅音釋》的音系我們尚未進行全面系統的研究,僅根據一些初步的考察,我們發現《音釋》的音系與《音圖》的音系很不相同,下面我們從四個方面來考察一下《音圖》音系和《音釋》音系的主要不同。

(1)全濁聲母的存失問題

我們知道,《音圖》音注的古全濁聲母均已清化(參馮蒸,1991、1992),但是《音

釋》的全濁聲母卻基本上保存完好。下面我們舉出一些例子,說明在《音圖》中均聲母清濁互注,表明全濁聲母已經清化,而《音釋》的注音卻與《音圖》迥然不同,仍舊清濁聲母分明,完整地保有古全濁聲母。這種情況在注音形式上的明顯表現就是《音圖》注音雖全是直音,但《音釋》基本上全是反切。從傳承關係上看,是《音圖》把《音釋》的這部分反切改爲直音,還是《音釋》把《音圖》的直音改爲反切,目下仍不好確定。

(一)群母

1.《音圖》(678)邛(穹)　邛:渠容切　　giwoŋ　　通合三平鍾群
　　　　　　　　　　　穹:去宮切　　k'ĭuŋ　　通合三平東溪
　《音釋》(822)邛(巨兇切)

按:"邛"字《廣韻》爲群母字,《音圖》注以溪母,聲母清濁相混。但《音釋》"邛"字是"巨兇切",仍讀群母。

2.《音圖》(274)跲:(結)　跲:巨業切　　gĭɐp　　咸開三入業群
　　　　　　　　　　　結:古屑切　　kiet　　山開四入屑見
　《音釋》(366)跲(其葉切)

按:"跲"字《廣韻》為群母字,《音圖》注以見母,聲母清濁相混。但《音釋》反切是"其葉切",仍讀群母。

3.《音圖》(335)蹻(角)　蹻:其虐切　　gĭak　　宕開三入藥群
　　　　　　　　　　　角:古岳切　　kɔk　　江開二入覺見
　《音釋》(444) 蹻(巨虐切)

按:"蹻"《廣韻》為群母字,《音圖》注以見母,聲母清濁相混。《音釋》反切是"其虐切",仍爲群母。

4.《音圖》(903)蔨(卷)　蔨:渠篆切　　gĭwɛn　　山合三上獮群(重三)
　　　　　　　　　　　卷:居倦切　　kĭwɛn　　山合三去線見(重三)
　《音釋》(1073) 蔨(巨隕切)

按:"蔨"字《廣韻》爲群母字,《音圖》注以見母,聲母清濁相混。《音釋》反切是"巨隕切",仍爲群母。

5.《音圖》(1299)鷡(局)　鷡:九勿切　　kĭwət　　臻合三入物見
　　　　　　　　　　　局:渠玉切　　gĭwok　　通合三入燭群
　《音釋》(1486) 鷡(居物切)

按:"鷗"《廣韻》爲見母字,《音圖》注以群母,聲母清濁相混。《音釋》反切是"居物切",仍爲見母。

6.《音圖》(1497)覞(具)　　覞:古閴切　　　kiwek　　　　梗合四入錫見
　　　　　　　　　　　　　具:其遇切　　　gǐu　　　　　遇合三去遇群
　《音釋》(1696) 覞(古覓切)
按:"覞"字《廣韻》爲見母字,《音圖》注以群母。聲母清濁相混。但《音釋》"覞"字反切是"古覓切",仍爲見母。

(二)定母

7.《音圖》(931)蹪(頹)　　蹪:他回切　　　tʻuɒi　　　　蟹合一平灰透
　　　　　　　　　　　　　頹:杜回切　　　duɒi　　　　蟹合一平灰定
　《音釋》(1105) 蹪(吐回切)
按:"蹪"字《廣韻》爲透母字,《音圖》注以定母,聲母清濁相混。但《音釋》反切是"吐回切",仍爲透母。

8.《音圖》(259)憞(對)　　憞:徒對切　　　duɒi　　　　蟹合一去隊定(《集韻》)
　　　　　　　　　　　　　對:都隊切　　　tuɒi　　　　蟹合一去"隊"端
　《音釋》(350) 憞(隊)
按:"憞"字不見於《廣韻》,《集韻》爲定母字,《音圖》注以端母,清濁相混。《音釋》注以直音"隊"(《廣韻》"徒對切"),仍爲定母字。

9.《音圖》(313)纛(到)　　纛:徒到切　　　dau　　　　　效開一去號定
　　　　　　　　　　　　　到:都導切　　　tau　　　　　效開一去號端
　《音釋》(411)纛(徒到切)
按:"纛"字《廣韻》爲定母字,《音圖》注以端母,聲母清濁相混。《音釋》的反切與《廣韻》同,仍讀定母字。

10.《音圖》(328)怟(底)　　怟:待禮切　　　diei　　　　蟹開四上薺定(《集韻》)
　　　　　　　　　　　　　底:都禮切　　　tiei　　　　蟹開四上薺端
　《音釋》(435) 怟(徒啓切)
按:"怟"字不見於《廣韻》,《集韻》爲定母字,《音圖》注以端母,聲母清濁相混。《音釋》反切爲"徒啓切",仍爲定母字。

11.《音圖》(413) 檖(得)　　檖:徒得切　　　dək　　　　曾開一入德定

　　　　　　　　　　得：多則切　　　tək　　　　曾開一入德端
《音釋》(540) 檴(徒得切)
　　按："檴"字《廣韻》爲定母字,《音圖》注以端母,聲母清濁相混。《音釋》"檴"字的反切同《廣韻》,仍爲定母。

(三)澄母

12.《音圖》(172)峙(止)　　峙：直裏切　　dʑǐə　　　止開三上止澄
　　　　　　　　　　止：諸市切　　tɕǐə　　　止開三上止章
《音釋》(230)峙(直紀切)
　　按："峙"字《廣韻》爲澄母字,《音圖》注以章母,聲母清濁相混。《音釋》反切爲"直紀切",仍爲澄母字。

(四)並母

13.《音圖》(48)摽(俵)　　摽：符少切　　bǐɛu　　　效開三上小並(重四)
　　　　　　　　　　俵：方廟切　　pǐɛu　　　效開三去笑幫(重三)
《音釋》(75) 摽(婢眇切)
　　按："摽"字《廣韻》爲並母字。《音圖》注以幫母,聲母清濁相混。《音釋》反切爲"婢眇切",仍並母字。

14.《音圖》(365)甹(屏)　　甹：普丁切　　pʻieŋ　　梗開四平青滂
　　　　　　　　　　屏：薄經切　　bieŋ　　　梗開四平青並
《音釋》(483) 甹(普經切)
　　按："甹"字《廣韻》爲滂母字,《音圖》注以並母,聲母清濁相混。《音釋》反切爲"普經切",仍爲滂母。

15.《音圖》(385)擗(劈)　　擗：房益切　　bǐɛk　　梗開三入昔並
　　　　　　　　　　劈：普擊切　　pʻiek　　梗開四入錫滂
《音釋》(506)擗(婢亦切)
　　按："擗"字《廣韻》爲並母字,《音圖》注以滂母,聲母清濁相混。《音釋》反切爲"婢亦切",仍爲並母字。

16.《音圖》(1357)鵖(必)　　鵖：皮及切　　bǐəp　　深開三入緝並(重三)
　　　　　　　　　　必：卑吉切　　pǐět　　臻開三入質幫(重四)
《音釋》(1547) 鵖(皮及切)
　　按："鵖"字《廣韻》爲並母字,《音圖》注以幫母,聲母清濁相混。《音釋》"鵖"字反切同《廣韻》,仍爲並母字。

(五)從母

17.《音圖》(117)癠(際)　　癠:在詣切　　dziei　　蟹開四去霽從
　　　　　　　　　　　　際:子例切　　tsĭɛi　　蟹開三去祭精
　　《音釋》(153) 癠(徂細切)

按:"癠"字《廣韻》爲從母字,《音圖》注以精母,聲母清濁相混。《音釋》反切爲"徂細切",仍讀從母。

18.《音圖》(254)懠(濟)　　懠:在詣切　　dziei　　蟹開四去霽從
　　　　　　　　　　　　濟:子計切　　tsiei　　蟹開四去霽精
　　《音釋》(344) 懠(才細切)

按:"懠"字《廣韻》爲從母字,《音圖》注以精母,聲母清濁相混。《音釋》反切爲"才細切","懠"仍讀從母。

19.《音圖》(917)瑳(搓)　　瑳:昨何切　　dzɑ　　果開一平歌從
　　　　　　　　　　　　搓:七何切　　tsʻɑ　　果開一平歌清
　　《音釋》(1088) 瑳(才何切)

按:"瑳"字《廣韻》爲從母字,《音圖》注以清母,聲母清濁相混。《音釋》反切爲"才何切",仍讀從母。

(六)邪母

20.《音圖》(75)(611)相(象)　相:息亮切　　sĭaŋ　　宕開三去漾心
　　　　　　　　　　　　　象:徐兩切　　zĭaŋ　　宕開三上養邪
　　《音釋》(106)相(息亮切)

按:"相"字《廣韻》爲心母字,《音圖》注以邪母,聲母清濁相混。《音釋》"相"字反切同《廣韻》,仍爲心母字。

(七)崇母

21.《音圖》(740)汋(卓)　　汋:士角切　　dʒɔk　　江開二入覺崇
　　　　　　　　　　　　卓:竹角切　　tɔk　　江開二入覺知
　　《音釋》(894) 汋(仕捉切)

按:"汋"字《廣韻》爲崇母字,《音韻》注以知母,聲母清濁相混。《音釋》反切爲"仕捉切",仍爲崇母字。

(八) 禪母

22. 《音圖》(248) 煁(針)　　煁:氏任切　　dzǐəm　　深開三平侵禪
　　　　　　　　　　　　針:職深切　　tɕǐəm　　深開三平侵章
　　《音釋》(333) 煁(市針切)

按:"煁"字《廣韻》爲禪母字《音圖》注以章母,聲母清濁相混。《音釋》反切爲"市針切",仍爲禪母字。

23. 《音圖》(374) 尰(腫)　　尰:時冗切　　dzǐwoŋ　　通合三上腫禪
　　　　　　　　　　　　腫:之隴切　　tɕǐwoŋ　　通合三上腫章
　　《音釋》(494) 尰(時勇切)

按:"尰"字《廣韻》爲禪母字,《音圖》注以章母,聲母清濁相混。《音釋》反切爲"時勇切",仍是禪母。

24. 《音圖》(1296) 筮(世)　　筮:時制切　　dzǐɛi　　蟹開三去祭禪
　　　　　　　　　　　　世:舒制切　　ɕǐɛi　　蟹開三去祭書
　　《音釋》(1483) 筮(誓)

按:"筮"字《廣韻》爲禪母字,《音圖》注以書母,聲母清濁相混。《音釋》"筮"字音"誓",《廣韻》二字同音,並爲"時制切"。

(九) 匣母

25. 《音圖》(359) 嘒(惠)　　嘒:呼惠切　　xiwei　　蟹合四去霽曉
　　　　　　　　　　　　惠:胡桂切　　ɣiwei　　蟹合四去霽匣
　　《音釋》(476) 嘒(呼惠切)

按:"嘒"字《廣韻》爲曉母字,《音圖》注以匣母,聲母清濁相混。《音釋》與《廣韻》同,仍爲曉母。

26. 《音圖》(360) 琄(楦)　　琄:胡畎切　　ɣiwen　　山合四上銑匣
　　　　　　　　　　　　楦:虛願切　　xiwɐn　　山合三去願曉
　　《音釋》(477) 琄(胡犬切)

按:"琄"字《廣韻》爲匣母字,《音圖》注以曉母,聲母清濁相混。《音釋》"琄"字爲"胡犬切",仍讀匣母。

27. 《音圖》(363) 謞(學)　　謞:許角切　　xɔk　　江開二入覺曉
　　　　　　　　　　　　學:胡覺切　　ɣɔk　　江開二入覺匣
　　《音釋》(481) 謞(虛各切)

按:"譹"字《廣韻》爲曉母字,《音圖》注以匣母,聲母清濁相混。《音釋》反切"譹"字爲"虛各切",仍讀曉母。

28.《音圖》(913)菡(漢)　　菡:胡感切　　ɣɒm　　咸開一上感匣
　　　　　　　　　　　　　漢:呼旰切　　xɑn　　山開一去翰曉

《音釋》(1084) 菡(戶感切)

按:"菡"字《廣韻》爲匣母字,《音圖》注以曉母,聲母清濁相混。《音釋》反切與《廣韻》同,仍讀匣母。

以上共涉及中古9個全濁聲母(群、定、澄、並、從、邪、崇、禪、匣)的28個例子,頗足以說明《音圖》和《音釋》是性質迥然不同的兩個音系。

(2)閉口韻尾-m 的消變問題

《音釋》音系與《音圖》音系的另一項重要語音區別,就是閉口韻-m 韻尾的消變。在《音圖》的音系中,中古深、咸二攝的-m 韻尾已經消失分別併入-n 尾的臻、山二攝(馮蒸,1992)。這是迄今爲止在漢語語音史料中所發現時代最早的成系統地反映-m>-n 音變的資料,可與晚唐詩人胡曾的《戲妻族語不正》詩的情況相印證(詳見後文),其音韻學價值是不言而喻的。但是在《音釋》的音系中,-m 韻尾仍完整地保存着。下面我們舉出若干例子以見一斑。

(一)深攝

1.《音圖》(15)綝(嗔)　　綝:醜林切　　tʂ'ĭɐm　　深開三平侵徹
　　　　　　　　　　　　嗔:昌眞切　　tɕ'ĭĕn　　臻開三平眞昌

《音釋》(40) 綝(勅金切)

按:"綝"字《廣韻》在侵韻(-m),《音圖》注以眞韻(-n)字,韻尾-m/-n 相混。《音釋》"綝"字"勅金切",仍在侵韻。

2.《音圖》(30)諶(辰)　　諶:氏任切　　zĭĕm　　深開三平侵禪
　　　　　　　　　　　　辰:植鄰切　　zĭĕn　　臻開三平眞禪

《音釋》(56) 諶(市林切)

按:"諶"字《廣韻》在侵韻(-m),《音圖》注以眞韻(-n)字,韻尾-m/-n 相混。《音釋》"諶"字"市林切",仍在侵韻。

3.《音圖》(165)廞(欣)　　廞:許金切　　xĭĕm　　深開三平侵曉
　　　　　　　　　　　　欣:許斤切　　xĭən　　臻開三平欣曉

《音釋》(223) 廞(許金切)

按:"廞"字《廣韻》在侵韻(-m),《音圖》注以欣韻(-n)字,韻尾-m/-n相混。《音釋》"廞"字反切同《廣韻》。

4.《音圖》(243)琛(珍) 　　琛:丑林切　　ʈʽĭĕm　　深開三開侵徹
　　　　　　　　　　　　珍:陟鄰切　　ʈĭĕn　　　臻開三平眞知

　　《音釋》(326)琛(勑金切)

按:"琛"字《廣韻》在侵韻(-m),《音圖》注以眞韻(-n)字,韻尾-m/-n相混。《音釋》"琛"字反切"勑金切",仍在侵韻。

(二)咸攝

5.《音圖》(18)妉(丹)　　妉:丁含切　　tɒm　　　咸開一平覃端
　　　　　　　　　　　　丹:都寒切　　tɑn　　　山開一平寒端

　　《音釋》(42) 妉(丁含切)

按:"妉"字《廣韻》爲覃韻(-m)字,《音圖》注以寒韻(-n)字,韻尾-m/-n相混。《音釋》"妉"字反切與《廣韻》同。

6.《音圖》(307)饘(佔)　　饘:諸延切　　tɕĭɛn　　山開三平仙章
　　　　　　　　　　　　佔:職廉切　　tɕĭɛm　　咸開三平鹽章

　　《音釋》(404) 饘(之然切)

按:"饘"字《廣韻》在仙韻(-n),《音圖》注以鹽韻(-m)字,韻尾-m/-n相混。《音釋》"饘"字"之然切",仍是仙韻。

7.《音圖》(308)繭(減)　　繭:古典切　　kien　　　山開四上銑見
　　　　　　　　　　　　減:古斬切　　kɐm　　　咸開二上豏見

　　《音釋》(406) 繭(吉典切)

按:"繭"字《廣韻》在銑韻(-n),《音圖》注以豏韻(-m)字,韻尾-m/-n相混。《音釋》"繭"字"吉典切",仍是銑韻。

8.《音圖》(329)懕(嫣)　　懕:一鹽切　　ĭɛm　　　咸開三平鹽影
　　　　　　　　　　　　嫣:於乾切　　ĭɛn　　　山開三平仙影

　　《音釋》(436)懕(於佔切)

按:"懕"字《廣韻》在鹽韻(-m),《音圖》注以仙韻(-n)字,韻尾-m/-n相混。《音釋》"懕"字"於佔切",仍是鹽韻。

9.《音圖》(753)瀸(諂)　　瀸:昌善切　　tɕʻĭɛn　　山開三上獮昌
　　　　　　　　　　　　諂:醜琰切　　tʻĭɛm　　咸開三上琰徹
　《音釋》(908) 瀸(闡)

按:"瀸"字《廣韻》在獮韻(-n),《音圖》注以琰韻(-m)字,韻尾-m/-n相混。《音釋》"瀸"字直音"闡",仍是獮韻。

10.《音圖》(913)莟(漢)　　莟:胡感切　　ɣɒm　　咸開一上感匣
　　　　　　　　　　　　漢:呼旰切　　xɑn　　山開一去翰曉
　《音釋》(1084)莟(戶感切)

按:"莟"字《廣韻》在感韻(-m),《音圖》注以翰韻(-n)字,韻尾-m/-n相混。《音釋》"莟"字"戶感切",仍是感韻。

11.《音圖》(1026)菼(坦)　　菼:吐敢切　　tʻɑm　　咸開一上敢透
　　　　　　　　　　　　坦:他坦切　　tʻɑn　　山開一上旱透
　《音釋》(1201) 菼(他敢切)

按:"菼"字《廣韻》在敢韻(-m),《音圖》注以旱韻(-n)字,韻尾-m/-n相混。《音釋》"菼"字"他敢切",仍在敢韻。

12.《音圖》(1173)蚺(然)　　蚺:汝鹽切　　ȵĭɛm　　咸開三平鹽日
　　　　　　　　　　　　然:如延切　　ȵĭɛn　　山開三平仙日
　《音釋》(1355) 蚺(而佔切)

按:"蚺"字《廣韻》在鹽韻(-m),《音圖》注以仙韻(-n)字,韻尾-m/-n相混。《音釋》"蚺"字"而佔切",仍在鹽韻。

13.《音圖》(1218)鱣(佔)　　鱣:張連切　　tĭɛn　　山開三平仙知
　　　　　　　　　　　　佔:職廉切　　tɕĭɛm　　咸開三平鹽章
　《音釋》(1404) 鱣(張連切)

按:"鱣"字《廣韻》在仙韻(-n),《音圖》注以鹽韻(-m)字,韻尾-m/-n相混。《音釋》"鱣"字反切同《廣韻》。

14.《音圖》(1372) 鸇(佔)　　鸇:諸延切　　tɕĭɛn　　山開三平仙章
　　　　　　　　　　　　佔:職廉切　　tɕĭɛm　　咸開三平鹽章
　《音釋》(1562) 鸇(之然切)

按:"鸇"字《廣韻》在仙韻(-n),《音圖》注以鹽韻(-m)字,韻尾-m/-n相混。《音釋》"鸇"字"之然切",仍在仙韻。

15. 《音圖》(1426) 豜(檢)　　豜:吉典切　　kien　　山開四上銑(《集韻》)
　　　　　　　　　　　　檢:居奄切　　kĭɛm　　咸開三上琰見

　　《音釋》(1621) 豜(五見切)

　　按:"豜"字《廣韻》未有上聲一讀,今取《集韻》反切。在銑韻(-n),《音圖》注以琰韻(-m)字,韻尾-m/-n 相混。《音釋》"豜"字"五見切",仍在銑韻。

16. 《音圖》(1486)鼸(現)　　鼸:胡忝切　　ɣiem　　咸開四上忝匣
　　　　　　　　　　　　現:胡甸切　　ɣien　　山開四去霰匣

　　《音釋》(1685) 鼸(胡忝切)

　　按:"鼸" 字《廣韻》在忝韻(-m),《音圖》注以霰韻(-n)字,韻尾-m/-n 相混。《音釋》"鼸"字反切同《廣韻》。

17. 《音圖》(1572)獫(煉)　　獫:力驗切　　lĭɛm　　咸開三去艷來
　　　　　　　　　　　　煉:郎電切　　lien　　山開四去霰來

　　《音釋》(1776) 獫(力驗切)

　　按:"獫"字《廣韻》在艷韻(-m),《音圖》注以霰韻(-n)字,韻尾-m/-n 相混。《音釋》"獫"字反切同《廣韻》。

這 17 例足以說明《音釋》和《音圖》是迥然不同的兩個音系。

(3)入聲韻尾的消變問題

　　《音釋》與《音圖》音系不同的另一個特點,就是入聲韻尾的演化情況不同。根據我們的研究(馮蒸,1992),在《音圖》的入聲韻母系統中,中古入聲的-p、-t、-k 三個韻尾均已脫落,三者合流為一個喉塞音韻尾-ʔ,即雖然仍保留有入聲韻,但已遠遠不是中古音的入聲格局了。而《音釋》的情況則大不相同了。根據我們的初步考察,發現在《音釋》中仍是-p 尾注-p 尾,-t 尾注-t 尾,-k 尾注-k 尾,絕不相混。說明在《音釋》的音系中古的-p、-t、-k 尾仍完整地保存着,是一個相當保守的音系。

　　下面我們略舉數例以作說明。

(一)-p 尾入聲字

1. 《音圖》(36)盍(曷)　　盍:胡臘切　　ɣap　　咸開一入盍匣
　　　　　　　　　　　　曷:胡葛切　　ɣat　　山開一入曷匣

　　《音釋》(63)盍(胡臘切)

　　按:"盍"字《廣韻》在盍韻(-p),《音圖》注以曷韻(-t)字,韻尾-t/-p 相混。《音釋》"盍"字反切同《廣韻》。

2.《音圖》(274)跲(結)　　跲:巨業切　　gǐɐp　　咸開三入業群
　　　　　　　　　　　　結:古屑切　　kiet　　山開四入屑見
　《音釋》(366) 跲(其葉切)
　按:"跲"字《廣韻》在業韻-p、《音圖》注以屑韻(-t)字,韻尾-p/-t相混。《音釋》"跲"字反切在葉韻,仍是—p尾。

3.《音圖》(724)庴[厒](渴)　　庴[厒]:口荅切　　k'ɐp　　咸開一入合溪
　　　　　　　　　　　　　渴:苦曷切　　k'at　　山開一入曷溪
　《音釋》(876) 庴(口閤切)
　按:"庴[厒]"字《廣韻》在合韻(-p),《音圖》注以曷韻(-t)字,韻尾-p/-t相混。《音釋》"庴"字反切"口閤切",仍在合韻。

4.《音圖》(1357)鵖(必)　　鵖:皮及切　　bǐəp　　深開三入緝並(重三)
　　　　　　　　　　　　必:卑吉切　　pǐět　　臻開三入質幫(重四)
　《音釋》(1547) 鵖(皮及切)
　按:"鵖"字《廣韻》在緝韻(-p),《音圖》注以質韻(-t)字,韻尾-p/-t相混。《音釋》"鵖"字反切同《廣韻》,仍在緝韻。

(二) -t尾入聲字

5.《音圖》(351)挃(直)　　挃:陟栗切　　ţǐět　　臻開三入質知
　　　　　　　　　　　　直:除力切　　ḍǐěk　　曾開三入職澄
　《音釋》(464) 挃(丁秩切)
　按:"挃"字《廣韻》在質韻(-t),《音圖》注以職韻(-k)字,韻尾-t/-k相混。《音釋》"挃"字"丁秩切",仍是質韻。

6.《音圖》(395)姪(牒)　　姪:徒結切　　diet　　山開四入屑定
　　　　　　　　　　　　牒:徒協切　　diep　　咸開四入帖定
　《音釋》(519) 姪(徒結切)
　按:"姪"字《廣韻》在屑韻(-t),《音圖》注以帖韻(-p),韻尾-t/-p相混。《音釋》"姪"字反切同《廣韻》,仍在屑韻。

7.《音圖》(405)楔(甲)　　楔:古黠切　　kæt　　山開二入黠見
　　　　　　　　　　　　甲:古狎切　　kap　　咸開二入狎見

《音釋》(530)楔(古點切)

按:"楔"字《廣韻》在點韻(-t),《音圖》注以狎韻(-p)字,韻尾-t/-p 相混。《音釋》"楔"字反切同《廣韻》,仍爲點韻。

8. 《音圖》(416) 臬(業)　　臬:五結切　　ŋiet　　山開四入屑疑
　　　　　　　　　　　　業:魚怯切　　ŋĭɐp　　咸開三入業疑

　《音釋》(543)臬(魚列切)

按:"臬"字《廣韻》在屑韻(-t),《音圖》注以業韻(-p)字,韻尾-t/-p 相混。《音釋》"臬"字反切"魚列切",仍在屑韻。

9. 《音圖》(442) 闑(業)　　闑:五結切　　ŋiet　　山開四入屑疑
　　　　　　　　　　　　業:魚怯切　　ŋĭɐp　　咸開三入業疑

　《音釋》(568)闑(魚列切)

按:"闑"字《廣韻》在屑韻(-t),《音圖》注以業韻(-p)字,韻尾-t/-p 相混。《音釋》"闑"字"魚列切",仍在屑韻。

10. 《音圖》(506) 钀(業)　　钀:魚列切　　ŋĭɛt　　山開三入薛疑
　　　　　　　　　　　　業:魚怯切　　ŋĭɐp　　咸開三入業疑

　《音釋》(632)钀(魚列切)

按:"钀"字《廣韻》在薛韻(-t),《音圖》注以業韻(-p)字,韻尾-t/-p 相混。《音釋》"钀"字反切同《廣韻》,仍爲薛韻。

11. 《音圖》(581) 篞(聶)　　篞:奴結切　　niet　　山開四入屑泥
　　　　　　　　　　　　聶:尼輒切　　ŋĭɐp　　咸開三入葉娘

　《音釋》(708)篞(乃結切)

按:"篞"字《廣韻》在屑韻(-t),《音圖》注以葉韻(-p)字,韻尾-t/-p 相混。《音釋》"篞"字反切"乃結切",仍在屑韻。

12. 《音圖》(607) 窒(執)　　窒:陟栗切　　ţĭĕt　　臻開三入質知
　　　　　　　　　　　　執:之入切　　tɕĭəp　　深開三入緝章

　《音釋》(734)窒(知乙切)

按:"窒"字《廣韻》在質韻(-t),《音圖》注以緝韻(-p),韻尾-t/-p 相混。《音釋》"窒"字反切"知乙切",仍在質韻。

13. 《音圖》(622)挈(怯)　　挈:苦結切　　k'iet　　山開四入屑溪

| | 怯:去劫切 | k'ɣɐp | 咸開三入業溪 |

《音釋》(752)挈(苦結切)

按:"挈"字《廣韻》在屑韻(-t),《音圖》注以業韻(-p)字,韻尾-t/-p相混。《音釋》"挈"字反切同《廣韻》,仍爲屑韻。

14.《音圖》(682)迭(牒) 　迭:徒結切　　diet　　山開四入屑定
　　　　　　　　　　　　牒:徒協切　　diep　　咸開四入帖定

《音釋》(827)迭(徒結切)

按:"迭"字《廣韻》在屑韻(-t),《音圖》注以帖韻(-p)字,韻尾-t/-p相混。《音釋》"迭"字反切同《廣韻》,仍爲屑韻。

15.《音圖》(1303)鵠(甲)　鵠:古黠切　　kæp　　山開二入黠見
　　　　　　　　　　　　甲:古狎切　　kap　　咸開二入狎見

《音釋》(1490) 鵠(古八切)

按:"鵠"字《廣韻》在黠韻(-t),《音圖》注以狎韻(-p)字,韻尾-t/-p相混。《音釋》"鵠"字"古八切",仍爲黠韻。

16.《音圖》(1446)豽(納)　豽:女滑切　　ŋwæt　　山合二入黠娘
　　　　　　　　　　　　納:奴答切　　nɒp　　咸開一入合泥

《音釋》(1641) 豽(尼滑切)

按:"豽"字《廣韻》在黠韻(-t),《音圖》注以合韻(-p)字,韻尾-t/-P相混。《音釋》"豽"字"尼滑切",仍爲黠韻。

17.《音圖》(1464)䴉(鴨)　䴉:烏黠切　　æt　　山開二入黠影
　　　　　　　　　　　　鴨:烏甲切　　ap　　咸開二入狎影

《音釋》(1660) 䴉(烏八切)

按:"䴉"字《廣韻》在黠韻(-t),《音圖》注以狎韻(-p)字,韻尾-t/-p相混。《音釋》"䴉"字"烏八切",仍是黠韻。

(三)—k尾入聲字

18.《音圖》(3)鷝(畢)　鷝:必益切　　pĭɛk　　梗開三入昔幫
　　　　　　　　　　　畢:卑吉切　　pĭĕt　　臻開三入質幫(重四)

《音釋》(23)鷝(並亦切)

按:"鷝"字《廣韻》在昔韻(-k),《音圖》注以質韻(-t)字,韻尾-k/-t相混。《音釋》"鷝"字"並亦切",仍爲昔韻。

19.《音圖》(23)辟(畢)　　辟:必益切　　pǐɛk　　梗開三入昔幫
　　　　　　　　　　　　畢:卑吉切　　pǐĕt　　臻開三入質幫(重四)
　《音釋》(49)闢(婢亦切)

按:"辟"字《廣韻》在昔韻(-k),《音圖》注以質韻(-t)字,韻尾-k/-t 相混。《音釋》"辟"字"婢亦切",亦爲昔韻。

20.《音圖》(286)鬩(吸)　　鬩:許激切　　xiet　　梗開四入錫曉
　　　　　　　　　　　　吸:許及切　　xiəp　　深開三入緝見
　《音釋》(383))鬩(呼歷切)

按:"鬩"字《廣韻》在錫韻(-k),《音圖》注以緝韻(-p)字,韻尾-k/-p 相混。《音釋》"鬩"字"呼歷切",仍爲錫韻。

21.《音圖》(1552)䫻(急)　　䫻:古闃切　　kiwek　　梗合四入錫見
　　　　　　　　　　　　急:居立切　　kiəp　　深開三入緝見
　《音釋》(1755) 䫻(古覓切)

按:"䫻"字《廣韻》在錫韻(-k),《音圖》注以緝韻(-p)字,韻尾-k/-p 相混。《音釋》"䫻"字"古覓切",仍爲錫韻。

上面我們以被注音字作標準,分成-p、-t、-k 尾三種情況,考察《音圖》和《音釋》的注音情況,雖然只有 21 例,但已可明顯看出二者音系之不同。

(4)三/四等韻的合流問題

從以上三項音變來看,《音釋》音系的確比《音圖》音系保守得多,但是我們不也能因此就說《音釋》的音系與中古時期的《切韻》音系完全一樣,它在聲母和韻母方面的確也都有若干簡化,祇是遠不如《音圖》的音系變化那麼巨烈而已,下面我們僅舉出三、四等韻合流這一項音變說明《音釋》的音系與中古音仍是頗有不同,而與《音圖》的這一特點頗爲一致。其他方面的特點這里就從略不述了。

(一)齊韻系

1.《音圖》(458)甈祭(契霽)　　　　2.《音圖》(739)灠祭(計霽)
　《音釋》(584)同上　　　　　　　《音釋》(893)同上
3.《音圖》(894)蒍祭(計霽)
　《音釋》(1064)同上

(二)先韻系

  4.《音圖》(216)(596)薦霰(賤線)　　5.《音圖》(491)袨霰(賤線)
   《音釋》(294)(724)同上　　　　　《音釋》(620)同上
  6.《音圖》(1182)蜆銑(演獮)　　　7.《音圖》(1577)健獮(練霰)
   《音釋》(1365)同上　　　　　　　《音釋》(1781)同上

(三)蕭韻系

  8.《音圖》(402)交嘯(要笑)　　　9.《音圖》(1432)幺蕭(腰宵)
   《音釋》(527)同上　　　　　　　《音釋》(1627)同上

(四)屑韻

  10.《音圖》(958)藒薛(挈屑)　　11.《音圖》(1087)洩薛(屑屑)
   《音釋》(1132)同上　　　　　　《音釋》(1262)泄薛(屑屑)
  12.《音圖》(1126)蠽薛(節屑)　　13.《音圖》(1242)鱴屑(滅薛)
   《音釋》(1304)同上　　　　　　《音釋》(1427)同上
  14.《音圖》(1526)闕月(缺屑)
   《音釋》(1727)同上

(五)帖韻

  15.《音圖》(162)饁葉(叶帖)　　　16.《音圖》(242)浹帖(接葉)
   《音釋》(220)同上　　　　　　　《音釋》(325)同上
  17.《音圖》(775)頰帖(劫業)
   《音釋》(934)同上

(六)錫韻

  18.《音圖》(632)析錫(惜昔)　　19.《音圖》(803)菥錫(惜昔)
   《音釋》(766)同上　　　　　　《音釋》(963)同上
  20.《音圖》(999)䴈錫(亦昔)　　21.《音圖》(1117)檅錫(亦昔)
   《音釋》(1173)同上　　　　　　《音釋》(1295)同上
  22.《音圖》(811)虉錫(逆陌)　　23.《音圖》(381)禓錫(息職)
   《音釋》(973)同上　　　　　　《音釋》(501)同上
  24.《音圖》(524)鬲錫(力職)　　25.《音圖》(784)(909)蔞錫(力職)
   《音釋》(651)同上　　　　　　《音釋》(944)(1079)同上
  26.《音圖》(1447)鸅錫(菊屋)

《音釋》(1642) 鶪_錫(古役_昔)

根據以上 26 例，我們可以認爲，《音釋》音系和《音圖》一樣，中古的三/四等韻業已合流。

通過以上四項音變的考察，我們不難發現《音圖》音系與《音釋》音系之間的巨大差別，它們分別出自兩個完全不同的中古方言音系當是無可置疑的。雖然我們説《音釋》的音系比《音圖》的音系要保守，存古的特點遠多於《音圖》，但是也無法就斷定《音釋》的音系一定比《音圖》的音系早。二者完全可以祇是方言的不同，因爲各方言區的發展並不平衡。這主要是因爲我們對中古的方音區別了解得太少，特別是對中古蜀方言音系和當時標準音的認識了解太少，所以光憑這兩本書音系的比較似乎還不能夠完全準確地確定二書到底哪一個代表毋昭裔音系。所以，此前我一直認爲暫從清人曾燠、孫星衍的看法認定《音圖》音系代表毋昭裔音不失爲是一種比較穩妥的做法。

(5)從音韻角度證《爾雅音圖》音注的作者是毋昭裔

根據曾燠的序和孫星衍的跋語，可以看出，曾、孫二氏確定《音圖》所載之音就是後蜀(934—965)毋昭裔《音略》的音，理由有五：

① 此書爲元人寫本，但題作《影宋鈔繪爾雅》，其撰作時代當爲宋代或宋代以前。

② 毋昭裔去宋甚近，所爲蜀本書傳世亦多，宜其音尚存。

③ 文獻記載毋昭裔所撰的《音略》是三卷，與此書卷數相同。

④《音圖》有其獨特的注音特點。即其所注音均是一字一音，沒有異讀。且均是直音，沒有反切。這個特點與唐釋智騫和陸德明對《爾雅》的注音迥然不同，當是毋昭裔音。宋晁公武的《郡齋讀書志》最早注意到此點。《讀書志》説："《爾雅》舊有釋智騫及陸朗《釋文》(的注音)，昭裔以一字有兩音或三音，後生疑於呼讀，乃釋其文義最明者爲定。"

⑤ 由於該書注音全是直音，沒有反切。與《經典釋文·爾雅音義》所載的郭璞音—既有直音又有反切的情況絕然不同，故亦非郭璞音。

根據以上五點，曾、孫二氏定《音圖》的注音就是毋昭裔音。我們認爲，從理論上來説，這些理由並不十分充分，還不足以最終確定此書注音的作者就是毋昭裔，當然也無法否定它就一定不是毋昭裔。所以在沒有相反的證據出現之前，可以暫從曾、孫二氏的説法。這就是此前我們認定《音圖》的注音就是毋昭裔音的主要理由。

但是，以上都是純然從文獻學角度所做出的考證，尚未考察該書的音韻特點，即尚未從語言學角度做進一步的論證。現在我們就從音韻學角度對這個問題試加論證。

上文第五節我們已經比較了《音圖》和《音釋》兩書音系特點的四項異同，我認爲此四項音韻特點中的二、三兩點(即"二、閉口韻尾—m 的消變問題";"三、入聲韻尾的消變問題"),對於我們確定《音圖》的作者是後蜀的毋昭裔,實有着重要的意義,所以有必要在此做進一步的探討。

先談閉口韻尾-m 的消變問題。根據上文的考察可知,《音釋》依然是-m、-n 韻分別自注,絕不相混,說明-m 韻尾並沒有消失。但《音圖》則已經發生了-m>-n 的音變,我認爲《音圖》的-m>-n 音變對於證明《音圖》的作者是毋昭裔,有着直接的意義。因爲根據有關音韻史料可知,唐宋時期的四川地區語音的確已經發生了-m>-n 的音變,而在唐宋時期的其他方言區似均未出現此項音變,這是唐代蜀地語音與其他方言區語音區別的重要特徵之一。說明《音圖》的注音的確反映的是四川地區的語音,前人從文獻學角度考證《音圖》的作者是後蜀的毋昭裔之說是可信的,而《音釋》的語音基礎則絕非蜀地的語音,也不大可能是蜀地的作品。

第一個證據就是音韻學界所熟知的晚唐詩人胡曾的《戲妻族語不正》詩(載《全唐詩》卷 870)。全詩內容如下:

"呼'十'(-p)卻爲'石'(-k),喚'鍼'(-m)將作'眞'(-n),忽然雲雨至,總道是天'因'(-n)[陰(-m)]。"

這首詩揭示了胡曾妻族方言的兩項音變,即:(1)閉口韻尾-m>-n;(2)入聲韻尾-p、-k 的相混,實際上當是-p、-t、-k>-ʔ。我們認爲這兩項音變應該都是唐代的一種方言音變,換言之,也就是說該音變僅限於在唐代的某個方言區才有,並不是一種普遍現象或者通語現象,因此對於研究唐代的方言分區和確定毋昭裔音系的方言屬性有重大參考價值。這裏先討論這首詩中所反映的-m>-n 音變問題。而說明這個問題的關鍵就是必須首先解決這項音變的方言屬性,即這項音變是不是晚唐四川地區的特有音變。

對於胡曾的這首詩所反映的音變現象,以前的學者多從時間角度加以論述,認爲在晚唐時期的某個漢語方言中已發生了此項音變,很少有人從空間角度再加以進一步的探討,只有邵榮芬先生對於此詩的-m>-n 音變從空間角度作了重要陳述,他說:"'鍼、陰'是收-m 尾的字,'眞、因'是收-n 尾的字,他的妻子把'鍼'說成'眞',把'天陰'說成'天因',說明-m 尾已經併入了-n 尾。胡曾是湖南邵陽人,咸通中(860—870)曾在西川任職,他的妻子不是湖南人,便有可能使四川人。這說明西南方言鼻音韻尾混得比較早。現代西南方言甚至連-n,-ŋ 尾有些也分不清了。"(邵榮芬,1979)我認爲胡曾的妻子是四川人的可能性最大,特別是再把它與《音圖》的-m>-n 音變結合起來看,二者的契合絕非偶然。胡曾和毋昭裔都是晚唐時人,而前者比後者略早。胡曾妻和毋昭裔音都有着-m>-n 的音變,而且文獻上又都說明他們可能工作生活在四川,表明它們之間應該有着密切的內部聯繫——也就是說它們出自同一個方言——唐代的四川話,借用《切韻·序》的稱謂,可稱爲唐代的"梁益方言",我認爲只有這種解釋似乎才是最爲合理的。

我們說唐代的四川方言中已經發生了-m>-n 的音變,還有第二個重要的證據,就是比這兩項資料時代略晚的宋人宋祁(998—1061)的《益部方物略記》(1057)的用韻,亦可證宋代四川方言有-m>-n的音變,宋祁祖籍是湖北人,但曾在四川任職。根據黃尚軍《〈益部方物略記〉用韻與〈廣韻〉音系的比較》(1993)一文的研究,《益部方物略記》一書是以韻語的形式記載了蜀中奇產"草木蟲魚六十五條",共使用韻字140字。其中第29條"林(-m)、薪(-n)、斤(-n)"相押,第43條"矜(-n)、心(-m)"相押,第57條"面(-n)、斂(-m)"相押,這些"都有力地證實了這一現象的存在,即在唐宋時代,四川方音中的-m尾韻蓋已向-n尾韻轉化。這種押韻在唐宋時代《廣韻》系統的韻書中絕對不可的,在唐宋文人的律詩中也是罕見的'出韻'。由此可以看出,宋祁《益部方物略記》中的押韻,在一定程度上受了當時四川方音的影響,帶有當時四川方音的某些特點。如果再聯繫其他材料,全面探討宋時四川方音的特色,《益部方物略記》是有其價值的。"(黃尚軍,1993)這項反映宋代四川方音的押韻材料所出現的-m>-n音變可與其前的胡曾詩、毋昭裔音注的同一現象形成了一個證據鏈,說明了四川地區-m>-n音變的源遠流長。

此外,關於-m>-n的音變,黃尚軍1993的注解⑭還引用了一些更早時期的蜀地作品,以說明此種音變發生時代之早,其文云:"漢代蜀郡作家的作品中也有類似情形,如王褒《四子講德論》:'陳、賢、廉'相押,揚雄《太玄·少》:'淵、鐵'相押,都有-m尾與-n尾相混的迹像。看來,這種混同在古代四川地區可能開始得很早。"

由此看來,把-m>-n音變定爲唐五代時期蜀地方音的一個重要特點大概是無庸置疑的(這裏暫以胡曾、毋昭裔的撰作時代爲準,定爲唐五代,實際上可能還可以把時代推得更早),這個特點對於我們進一步研究《音圖》注音的音系基礎和作者問題無疑提供了比文獻更爲可靠的內證。而在中原地區,-m>-n的音變遲至元代《中原音韻》時尚未發生,顯然是方言的不同。

現在再討論入聲韻尾-p、-t、-k>-ʔ的消變問題;根據胡曾詩"呼'十'(-p)卻爲'石'(-k)"一語,可知胡曾妻子方言是-p、-k韻尾相混,而在《音圖》中是-p、-t、-k三者相混,表明已變爲喉塞音-ʔ,二者性質相同,這是晚唐四川地區的另一項重要語音特徵。

我們現在對於唐五代時期的漢語方言情況還了解不多,但是從有關的音韻史料來看,當時佔主流地位的北方話有兩大權威方言:長安話和洛陽話。入聲韻的-p、-t、-k韻尾並沒有發生變爲-ʔ的混同音變(參馮蒸,2002)。延至五代兩宋時期,從基本上反映當時通語音系的五代兩宋詞的入聲用韻情況看,中古入聲韻尾-p、-t、-k的消變,可分爲兩個階段:五代到宋初王詵、蘇軾以前爲第一階段,這一階段的特點是韻尾-p、-t、-k並存;從王詵、蘇軾開始到宋末爲第二階段,這一階段的特點是除少數人以外,韻尾-p、-t、-k的對立已不存在,均已消變爲喉塞音-ʔ(哈平安 1996)。據此可知晚唐五代時期的絕大多數漢語方言基本上未發生-p、-t、-k>-ʔ的音變,胡曾妻子方言的入聲消變發生在晚唐時期,當是當時四川地區的一種方言音變,該地區的此項音變早於其他唐代方言區。《音圖》的注音恰恰是發生了-p、-t、-k>-ʔ的音變,如果是毋昭裔音的話,其時代和現象均與胡曾詩相吻合,當非偶然。總的來說,這一音變由於有上述-m>-n音變時間、地點的確認,所以也就連帶順利地解決了自身的時間和地望問題。

《音圖》的作者如果是毋昭裔的話,在沒有對其作品的方音屬性確認之前,推測他用以注音的音系基礎理論上當有三種可能性:1.或者是用其家鄉話,即所謂"河中龍門"地區的方言,"河中龍門"即今山西河津縣,有可能使用的是當時的河津話;2.或者是用當時北方話的通語,即唐代的長安話或洛陽話;3.或者是用其所任職的後蜀都城今四川省成都地區的話(所謂"梁益方言")。但所列的這三種可能性只是一種理論的推測,實際上是否如此,實疑莫能定。另外,至少我現在認為當時的山西河津話與唐代北方的兩大權威方言長安話或洛陽話之一恐怕未必有多大區別。河津方言雖今屬晉語,但其地望實接近中原地區,理論上應與當時的洛陽話或長安話相近,即使有所區別,他在讀書學習時所用的語音與在撰寫《音略》時所用的語音一定是當時的一種規範讀音,權威語音,即讀書音。不大可能完全用自己的家鄉話給《爾雅》注音,因為那樣的注音沒有多少實際意義。由此看來,他的注音系統實際上只有2、3兩種可能性。而上述的兩項音變明顯與唐五代時期北方話的代表方言——長安話和洛陽話均不合,而與當時或稍前、稍後的四川地區語音結合,而毋昭裔恰恰又一直在蜀地任職,所以我們確認毋昭裔的注音用的是晚唐時期的梁益方言——及唐代四川成都地區的話,當屬可信。

以上,是我們從音韻學角度論證《音圖》音注的作者是毋昭裔的主要依據。看來-m>-n和-p、-t、-k>-ʔ這兩條音變應是晚唐五代時期蜀地方音的主要特徵。這兩項資料對於我們研究唐代的方言分區,無疑有著重要的意義。此前我在撰寫《唐代方音分區考略》(馮蒸,2002)一文時還沒意識到這些資料,所以對唐代的梁益方言區闕而未論,今後我將把此項資料補入拙文,使唐代方音分區研究更趨完善。

本文載董琨、馮蒸主編:《音史新論》,學苑出版社,2005年,第101-125頁。

參考文獻

曹述敬等:《音韻學辭典》,湖南出版社,1991年。

曹正義:《中古的崇、船、禪與現代的 t?、t?'、?》,《山東大學學報》1963年第1期,第81—85頁。

昌彼得等編:《宋人傳記資料索引》,中華書局,1988年,第397頁。

丁鋒:《〈博雅音〉音系研究》,北京大學出版社,1995年。

丁聲樹、李榮:《漢語音韻講義》,上海教育出版社,1984年,第5頁。

董同龢:《廣韻重紐試釋》,《史語所集刊》1995年第13本,第1—20頁。

董同龢:《漢語音韻學》,台灣:學生書局,1968年。

馮蒸(1991a):《〈爾雅音圖〉音注所反映的宋初零聲母》,《漢字文化》1991年第1期,第29—36頁。轉載於人大複印報刊資料H1《語言文字學》1991年第6期。

馮蒸(1991b):《〈爾雅音圖〉音注所反映的宋代濁音清化》,《語文研究》1991年第2期,第21—29頁。

馮蒸(1991c):《"藜"字今讀考》,《漢字文化》1991年第2期,第42—49頁。[署名"楊義"]。轉載於人大複印報刊資料H1《語言文字學》1991年第12期。

馮蒸(1991d):《〈爾雅音圖〉音注所反映的宋代k-/x-相混》,《語言研究》(增刊),1991年,第78轉103頁。

馮蒸(1991e):《〈切韻〉"痕魂""欣文""哈灰"、非開合對立韻說》,《隋唐五代漢語研究》,山東教育出版社,第472—509頁。

馮蒸(1992):《〈爾雅音圖〉音注所反映的宋初四項韻母音變》,《宋元明漢語研究》,山東教育出版社,1992年,第510—578頁。

馮蒸(1993a):《〈爾雅音圖〉音注所反映的宋初濁上變去》,《大陸雜誌》第87卷第2期,第21—25頁。

馮蒸(1993b):《"〈爾雅音圖〉音注所反映的宋代濁音清化"補遺》,《語文研究》1993年第4期,封三。

馮蒸(1994a):《〈爾雅音圖〉音注所反映的宋代知莊章三組聲母演變》,《漢字文化》1994年第3期,第24—32頁轉23頁。

馮蒸(1994b):《〈爾雅音圖〉音注所反映的宋初非敷奉三母合流:兼論〈音圖〉微母的演化》,《語言研究》(增刊)1994年,第53—62頁;《雲夢學刊》1994年第4期,第72—78頁;轉載於人大複印報刊資料H1《語言文字學》1995年第4期。

馮蒸(1995):《〈爾雅音圖〉音注所反映的宋初三、四等韻合流》,《漢字文化》1995年第4期,第48—62頁。

馮蒸(1996a):《〈爾雅音圖〉音注所反映的五代宋初等位演化:兼論〈音圖〉江/宕、曾/梗兩組韻攝的合流問題》,《語言研究》(增刊)1996年,第195—212頁。

馮蒸(1996b):《〈爾雅音圖〉的聲調》,《中國語學研究:開篇》,vol.14,日本早稻田大學文學部古屋研究室,株式會社好文出版,1996年,第18—31頁;《語言研究》1997年第1期,第148—159頁。

馮蒸(1997a):《〈爾雅音圖〉的疑母》,《雲夢學刊》1997年第1期,第73—76頁轉52頁。

馮蒸(1997b):《〈爾雅音圖〉的聲調》,《語言研究》1997年第1期,第148—159頁。

馮蒸(1998a):《〈爾雅音圖〉音注所反映的五代宋初重紐韻演變》,申小龍主編:《走向新世紀的語言學》,臺北萬卷樓圖書有限公司,1998年,第394—489頁。

馮蒸(1998b):《〈爾雅音圖〉音注所反映的五代宋初重韻演變》,《漢語史研究集刊》(第一輯),巴蜀書社,1998年,第384—409頁。

馮蒸(2002):《唐代分音分區考略》,《龍宇純先生七秩晉五壽慶論文集》,台灣學生書局,2002年,第301—382頁。

馮蒸(2005):《《爾雅音圖》與《爾雅音釋》注音異同說略》,董琨,馮蒸主編:《音史新論》,學苑出版社,2005年,第101—175頁。

葛毅卿:《評高本漢所擬齊先蕭青添及支仙宵清鹽的韻值體系》,《南師學報》1962年第1期,第81—90頁轉23頁。

郭錫良:《漢字古音手冊》,北京大學出版社,1986年。

哈平安:《五代兩宋詞的入聲用韻》,《語言與言語障礙論集》,1996年,第17—41頁。

胡元玉:《雅學考》,謝啓昆撰:《小學考》,漢語大詞典出版社,1997年。

花登正宏:《古今韻會舉要考——古今韻會舉要に於ける三等重紐諸韻》,《日本中國學會報》1977年。

黃典誠:《曹憲〈博雅音〉研究》,《音韻學研究》(第二輯),中華書局,1986年,第63—82頁。

黃錦君:《〈後漢書〉李賢注反切考》,《研究生論文選刊:第二集》(四川大學學報叢刊第三十二輯),1986年,第12—21頁。

黃尚軍:《〈益部方物略記〉用韻與〈廣韻〉音系的比較》,《渝州大學學報(哲學社會科學版)》1993年第1期,第14—19頁轉34頁。

黃笑山:《〈切韻〉和中唐五代音位系統》,臺北文津出版社,1995年。

蔣希文:《從現代方言論中古知莊章三組聲母在〈中原音韻〉里的讀音》,《中國語言學報》1982年第1期,第139—159頁。

李葆瑞:《應用音韻學》,東北師範大學出版社,1988年。

李方桂:《上古音研究》,商務印書館,1980年。

李惠昌:《遇攝韻在唐代的演變》,《汕頭大學學報》(人文科學版)1989年第4期,第81—88頁。

李榮:《切韻音系》,科學出版社,1956年。

李榮:《音韻存稿》,商務印書館,1982年。

李榮:《語文論衡》,商務印書館,1985年,第42頁。

劉雲凱:《歷史上的禪日合流與奉微合流兩項非官話音變小考》,《漢字文化》1989年第3期,第36—38頁。

羅常培:《漢語音韻學導論》,中華書局,1956年。

潘悟雲、朱曉農:《漢越語和〈切韻〉唇音字》,《中華文史論叢增刊》,上海古籍出版社,1982年。

平山久雄:《中古唇音重紐在〈中原音韻〉齊微韻里的反映》,《〈中原音韻〉新論》,北京大學出版社,1991年,第28—34頁。

森博達:《重紐をめぐる二三の問題》,《中國語學》1981年228號,第109—118頁。

邵榮芬:《敦煌俗文學中的別字異文和唐五代西北方音》,《中國語文》1963年第3期第193—217頁。

邵榮芬:《〈五經文字〉的直音和反切》,《中國語文》1964年第3期,第214—230頁。

邵榮芬:《漢語語音史講話》,天津人民出版社,1979年。

邵榮芬:《〈晉書音義〉反切的語音系統》,《語言研究》1981年第1期,第103—124頁。

邵榮芬:《切韻研究》,中國社會科學出版社,1982年。

邵榮芬:《〈切韻〉尤韻和東三等唇音聲母字的演變》,《東方文化》(Journal of Oriental Studies),vol.XXIX,no.1,1991年,第45—53頁。

邵榮芬:《匣母字上古一分爲二試析》,《語言研究》1991年第1期,第118—127頁。

孫星衍撰、陳寶彞編:《廉石居藏書記》(內外編),《叢書集成·初編》刊本,1936年第4頁。此本系據《式訓堂叢書》本排印。

唐作藩:《晚唐尤韻純音字轉入虞韻補正》,《紀念王力先生九十誕辰文集》,山東教育出版社,1991年,第180—187頁。

王　力:《上古漢語入聲和陰聲的分野及其收音》,《語言學研究與批判》(第二輯),高等教育出版社,1960年。

王　力:《漢語史稿》(上冊),中華書局,1980年。

王　力:《朱熹反切考》,《龍蟲並雕齋文集》(三),中華書局,1982年,第257—338頁。

王　力:《漢語語音史》,中國社會科學出版社,1985年。

王士元:《競爭性演變是剩餘的原因》,漢譯文見石鋒:《語音學探微》(北京大學出版社,1990年)。

汪壽明、潘文國:《漢語音韻學引論》,華東師範大學出版社,1992年。

王　顯:《異文古讀彙編》(未刊稿本)。

西門華德 (Walter Simon):《藏語的 so 與漢語的"牙"》(Tibetan so and Chinese yá 'tooth'), BSOAS 1956(18):3. 漢譯文載《語言學論叢》(第一輯),新知識出版社,1957年,第211—213頁。

岩田禮:《論舌齒音2等聲母的非捲舌化》,《中國語學》1978年225期。

楊耐思:《中原音韻音系》,中國社會科學出版社,1981年,第27—29頁。

俞　敏:《等韻溯源》,《音韻學研究》第一輯,中華書局,1984年,第402—413頁。

余明象:《〈廣韻〉札記一則》,《中國語文》1984年第5期,第358頁。

張衛東:《論中古知照系部分字今讀同精組》,《深圳大學學報》1984年創刊號,第109—115頁。

鄭張尚芳:《上古音構擬小議》,《語言學論叢》第14輯,1984年,第36—49頁。

鄭張尚芳:《上古韻母系統和四等、介音、聲調的發源問題》,《溫州師院學報》1987年第4期,第67—90頁。

鄭張尚芳:《方言中的舒聲促化現象說略》,《語文研究》1990年第2期,第6—9頁。

鄭張尚芳:《切韻四等韻的來源與方言變化模式》,中國音韻學研究會第7次討論會論文,1992年。

鄭張尚芳:《漢語方言一些語音現象的歷史解釋三題》,第一屆國際漢語語言學會議論文,新加坡,1992年。

鄭張尚芳:《重紐的來源及其反映》,《第四屆國際暨第十三屆全國聲韻學學術研討會論文集》,1995年。

周法高:《隋唐五代宋初重紐反切研究》,《第二屆國際漢學會議論文集》(語言文字組),1989年,第85—110頁。

周祖謨:《關於唐代方言中四聲讀法的一些資料》,《問學集》,中華書局,1966年,第494—500頁。

周祖謨:《爾雅校箋》,江蘇教育出版社,1984年。

竺家寧:《九經直音的濁音清化》,《木鐸》1979年第8期,第89—302頁。

竺家寧(1980a):《九經直音的聲母問題》,《木鐸》1980年第9期,第345—356頁。

竺家寧(1980b):《九經直音聲調研究》,台灣《淡江學報》1980年第17期,第1—19頁。

Abercrombie,D.1967.*Elements of General Phonetics.* Edinburgh University Press.

Gong,Huang-cherng 1994: "A Hypothesis of Three Grades and Vowel Length Distinction in Tangut," *Journal of Asian and African Studies* Nos. 46-47:305-314.

Juhl,R.A.1980.Tonal influence on vowel merger.*JCL* vol.8,No.2.

附　錄

附錄一　　《爾雅音圖》注音條目總表

凡　例

1. 本表收録《爾雅音圖》一書出現的全部音注字共 1583 條,以供進一步的研究和檢核本文之用。
2. 條目排列以其在原書中出現的先後順序爲次,並在每條音注字前加編了順序號以便查核和徵引。
3. 順序號後第一個字是《爾雅音圖》一書的被注音字,括弧内是毋昭裔所注的直音字。
4. 注音字和被注音字在《廣韻》音系中同音者均在該條目下加橫綫標明。表中酌收少量《集韻》視爲同音的條目,但對此均加以説明。
5. 有關條目的校勘性説明均以註腳的形式出現。
6. 本表所據的《爾雅音圖》一書系北京中國書店 1985 年 3 月第 1 版影印本。

卷　上

释诂第一

<u>(1)肇(兆)</u>　　　　(2)俶(叔)①　　　　<u>(3)辟(畢)</u>
<u>(4)憮(呼)</u>　　　　(5)厖(旁)　　　　<u>(6)誕(但)</u>
<u>(7)訏(籲)</u>　　　　(8)芻(罩)②　　　　(9)畈(反)
(10)昄(姪)　　　　<u>(11)艐(宗)</u>　　　　(12)摧(推)
(13)昇(訃)　　　　<u>(14)鮮(銑)</u>　　　　<u>(15)綝(嘽)</u>
(16)穀(叩)　　　　(17)衎(勘)　　　　(18)妉(丹)
<u>(19)逾(聿)</u>　　　　(20)度(鐸)③　　　　<u>(21)諏(苴)</u>
<u>(22)彝(夷)</u>　　　　<u>(23)辟(畢)</u>　　　　<u>(24)辜(孤)</u>
<u>(25)辠(罪)</u>　　　　<u>(26)齯(倪)</u>　　　　<u>(27)鮐(台)</u>
<u>(28)耇(狗)</u>　　　　(29)亶(單)④　　　　<u>(30)諶(辰)</u>
<u>(31)粤(曰)</u>　　　　(32)繇(由)　　　　<u>(33)於(烏)</u>

---

① 《集韻》643 頁二同音,入聲屋韻,"昌六切"。
② 《廣韻》無"芻"字,《集韻》"芻罩"同音"陟教切"。
③ 《廣韻》484 頁二同音,入聲鐸韻,"徒落切"。
④ 《集韻》370 頁二同音,平聲仙韻,"時連切"。

(34)欱(閤)① (35)郃(合) (36)盇(曷)
(37)妃(配)② (38)媲(譬) (39)纂(纛)
(40)忥(戲) (41)謚(侍) (42)貉(陌)③
(43)謐(密) (44)顊(擬) (45)頠(委)
(46)隕(允) (47)殞(允) (48)摽(俵)
(49)蘦(零) (50)畛(積) (51)告(谷)
(52)迥(扃) (53)遏(惕) (54)圮(移)
(55)塊(鬼) (56)寀(采) (57)羕(樣)
(58)毅(義) (59)戡(堪) (60)獮(㳘)
(61)刺(次) (62)亹(尾) (63)䖟(蜜)④
(64)釗(招) (65)劭(邵) (66)勔(泯)⑤
(67)鶩(務) (68)瞖(閔) (69)卬(昂)
(70)台(怡) (71)台(怡) (72)予(與)
(73)餤(淡) (74)藎(燼) (75)相(象)
(76)勵(慮) (77)頍(耿)⑥ (78)劼(吉)
(79)挈(牽) (80)眭(旺) (81)藐(邈)
(82)鰓(協) (83)重(崇) (84)㲉(學)⑦
(85)磬(擊) (86)殲(尖) (87)揫(揪)
(88)蒐(搜) (89)遄(船) (90)數(朔)
(91)逮(沓) (92)阬(坑) (93)漮(康)
(94)差(叉) (95)柬(簡) (96)慄(栗)
(97)戁(赧) (98)恐(孔) (99)懵(摺)
(100)痡(蒲) (101)瘏(徒) (102)虺(灰)
(103)頦(悴) (104)癯(勤) (105)瘉(俞)
(106)瘨(鼠) (107)瘺(聯)⑧ (108)瘒(裡)
(109)痒(羊)⑨ (110)疧(祁) (111)痗(妹)

---

① 《廣韻聲系》157頁二同音,入聲合韻,"古沓切"。
② 《廣韻》368頁二同音,去聲隊韻,"滂配切"。
③ 《廣韻》489頁二同音,入聲陌韻,"莫白切"。
④ 《廣韻》無"䖟"字。《集韻》"䖟蜜"同音"覓畢切"。
⑤ "勔"字《廣韻》"彌兗切","泯"字在《廣韻》"無盡切",韻母未合。《集韻》"勔泯"同音"弭盡切"。
⑥ 《集韻》426頁二同音,上聲耿韻,"古幸切"。
⑦ 《集韻》"㲉學"同音"轄覺切"。《廣韻》"學,胡覺切","㲉,苦角切",不同音,今不取。
⑧ "瘺"字《廣韻》無。《集韻》"瘺聯"同音"閭員切"。
⑨ 《集韻》211頁二同音,平聲陽韻,"余章切"。

(112)瘥(瑳)　　　(113)痱(肥)　　　(114)癉(罩)
(115)瘵(債)　　　(116)瘼(莫)　　　(117)瘠(際)
(118)悝(裡)　　　(119)盱(籲)　　　(120)繇(遙)
(121)勛(異)　　　(122)癙(談)　　　(123)來(賚)①
(124)怒(溺)　　　(125)祓(廢)　　　(126)襪(斯)
(127)檜(藥)　　　(128)諲(因)　　　(129)熯(旱)
(130)晙(俊)　　　(131)頵(須)　　　(132)徯(係)
(133)矞(聿)　　　(134)烖(哉)　　　(135)譏(祈)
(136)汽(蓋)②　　(137)肶(毘)　　　(138)埤(脾)
(139)竺(篤)③　　(140)遘(搆)　　　(141)遻(悟)
(142)覿(的)　　　(143)泣(利)　　　(144)頻(眺)
(145)瘞(亦)　　　(146)匿(覓)　　　(147)遏(曷)④
(148)射(亦)　　　(149)梏(谷)　　　(150)頲(挺)⑤
(151)弛(止)　　　(152)暴(剝)⑥　　(153)覛(陌)
(154)髳(蒙)　　　(155)謟(叨)　　　(156)棐(匪)
(157)圉(語)　　　(158)呰(紫)　　　(159)瑳(嗟)
(160)鷙(質)　　　(161)假(暇)⑦　　(162)饁(葉)
(163)饟(餉)⑧　　(164)餽(櫃)　　　(165)廞(欣)
(166)蹶(貴)　　　(167)假(暇)　　　(168)舍(捨)
(169)欪(快)　　　(170)獻(係)　　　(171)呬(四)
(172)峙(止)　　　(173)惵(某)⑨　　(174)娠(振)
(175)戁(報)　　　(176)妯(抽)　　　(177)繇(由)
(178)覢(脈)　　　(179)淈(骨)　　　(180)汱(捲)
(181)㩒(插)　　　(182)毖(祕)　　　(183)繇(由)
(184)馘(國)　　　(185)穧(濟)　　　(186)挈(略)

---

① 《集韻》"來賚"同音"洛代切"。
② "汽"《廣韻》"許訖切"為入聲迄韻曉母字,不但義與《爾雅》不合,其音亦與注音字"蓋"相去甚遠。今取《集韻》"居代切"一讀,為去聲代韻見母字,此音與注音字"蓋"相當,且釋義與《爾雅》相合。《集韻》此讀當本于《經文》。
③ 《廣韻》439頁二同音,入聲沃韻,"東毒切"。
④ 《集韻》686—687同音,入聲曷韻,"何葛切"。
⑤ 《集韻》428頁同音,上聲迥韻,"他頂切"。
⑥ 《廣韻》無"暴"字,《集韻》二字同音,"北角切"。
⑦ (161)(167)《集韻》594—595同音,去声禡韵,"亥駕切"。
⑧ 《广韵》405頁二同音,去聲漾韻,"式亮切"。
⑨ 《集韻》"惵"同音,"莫後切"。

(187)拚(崩)　　　(188)抨(烹)　　　(189)儴(攘)
(190)梬(欒)　　　(191)虜(庚)　　　(192)袝(附)
(193)祪(鬼)　　　(194)曀(匿)①　　(195)妥(頹)
(196)貉(陌)　　　(197)嘆(莫)　　　(198)寔(石)
(199)輟(拙)　　　(200)酋(由)

釋言第二

(201)訧(侈)　　　(202)謖(縮)　　　(203)徇(遜)
(204)馹(日)　　　(205)傅(舡)　　　(206)告(谷)
(207)惄(是)　　　(208)舍(荅)　　　(209)訾(慸)
(210)烕(戒)　　　(211)褊(匾)　　　(212)賈(古)
(213)厞(費)②　　(214)遹(誓)　　　(215)圮(起)
(216)荐(賤)　　　(217)憮(武)　　　(218)敉(米)
(219)臞(衢)　　　(220)脙(求)　　　(221)桄(光)
(222)差(初)　　　(223)佴(二)　　　(224)馩(紛)
(225)餾(溜)　　　(226)媵(映)　　　(227)棐(非)③
(228)餱(侯)　　　(229)佻(挑)④　　(230)窒(只)
(231)蓳(埋)　　　(232)黼(甫)　　　(233)黻(弗)
(234)畯(俊)　　　(235)諈(墜)　　　(236)諉(內)⑤
(237)憯(慘)　　　(238)寱(縷)　　　(239)蔆(愛)
(240)僾(愛)　　　(241)挾(葉)　　　(242)浹(接)
(243)琛(珍)　　　(244)紕(備)　　　(245)淩(淩)
(246)傭(容)　　　(247)氂(離)　　　(248)煁(針)
(249)炷(頃)⑥　　(250)駔(粗)　　　(251)泭(孚)
(252)遟(遟)　　　(253)賑(振)　　　(254)憿(濟)
(255)偰(屑)⑦　　(256)眕(軫)　　　(257)硈(恰)
(258)翩(驕)　　　(259)懟(對)　　　(260)縭

---

① 《集韻》667-668 同音,入聲職韻,"昵力切"。
② 《集韻》"厞","厞"《廣韻》340 頁作"厞"二字同音,去聲未韻,"扶沸切"。
③ 《廣韻》44 頁二同音,平聲微韻,"甫微切"。
④ 注音字"挑"原誤作"桃",今據"佻"字音韻地位及宋本《爾雅音釋》[音"挑"]校改。
⑤ 《集韻》467 頁二同音,去聲寘韻,"而睡切"。
⑥ 《集韻》668 頁二同音,上聲靜韻,"犬潁切"。
⑦ 《廣韻》471 頁二同音,入聲屑韻,"先結切"。

(261)譹(呼)	(262)遚(悟)	(263)頠(定)
(264)遺(位)	(265)焱(剡)①	(266)甛(亂)
(267)飧(孫)②	(268)臺(迭)	(269)輶(酋)
(270)俴(踐)	(271)綯(陶)	(272)蹢(獵)
(273)慮(致)	(274)跲(結)	(275)柢(帝)③
(276)斃(弊)	(277)僨(僵)	(278)僵(董)
(279)潰(會)	(280)陪(唵)	(281)劓(匿)④
(282)闍(都)	(283)殁(亟)	(284)諗(審)
(285)弇(掩)	(286)翕(吸)	(287)燬(毀)
(288)曩(曩)	(289)駽(響)⑤	(290)偟(皇)
(291)懊(奧)	(292)忨(阮)	(293)愒(喝)⑥
(294)楷(枝)	(295)懵(囚)	(296)鬻(止)
(297)袟(秩)	(298)廞(侁)	(299)逭(換)
(300)閒(諫)	(301)沄(云)	(302)沉(忼)⑦
(303)疿(費)⑧	(304)燠(浴)	(305)堛(逼)⑨
(306)齊(濟)⑩	(307)饘(佔)	(308)襧(減)
(309)覷(睓)	(310)姞(滑)	(311)鬻(祝)
(312)翢(刀)	(313)纛(到)	(314)妎(係)⑪
(315)苇(貝)	(316)狃(紐)	(317)緡(民)
(318)藜(斯)		

釋訓第三

(319)條(由)⑫	(320)便(梗)	(321)癰(雝)

---

① 《漢語大字典》346 頁,上聲琰韻,"以冉切"。又參(1171)蛯(剡)。
② 《集韻》二同音,平聲魂韻,"蘇昆切"。
③ 《廣韻》350 頁二同音,去聲霽韻,"都計切"。
④ 《集韻》668 頁二同音,入聲職韻,"尼質切"。
⑤ 《廣韻》291 頁二同音,上聲養韻,"許兩切"。
⑥ 《廣韻》"愒"苦蓋切,"喝"於轄切,聲母相差太遠。《集韻》521 頁"喝愒"同音"丘蓋切"。
⑦ 《集韻》121 頁同音,上聲蕩韻,"中郎切"。
⑧ 《廣韻》340 頁二同音,入聲未韻,"扶涕切"。
⑨ 《集韻》761 頁二同音,入聲職韻,"筆力切"。
⑩ 《集韻》同音 92,344,502 頁二同音。
⑪ 《集韻》506 頁"妎係"同音,"胡計切"。
⑫ 《經典釋文》1618 頁"條條,舍人本作攸攸,沈亦音條"。

(322)儠(繩)　　　(323)㥮(墜)　　　(324)燒(嚣)
(325)番(波)　　　(326)踖(夕)①　　(327)佗(陀)
(328)忯(底)　　　(329)壓(嫣)　　　(330)媞(題)
(331)懋(茂)　　　(332)慔(暮)　　　(333)慅(搔)
(334)壿(蹲)②　　(335)蹻(角)　　　(336)憍(嬌)
(337)訰(諄)　　　(338)㷍(雹)　　　(339)儚(蒙)③
(340)浊(同)④　　(341)佌(此)　　　(342)瘖(管)
(343)瘐(與)⑤　　(344)惸(瓊)　　　(345)慱(團)
(346)怲(柄)　　　(347)昀(巡)⑥　　(348)晏(策)
(349)毯(遂)　　　(350)穮(標)⑦　　(351)挃(直)
(352)穫(活)　　　(353)溞(搔)　　　(354)浙(錫)
(355)鍠(橫)　　　(356)丁(爭)　　　(357)佻(兆)⑧
(358)儵(踢)　　　(359)嚖(惠)　　　(360)珆(楦)
(361)懽(貫)　　　(362)慆(遙)　　　(363)謞(學)
(364)訿(紫)　　　(365)粤(屏)　　　(366)夆(風)
(367)遹(聿)　　　(368)蒇(袁)⑨　　(369)謷(喧)
(370)饎(熾)　　　(371)號(毫)　　　(372)雩(於)
(373)曁(忌)　　　(374)尰(腫)　　　(375)骭(莧)
(376)瘍(羊)　　　(377)拇(畝)　　　(378)媛(怨)
(379)猗(衣)　　　(380)禫(但)　　　(381)愒(息)
(382)籧(渠)　　　(383)篨(除)　　　(384)誇(誇)
(385)擗(劈)　　　(386)拊(撫)　　　(387)緎(域)
(388)縫(逢)　　　(389)屎(希)　　　(390)幬(紬)
(391)俴(舟)　　　(392)罶(柳)

①《集韻》326頁二同音。入聲昔韻,"祥易切"。
②《集韻》"壿蹲"同音"土倫切"。
③《廣韻》無"儚"字,《集韻》收有此字,"謨中切"。
④《集韻》"同燼"同音,"徒東切"。
⑤《廣韻》無"瘐"字。《集韻》作"瘦","勇主切"。
⑥《廣韻》88頁二同音,平聲諄韻,"詳遵切"。
⑦ 原注音字作"摽",當為"標"字之誤,今逕改"(505)鑣(標)、(614)猋(標)、(1022)蔍(標)"四條情況同此,亦逕改。
⑧《集韻》二同音,上聲篠韻,"徒了切"。
⑨《廣韻》無"蒇"字。《集韻》"蒇袁"同音"于元切"。

釋親第四

(393)妣(比)　　　(394)昆(昆)　　　(395)姪(牒)
(396)姒(似)　　　(397)娣(第)⁹①　　(398)嫡(的)
　　　　　　　　(399)嬪(頻)

釋宮第五

(400)宧(倚)　　　(401)宦(夷)　　　(402)窔(要)
(403)秩(直)②　　 (404)閾(域)③　　 (405)楔(甲)
(406)楣(煨)　　　(407)厄(士)　　　(408)坫(店)
(409)枂(烏)　　　(410)樕(虡)　　　(411)黝(悠)
(412)墺(惡)　　　(413)樴(得)　　　(414)杙(亦)
(415)樺(暉)　　　(416)㮇(業)　　　(417)閣(都)
(418)樬(竭)④　　 (419)垣(袁)　　　(420)塒(時)
(421)㝉(忙)　　　(422)廇(溜)　　　(423)梲(拙)
(424)闑(下)　　　(425)樧(疾)　　　(426)窒(節)
(427)桴(浮)　　　(428)㮰(衰)　　　(429)簃(簷)
(430)樀(滴)　　　(431)簃(移)　　　(432)笫(曜)
(433)鄉(向)⑤　　 (434)屏(並)⑥　　 (435)寧(佇)
(436)閎(崩)　　　(437)觀(貫)　　　(438)衚(巷)
(439)閎(厷)⑦　　 (440)塾(熟)　　　(441)橛(厥)⑧
(442)闑(業)　　　(443)瓴(苓)　　　(444)甋(的)
(445)甓(擗)　　　(446)壼(閫)　　　(447)劇(極)
(448)隩(低)　　　(449)杠(江)　　　(450)掎(寂)
　　　　　　　　(451)陝(狹)

---

① 《廣韻聲系》305頁二同音，上聲薺韻，"徒禮切"。
② 宋本《爾雅》作"袟"，不作"秩"，"袟"，"于結切"。
③ 《廣韻》閾，況逼切；域，雨逼切，不同音，聲母相差較遠。《集韻》"閾域"同音，"越逼切"。
④ 《廣韻》477頁二同音，入聲薛韻，"渠列切"。
⑤ 《集韻》"向鄉"同音"許亮切"。
⑥ 《集韻》425頁二同音，上聲靜韻，"必郢切"。(《說文》只一義一讀"必郢切")
⑦ 《集韻》"閎厷"同音"乎萌切"。
⑧ 《廣韻聲系》143頁二同音，入聲月韻，"居月切"。

297

釋器第六

(452)籩(邊)　　　　(453)盎(快)　　　　(454)缶(斧)
(455)瓿(部)　　　　(456)瓵(移)　　　　(457)瓡(胡)
(458)甈(契)　　　　(459)斫(劬)　　　　(460)斨(竹)
(461)鐯(著)①　　　(462)斛(鍫)②　　　(463)疀(插)
(464)緵(宗)　　　　(465)罬(域)　　　　(466)罼(離)
(467)罦(狗)　　　　(468)罾(柳)　　　　(469)翼(嘲)
(470)汕(訕)　　　　(471)篧(卓)　　　　(472)槮(慘)
(473)罜(嗟)　　　　(474)罞(茆)　　　　(475)麔(滯)
(476)羉(欒)　　　　(477)罠(孤)　　　　(478)繴(璧)
(479)罿(衝)　　　　(480)罬(拙)　　　　(481)罩(孚)
(482)絇(句)　　　　(483)紛(粉)③　　　(484)卣(由)④
(485)梳(流)　　　　(486)䫉(倪)　　　　(487)襮(博)
(488)祄(穴)　　　　(489)褮(營)　　　　(490)衱(劫)
(491)袴(賤)　　　　(492)褑(院)　　　　(493)衽(稔)⑤
(494)袺(結)　　　　(495)扱(插)　　　　(496)襭(歇)
(497)襜(占)　　　　(498)褘(韋)⑥　　　(499)縭(离)
(500)綏(蕤)　　　　(501)纀(蔔)　　　　(502)靬(痕)
(503)第(弗)　　　　(504)捐(絹)　　　　(505)鑣(摽)
(506)鑱(業)　　　　(507)轙(儀)　　　　(508)餃(亥)
(509)餘(惠)　　　　(510)饐(意)　　　　(511)餲(隘)
(512)糪(辇)　　　　(513)檗(拍)　　　　(514)斳(卓)
(515)鮨(祁)　　　　(516)醢(海)　　　　(517)鸝(泥)
(518)堲(印)　　　　(519)鼒(耐)　　　　(520)圜(袁)
(521)鬲(譎)　　　　(522)鈗(亦)　　　　(523)穎(欵)

---

① 《廣韻》"著鐯"同音"張略切"。"著"另有"陟慮切"一讀,今不取。
② 《廣韻》《集韻》"斛䥻"同音"七遙切"。《集韻》"七"誤作"干",釋義云:"䥻亦作鍫"。
③ 《集韻》545頁二同音,平聲文韻,"方文切"。
④ 《廣韻》184頁二同音,平聲尤韻,"以周切"。
⑤ 《集韻》"衽稔"同音"忍甚切"。
⑥ 《集韻》"褘韋"同音"于非切"。

(524)鬲(力)　　(525)䣭(净)　　(526)鬻(尋)
(527)鈘(侈)　　(528)璗(遂)　　(529)翮(黑)
(530)縛(篆)　　(531)絟(袞)　　(532)虡(巨)
(533)龓(卑)　　(534)蕀(速)　　(535)蓋(合)
(536)瀪(簜)　　(537)鏐(留)　　(538)鐐(遼)
(539)鉼(餅)　　(540)鈑(板)　　(541)釣(引)
(542)鵠(斛)　　(543)臔(嶽)　　(544)剒(錯)
(545)劌(鐸)　　(546)璆(留)①　　(547)鏃(族)②
(548)鍭(侯)　　(549)呃(尾)　　(550)銑(㲉)
(551)蜃(腎)③　　(552)珧(姚)　　(553)琡(俶)
(554)好(耗)　　(555)瑗(院)　　(556)繰(茜)
(557)赬(稱)　　(558)纁(勳)　　(559)黝(悠)
(560)邸(氐)④　　(561)柢(弟)　　(562)蓐(辱)
(563)蒢(移)　　(564)第(止)　　(565)辨(片)⑤
(566)羷(眷)⑥　　(567)鋄(搜)　　(568)卣(酉)

釋樂第七

(569)徵(止)　　(570)灑(篩)⑦　　(571)藃(墳)
(572)應(膺)　　(573)馨(喬)　　(574)籐(池)
(575)沂(銀)⑧　　(576)鼰(則)　　(577)剽(瓢)⑨
(578)棧(盞)⑩　　(579)筊(爻)　　(580)簥(矯)⑪
(581)箮(聶)　　(582)篎(妙)　　(583)蕭(藥)
(584)篎(約)⑫　　(585)吹(炊)　　(586)和(賀)

①《集韻》615頁二同音,去聲宥韻,"以救切"。
②《集韻》637頁二同音,入聲屋韻,"作木切"。
③《廣韻》255頁二同音,上聲軫韻,"丑忍切"。
④《集韻》"邸氐"同音"典禮切"。
⑤《廣韻》388頁二同音,去聲霰韻,"普麵切"。
⑥《集韻》575頁二同音,去聲線韻,"古倦切"。
⑦《集韻》25頁、40頁、309頁二同音。
⑧《廣韻》二字音韻地位明顯未合,《集韻》126二同音,"魚巾切"。
⑨《廣韻》129-130頁二同音,平聲宵韻,"符霄切"。
⑩《集韻》374頁二同音,上聲產韻,"阻限切"。
⑪《集韻》"矯簥"同音,"居襖切"。
⑫《集韻》"篎"字凡四見,其中一見與"約"同音"乙卻切",今取。《廣韻》藥韻無此字。

(587)咢(鄂)　　(588)寋(蹇)①　　(589)枳(祝)
(590)敔(語)　　(591)籈(真)　　(592)韜(桃)
(593)料(聊)

釋天第八

(594)長(掌)　　(594)贏(盈)　　(596)薦(賤)
(597)闋(刺)　　(598)著(著)　　(599)重(崇)
(600)默(亦)　　(601)牂(臧)　　(602)祫(峽)
(603)涒(吞)　　(604)噩(鄂)　　(605)閹(掩)
(606)敦(頓)　　(607)窒(執)　　(608)陬(鄒)②
(609)痾(柄)　　(610)且(覻)③　　(611)相(象)
(612)凱(鎧)　　(613)積(穨)　　(614)焱(標)④
(615)庛(頓)　　(616)雨(芋)　　(617)霾(埋)
(618)曀(意)　　(619)雰(蒙)　　(620)蠕(帝)
(621)蝀(董)　　(622)挈(怯)　　(623)拿(掩)
(624)霆(廷)　　(625)霓(倪)　　(626)霱(線)
(627)靇(麥)　　(628)霖(木)　　(629)霖(霖)⑤
(630)亢(剛)　　(631)氐(低)　　(632)析(惜)
(633)柯(囂)　　(634)顓(專)　　(635)項(旭)
(636)虛(噓)　　(637)娵(疽)　　(638)觜(諮)
(639)降(夆)　　(640)咮(呪)　　(641)启(啓)
(642)欃(讒)　　(643)槍(鎗)　　(644)彴(勺)
(645)燔(煩)　　(646)庪(機)　　(647)縣(玄)
(648)祿(貴)　　(649)禷(類)　　(650)祔(罵)
(651)禘(帝)　　(652)肜(容)　　(653)胙(昨)⑥
(654)蒐(搜)　　(655)獮(剪)　　(656)狩(受)
(657)闞(田)　　(658)綢(叨)　　(659)杠(江)

---

① 《集韻》361、362頁兩處同音,上聲阮韻,"紀偃切";上聲獮韻,"九件切"。
② 《廣韻》189頁二同音,平聲尤韻,"手擎切"。
③ 《集韻》65頁二同音,平聲魚韻,"千餘切"。
④ 參350條注解。
⑤ 《廣韻》《集韻》《說文》均無"霖"字,疑為誤字。《漢語大字典》亦作"霖"字,不作研究。
⑥ 《集韻》728頁二同音,入聲鐸韻,"疾各切"。

(660)纁(勳)　　　(661)縿(衫)　　　(662)廣(曠)①
(663)旐(兆)　　　(664)旆(佩)　　　(665)旟(餘)

釋地第九

(666)雝(雍)　　　(667)濟(擠)　　　(668)陓(烏)②
(669)阢(信)　　　(670)隃(殊)　　　(671)澳(菊)
(672)珣(荀)　　　(673)玗(於)　　　(674)稽(基)
(675)斥(尺)　　　(676)鰈(蝶)③　　(677)鶼(兼)
(678)邛(穹)　　　(679)岠(巨)④　　(680)蟄(孽)
(681)蠻(厥)　　　(682)迭(牒)　　　(683)枳(止)
(684)坰(扃)　　　(685)湮(濕)　　　(686)陂(披)
(687)阪(反)　　　(688)菑(緇)　　　(689)畬(餘)
(690)邠(彬)　　　(691)濮(蔔)　　　(692)觚(孤)

釋丘第十

(693)敦(墩)　　　(694)乘(乘)　　　(695)陼(渚)
(696)潦(老)　　　(697)涓(省)　　　(698)沮(蛆)
(699)邐(裡)　　　(700)迤(以)　　　(701)厓(牙)
(702)滑(脣)　　　(703)隩(奧)　　　(704)隒(煨)
(705)重(崇)　　　(706)滸(虎)　　　(707)涘(士)
(708)氾(似)　　　(709)潗(湄)⑤

釋山第十一

(710)坯(丕)⑥　　(711)崧(嵩)　　　(712)嶠(喬)
(713)歸(魁)　　　(714)岌(乙)　　　(715)岠(桓)

---

① 《集韻》"廣曠"同音,"古曠切"。
② 《集韻》"陓烏"同音,"江胡切"。
③ 《集韻》"蝶鰈"同音,"達協切"。《廣韻》亦同音"徒協切"。
④ "岠"字即"駏"字。《經典釋文》云:"駏,音巨,本或作岠,又作狋,音同。"《廣韻》:"駏,駏驢。"《爾雅·釋地》此處原文作:"西方有比肩獸鄢,與邛邛岠虛比。"此處之"岠虛"當即《廣韻》的"駏驢"。《廣韻聲系》200–201頁二同音,上聲語韻,"其呂切"。
⑤ 《廣韻》無"潗"《集韻》50頁二同音,平聲脂韻,"旻悲切"。
⑥ 《集韻》48頁二同音,平聲脂韻,"攀悲切"。

(716)屬(燭)　　(717)嶧(亦)　　(718)崒(卒)①
(719)厜(垂)②　　(720)厬(危)　　(721)盛(成)
(722)巓(言)③　　(723)隒(儼)　　(724)厬(渴)④
(725)鮮(尟)　　(726)陘(形)　　(727)磝(堯)
(728)礐(殼)　　(729)岵(戶)　　(730)峐(起)⑤
(731)㵎(肇)　　(732)顲(讀)　　(733)崔(摧)⑥
(734)嵬(委)　　(735)岨(蛆)　　(736)瀵(虞)

釋水第十二

(737)見(現)　　(738)瀸(纖)⑦　　(739)灡(計)
(740)汋(卓)　　(741)縣(玄)　　(742)沈(軌)
(743)仄(側)　　(744)渓(揆)⑧　　(745)辨(片)⑨
(746)潬(但)　　(747)汧(牽)　　(748)灒(糞)
(749)厬(軌)　　(750)瀶(用)　　(751)溠(楚)
(752)汶(問)　　(753)灡(詥)　　(754)沱(陀)
(755)濄(過)　　(756)潁(影)　　(757)濆(墳)
(758)瀾(爛)⑩　　(759)漪(衣)　　(760)湄(眉)
(761)濟(祭)　　(762)揭(竭)⑪　　(763)繇(由)
(764)艴(弗)　　(765)纚(離)　　(766)蕍(律)
(767)綏(葦)　　(768)泭(捊)⑫　　(769)澮(貴)
(770)泝(素)　　(771)陼(渚)　　(772)坻(池)
(773)潏(述)　　(774)虛(噓)　　(775)頯(劫)
(776)䰞(父)　　(777)鬲(革)

① 《集韻》671 頁二同音,入聲術韻,"即聿切"。
② 《集韻》"垂厜"同音,"是為切"。
③ "巓"字《廣韻》有三讀,意思基本相同,今取其"語軒切"一讀,視"巓言"二字為同音字。
④ 《漢語大字典》71 頁"厬:'厜'的訛字。"《爾雅·釋山》:"左右有岸,厬。"王引之述聞:"厬,本作厜,從厂,去聲,非從岜聲。《廣韻》去刼切,厜厬。《集韻》厜,厜也,或作厬。去劫與口圇聲相近,訓 為厜,正合"左右有岸"之義。且《集韻》云 或作厬,則厬為 之誤明矣。"
⑤ 《集韻》324 頁二同音,上聲止韻,"口已切"。
⑥ 《廣韻》78 頁二同音,平聲灰韻,"昨回切"。
⑦ 《集韻》"瀸纖"同音"思廉切"。
⑧ 《廣韻聲系》88 頁二同音,上聲旨韻,"渠追切"。
⑨ 同音,同(565)、(1104)。
⑩ 《集韻》"瀾爛"同音"朗旰切"。
⑪ 《廣韻聲系》114 頁二同音,入聲月韻,"其謁切"。
⑫ 《集韻》"泭捊"同音"芳無切"。

爾雅卷下前
釋草第十三

(778)萑(育)　　　(779)韭(九)　　　(780)苬(革)
(781)蔥(㥁)　　　(782)葝(陘)　　　(783)蘱(薙)
(784)薦(力)①　　 (785)薜(百)　　　(786)蘄(芹)
(787)椴(叚)　　　(788)櫬(襯)　　　(789)薊(計)
(790)枹(孚)②　　 (791)葥(箭)　　　(792)藆(遂)③
(793)菉(綠)　　　(794)薦(商)　　　(795)蒮(吊)
(796)蘩(煩)　　　(797)皤(婆)　　　(798)菣(腎)
(799)蔚(尉)　　　(800)庳(避)　　　(801)莞(官)
(802)葝(徑)　　　(803)菥(惜)　　　(804)蕢(覓)
(805)滁(途)　　　(806)瓠(戶)　　　(807)茹(如)
(808)蘆(盧)　　　(809)雈(佳)　　　(810)蘱(雷)
(811)藘(逆)　　　(812)粢(咨)　　　(813)衆(終)④
(814)秋(述)　　　(815)菽(叔)　　　(816)莪(尭)
(817)蕭(樂)⑤　　 (818)瓔(壞)　　　(819)蓀(孫)
(820)萊(練)　　　(821)菟(兔)　　　(822)荄(垓)
(823)葵(兮)　　　(824)蕒(演)⑥　　 (825)茢(列)
(826)蕙(真)　　　(827)豕(史)　　　(828)荓(瓶)
(829)藐(潰)⑦　　 (830)葵(獨)　　　(831)蘆(羅)⑧
(832)洎(勒)　　　(833)茵(囚)　　　(834)簜(蕩)⑨
(835)苊(禰)　　　(836)蔗(底)⑩　　 (837)䋁(垤)
(838)菲(匪)　　　(839)芴(物)　　　(840)葍(福)

---

① 此條與(909)條重出。
② 《集韻》76–77 頁二同音,平聲虞韻,"芳無切"。
③ 《集韻》474 頁二同音,去聲至韻,"雖遂切"。
④ 《廣韻》4 頁二同音,平聲東韻,"職戎切"。
⑤ 宋刻十行本《爾雅音釋》481 頁音"藥",則此為省寫,入聲藥韻,"以灼切",二同音。
⑥ 《廣韻》270 頁二同音,上声獮韻,"以淺切"。
⑦ 《廣韻》"藐"作"藐",胡罪切,義訓為:"《爾雅》云藐,懷羊,又音瑰。今據"藐"字形研究。《集韻》347 頁二同音,上聲賄韻。
⑧ 《集韻》201 頁二同音,平聲戈韻,"良何切"。
⑨ 《集韻》"簜蕩"同音,平聲唐韻,"他郎切"。
⑩ 《廣韻》無"蔗"字,《集韻》"蔗底"同音"典禮切"。

(841)菖(富)　　(842)葳(威)　　(843)蒯(劬)
(844)芌(聽)①　(845)箴(針)　　(846)薢(皆)②
(847)苣(狗)　　(848)芵(決)　　(849)芫(光)
(850)蓏(巫)　　(851)黄(夷)　　(852)穀(殺)
(853)蘠(墻)　　(854)𦵪(迭)　　(855)䘵(酌)
(856)蘱(類)　　(857)蕭(鼎)　　(858)董(童)
(859)蕛(啼)　　(860)芙(迭)　　(861)芺(夭)③
(862)薈(會)　　(863)蓼(了)　　(864)蔟(肖)
(865)蓨(惕)④　(866)虋(門)　　(867)芑(起)
(868)秠(否)⑤　(869)稃(敷)　　(870)秫(杜)⑥
(871)薁(瓊)　　(872)藆(蹇)⑦　(873)荝(伐)
(874)茵(萌)　　(875)攱(翹)　　(876)虳(毘)
(877)坯(浮)⑧　(878)蕈(典)　　(879)蔜(敖)
(880)蘿(屢)　　(881)菼(奪)　　(882)蘢(龍)
(883)葑(捧)　　(884)葼(總)　　(885)蒡(旁)⑨
(886)苬(忍)　　(887)茜(由)⑩　(888)藺(魯)
(889)薦(粗)⑪　(890)隧(遂)　　(891)蘧(拒)⑫
(892)蔬(疎)　　(893)苴(採)　　(894)蘮(計)⑬
(895)萟(如)⑭　(896)髦(毛)　　(897)薺(棘)
(898)蘿(貫)　　(899)蕁(潯)⑮　(900)茫(沉)

---

① 今把"听"視為"聽"的俗寫,把此條處理為同音字。
② 《廣韻》74頁二同音,平聲皆韻,"古諧切"。
③ 《廣韻》277頁二同音,上聲小韻,"於兆切"。
④ 《廣韻》502頁二同音,入聲錫韻,"他歷切"。
⑤ 《集韻》432頁二同音,上聲有韻,"俯久切"。
⑥ 《集韻》338頁二同音,上聲姥韻,"動五切"。
⑦ 《廣韻》270頁"藆,九輦切","蹇"260頁有兩讀:1)居偃切;2)居免切。其中"居免切"與"九輦切",見母上聲獮韻,二同音。
⑧ 《集韻》266頁二同音,平聲尤韻,"房尤切"。
⑨ 《集韻》221頁二同音,平聲庚韻,"蒲庚切"。
⑩ "茜由"《集韻》同音,平聲尤韻,"夷周切"。
⑪ 《集韻》338頁二同音,上聲姥韻,"坐五切"。
⑫ 《集韻》328-329頁二同音,上聲語韻,"臼許切"。
⑬ 原書作"蘮",誤,應作"蘮"。
⑭ 《集韻》67頁二同音,平聲魚韻,"人余切"。
⑮ 《集韻》275頁二同音,平聲侵韻,"徐心切"。但意義不對。

(901)蕍(俞) (902)蔇(朁) (903)蘮(眷)
(904)虉(霍)① (905)苀(鈕) (906)薃(浩)
(907)媞(提) (908)莞(官) (909)蕒(力)
(910)茄(加)② (911)薳(遐) (912)蔤(密)
(913)菡(漢) (914)苔(膽) (915)薏(意)③
(916)䕧(虧) (917)葰(搓) (918)臢(忩)
(919)枲(移) (920)菲(匪) (921)薏(息)
(922)蕡(貴) (923)蘼(美) (924)萹(徧)④
(925)莙(窘)⑤ (926)藻(早) (927)葰(逐)
(928)蒡(傷) (929)萍(平)⑥ (930)莃(希)
(931)蕢(頹) (932)薳(頹) (933)蕡(續)
(934)頼(頼) (935)蔆(凌) (936)櫕(眉)
(937)薜(百) (938)蕡(贊)⑦ (939)葥(箭)
(940)苺(每)⑧ (941)潭(潭) (942)蘜(菊)
(943)蓨(肖) (944)莖(奎) (945)蒛(缺)
(946)葐(盆) (947)芨(急) (948)䕞(纖)⑨
(949)肩(肩) (950)繫(計) (951)覆(服)
(952)芓(字) (953)藐(莫) (954)茈(紫)
(955)脫(奪)⑩ (956)蘵(職)⑪ (957)蒢(除)
(958)藕(挈) (959)芞(乞) (960)萆(尾)
(961)蔠(終) (962)薠(未) (963)莖(池)
(964)藸(除)⑫ (965)蒣(徒) (966)薽(圭)⑬

---

① 《廣韻》無"虉"字。《集韻》"霍虉"同音,"忽郭切"。
② 《廣韻》146頁二同音,平聲麻韻,"古牙切"。
③ 《廣韻》"薏"字"於力切","意"字"於記切",這種入聲與非入聲相注例《音圖》甚少,此例可疑。《集韻》"薏意"同音,"於記切"。
④ 《集韻》159頁二同音,平聲先韻,"蒲眠切"。
⑤ 《廣韻》256頁二同音,上聲軫韻,"渠殞切"。"莙"義訓為"牛藻也",正合《爾雅》義。
⑥ 《集韻》68頁二同音,平聲庚韻,"蒲兵切"。
⑦ "蕡"《音圖》作"營",疑誤。各種版本《爾雅》均做"蕡"。"蕡"字《廣韻》無,《集韻》去聲換韻"蕡贊"同音"則旰切"。
⑧ 《集韻》111頁二同音,平聲灰韻,"謨杯切"。《廣韻》二同音"莫佩切"。
⑨ 《集韻》"䕞纖"同音,平聲鹽韻,"思廉切"。
⑩ 《廣韻》466頁二同音,去聲末韻,"徒活切"。
⑪ 《廣韻》504頁二同音,入聲職韻,"之翼切"。"纖"。字下注云:"草名,似酸漿,亦作䕧。"
⑫ 《廣韻》50-51頁二同音,平聲魚韻,"直魚切"。
⑬ 《集韻》98-99頁二同音,平聲齊韻,"涓畦切"。

（967）橠(繩)　　　　（968）极(劫)①　　　　（969）裧(絳)②
（970）攫(钁)　　　　（971）旴(籲)　　　　　（972）粎(米)
（973）敿(敖)　　　　（974）涷(東)③　　　　（975）馗(逵)
（976）菌(郡)　　　　（977）萐(輒)④　　　　（978）苕(調)
（979）蔈(標)　　　　（980）芨(沛)⑤　　　　（981）虋(眉)
（982）藪(朔)　　　　（983）鄰(吝)⑥　　　　（984）簡(閑)
（985）祭(徒)　　　　（986）笐(杭)⑦　　　　（987）惹(待)
（988）枹(包)　　　　（989）毅(宗)　　　　　（990）芏(杜)
（991）綦(其)　　　　（992）葴(針)　　　　　（993）遬(速)
（994）卷(捲)　　　　（995）蟞(別)⑧　　　　（996）莣(亡)
（997）蔗(敖)　　　　（998）廡(炮)　　　　　（999）蔽(亦)
（1000）購(遘)　　　（1001）蔞(呂)　　　　（1002）茢(列)
（1003）蔞(夭)　　　（1004）菟(冤)　　　　（1005）萗(冊)⑨
（1006）莿(次)　　　（1007）萩(秋)　　　　（1008）銚(姚)
（1009）芅(弋)　　　（1010）茡(浮)　　　　（1011）苢(以)
（1012）芫(杭)⑩　　（1013）蠱(裡)　　　　（1014）蒞(括)
（1015）搴(蹇)　　　（1016）櫃(巨)⑪　　　（1017）朐(劬)
（1018）芙(襖)　　　（1019）荂(籲)　　　　（1020）薰(標)
（1021）焱(標)⑫　　（1022）藨(摽)　　　　（1023）芀(調)
（1024）蒹(兼)　　　（1025）薕(廉)　　　　（1026）荻(坦)
（1027）薍(瓺)　　　（1028）藗(俞)　　　　（1029）芛(葦)
（1030）蓳(皇)　　　（1031）筠(允)　　　　（1032）茭(交)

---

① 同(490),《廣韻》525頁二同音,入聲業韻,"居怯切"。
② 《廣韻》無"裧"字。《集韻》"裧絳"同音,去聲絳韻,"古巷切"。
③ 《廣韻》3-4頁二同音,平聲東韻,"德紅切"。
④ 《廣韻》520頁二同音,入聲葉韻,"陟葉切"。
⑤ 《廣韻》"芨"字有"蒲撥切,北末切"二讀,均與《爾雅》此字義無關。《集韻》"蒲蓋切"(去泰並)乃《爾雅》此義。《集韻》281頁二同音,去聲泰韻。
⑥ 《集韻》542頁二同音,去聲稕韻,"良刃切"。
⑦ 《集韻》224頁二同音,平聲唐韻,"寒剛切"。
⑧ 《廣韻声子》515頁,"蟞,並列切,蕨菜。案:蟞,切韵及內府本王韻唐韻均作鷩,《集韻》鷩或從蟞。"
⑨ 《廣韻》無"萗"字。《集韻》"萗冊"同音"測革切"。
⑩ 《廣韻》162頁二同音,在平聲唐韻,"胡郎切"。
⑪ 《集韻》328頁二同音,上聲語韻"白許切"。
⑫ (1021)參(614)。

釋木第十四

(1033)檤(叨)　　(1034)榎(賈)　　(1035)樗(樞)
(1036)槲(匊)　　(1037)髡(坤)　　(1038)梱(綑)
(1039)椵(賈)　　(1040)柂(夷)　　(1041)柟(南)
(1042)柀(彼)　　(1043)䴺(杉)①　　(1044)櫬(癈)②
(1045)檍(億)　　(1046)楙(茂)　　(1047)椋(良)
(1048)栵(列)　　(1049)栭(而)　　(1050)櫰(鑊)
(1051)楥(袁)③　　(1052)柳(邛)　　(1053)栩(許)
(1054)杼(柱)　　(1055)莖(池)　　(1056)箸(儲)
(1057)蕰(歐)　　(1058)莖(迭)　　(1059)樸(皐)
(1060)綦(其)　　(1061)朻(求)　　(1062)繫(計)
(1063)朻(糾)④　　(1064)楔(奚)　　(1065)梫(寢)
(1066)槍(倫)　　(1067)椐(祛)⑤　　(1068)樻(胃)
(1069)檉(稱)　　(1070)檿(壘)　　(1071)欇(涉)⑥
(1072)檕(計)　　(1073)椴(毀)　　(1074)楰(庾)
(1075)櫂(輒)　　(1076)寓(遇)　　(1077)梂(求)
(1078)檖(遂)　　(1079)楔(戛)　　(1080)椴(斯)
(1081)瘯(竴)　　(1082)駁(剝)　　(1083)要(腰)
(1084)樲(二)　　(1085)洗(跣)　　(1086)填(田)
(1087)洩(屑)　　(1088)還(旋)　　(1089)檜(稔)
(1090)樸(蔔)　　(1091)棪(琰)　　(1092)棪(速)⑦
(1093)櫰(歪)　　(1094)槐(懷)　　(1095)聶(輒)⑧
(1096)炕(杭)⑨　　(1097)椅(依)　　(1098)棟(促)⑩
(1099)瘣(會)　　(1100)遒(囚)　　(1101)械(域)

---

①《集韻》297 頁二同音（異體字）。《爾雅今注》279 頁,亦云"䴺"是"杉"的子字。
②《廣韻》無"櫬"字,《集韵》"櫬癈"同音,去聲廢韻,"放吠切"。
③《集韻》"楥袁"同音,平聲元韻,"于元切"。
④"朻"字原書作"枓",當爲"朻"字的縮寫或誤字,今據"朻"字形進行研究。二同音,見《廣韻聲系》71 頁。
⑤《廣韻》51 頁二同音,平聲魚韻,"子魚切"。
⑥《廣韻》518 頁二同音,入聲葉韻,"時攝切"。
⑦《廣韻》無"棪"字,《集韵》"棪速"同音"苏谷切"。
⑧"聶"字《集韻》"質涉切",《廣韻》無此讀。
⑨"炕"字《集韻》"虛郎切",《廣韻》無此讀。
⑩《集韻》"促棟"同音,入聲燭韻,"趨玉切"。

（1102）桜（蕤）　　（1103）樆（離）　　（1104）辨（片）
（1105）枌（墳）　　（1106）栘（移）　　（1107）檿（厭）①
（1108）柛（伸）　　（1109）椔（緇）　　（1110）骰（烏）②
（1111）櫂（濁）③　（1112）樅（蹤）　　（1113）椴（殺）
（1114）甉（帝）　　（1115）鑽（劗）　　（1116）繚（了）④
（1117）檍（亦）

釋蟲第十五

（1118）螌（斛）　　（1119）蜚（費）⑤　（1120）蠦（盧）
（1121）蜰（肥）　　（1122）螾（引）⑥　（1123）衖（演）
（1124）蜩（調）　　（1125）蚻（劄）⑦　（1126）蠽（節）
（1127）蝒（縣）⑧　（1128）蜓（挺）　　（1129）蚞（木）
（1130）蛣（氣）　　（1131）蜣（羌）　　（1132）蝎（曷）
（1133）蛹（屈）　　（1134）蠰（饟）　　（1135）蜉（浮）
（1136）蝣（遊）　　（1137）蚍（別）　　（1138）蟥（黃）
（1139）蠸（權）　　（1140）父（甫）⑨　（1141）蝚（柔）
（1142）蠄（施）　　（1143）蛘（謎）　　（1144）蟷（當）
（1145）蠰（箱）⑩　（1146）蜱（毘）　　（1147）蛸（消）
（1148）蝍（即）　　（1149）蛆（苴）　　（1150）蠗（緣）
（1151）蝮（復）　　（1152）蜪（陶）　　（1153）蚕（拱）
（1154）螫（驚）　　（1155）蟋（閑）　　（1156）蟣（棧）
（1157）螽（終）　　（1158）蟲（阜）⑪　（1159）蟹（煩）

---

①《廣韻》314頁二同音,上聲琰韻,"於琰切"。
②《集韻》"骰烏"同音,入聲藥韻,"七約切"。
③ 參宋本《爾雅》釋音注了"梢櫂"為"朔濁",這裏"梢櫂"當是"萷 "的通俗字,見《廣韻》446頁,但《音圖》未注"梢"字。我疑"櫂"是"擢"的誤字,《廣韻》"擢濁"同音"直角切",入聲覺韻澄母字。《廣韻》"櫂"只有"直教切"一讀,為去聲效韻澄母字,陰入相注,僅此一例。
④《廣韻》126頁二同音,在平聲蕭韻,"落蕭切"。
⑤《廣韻》340頁二同音,在去聲未韻,"扶沸切"。
⑥《廣韻》256頁二同音,在上聲軫韻,"余忍切"。
⑦《廣韻》467-468頁二同音,入聲黠韻,"側八切"。
⑧《經典釋文》音"縣",《廣韻》119頁二同音,平聲仙韻,"武延切"。
⑨《廣韻》240-241頁二同音,上聲麌韻,"方矩切"。
⑩《集韻》"蠰箱"同音,平聲陽韻,"思將切"。

(1160)蜤(斯)　　　(1161)蟖(嵩)　　　(1162)蝑(胥)
(1163)螫(契)　　　(1164)蚸(曆)　　　(1165)蟅(董)
(1166)蟨(遣)　　　(1167)貈(鶴)　　　(1168)蛑(謀)
(1169)虰(丁)　　　(1170)蛵(聲)②　　(1171)蛤(剡)
(1172)螺(墨)③　　(1173)蛄(然)　　　(1174)蟠(煩)
(1175)蟫(淫)　　　(1176)蚁(娥)④　　(1177)螒(汗)
(1178)蚚(祈)　　　(1179)蟒(劣)　　　(1180)螪(商)
(1181)蝴(圭)　　　(1182)蜆(演)　　　(1183)螘(蟻)
(1184)蠭(聾)　　　(1185)杠(丁)⑤　　(1186)蟿(尉)
(1187)蚳(池)　　　(1188)蠤(秋)　　　(1189)蟷(知)
(1190)蠋(朱)　　　(1191)蝃(掇)　　　(1192)蝥(謀)
(1193)蟦(費)⑥　　(1194)蝣(由)⑦　　(1195)蛜(伊)⑧
(1196)蟰(蕭)　　　(1197)蛸(肖)⑨　　(1198)踦(倚)⑩
(1199)蛭(迭)⑪　　(1200)蝚(柔)　　　(1201)蠪(嶽)
(1202)螟(冥)　　　(1203)蛉(零)　　　(1204)蚅(厄)
(1205)蠓(蒙)　　　(1206)蠛(滅)　　　(1207)蚨(迭)
(1208)蜴(湯)　　　(1209)蠰(象)　　　(1210)雔(仇)
(1211)蚢(杭)　　　(1212)裔(住)　　　(1213)鏬(夏)⑫
(1214)鱉(俞)　　　(1215)蠐(特)　　　(1216)蟊(謀)
(1217)豸(雉)

---

①《爾雅》原文作"蛗螽,蠜。"《廣韻》無"蛗"字,但有"螽"字,釋義正同《爾雅》,"阜螽"同音,"房父切",可見"蛗"字為"阜"的異體字,《集韻》有"蛗"字,"阜蛗"同音,"扶缶切"。

②據《爾雅音釋》"聲"字當是"馨"字之誤,《廣韻》175頁二同音,平聲青韻,"呼刑切"。

③《廣韻》無"螺"字,《集韵》"墨螺"同音,入聲德韻,"密北切"。

④《集韻》歌韻"蚁蛾"二字下注云:亦書作"蚁"。《廣韻》二同音,五何切。

⑤《集韻》"杠丁"同音,平聲青韻,"當經切"。《廣韻》二同音,中莖切。

⑥《廣韻》340頁二同音,去聲未韻,"扶沸切"。

⑦《集韻》"蝣由"同音,平聲尤韻,"夷周切"。

⑧按《爾雅音圖》此處的原文是"蛜威,委黍。"此處的"蛜",其他諸本《爾雅》均作"蚜"或"蛜"。《廣韻》"伊蚜"同音,"於脂切"。"蚜"《說文》作"蚜",蚜省聲。而"蛜"字《廣韻》"與職切",曾開三入職以,與"伊"注音未合。故此條本書不作研究。

⑨《集韻》"蛸肖"同音,平聲宵韻,"思邀切"。

⑩《集韻》313頁二同音,上聲紙韻,"巨綺切"。

⑪《集韻》701頁二同音,入聲屑韻,"徒結切"。

⑫《集韻》"混鯀"同音,上聲混韻,"戶衮切"。

爾雅卷下後
釋魚第十六

(1218)鱣(占)　　(1219)鯇(混)①　　(1220)鮀(陀)
(1221)鮤(囚)　　(1222)鯔(滋)　　(1223)鰼(習)
(1224)鰌(秋)　　(1225)鰹(堅)　　(1226)鮦(同)
(1227)鮵(奪)　　(1228)魾(皮)　　(1229)鱧(畫)
(1230)鮡(兆)　　(1231)鰝(浩)　　(1232)鰕(霞)
(1233)鱀(忌)　　(1234)鯠(逐)　　(1235)鯥(承)
(1236)鮥(洛)　　(1237)鮛(叔)　　(1238)鮪(偉)
(1239)鮥(㕭)②　　(1240)鮜(胡)　　(1241)鴷(列)
(1242)鱴(滅)　　(1243)鱊(聿)　　(1244)鮬(步)
(1245)鱖(厥)　　(1246)歸(肘)　　(1247)鯥(暉)
(1248)魵(墳)　　(1249)魮(必)　　(1250)鱒(蹲)③
(1251)魴(房)　　(1252)鼇(黎)　　(1253)鯠(來)
(1254)蜎(遠)　　(1255)蠉(喧)　　(1256)蟣(祈)④
(1257)黽(去)⑤　　(1258)鼁(秋)　　(1259)䵺(猛)
(1260)蛙(陛)⑥　　(1261)䗪(皮)　　(1262)能(奈)
(1263)賁(奔)　　(1264)蚹(付)⑦　　(1265)蠃(羅)
(1266)蛾(移)　　(1267)蝓(俞)　　(1268)蜭(含)
(1269)蝑(滑)　　(1270)蠌(澤)　　(1271)螯(勞)
(1272)珧(瑤)　　(1273)蜺(迷)　　(1274)䗛(標)
(1275)魧(杭)　　(1276)鱀(積)　　(1277)貾(池)

---

① 《集韻》"混鯇"同音,上聲混韻,"戶袞切"。
② 《廣韻》無"鮥"字,《集韻》"鮥㕭"同音,上聲有韻,"巨九切"。
③ 《集韻》336 頁二同音,上聲混韻,"粗本切"。
④ 《廣韻》45 頁二同音,平聲微云,"渠希切"。
⑤ 《爾雅》此條原文的"黽"字當是"鼀"字之誤,《說文·黽部》:"鼀,圥鼀,詹諸也。其鳴詹諸,其皮鼀鼀,其行圥圥,從黽𠃬,從圥,圥亦聲。"《廣韻》'鼀'字'七宿切',為清母屋韻字。最早指出道個問題的是清人戴震,戴氏在《論韻書中字義答奏尚書惠田》文中云:又本無其字,因訛而成字。如《爾雅》之鼀鼀,力竹反,從得聲。訛而為,遂讀起反,《廣韻》無此一讀,但'力竹反'恐誤,'鼀'訛為'黽'字由來已久,《經典釋文》即音此字為'起反'。
⑥ 《廣韻》無"蛙",《集韻》上聲薺韻,"部禮切",與"陛"同音。
⑦ 《集韻》495 頁二同音,去聲遇韻,"符遇切"。

(1278)蚆(巴) (1279)蘏(葵) (1280)蜠(困)[1]
(1281)蟦(責) (1282)蝤(妥) (1283)蠑(榮)
(1284)螈(原)[2] (1285)蜥(析) (1286)蜴(易)
(1287)蝘(偃) (1288)蜓(廷) (1289)蛈(迭)
(1290)螣(滕) (1291)蟒(莽) (1292)擘(拍)
(1293)鯢(倪) (1294)鰕(遐) (1295)攝(輒)
(1296)筮(世)

釋鳥第十七

(1297)鳺(夫) (1298)鴀(孚) (1299)鶪(局)
(1300)鶻(骨)[3] (1301)鵃(嘲) (1302)鳲(屍)
(1303)鵲(甲) (1304)鵴(菊) (1305)鵖(及)[4]
(1306)鵧(平) (1307)鶋(雎)[5] (1308)鵅(格)[6]
(1309)鵋(忌) (1310)鵙(欺)[7] (1311)鵵(兔)
(1312)鴗(立) (1313)鷚(求) (1314)鸙(藥)
(1315)鵱(六) (1316)鸕(廬) (1317)鴰(活)[8]
(1318)鵅(洛) (1319)鶩(木) (1320)鳽(研)
(1321)鵁(交) (1322)鶄(精) (1323)鵛(經)
(1324)鵌(徒)[9] (1325)鷉(啼) (1326)鴮(烏)
(1327)鸅(睪)[10] (1328)鶾(汗) (1329)鷽(掘)[11]

① 《廣韻》無"蜠"字。《集韻》"蜠困"同音,"苦悶切"。
② 《廣韻》無"螈"字。《集韻》"螈原"同音,"愚袁切"。
③ 《廣韻》459-460 頁二同音,入聲没韻,"古忽切"。
④ 《廣韻》無"鵖"字。《集韻》入聲緝韻,"極入切",與"及"同音。
⑤ 《廣韻》無"鶋"字。《集韻》"鶋雎"同音,平聲魚韻,"千余切"。
⑥ 《廣韻》492 頁二同音,入聲陌韻,"古伯切"。
⑦ 《集韻》56 頁二同音,平聲之韻,"丘其切"。
⑧ 《廣韻》465 頁二同音,入聲末韻,"古活切"。
⑨ 《廣韻》無"鵌"字,《集韻》作"鵌",注云:"《爾雅》鳥鼠同穴,其鳥為鵌,或作鵌","同都切",與"徒"同音。
⑩ 據《漢語大詞典》二同音。"睪"直格切,入陌;"鸅",場伯切,入陌。
⑪ 按:《音圖》原注音字作"掘",當爲"握"字之誤。被注音字"鷽"字《廣韻》有"胡覺切"和"於角切"二讀,與注音字"掘"(《廣韻》有"衢物切"和"其月切"二讀)音讀未合。宋刻十行本《爾雅音釋》注音字做"握"。"握"與"鷽"《廣韻》446-447 頁二同音,入聲覺韻,"於角切"。

(1330)鵺(淫)　　　(1331)鶨(彖)①　　　(1332)鳸(戶)
(1333)鴳(晏)　　　(1334)鷯(寮)②　　　(1335)鴱(艾)
(1336)鷚(預)　　　(1337)鶨(匹)　　　(1338)脰(豆)
(1339)駕(如)　　　(1340)鵧(謀)　　　(1341)鷬(攜)③
(1342)魥(乚)　　　(1343)鷈(支)　　　(1344)鴺(遙)
(1345)鸋(寧)　　　(1346)鴂(決)　　　(1347)梟(交)
(1348)鷇(寇)　　　(1349)噣(啄)　　　(1350)雛(鋤)
(1351)縣(玄)　　　(1352)鳻(汾)　　　(1353)鶰(旬)④
(1354)喈(即)　　　(1355)嘖(責)　　　(1356)鴎(即)⑤
(1357)鴄(必)⑥　　(1358)篤(任)　　　(1359)鶭(訪)
(1360)鷀(慈)　　　(1361)鷾(意)　　　(1362)痺(脾)
(1363)鳾(施)　　　(1364)鴗(拗)　　　(1365)鷄(掇)
(1366)萑(丸)　　　(1367)鵨(屠)　　　(1368)鶯(突)
(1369)鸒(胡)⑦　　(1370)鷻(聿)　　　(1371)鸒(濁)⑧
(1372)鸐(占)　　　(1373)鴦(楊)　　　(1374)鷹(厥)⑨
(1375)鷏(田)　　　(1376)蟁(文)　　　(1377)鷉(梯)⑩
(1378)蠃(螺)　　　(1379)鼳(吾)　　　(1380)鴂(決)⑪
(1381)鼓(皷)　　　(1382)鶆(來)　　　(1383)鶩(離)
(1384)駕(列)　　　(1385)鷔(激)　　　(1386)鵬(唐)
(1387)鸘(徒)　　　(1388)鉏(鋤)　　　(1389)鴞(遙)⑫

---

① 《廣韻》無"鶨"字，《集韻》"鶨彖"同音，去聲換韻，"吐玩切"。
② 《廣韻》394 頁二同音，去聲笑韻，"力照切"。《廣韻聲子》1066 頁二亦同音。
③ 《廣韻》《集韻》均無"攜"字，但與"攜"同音之字有"攜攜"。今將"攜"視為"攜"的異體，把此條音注處理為同音關係。
④ "鴻鷚"也作"鴻盾"、"分循"，此處"鷚"當讀"循"字音，"循旬"二同音。
⑤ 此對音注音韻相差甚遠，《廣韻》"彼及切"小韻有"鴎皀"二字，疑"即"即"皀"字之誤，本書暫作同音字處理。
⑥ "鵒"字《說文》作"鴥"，《廣韻》作"鴥"，《廣韻》之字體乃是隸定之誤，此點黃侃先生和《廣韻聲系》編者均早已指出。見《廣韻校錄》315 頁，《廣韻聲系》上冊 518 頁。
⑦ 《廣韻》無"鸒"字，《集韻》"鸒胡"同音，"洪孤切"。
⑧ 《廣韻》446 頁二同音，入聲覺韻，"直角切"。
⑨ 《集韻》679 頁二同音，入聲月韻，"居月切"。
⑩ 《廣韻》作"鷈"，與"梯"同音，釋義為"鷈，似鳧而小。"《集韻》平聲齊韻有"鷈"，"天黎切"，亦與"梯"同音。
⑪ 此(1380)與(1346)重出。根據《爾雅校箋》(周祖謨撰，江蘇教育出版社，1984)此處之"鴂"當作"鵯"。
⑫ 《廣韻》128 頁二同音，平聲宵韻，"餘昭切"。

(1390)鷮(交) (1391)鳩(蔔) (1392)鷩(別)
(1393)鸐(狄)① (1394)鶾(汗) (1395)鵯(棹)
(1396)翬(暉) (1397)鴇(儔) (1398)鶅(緇)
(1399)鵗(希) (1400)鷷(遵) (1401)鵌(徒)
(1402)鷄(突) (1403)鸛(歡)② (1404)鶇(團)
(1405)鶝(福) (1406)鶔(柔) (1407)射(亦)③
(1408)鬷(宗) (1409)鳶(員) (1410)鸔(蔔)
(1411)亢(杭)④ (1412)嗉(素) (1413)鳼(文)
(1414)鶹(留) (1415)鷅(栗) (1416)鵹(黎)

釋獸第十八

(1417)麇(襖) (1418)麚(加) (1419)麀(悠)
(1420)麛(迷) (1421)麖(堅) (1422)麕(君)
(1423)麌(虞)⑤ (1424)麜(栗) (1425)麆(助)
(1426)豜(檢) (1427)獥(叫) (1428)嬎(娩)⑥
(1429)迒(剛)⑦ (1430)獱(偉) (1431)豶(墳)
(1432)幺(腰) (1433)奏(湊)⑧ (1434)豱(溫)
(1435)豵(宗) (1436)橧(繒) (1437)貓(滴)⑨
(1438)豥(核)⑩ (1439)豟(厄)⑪ (1440)豝(巴)
(1441)虦(棧) (1442)貓(苗) (1443)貘(陌)
(1444)虥(含) (1445)鼬(叔)⑫ (1446)貀(納)
(1447)貔(菊) (1448)麢(巖) (1449)貄(曳)⑬

---

①《廣韻》"鸐",直角切,為澄母覺韻字,與"耿"不同音。《集韻》此二字均"亭歷"切,二同音。

②《廣韻》106 頁二同音,平聲桓韻,"呼官切"。

③《廣韻》497 頁、500 頁二同音,入聲昔韻,"羊益切"。

④《集韻》二同音,平聲唐韻,"寒剛切"。

⑤《集韻》72 頁二同音,平聲虞韻,"元俱切"。

⑥《廣韻》無"嬎"字。《集韻》"嬎娩"同音,芳遇切"。《廣韻》無"嬎"字。《集韻》"嬎娩"同音,芳遇切"。

⑦《廣韻》160 頁二同音,平聲唐韻,"古郎切"。

⑧《集韵》618 頁二同音,去聲候韻,"千候切"。

⑨《廣韻》無"貓"字。《集韻》"貓滴"同音,"丁歷切"。

⑩《集韻》112 頁二同音,平聲咍韻,"柯開切"。

⑪"豟"字《廣韻》作"豟"。

⑫《爾雅音圖》"鼬"字誤作"鼬",今逕改。

⑬《集韻》515 頁二同音,"以制切"。

(1450)貂(涸)　　　　(1451)貆(丸)　　　　(1452)貒(湍)
(1453)貗(屨)①　　　(1454)貔(毘)　　　　(1455)豰(穀)
(1456)貓(樞)　　　　(1457)獌(萬)②　　　(1458)麚(零)
(1459)麐(京)　　　　(1460)麇(炮)　　　　(1461)麏(几)
(1462)旄(帽)③　　　(1463)麳(頯)　　　　(1464)貖(鴨)
(1465)貐(羽)　　　　(1466)驨(追)　　　　(1467)羱(元)
(1468)麐(麟)④　　　(1469)豾(四)⑤　　　(1470)彙(謂)
(1471)刺(次)　　　　(1472)狒(費)⑥　　　(1473)被(披)⑦
(1474)蹯(煩)　　　　(1475)丮(鈕)⑧　　　(1476)猱(鐃)
(1477)蝯(袁)　　　　(1478)玃(矍)　　　　(1479)父(甫)⑨
(1480)贙(玄)⑩　　　(1481)虡(據)　　　　(1482)蜼(誄)⑪
(1483)桀(承)　　　　(1484)狃(鈕)　　　　(1485)蚡(憤)⑫
(1486)鼸(現)　　　　(1487)鼳(奚)　　　　(1488)鼶(斯)
(1489)鼬(佑)　　　　(1490)鼩(朐)　　　　(1491)鼳(時)
(1492)猷(吠)　　　　(1493)鼫(石)　　　　(1494)䶃(問)
(1495)鼨(終)　　　　(1496)鼮(廷)　　　　(1497)䶆(貝)⑬
(1498)鼰(瘈)　　　　(1499)鼰(泄)　　　　(1500)齸(益)
(1501)矍(靳)

釋畜第十九

(1502)騊(陶)　　　　(1503)駼(徒)　　　　(1504)駆(巨)

---

① 《集韻》83頁二同音，去聲遇韻，"龍遇切"。
② 《廣韻》377-378頁二同音，去聲願韻，"無販切"。
③ 《廣韻》397頁二同音，去聲号韻，"莫報切"。
④ 《廣韻》83頁二同音，平聲真韻，"力刃切"。
⑤ 《廣韻》無"豾"字。《集韻》"豾四"同音，"息利切"。
⑥ 《廣韻》340頁二同音，去聲未韻，"扶沸切"。
⑦ 《集韻》31-32頁"披被"同音，平聲支韻，"攀糜切"。《漢語大詞典》第五冊3086頁"被"（一）皮彼切，上紙並。（二）平義切，去寘並。（三）《集韵》："攀糜切，平支滂。"（后来寫作"披"。）
⑧ 《廣韻》301頁二同音，上聲有韻，"女久切"。
⑨ 《廣韻》240-241頁二同音，上聲麌韻，"方矩切"。
⑩ 《集韻》570頁二同音，去聲霰韻，"熒絹切"。
⑪ 《廣韻》229頁二同音，上聲旨韻，"力軌切"。
⑫ 《廣韻》258頁二同音，上聲吻韻，"房吻切"。
⑬ 䶆（貝）寫作"䶆具"。《廣韻聲系》1018頁，音同"頁"胡結切，匣屑開，但《音圖》誤。

(1505)騉(昆)　　(1506)跠(硯)①　　(1507)騕(言)②
(1508)馘(戎)　　(1509)騲(住)　　(1510)骹(敲)
(1511)騾(繪)　　(1512)騤(奚)　　(1513)駒(劬)
(1514)踦(欺)　　(1515)驤(箱)　　(1516)駵(留)
(1517)騵(元)　　(1518)騳(聿)　　(1519)驠(宴)
(1520)騄(晏)　　(1521)騵(郎)　　(1522)駒(的)
(1523)縣(玄)　　(1524)驡(龍)③　　(1525)馶(檢)
(1526)闋(缺)④　　(1527)駈(兗)　　(1528)裏(嫋)
(1529)驂(參)　　(1530)騺(質)　　(1531)騇(舍)
(1532)騀(虐)　　(1533)騽(習)　　(1534)駽(絹)⑤
(1535)驎(吝)⑥　　(1536)驒(陀)　　(1537)驪(獵)
(1538)騥(柔)　　(1539)駂(保)　　(1540)駊(皮)
(1541)駰(因)　　(1542)騢(遐)　　(1543)駩(詮)
(1544)騧(瓜)　　(1545)騆(閑)　　(1546)驘(麻)
(1547)𩦴(鼋)　　(1548)𩦲(悲)　　(1549)犛(危)
(1550)犣(獵)　　(1551)犝(童)　　(1552)㹷(急)
(1553)觭(欺)　　(1554)觢(誓)　　(1555)㸺(攔)⑦
(1556)𦥑(袖)　　(1557)犚(尉)　　(1558)㹆(權)
(1559)𤘈(具)⑧　　(1560)犌(加)　　(1561)𤚦(墳)
(1562)牂(臧)　　(1563)䍺(俞)　　(1564)羖(古)
(1565)羱(鬼)　　(1566)羦(權)　　(1567)羷(臉)
(1568)𦍛(煩)　　(1569)羜(宁)　　(1570)羫(宗)
(1571)獅(祈)　　(1572)獫(煉)　　(1573)猲(歇)
(1574)獢(嚻)　　(1575)狣(兆)　　(1576)雉(餘)

---

①《廣韻》388 頁二同音,去聲霰韻,"吾甸切"。
②《廣韻》95 頁二同音,平聲元韻,"語軒切",見(722)字注。
③《集韻》"驡龍"同音,平聲江韻,"莫江切"。
④《廣韻》472 頁二同音,入聲屑韻,"苦穴切"。
⑤按:《廣韻》"駽"字有"火玄切"和"許縣切";"絹"字"吉掾切",聲母有見曉之異。《集韻》"駽"字有五讀:1)呼玄切;2)胡犬切;3)翾縣切;4)熒縣切;5)犬縣切。"絹"字有四讀:1)熒絹切;2)規掾切;3)古泫切;4)胡犬切。其中的"胡犬切"和"熒絹切"二讀同音。
⑥《集韻》542 頁二同音,去聲稕韻,"良刃切"。
⑦《集韻》171 頁二同音,平聲仙韻,"而宣切"。
⑧ "𤘈"《廣韻》作"牰","博蓋切"。

(1577)僆(練)[1]　(1578)駥(戎)　(1579)犉(擱)[2]
(1580)熊(滯)　(1581)豟(厄)　(1582)獒(敖)
(1583)鶤(昆)

① 《廣韻》387 頁二同音,去聲霰韻,"郎甸切"。
② 《集韻》122 頁二同音,平聲諄韻,"濡純切"。

附錄二　　　　　　《爾雅音圖》注音字表

凡　例

1.本表收錄《爾雅音圖》一書中出現的全部共986個注音字。
2.每個注音字後面標出其在《音圖》一書中出現的條目編號。
3.全部注音字按漢語拼音字母順序排列,每個音節在字首用漢語拼音標示出來,並放在【 】內,以便檢索。同一音節內的注音字按"陰、陽、上、去"的聲調順序排列;同一音節同一聲調的字,則按它們在《音圖》一書中出現的先後次序排列,換言之,按該字後面的編號大小排列。一個字後有不止一個編號的,則按第一個編號的大小排列。
4.需要說明的個別注音字則在表末另行加注說明。

A(9字)

【ai】愛(239)(240);隘(511);艾(1335)【an】唵(280)【ang】昂(69)【ao】敖(879)(973)(997)(1582);襖(1018)(1417);奧(291)(703);拗(1364)

B(39字)

【ba】巴(1278)(1440)【bai】百(785)(937)【ban】板(540)【bao】包(988);雹(338)(1547);保(1549)【bei】卑(533);悲(1548);備(224);貝(315)【ben】奔(1263)【beng】崩(187)(436)【bi】逼(305);比(393);彼(1042);畢(3)(23);祕(182);弊(276);璧(478);避(800);必(1249)(1357);陛(1360)【bian】邊(452);匾(211);卞(424);徧(924)【biao】標(350)(505)(614)(979)(1020)(1021)(1022)(1273)①;俵(48)【bie】別(995)(1137)(1392)【bin】彬(690)【bing】柄(346)(609);餅(539);并(434)【bo】剝(152)(1082);波(325);博(487)【bu】卜(501)(691)(1090)(1391)(1410);部(455),步(1244)

---

① (350)(505)(614)(1022)四條的注音字原均作"摽",我們認爲是"標"字之誤,理由詳見馮蒸(1995)。故這裡按"標"字檢索。

C(56字)

【cai】采(56)(893)【can】參(1529);慘(237)(472)【ce】策(348);側(743);冊(1005)【cha】叉(94);插(181)(463)(495)【chan】讒(642);諂(753)【chao】(469)(1301)【chen】嗔(15);辰(30);沉(900);襯(788)【cheng】稱(557)(1069);乘(694);成(721);承(1235)(1483)【chi】池(574)(772)(963)(1055)(1187)(1277);尺(675);勑(832)【chong】衝(479);崇(83)(599)(705)【chou】抽(176);紬(390);仇(1210);儔(1397)【chu】初(222);除(383)(957)(964);鋤(1350)(1388);楚(751);儲(1056);俶(553)【chuan】船(89);舡(205)①【chui】炊(585);垂(719)【chun】唇(702);【ci】慈(1360);此(341);次(61)(1006)(1471)【cong】(781)【cou】湊(1433)【cu】粗(250)(889);促(1098)【cui】摧(733);悴(103)【cuo】搓(917);瑳(112);矬(1081);錯(544)

D(47字)

【da】苔(208)【dai】待(987)【dan】丹(18);單(29);亶(114);膽(914);但(6)(380)(746);淡(73)【dang】當(1144);蕩(536)(834)【dao】到(313)【de】得(413)【di】滴(430)(1437);低(448)(631);狄(1393);底(328)(836);氐(560);的(142)(398)(444)(1522);帝(275)(620)(651)(1114);第(397);弟(561)【dian】典(878);店(408)【diao】刁(312);吊(795)【die】迭(268)(854)(860)(1058)(1199)(1207)(1289);牒(395)(682);蝶(676);垤(837)【ding】丁(1169)(1185);鼎(857);定(263)【dong】東(974);董(621)【dou】豆(1338)【du】都(282)(417);讀(732);獨(830);篤(139);杜(870)(990)【dui】對(259)【dun】蹲(334)(1250);墩(693);頓(606)(615)【duo】鐸(20)(545);奪(881)(955)(1227);掇(1191)(1365)

E(6字)

【e】娥(1176);惡(412);鄂(587)(604);厄(1204)(1439)(1581)【er】而(1049);二(223)(1084)

---

① 此條原文是"(205)傳(舡)",從注音字與被注音字的關係上可以確定"舡"字是"船"字的異體.《集韻·仙韻》:"船,俗作舡"。《廣韻》"舡"字只有許江切一讀,與此無關。

F(38字)

【fa】伐(873)【fan】煩(645)(796)(1159)(1174)(1474)(1568);反(9)(687)【fang】房(1251);訪(1359)【fei】非(227);肥(113)(1121);匪(156)(838);廢(125)(1044);費(23)(303)(1119)(1193)(1472);吠(1492)【fen】紛(224);墳(571)(757)(1105)(1248)(1431)(1561);汾(1352);粉(483);糞(277)(748);忿(918);憤(1485)【feng】風(336);逢(388)【fu】敷(869);夫(1297);弗(233)(503)(764);孚(251)(481)(790)(1298);浮(427)(877)(1010)(1135);捊(768);福(840)(1405);服(951);甫(232)(1140)(1479);撫(386)(454);斧(454);阜(1158);訃(13);附(192);父(776);富(841);復(1151);付(1264)

G(30字)

【ga】戛(1079)【gai】垓(822);蓋(136)【gang】剛(630)(1429)【gao】皋(1059)【ge】革(777)(780);格(1308)【geng】庚(191);耿(77)【gong】拱(1153)【gou】狗(28)(467)(847);搆(140);遘(1000)【gu】孤(24)(477)(692);谷(51)(149)(206)(1455);骨(179)(1300);古(212)(1564)【gua】瓜(1544)【guan】官(801)(908);管(342);貫(361)(437)【guang】光(221)(849)【gui】圭(966)(1181);鬼(55)(193)(1565);軌(742)(749);櫃(164);貴(166)(769)(922)【gun】袞(531)【guo】國(184);過(755)

H(46字)

【hai】海(516);亥(508)【han】含(1268)(1444);旱(129);漢(913);汗(1177)(1328)(1394)【hang】杭(986)(1012)(1096)(1211)(1275)(1411)【hao】毫(371);耗(554);浩(906)(1231)【he】喝(293);閤(34);合(35)(535);曷(36)(147)(1132);核(1438);涸(1450);賀(586);鶴(1167)【hei】黑(529)【hen】痕(502)【heng】橫(355)【hong】(439)①【hou】侯(228)(548)②【hu】呼(4)(261);胡(457)(1240)(1369);斛(542)(1118);虎(706);戶(729)(806)(1332)【hua】滑(310)(1269);畫(1229)【huai】懷(1094);壞(818)【huan】歡(1403);桓(715);換(299)【huang】皇(290)(1030);黃(1138);【hui】灰(102);暉(415)(1247)(1396);毀(287);會(279)(862)(1099);惠(359)(509)【hun】混(1219)【huo】活(352)(1317);霍(904);鑊(1050)

---

① 《廣韵》無"橫"字,《集韵》此字是耕韵,"乎萌切",與"閎"同音。今音應當為 hóng。
② (548)號一條的原文是"鍭(候)",從音韵關係上可知"候"當是"矦"字之誤,今逕改。

J(85字)

【ji】擊(85);機(646);基(674);几(714)(1461);積(1276);激(1385);吉(78);亟(283);疾(425);極(447);棘(897);急(947)(1552);即(1148)(1354)(1356);及(1305);擠(667);際(117);濟(185)(254)(306);忌(373)(1233)(1309);寄(450);計(739)(789)(894)(950)(1062)(1072);祭(761)【jia】加(910)(1418)(1560);甲(405)(1303);(787);賈(1034)(1039)【jian】兼(677)(1024);肩(949);堅(1225)(1421);減(308);塞(588)(872)(1015);剪(655);檢(1426)(1525);賤(216)(270)(491)(596);諫(300);箭(791)(939)【jiang】姜(278);江(449)(659);絳(969)【jiao】嬌(336);交(1032)(1321)(1347)(1390);角(335);矯(580);叫(1427)①【jie】接(242);皆(846);結(274)(494);竭(418)(762);節(426)(1126);劫(490)(775)(968);戒(210)【jin】堇(1165);燼(74);靳(1501)【jing】驚(1154);精(1322);經(1323);京(1459);淨(525);徑(782)(802)【jiong】扃(52)(684);窘(925)【jiu】糾(1063);九(779);咎(1239)【ju】苴(21)(1149);疽(637);雎(1307);菊(671)(942)(1304)(1447);匊(1036);局(1299);句(482);巨(532);拒(891);據(1481);具(1497)【juan】捲(180)(994);絹(504)(1534);眷(566)(903)【jue】嗟(159)(473);厥(441)(681)(1245)(1374);決(848)(1346)(1380);钁(970)(1478)【jun】君(1422);俊(130)(234);郡(976)

K(28字)

【kai】鎧(612)【kan】勘(17);堪(59)【kang】康(93);忼(302)【ke】殼(728);渴(724)【keng】坑(92)【kong】孔(98)【kou】叩(16);寇(1348)【kua】誇(384)【kuai】快(169)【kuan】欸(523)【kuang】曠(662)【kui】虧(916);魁(714);揆(744);奎(944);逵(975);葵(1279);潰(829)【kun】昆(394)(1504)(1583);坤(1037);閫(446);綑(1038);困(1280);【kuo】括(1014)

L(62字)

【la】剌(597)【lai】來(1253)(1382);賚(123);賴(934)【lan】爛(758)【lang】郎(1521)【lao】勞(1271);老(696)【lei】雷(810);壘(1070);誄(1482);類(649)【li】

---

① 此條原文是"(1427)獥(叫)",從音韻關係上可知注音字"叫"當為"叫"字的俗體,但"叫"字不見於《廣韻》《集韻》。《龍龕手鑑·口部》云:"叫","叫"字的俗體。

離(247)(260)(466);离(499)(765)(1103)(1383)[①];黎(1252)(1416);里(108)(118)(699)(1013);栗(96)(1415)(1424);利(143);力(524)(784)(909);歷(1164);立(1312);【lian】聯(107);廉(1025);臉(1567);練(820)(1577);煉(1572)【liang】良(1047)【liao】遼(538);聊(593);尞(1334);了(863)【lie】獵(272)(1537)(1550);列(825)(1002)(1048)(1241)(1384);劣(1179)【lin】麟(1468);吝(983)(1535)【ling】零(49)(1203)(1458);凌(245)(935);苓(443)【liu】溜(225)(422);流(485);留(537)(546)(1414)(1516);柳(392)(468);六(1315)【long】龍(882);聾(1184)【lu】廬(808)(1316);盧(1120);魯(888)【lǚ】縷(238);屢(880);呂(1001);慮(76);律(766);綠(793)【luan】欒(476);亂(266)【lüe】(186)【lun】倫(1066)【luo】羅(831)(1265);螺(1378);洛(1236)(1318)

M(44字)

【ma】麻(1546);罵(650)【mai】埋(231)(617);脉(178);麥(627)【mang】忙(421);龍(1524)[②];莽(1291)【mao】毛(896);茆(474);茂(331)(1046);帽(1462)【mei】湄(709);眉(760)(936)(981);美(923);每(940);妹(111)【men】門(866)【meng】萌(874);蒙(154)(339)(619)(1205),猛(1259)【mi】謎(1143);迷(1273)(1420);米(218)(972);密(43)(912);蜜(63);覓(146)(804)【mian】娩(1428)【miao】苗(1442);邈(81);妙(582)【mie】滅(1206)(1242)【min】民(317);泯(66);閩(68)(984)【ming】冥(1202)【mo】陌(42)(153)(196)(1443);莫(116)(197)(953);墨(1172)【mou】謀(1168)(1192)(1216)(1340);某(173)【mu】畝(377);暮(332);木(628)(1129)(1319)

N(23字)

【na】納(1446)【nai】耐(519);奈(1262)【nan】南(1041);赧(97)(175)【nang】囊(288)【nao】饒(1476)【nei】內(236)【ni】倪(26)(486)(625)(1293);泥(517);擬(44);禰(835);溺(124);匿(194)(281);逆(811)【nian】輦(512)【niao】裊(1528)【nie】蘖(190);聶(581);孽(680)【ning】寧(1345)【niu】紐(316);鈕(905)(1475)(1484)

[①] 注意此處"离""離"二字並用作注音字,"离"不是"離"的簡體字。
[②] 次條原文是"(1524)(龍)",《廣韻》"龍"字只有"力鍾切"一讀,與被注音字音韻地位不合。《集韻》"龍"字另有"莫江切"一讀,與"忙"同音。故此處"龍"字今音放在【mang】音節下。

O(1字)

【ou】歐(1057)

P(28字)

【pai】拍(513)(1292)【pang】旁(5)(885)【pao】炮(998)(1460)【pei】配(37)；佩(664)；沛(980)【pen】盆(946)【peng】烹(188)；捧(883)【pi】劈(385)；披(686)(1473)；丕(710)；毘(137)(876)(1146)(1454)；脾(138)(1362)；皮(1228)(1261)；擗(445)；否(868)；匹(1337)；譬(38)【pian】楩(320)；片(565)(745)(1104)【piao】瓢(577)【pin】頻(399)【ping】屏(365)；瓶(828)；平(929)(1306)【po】婆(797)【pu】蒲(100)

Q(46字)

【qi】欺(1310)(1514)(1553)；祁(110)(515)；其(991)(1060)；祈(135)(1178)(1256)(1571)；起(215)(730)(867)；啓(641)；乞(959)；契(458)(1163)；氣(1130)【qia】恰(257)【qian】牽(79)(747)；僉(209)①；虔(410)(1532)；遣(1166)；茜(556)【qiang】鎗(643)；羌(1131)；牆(853)【qiao】鍬(462)；敲(1510)；喬(573)(712)；翹(875)【qie】怯(622)；挈(958)【qin】勤(104)；芹(786)；寢(1065)【qing】頃(249)【qiong】瓊(344)(871)；穹(678)；邛(1052)【qiu】秋(1007)(1188)(1224)(1258)；求(220)(1061)(1077)(1313)；酋(269)；囚(295)(833)(1100)(1221)【qu】蛆(698)(735)；祛(1067)；屈(1133)；衢(219)；渠(382)；劬(459)(843)(1017)(1490)(1513)；覷(610)；去(1257)【quan】權(1139)(1558)(1566)；詮(1543)【que】缺(945)(1526)

R(15字)

【ran】然(1173)【rang】攘(189)【ren】稔(493)(1089)；忍(886)；任(1358)【ri】日(204)【rong】容(246)(652)；榮(1283)；戎(1508)(1578)【rou】柔(1141)(1200)(1406)(1538)【ru】如(807)(895)(1339)；辱(562)【ruan】阮(292)【rui】蕤(500)

---

① "僉"乃俗字，同"愆"。《廣韵·仙韵》："僉,俗愆字。"

(1102)【run】撋(1555)(1579)①

S(52字)

【sao】搔(333)(353)【sha】殺(852)(1113)【shai】篩(570)【shan】衫(661)②；杉(1043)；訕(470)【shang】商(794)(1180)；傷(928)【shao】勺(645)；邵(65)【she】捨(168)；舍(1531)；涉(1071)【shen】佡(298)；伸(108)；審(284)；腎(551)【sheng】聲(1170)；繩(322)(967)；省(697)【shi】濕(685)；施(1142)(1363)；尸(1302)；石(198)(1493)；時(420)(1491)；史(827)；侍(41)；是(207)；誓(214)(1554)；士(407)(707)；世(1296)【shou】受(656)【shu】叔(2)(815)(1237)(1445)；殊(670)；疏(892)；樞(1035)(1456)；熟(440)；鼠(106)；述(773)(814)【shuai】衰(428)【shuo】朔(90)(982)【si】斯(126)(318)(1080)(1160)(1488)；四(171)(1469)；似(396)(708)【song】嵩(711)(1161)【sou】搜(88)(567)(654)【su】速(534)(993)(1092)；素(770)(1412)【sui】遂(349)(528)(890)(1078)；邃(792)【sun】孫(267)(819)【suo】縮(202)

T(40字)

【ta】沓(252)【tai】台(27)【tan】談(122)；潭(941)；坦(1026)【tang】湯(1208)；唐(1386)【tao】叨(155)(658)(1033)；桃(229)(592)；陶(271)(1152)(1502)【te】特(1215)【teng】滕(1290)【ti】踢(358)；梯(1377)；題(330)；啼(859)(1325)；提(907)；惕(53)(865)【tian】田(657)(1086)(1375)；腆(309)【tiao】調(978)(1023)(1124)；眺(144)【ting】听(844)；廷(624)(1288)(1496)；挺(150)(1128)【tong】同(340)(1226)；童(858)(1551)【tu】突(1368)(1402)；徒(101)(965)(985)(1324)(1387)(1401)(1503)；途(805)；屠(1367)；兔(821)(1311)【tuan】湍(1452)；團(345)(1404)；彖(1331)【tui】推(12)；穨(195)(613)(931)(932)(1463)【tun】吞(603)【tuo】陀(327)(754)(1220)(1536)；妥(1282)

---

① 此條原文為"(1555)(1579)犉(撋)"，《廣韻》"撋"字只有"而緣切"一讀，與被注音字音韻不合。《集韻》"撋"字另有"濡純切"一讀，與"犉"同音，今取。故"撋"字今取"rún"一讀，不取 ruán 一讀。

② "衫"字原文誤作"衫"。

W(30字)

【wai】歪(1093)【wan】靰(1027);丸(1366)(1451);萬(1457)【wang】亡(996);旺(80)【wei】煨(406)(704);危(720)(1549);威(842);韋(498)(767);委(45)(734);尾(62)(549)(960);葦(1029);偉(1238)(1430);位(264);尉(799)(1186)(1557);未(962);胃(1068);謂(1470)【wen】溫(1434);文(1375)(1413);問(752)(1494)【wo】握(1329)①【wu】烏(33)(409)(668)(1326);巫(850);吾(1379);武(217);務(67);悟(141)(262);物(839)

X(72字)

【xi】吸(286);夕(326);錫(354);息(381)(921);希(389)(930)(1399);惜(632)(803);兮(823);昔(902);奚(1064)(1487)(1512);析(1285);攜(1341)②;習(1223)(1533);戲(40);係(132)(170)(314);舄(1110)【xia】暇(161);狹(451);峽(602);遐(911)(1294)(1542);霞(1232);夏(1213)【xian】纖(738)(948);閑(1155)(1545);銑(14);尟(60)(550)(725);跣(1085);莧(375);線(626);現(737)(1486);縣(1127)【xiang】箱(1145)(1515);夅(639);餉(163)(1134);嚮(289);象(75)(611)(1209);向(433);巷(438)【xiao】驍(258);嚻(324)(633)(1574);消(1147);蕭(1196);肖(864)(943)(1197)【xie】歇(496)(1573);協(82);叶(162)(241);屑(255)(1087);薤(783);泄(1499)【xin】欣(165);信(669)【xing】形(726)【xiu】袖(1556)【xu】吁(7)(119)(971)(1019);須(131);噓(636)(774);許(1053);旭(635);續(933);胥(1162);【xuan】喧(369)(1255);玄(647)(741)(1351)(1480)(1523);旋(1088);楦(360)【xue】學(84)(363);穴(488)【xun】勳(558)(660);巡(347);尋(526);荀(672);潯(899);旬(1353);遜(203)

---

① 此條原文是(1392)"䳺(掘)",注音字"掘"與"䳺"音韵未合,無疑當是"握"字之誤。宋刻十行本《爾雅音釋》注音字正作"握"。"握"與"䳺"字同音"於角切"。今逕改"掘"為"握"。

② 此條原文是"(1341)嶲(攜)"。按:《廣韵》《集韵》並無"攜"字。但與"攜"同音之字有"攜"(《廣韵》並"戶圭切"),疑此處之"攜"當為"攜"字之省文或俗體。《漢語大字典》"攜"字下注云:"同'攜'。《康熙字典·手部》:'攜,攜字省文。'"

Y(101字)

【ya】鴨(1464);牙(701);乙(1342)①【yan】嫣(329);簷(429);言(722)(1507);研(1320);巖(1448);剡(265)(1171)②;掩(285)(605)(623);儼(723);兗(816)(1527);演(824)(1123)(1182);琰(1091);偃(1287);厭(1107);晏(1333)(1520);硯(1506);宴(1519);【yang】羊(109)(376);楊(1373);樣(57);怏(453);【yao】夭(861)(1003);腰(1083)(1432);遙(120)(362)(1344)(1389);姚(552)(1008);爻(579);堯(727);瑤(1272);藥(127)(583)(1314);要(402);曜(432)【ye】業(416)(442)(506);曳(1449)【yi】衣(379)(759);依(1097);伊(1195);夷(22)(401)(851)(1040);移(54)(431)(456)(563)(919)(1106)(1266);怡(70)(71);儀(507);倚(400)(1198);以(700)(1011);蟻(1183);義(58);異(121);亦(145)(148)(414)(522)(600)(717)(999)(1117)(1407);意(510)(618)(915)(1361);弋(1009);億(1045);易(1286);益(1500)【yin】因(128)(1541);銀(575);淫(1175)(1330);(629)③;引(541)(1122);印(518)【ying】膺(572);營(489);盈(595);影(756);映(226)【yong】雍(321)(666);用(750)【you】悠(411)(559)(1419);由(32)(177)(183)(200)(319)(484)(763)(887)(1194);遊(1136);酉(568);佑(1489)【yu】俞(105)(901)(1028)(1214)(1267)(1563);于(372)(673);余(665)(689)(1576);虞(736)(1423);庾(1074);與(72)(343);語(157)(590);羽(1465);聿(19)(133)(367)(1243)(1370)(1518);浴(304);域(387)(404)(465)(1101);芋(616);育(778);遇(1076);預(1336)【yuan】冤(1004);袁(368)(419)(520)(1051)(1477);緣(1150);原(1284);員(1409);元(1467)(1517);遠(1254);怨(378);院(492)(555)【yue】約(584);岳(543)(1201);樂(817)【yun】云(301);允(46)(47)(1031)

---

① 此條原文是"(1342)鳦(乙)"。按:此處之"乙"非甲乙的"乙",今音當為yà。《說文·乙部》:"乙,玄鳥也。齊魯謂之乙,取其鳴自呼,象形。鳦,乙或从鳥。"段玉裁《說文解字注》云:本與甲乙字異,俗人恐與甲乙亂,加鳥旁為鳦。"王筠《正字略》云:"乙,鳥轄切,亦作鳦,隸變作乙,孔乳從其義,軋札㐰從其聲。乙,於筆切,乾亂從其義。肊㐫從其聲。""鳦乙"二字大徐本《說文》注音"鳥轄切",《集韻》音"乙黠切",為入聲轄韵的影母字。但《廣韻》黠韵未收"鳦"二字,而在入聲質韵與"乙"同音的"於筆切"下收有"鳦"字,云"本鳥轄切"。

② 此二條注音的原文是"(265)菼(剡)";"(1171)蛅(剡)。"按:注音字"剡"《廣韻》有"以冉切"和"時染切"二讀,其中"以冉切"一讀與"蛅"字相合,但此二讀均與"菼"(《廣韻》吐敢切)音不合。疑"剡"字另有"吐敢切"一讀,為" "(吐敢切)的省文,而《廣韻》失收。清朱俊聲認爲"剡"可通假"倓"(《廣韻》徒甘切,又徒感切),《說文通訓定聲·謙部》"剡,假借為倓。"或與之有關,待考。

③ 此條原文是"(630)霖(霖)",這裡注音字"霖"似不見于任何字書典籍,其為誤字無疑。從形體和意義的角度來看,"霖"可能是"霪"的誤字。《說文》:"霪,霖雨也,南陽謂霖霪。雨,㸒聲。"意義與被注音字相關(雖理論上並無此要求),形體亦與"霪"字相近,但此字《廣韻》魚金切,為平聲侵韵疑母字,與被注音字"霖"聲母未合,有待進一步研究。今暫據"淫"字的今音(yín)置于此處。

Z(88字)

【zai】哉(134)【zan】昝(91);贊(938)【zang】臧(601)(1562)【ze】則(576);責(648)(1281)(1355);澤(1270);睪(1327)①【zeng】繒(1436)(1511)【zha】札(1125)【zhai】債(115)【zhan】占(307)(497)(1218);盞(578);棧(1156)(1441)【zhang】掌(594)【zhao】招(64);兆(1)(357)(663)(1230)(1575);罩(8);肇(731);棹(1395)【zhe】輒(977)(1075)(1095)(1294)②;摺(99);着(598)【zhen】珍(243);針(248)(845)(992);真(591)(826);稹(50);軫(256);振(174)(253);【zheng】爭(356)【zhi】只(230);枝(294);支(1343);知(1189);姪(10);直(351)(403);執(607);職(956);止(151)(172)(296)(564)(569)(683);質(160)(1530);致(273);秩(297);滯(475)(1580);雉(1217)【zhong】終(813)(961)(1157)(1495);腫(374)【zhou】舟(391);肘(1246);呪(640)【zhu】朱(1190);竹(460);燭(716);逐(927)(1234);渚(695)(711);祝(311)(589);佇(435);著(461);柱(1054);住(1212)(1509);助(1425);宁(1569)③【zhuan】專(634);篆(530)【zhui】隹(809);追(1466);墜(235)(323);【zhun】諄(337)【zhuo】拙(199)(423)(480);卓(471)(514)(740),酌(855);濁(1111);啄(1349)【zi】咨(521)(638)(812);緇(688)(1109)(1398);滋(1222);紫(158)(364)(954);字(952)【zong】宗(11)(464)(989)(1408)(1435)(1570);踪(1112);總(884)【zou】鄒(608)【zu】族(547);卒(718);【zuan】劗(1115);纂(39)【zui】罪(25)【zun】遵(1400)【zuo】昨(653)

---

① 此條原文是"(1326)鸅(睪)","鸅"字《廣韻》場伯切,"睪"字《廣韻》羊益切,又《集韻》昵輒切,二者間音韻明顯不合。查宋刻本十行本《爾雅音釋》此條注音為"鸅音澤",因疑此處之"睪"或為"澤"字之省文。古籍中"睪"可通"澤",清朱俊聲《說文通訓定聲·豫部》:"睪,假借為澤",可參。今暫置"睪"字今音于【ze】音節下。

② 按:(977)、(1075)、(1095)三條的注音字原文作"輒",(1294)一條的注音自原文作" ",二者當為一字,今併為一處。

③ 按:此處之"宁",《廣韻》直呂切,為上聲語韻澄母字,今音為 zhù,不是"寧"的簡體字。

附錄三　《經典釋文·爾雅音義》、《爾雅音釋》與《爾雅音圖》注音對照表

爾雅序

總序號	《爾雅》被注音字	《經典釋文·爾雅音義》	《爾雅音釋》	《爾雅音圖》
1	夫	音符(1)	扶(1)	
2	詁	音古又音故(2)		
3	興	許應反(3)	許膺(2)	
4	摠	子孔反(4)		
5	鈐	其廉反(5)		
6	鍵	其展反字林巨偃反或一音巨言反(6)	件(3)	
7	潭	徒南反(7)		
8	奧	烏報反(8)		
9	擿	勑知反(9)	癡(4)	
10	翰	寒半反(10)		
11	華	胡瓜反(11)		
12	苑	於阮反(12)		
13	近	如字又音附近之近(13)		
14	古	丁仲反又如字(14)		
15	豹	百教反(15)		
16	贍	時豔反(16)	時艷(5)	
17	玩	五貫反(17)		
18	眈	丁南反(18)		
19	璞	普剝反(19)	朴(6)	
20	揆	巨癸反(20)		
21	檮	徒刀反(21)	桃(7)	
22	少	詩照反(22)	詩照(8)	
23	沈	直金反(23)		
24	研	五堅反(24)		
25	鑽	子官反(25)	子管(9)	
26	註	之戍反(26)		
27	紛	芳云反(27)		
28	謬	靡幼反(28)		
29	復	扶又反(29)		
30	綴	丁衞反又丁劣反(30)		

總序號	《爾雅》被注音字	《經典釋文·爾雅音義》	《爾雅音釋》	《爾雅音圖》
31	会	古外反(31)	古外(10)	
32	稡	子外反又子骨反(32)	子外(11)	
33	謠	音遙(33)		
34	綜	子宋反(34)		
35	剡	丁悅反又都活反(35)	掇(12)	
36	瑕	戶加反(36)		
37	礫	力的反(37)	歷(13)	
38	搴	居展反又去虔反(38)	倦(14)	
39	蕭	先遼反(39)		
40	稂	音郎(40)	郎(15)	
41	隱	於謹反(41)		
42	滯	直例反(42)		
43	援	音袁(43)		
44	易	以豉反(44)	以豉(16)	
45	了	音同照寮(45)	療(17)	
46	袪	去魚反(46)		
47	寤	五故反(47)		
48	篡	似說反又囚醉反一音息(48)	似銳(18)	
49	企	丘豉反(49)	丘豉(19)	
50	躅	直錄反字林竹足反(50)	逐(20)	

爾雅卷上·釋詁第一

總序號	《爾雅》被注音字	《經典釋文·爾雅音義》	《爾雅音釋》	《爾雅音圖》
51	詁	音古又音故(51)		
52	哉	子來反(52)		
53	肇	音趙(53)¹	兆(21)	兆(1)
54	胎	天才反孫炎大才反(54)		
55	俶	尺叔反(55)	昌叔(22)	叔(2)
56	權	巨員反(56)		
57	輿	音余(57)		
58	令	力政反(58)		
59	肧	普才反又匹尤反(59)		
60	烝	之仍反(60)		
61	辟	必亦反(61)	并亦(23)	畢(3)

附錄三《經典釋文·爾雅音義》、《爾雅音釋》與《爾雅音圖》注音對照表

總序號	《爾雅》被注音字	《經典釋文·爾雅音義》	《爾雅音釋》	《爾雅音圖》
62	壬	而心反(62)		
63	覜	賢遍反(63)		
64	宏	戶萌反(64)		
65	溥	音普(65)		
66	介	音界(66)		
67	夏	戶雅反(67)		
68	幠	火吳反(68)	呼(24)	呼(4)
69	厖	亡江反又亡項反(69)	亡江(25)	旁(5)
70	墳	符云反(70)		
71	嘏	古雅反(71)		
72	丕	普悲反(72)		
73	奕	以昔反(73)		
74	誕	音但(74)	但(26)	但(6)
75	駿	子俊反又荀閏反(75)		
76	假	古雅反(76)		
77	濯	直角反(77)		
78	訏	香于反(78)	吁(27)	吁(7)
79	弙	起弓反(79)		
80	壯	側狀反(80)		
81	冢	郭陟孝反顧野王都角反孫都耗反(81)	罩(28)	罩(8)
82	昄	沈旋蒲板反孫郭方滿反字林方但方旦二反施乾蒲滿反顧音扳又普姦普練二反(82)	蒲板(29)	反(9)
83	晊	舊音之日反顧音充尸反(83)	之日(30)	姪(10)
84	蓆	音席(84)		
85	謨	亡乎反(85)		
86	迄	許訖反(86)		
87	臻	側巾反(87)		
88	極		紀力(31)	
89	弔	如字又音的(88)	的(32)	
90	艐	郭音屆顧子公反(89)	宗(33)	宗(11)
91	格	更伯反(90)		
92	戾	力帝反(91)		

總序號	《爾雅》被注音字	《經典釋文·爾雅音義》	《爾雅音釋》	《爾雅音圖》
93	摧	昨雷反又祖雷反(92)	昨雷(34)	推(12)
94	詹	音占(93)		
95	屆	音界(94)		
96	適	傷亦反(95)		
97	賚	力代反又力臺反(96)		
98	畀	必寐反(97)	必寐(35)	卟(13)
99	予	羊汝反(98)	羊汝(36)	
100	貺	許誑反(99)		
101	淑	市六反(100)		
102	鮮	息淺反又音仙先莫反亦訓善(101)	息淺(37)	銑(14)
103	省	先郢反(102)	先郢(38)	
104	臧	子郎反(103)		
105	令	力政反(104)	力政(39)	
106	綝	勑金反郭勑淫反(105)	勑金(40)	嗔(15)
107	彀	古豆反一音古侯反(106)	古豆(41)	叩(16)
108	徽	音暉(107)		
109	藩	方元反(108)		
110	大	音泰(109)		
111	怡	以之反(110)		
112	懌	音亦(111)		
113	衎	苦旦反(112)		勘(17)
114	愉	羊朱反(113)		
115	愷	若在反(114)		
116	妉	丁含反(115)	丁含(42)	丹(18)
117	般	蒲安反(116)	盤(43)	
118	樂	音洛(117)	洛(44)	
119	協	胡頰反(118)		
120	遹	亦尹反(119)	聿(45)	聿(19)
121	率	所律反(120)		
122	循	音旬(121)		
123	行	下孟反(122)		
124	靖	音靜(123)		
125	漠	孫音莫(124)		

總序號	《爾雅》被注音字	《經典釋文·爾雅音義》	《爾雅音釋》	《爾雅音圖》
126	度	徒洛反(125)	鐸(46)	鐸(20)
127	諏	子須反(126)	子須(47)	苴(21)
128	猷	音猶(127)		
129	肇	音趙(128)[2]		
130	究	九又反(129)		
131	謨	亡胡反(130)		
132	基	本或作諆音同(131)		
133	謀	莫浮反(132)		
134	虢	古伯反(133)		
135	閎	音宏(134)		
136	夭	於兆反(135)		
137	原	音元(136)		
138	彝	以而反(137)	夷(48)	夷(22)
139	範	音犯(138)		
140	憂	苦點反郭苦八反(139)		
141	職	之力反(140)		
142	秩	長栗反(141)		
143	柯	古河反(142)		
144	辟	婢亦反(143)	婢亦(49)	畢(23)
145	踰	以朱反(144)		
146	矩	俱宇反(145)		
147	辜	古胡反(146)	孤(50)	孤(24)
148	皋		罪(51)	罪(25)
149	兒	五兮反一音如字(147)	倪(52)	倪(26)
150	鮐	夭才反一音夷(148)	台(53)	台(27)
151	背	博內反(149)		
152	耇	音苟(150)	狗(54)	狗(28)
153	鮱	音壽(151)		
154	更	古孟反(152)		
155	隋	徒火反(153)		
156	細	先計反(154)		
157	耆	巨伊反(155)		
158	稱	尺證反(156)		

總序號	《爾雅》被注音字	《經典釋文·爾雅音義》	《爾雅音釋》	《爾雅音圖》
159	允	音尹(157)		
160	孚	音敷(158)		
161	亶	丁但反(159)	丁但(55)	單(29)
162	諶	甚斟反(160)	市林(56)	辰(30)
163	汭	仁銳反(161)		
164	岱	音徒(162)		
165	謔	許虐反(163)		
166	笑	蘇誚反(164)		
167	敖	五報反(165)	五報(57)	
168	戲	虛寄反(166)		
169	調	徒弔反(167)		
170	粵	音越(168)	曰(58)	曰(31)
171	爰	音表(169)		
172	稼	古乍反(170)		
173	穡	音色(171)		
174	征	之成反(172)		
175	那	乃河反(173)		
176	繇	除又反孫音由又音遙(174)	由(59)	由(32)
177	於	音烏(175)	烏(60)	烏(33)
178	陶	音遙(176)		
179	敆	古荅反(177)	閣(61)	閣(34)
180	郃	音合又音合(178)	合(62)	合(35)
181	盍	胡獵反(179)	胡獵(63)	曷(36)
182	翕	許急反(180)		
183	仇	音求(181)		
184	偶	五口反(182)		
185	妃	音配又芳非反(183)	配(64)	配(37)
186	讎	市周反(184)		
187	樂	音洛(185)		
188	馮	皮冰反(186)		
189	媲	普計反郭音譬字林匹地反(187)	普計(65)	譬(38)
190	紹	市小反(188)		
191	胤	羊忍反又以刃反(189)		

總序號	《爾雅》被注音字	《經典釋文·爾雅音義》	《爾雅音釋》	《爾雅音圖》
192	纂	子管反(190)	子管(66)	纂(39)
193	綏	汝誰反(191)		
194	績	子狄反(192)		
195	係	戶帝反(193)		
196	繼	音計(194)		
197	忥	許氣反(195)	戲(67)	戲(40)
198	謚	時至反(196)	侍(68)	侍(41)
199	溢	以日反(197)		
200	蟄	直立反(198)		
201	貉	莫白反又武博反(199)	陌(69)	陌(42)
202	謐	彌畢反(200)	密(70)	密(43)
203	顗	魚豈反又五愷反(201)	擬(71)	擬(44)
204	頠	魚毀反沈王罪反孫郭五果反(202)	魚毀(72)	委(45)
205	隕	于閔反(203)	于閔(73)	允(46)
206	殞	于敏反(204)	于敏(74)	允(47)
207	湮	郭音因又音烟又音翳(205)		
208	降	古巷反(206)		
209	墜	直類反(207)		
210	摽	婢眇反又普交反符麥二反(208)	婢眇(75)	俵(48)
211	蘦	力丁反(209)	零(76)	零(49)
212	沈	直今反(210)		
213	令	力政反(211)	力政(77)	
214	禧	許其反(212)		
215	畛	之忍反(213)	積(78)	積(50)
216	訉	沈音粹郭音碎本作訊音信(214)		
217	誥	羔報反又古酷反(215)		
218	告	古毒反(216)	谷(79)	谷(51)
219	悠	音由(217)		
220	迥	戶頂反(218)	戶頂(80)	扃(52)
221	逷	他歷反郭湯革反(219)	惕(81)	惕(53)
222	闊	苦活反(220)		
223	虧	祛危反郭又許宜反(221)		

總序號	《爾雅》被注音字	《經典釋文·爾雅音义》	《爾雅音釋》	《爾雅音圖》
224	壞	音怪字林下怪反公壞反(222)	怪(82)	
225	圮	孫房美反(223)	房美(83)	移(54)
226	塊	古委反(224)	鬼(84)	鬼(55)
227	垣	音袁(225)		
228	戻	失耳反(226)		
229	繹	音亦(227)		
230	旅	音呂(228)		
231	宷	李孫郭并七代反下句及注同樊七在反(229)	七代(85)	采(56)
232	寮	力彫反(230)		
233	采	七在反(231)		
234	服	符福反(232)		
235	貫	古玩反(233)		
236	羕	羊讓反(234)	樣(86)	樣(57)
237	引	以忍反(235)		
238	駿	子閏反(236)		
239	長	直良反(237)		
240	喬	郭音橋或音驕(238)		
241	戇	宿忠反(239)		
242	倮	音果(240)		
243	毅		義(87)	義(58)
244	捷	才接反(241)		
245	肩	音堅(242)		
246	戡	字又作戠苦含反(243)	堪(88)	堪(59)
247	勝	尸證反(244)		
248	夸	口花反(245)		
249	芑	郎芍反(246)		
250	殺	所點反舊所例反(247)		
251	獮	息淺反(248)	尠(89)	尠(60)
252	刺	七賜反或七亦反(249)	次(90)	次(61)
253	亹	亡匪反(250)	尾(91)	尾(62)
254	亹	彌畢反又亡忍反(251)	蜜(92)	蜜(63)
255	敦	丁門反本今作敦(252)		
256	勗	許玉反(253)		

附錄三《經典釋文·爾雅音義》、《爾雅音釋》與《爾雅音圖》注音對照表

總序號	《爾雅》被注音字	《經典釋文·爾雅音义》	《爾雅音釋》	《爾雅音圖》
257	釗	古堯反又之遙反(254)	招(93)	招(64)
258	茂	亡候反(255)		
259	劭	上照反或上遙反(256)	邵(94)	邵(65)
260	勱	音泯又彌兗反(257)	泯(95)	泯(66)
261	俓	亡忍反又亡衍反(258)		
262	鶩	音務(259)	務(96)	務(67)
263	瞀	音閔(260)	閔(97)	閔(68)
264	強	其丈反(261)	其丈(98)	
265	卬	五剛反(262)	五剛(99)	昂(69)
266	台	孫羊而反(263)	怡(100)下同	怡(70)
267	台			怡(71)
268	予	羊如反(264)		
269	余	羊如反(265)		
270	姎	烏郎烏黨烏浪三反(266)		
271	任	而炤反(267)		
272	眕	之忍反(268)		
273	某	音丹(269)		
274	躬	音弓(270)		
275	畀	必二反(271)	必二(101)	
276	陽	音賜又如字(272)	賜(102)	
277	予	羊汝反(273)	與(103)	與(72)
278	巴	伯家反(274)		
279	濮	音卜(275)		
280	誘	余九反(276)		
281	餤	沈大甘反徐仙民詩音閻餘占反郭持豐反(277)	談(104)	淡(73)
282	燾	徐刃反(278)	燼(105)	燼(74)
283	餞	徂淺反(279)		
284	迪	大的反(280)		
285	烝	之仍反(281)		
286	左	音佐(282)		
287	右	音佑(283)		
288	相	息亮反(284)	息亮(106)	象(75)
289	道	徒報反(285)		

總序號	《爾雅》被注音字	《經典釋文·爾雅音义》	《爾雅音釋》	《爾雅音圖》
290	勴	力庶反(286)	慮(107)	慮(76)
291	介	音界(287)		
292	覆	芳服反(288)		
293	緝	七入反(289)		
294	熙	許其反(290)		
295	晧	胡老反(291)		
296	熲	古迥反(292)	古迥(108)	耿(77)
297	劼	苦點反郭苦八反或作硈字古黠反(293)	苦點(109)	吉(78)
298	鞏	九勇反(294)		
299	篤	丁幸反(295)		
300	掔	音牽又却閑反郭音義(296)	牽(110)	牽(79)
301	虔	音乾(297)		
302	膠	音交(298)		
303	疇	直留反(299)	直留(111)	
304	祉	音恥(300)		
305	眭	于況反又于摑反(301)	旺(112)	旺(80)
306	藐	亡角反(302)	邈(113)	邈(81)
307	禕	於宜反(303)	衣(114)	
308	懿	音意(304)		
309	鑠	舒灼反(305)		
310	上	時掌反(306)		
311	諧	下階反(307)		
312	輯	音集(308)	集(115)	
313	雍	於恭反(309)	於恭(116)	
314	勰	户牒反(310)	協(117)	協(82)
315	燮	蘇頰反(311)		
316	弼	白筆反(312)		
317	重	直龍反(313)	直龍(118)	崇(83)
318	疊	音牒(314)		
319	觳	胡角反又胡谷反 瓜(315)	學(119)	學(84)
320	卒	子恤反(316)		
321	泯	亡忍反(317)		
322	磬	苦定反(318)		

總序號	《爾雅》被注音字	《經典釋文·爾雅音义》	《爾雅音釋》	《爾雅音圖》
323	罄	苦計反說文口地反(319)	苦計(120)	擊(85)
324	殲	子廉反(320)	尖(121)	尖(86)
325	拔	步八反(321)		
326	殄	大典反(322)		
327	厭	一豔反(323)		
328	苞	百交反(324)		
329	蕪	音無或亡甫反(325)		
330	豐	敷馮反(326)		
331	揫	孫子由反郭音遒案遒子由徂秋反(327)	子由(122)	揪(87)
332	斂	力儉反(328)		
333	屈	丘勿反(329)		
334	戢	側立反(330)		
335	蒐	所求反(331)	搜(123)	搜(88)
336	褎	蒲侯反(332)		
337	鳩	居牛反說文作勼音九尤反(333)		
338	摟	力侯反(334)		
339	隰	音習(335)		
340	拘	古侯反(336)		
341	遄	市專反(337)	船(124)	船(89)
342	亟	欺冀反又居力反(338)	欺冀(125)	
343	屢	力具反(338)		
344	數	色角反(340)	朔(126)	朔(90)
345	迅	信峻二音(341)		
346	徂	才孤反(342)		
347	寁	子感反(343)	昝(127)	昝(91)
348	亟	居力反(344)	居力(128)	
349	壑	許各反郭胡郭反(345)		
350	阬	苦衡反(346)	坑(129)	坑(92)
351	塍	徒登反(347)		
352	隍	音皇(348)		
353	漮	苦郎反(349)	康(130)	康(93)
354	虛	許居反(350)		
355	谿	音溪(351)		

總序號	《爾雅》被注音字	《經典釋文·爾雅音義》	《爾雅音釋》	《爾雅音圖》
356	壍	七豔反(352)		
357	墟	去魚反(353)		
358	烝	之仍反(354)		
359	洋	音羊(355)		
360	觀	顧謝音官施古喚反(356)		
361	郍	奴多反(357)		
362	差	楚佳反(358)	叉(131)	叉(94)
363	柬	音簡(359)	簡(132)	簡(95)
364	㮚	六日反(360)	栗(133)	栗(96)
365	戁	女版反(361)	女板(134)	赧(97)
366	竦	息勇反(362)		
367	恐	丘勇反(363)	丘勇(135)	孔(98)
368	慴	之涉反(364)	之涉(136)	摺(99)
369	痛	普胡芳膚二反(365)	普胡(137)	蒲(100)
370	瘏	音徒(366)	徒(138)	徒(101)
371	虺	虎回反又呼懷反(367)	灰(139)	灰(102)
372	頹	徒回反(368)		
373	劬	土于反(369)		
374	㿒	音白(370)		
375	顇	在醉反(371)	悴(140)	悴(103)
376	瘽	音勤(372)	勤(141)	勤(104)
377	瘉	朱羊反又羊主反(373)	俞(142)	俞(105)
378	鰥	古頑反(374)		
379	癙	傷汝反字林音恕(375)	鼠(143)	鼠(106)
380	癵	力專反(376)	力專(144)	聯(107)
381	瘨	音里(377)	里(145)	里(108)
382	痒	音羊(378)	羊(146)	羊(109)
383	疧	祈支反或丁禮反又音支(379)	祁(147)	祁(110)
384	疵	音慈(380)		
385	疚	音救(381)		
386	痗	音昧一音晦(382)	妹(148)	妹(111)
387	瘥	徂河反又子衰反(383)	但何(149)	瑳(112)
388	痱	符非反又符沸反說文蒲愷反(384)	肥(150)	肥(113)

附錄三《經典釋文·爾雅音義》、《爾雅音釋》與《爾雅音圖》注音對照表

總序號	《爾雅》被注音字	《經典釋文·爾雅音義》	《爾雅音釋》	《爾雅音圖》
389	瘇	丁但反又徒丹反(385)	亶(151)	亶(114)
390	瘵	側界反字林側例反(386)	債(152)	債(115)
391	瘼	音莫(387)		莫(116)
392	瘠	徂細反或徂犁反(388)	徂細(153)	際(117)
393	痐	呼回反(389)		
394	恙	羊讓反(390)		
395	寫	悉冶反(391)		
396	悝	音里(392)	里(154)	里(118)
397	盱	香于反(393)	吁(155)	吁(119)
398	繇	音遙(394)	遙(156)	遙(120)
399	慘	七感反(395)		
400	罹	力知反(396)		
401	勩	與世反郭音諡(397)	與世(157)	異(121)
402	卬	巨凶反(398)		
403	敕	恥力反說文丑力反(399)		
404	愉	羊主反又羊朱反(400)		
405	癉	丁賀反(401)	丁賀(158)	談(122)
406	窳	羊主反字林音烏(402)		
407	勞	力報反(403)	力報(159)	
408	來	力代反(404)	賚(160)	賚(123)
409	強	其丈反(405)	其丈(161)	
410	翦	子淺反(406)		
411	簪	息遂反又徂歲反(407)		
412	迨	音待(408)		
413	傷	尸羊反(409)		
414	思	司嗣反(410)	司嗣(162)	
415	愵	乃歷反(411)	溺(163)	溺(124)
416	如	竹留反(412)		
417	祉	音恥(413)		
418	戩	音翦又章善反孫音箭(414)		
419	祓	音廢又音拂又方妹反(415)	廢(164)	廢(125)
420	禧	許其反(416)		
421	禠	音斯郭常支巨移二反(417)	斯(165)	斯(126)
422	祜	音户(418)		

總序號	《爾雅》被注音字	《經典釋文·爾雅音義》	《爾雅音釋》	《爾雅音圖》
423	俾	必爾反(419)		
424	禋	音因(420)		
425	祀	音似(421)		
426	祠	音詞(422)		
427	蒸	之升反(423)		
428	禴	餘若反(424)	藥(166)	藥(127)
429	儼	魚儉反(425)		
430	恪	口各反(426)	墟各(167)	
431	祇	旨夷反(427)		
432	諲	音因又音眞(428)	因(168)	因(128)
433	熯	而善反郭音罕(429)	而善(169)	旱(129)
434	晙	子峻反又音俊(430)	俊(170)	俊(130)
435	頿	音須(431)	須(171)	須(131)
436	竢	音仕(432)	士(172)	
437	替	他計反(433)		
438	戾	音麗(434)		
439	底	之視反底音丁禮反(435)	止(173)	
440	徯	胡禮反(436)	胡禮(174)	係(132)
441	遹	郭音聿施音述(437)	聿(175)	聿(133)
442	幾	音祈又音機(438)		
443	裁		哉(176)	哉(134)
444	蘄	音祈又音沂郭音劌案劌音公哀反(439)	祈(177)	祈(135)
445	汔	古愛反施音既樊孫虛乞反(440)	蓋(178)	蓋(136)
446	摩	莫河反(441)		
447	治	如字施宜吏反(442)		
448	肆	音四(443)		
449	惇	丁門反(444)		
450	亶	多但反(445)		
451	祜	音户(446)		
452	掔	却賢反又苦閒苦忍二反(447)		
453	仍	汝烝反(448)		
454	肶	音毗(449)	毗(179)	毘(137)
455	婢	婢支反又音婢(450)	脾(180)	脾(138)

附錄三《經典釋文·爾雅音義》、《爾雅音釋》與《爾雅音圖》注音對照表

總序號	《爾雅》被注音字	《經典釋文·爾雅音義》	《爾雅音釋》	《爾雅音圖》
456	竺	丁毒反(451)	篤(181)	篤(139)
457	腹	分伏反(452)		
458	重	直龍反(453)		
459	謨	亡胡反郭音慕(454)		
460	許	側駕反(455)		
461	謀	亡候反(456)		
462	話	胡快反(457)		
463	猷	音由(458)		
464	行	下庚反郭下孟反(459)		
465	誐	五戎反(460)		
466	盟	音明(461)		
467	詛	側慮反(462)		
468	祅	於喬反(463)		
469	遘	古豆反(464)	搆(182)	搆(140)
470	遻	五故反(465)	悟(183)	悟(141)
471	復	扶又反(466)		
472	釗	工堯反又章堯反(467)		
473	覵	賢遍反(468)		的(142)
474	監	音鑒又工杉反(469)	鑒(184)	
475	涖	音利又音類(470)	利(185)	利(143)
476	覜	他弔反(471)	眺(186)	眺(144)
477	相	施息亮反又息良反(472)		
478	詾	音凶(473)		
479	閒	古閑反舊音閑(474)		
480	隙	去戟反(475)		
481	瘞	倚例反郭音翳(476)	於計(187)	亦(145)
482	匿	女力反(477)	女力(188)	覓(146)
483	蔽	必曳反(478)		
484	竄	麤亂反(479)		
485	妥	孫他果反郭他回反又他罪反(480)	他窠(189)	
486	按	一旦反(481)		
487	底	丁禮反(482)		
488	厎	之視反(483)		

總序號	《爾雅》被注音字	《經典釋文·爾雅音義》	《爾雅音釋》	《爾雅音圖》
489	尼	施女乙反謝羊而反(484)		
490	曷	何末反(485)		
491	遏	烏割反(486)	烏曷(190)	曷(147)
492	抑	於力反(487)		
493	射	羊石反(488)	亦(191)	亦(148)
494	厭	於豔反(489)		
495	梏	古沃反郭音角(490)	谷(192)	谷(149)
496	梗	古杏反(491)		
497	較	古學反(492)	角(193)	
498	頲	他鼎反(493)	他頂(194)	挺(150)
499	密	亡筆反(494)		
500	易	以豉反(495)	以豉(195)	
501	矢		尸紙(196)	
502	弛	尸紙反(496)	尸紙(197)	止(151)
503	弛	施李音尸紙反顧謝本弛作施(497)		
504	易	皆以豉反(498)		
505	鮮	息淺反(499)	息淺(198)	
506	罕	火旱反(500)		
507	酢	才各反(501)	昨(199)	
508	侑	于救反(502)		
509	毗	如字(503)		
510	暴	邦角反(504)	剝(200)	剝(152)
511	樂	郭音洛又力角反(505)	洛(201)	
512	廕	於禁反(506)		
513	覛	郭亡革反又莫經反(507)	陌(202)	陌(153)
514	雺	音蒙(508)	蒙(203)	蒙(154)
515	茀	音弗(509)		
516	叢	才工反(510)		
517	茸	如容反或如融反(511)		
518	薈	烏會反(512)		
519	蠱	音古(513)		
520	謟	郭音縚他刀反沈勑檢反(514)	叨(204)	叨(155)
521	楨	音貞(515)		

總序號	《爾雅》被注音字	《經典釋文·爾雅音義》	《爾雅音釋》	《爾雅音圖》
522	榦	胡旦反(516)		
523	棐	音匪(517)	匪(205)	匪(156)
524	比	毗志反(518)	毗志(206)	
525	俌	音輔郭方輔反字林音甫(519)	甫(207)	
526	諶	市林反(520)		
527	壃	音姜(521)		
528	圉	魚呂反(522)	語(208)	語(157)
529	場	羊石反(523)		
530	旁	步郎反(524)		
531	聊	音遼(525)		
532	敵	音狄(526)		
533	彊	巨良反(527)		
534	應	於矜反(528)		
535	好	呼報反(529)		
536	浡	步忽反(530)		
537	蠢	尸允反(531)		
538	俶	昌育反(532)		
539	呰	子爾反或子移反郭音些息計反又息賀反(533)	紫(209)	紫(158)
540	已	音以(534)		
541	嗟	字林云皆古嗟字(535)	嗟(210)	嗟(159)
542	罝	音嗟(536)		
543	狎	乎甲反(537)		
544	串	郭音五患反沈謝古患反(538)	五患(211)	
545	慣	古患反(539)	慣(212)	
546	厭	於豔反(540)		
547	忕	音逝又時設反張揖雜字音曳(541)		
548	曩	奴黨反(542)		
549	逮	音代一音大計反(543)		
550	曁	其器反(544)		
551	騭	之實反又音陟(545)	質(213)	質(160)
552	假	音遐(546)	遐(214)	暇(161)
553	躋	子兮反(547)		

總序號	《爾雅》被注音字	《經典釋文·爾雅音義》	《爾雅音釋》	《爾雅音圖》
554	陞	音升(548)		
555	揮	許韋反(549)		
556	盝	音鹿(550)		
557	歇	虛謁反(551)		
558	涸	戶各反(552)	鶴(215)	
559	渴	音竭(553)		
560	毋	音無(554)		
561	漉	音鹿(555)		
562	去	起呂反(556)		
563	抾	音震(557)	振(216)	
564	拭	音式(558)		
565	刷	所劣反(559)	所劣(217)	
566	清	如字劉音儀禮慈性反(560)		
567	於		烏(218)	
568	抆	亡粉反(561)		
569	埽	素老反(562)		
570	閒	古莧反謝古閑反郭古鴈反施胡瞎反(563)	澗(219)	
571	饁	于輒反字林于怯反(564)	叶(220)	叶(162)
572	饟	式亮反(565)	餉(221)	餉(163)
573	饋	巨愧反(566)	櫃(222)	櫃(164)
574	遷	七延反(567)		
575	徙	斯尒反(568)		
576	拱	九勇反(569)		
577	歆	郭音歆又音欽字林火欽反(570)	許金(223)	欣(165)
578	興	如字又許應反(571)		
579	蹶	居衛反(572)	居衛(224)	貴(166)
580	假	戶嫁反(573)	暇(225)	暇(167)
581	廢	甫穢反(574)		
582	稅	始銳反(575)		
583	舍	音捨(576)	捨(226)	捨(168)
584	棲	音西(577)		
585	遲	直鷔反(578)		
586	憩	起例反(579)		

附錄三《經典釋文‧爾雅音義》、《爾雅音釋》與《爾雅音圖》注音對照表

總序號	《爾雅》被注音字	《經典釋文‧爾雅音義》	《爾雅音釋》	《爾雅音圖》
587	卹	苦怪反又墟季反字林丘愧反郭音苦槩反又作嘳墟愧苦怪二反(580)	苦怪(227)	快(169)
588	鯑	郭施謝海拜反孫虛貴反顧乎被反(581)	訶誡(228)	係(170)
589	呬	郭許四反孫許器反施火季反(582)	許四(229)	四(171)
590	供	如字又居用反(583)		
591	峙	直紀反(584)	直紀(230)	止(172)
592	共	音恭(585)	恭(231)	
593	惎	亡矩反又音無(586)	某(232)	某(173)
594	憐	力田反(587)		
595	娠	指慎反又音身(588)	振(233)	振(174)
596	蠢	尺允反(589)		
597	戁	奴板反(590)		赧(175)
598	妯	顧依詩勑留反郭盧篤反又徒歷反(591)	抽(234)	抽(176)
599	騷	蘇刀反(592)		
600	訛	五禾反(593)		
601	悅	始銳反(594)		
602	履	芳福反(595)		
603	副	音赴(596)		
604	校	音教(597)		
605	長	丁丈反(598)		
606	諦	音帝(599)		
607	契	郭苦計反顧苦結反(600)	苦結(235)	
608	殄	大典反(601)		
609	刻	音克(602)		
610	斷	大管反(603)		
611	迪	音狄(604)		
612	繇	音由(605)	由(236)	由(177)
613	道	如字或徒報反(606)		
614	僉	七廉反(607)	七廉(237)	
615	胥	息廬反(608)		

總序號	《爾雅》被注音字	《經典釋文·爾雅音义》	《爾雅音釋》	《爾雅音圖》
616	耆	巨之反(609)		
617	艾	五蓋反(610)		
618	更	音庚(611)		
619	長		丁丈(238)	
620	秭	音姊(612)	姊(239)	
621	算	素緩反郭息轉反(613)	筭(240)	
622	數	色具反謝色主反(614)		
623	傅	符付反(615)	附(241)	
624	覛	亡革反(616)	脉(242)	脉(178)
625	相	息羊反讀者或息亮反(617)		
626	乂	魚廢反(618)		
627	淈	郭古没反又胡忽反(619)	骨(243)	骨(179)
628	治	直吏反謝如字(620)		
629	汩	古没反(621)		
630	頤	以之反(622)		
631	沇	姑犬反施胡犬反顧徒蓋反(623)	古犬(244)	捲(180)
632	渾	胡本反(624)	胡本(245)	
633	隕	于敏反(625)		
634	墜	直類反(626)		
635	㵣	所甲反(627)	所甲(246)	插(181)
636	捷	才接反(628)		
637	毖	音祕(629)	祕(247)	祕(182)
638	溢	音逸(630)		
639	陶	徒刀反(631)		
640	繇	音由一音遙(632)	由(248)	由(183)
641	馘	古獲反本又作聝音同(633)	古獲(249)	國(184)
642	穧	才細反(634)	才細(250)	濟(185)
643	禾	户郭反(635)		
644	難	奴旦反一音如字(636)	乃旦(251)	
645	剡	羊冉反(637)	羊冉(252)	
646	掠	力約反(638)	略(253)	畧(186)
647	粗	似音(639)		
648	任	而鳩反又而淫反(640)	壬鳩(254)	

總序號	《爾雅》被注音字	《經典釋文·爾雅音義》	《爾雅音釋》	《爾雅音圖》
649	壬	而今反(641)		
650	伻	必尒反(642)		
651	拼	北萌反(643)	比萌(255)	崩(187)
652	抨	普耕反案字書拼抨並音普耕補耕二反(644)	烹(256)	烹(188)
653	令	力呈反(645)		
654	儴	樊孫如羊反施息羊反(646)	攘(257)	攘(189)
655	督	多毒反(647)		
656	亨	虛丈反(648)		
657	縱	子用反(649)		
658	縮	所六反(650)		
659	挈	昌世反(651)		
660	探	吐南反(652)	貪(258)	
661	篡	初患反(653)	初患(259)	
662	俘	音孚(654)	孚(260)	
663	摸	亡各樓胡二反(655)		
664	治	直吏反(656)		
665	曩	乃朗反(657)		
666	嚮	許亮反(658)		
667	省	息井反(659)		
668	璿	音旋(660)		
669	枿	五割反(661)	五割(261)	蘖(190)
670	訝	五駕反(662)		
671	跛	布我反(663)		
672	軫	之忍反(664)		
673	薦	遭練反(665)	曹練(262)	
674	摯	之二反(666)		
675	臻	則巾反(667)		
676	賡	古孟反沈孫音庚(668)	古孟(263)	庚(191)
677	續	似欲反(669)		
678	祔	音附郭音付(670)	附(264)	附(192)
679	詭	俱毀反(671)	鬼(265)	鬼(193)
680	尼	本亦作昵同女乙反謝羊而反顧奴啓反(672)	女乙(266)	

總序號	《爾雅》被注音字	《經典釋文·爾雅音义》	《爾雅音釋》	《爾雅音圖》
681	幾	音機又音祈(673)	機(267)	
682	暱	女乙反(674)	女乙(268)	匿(194)
683	妥	郭他回反沈他果反(675)	他回(269)	頹(195)
684	傳	直攣反(676)		
685	貉	亡白反下同施胡各反(677)	陌(270)	陌(196)
686	綸	音倫(678)		
687	繩	音乘(679)		
688	嘆	音莫(680)	莫(271)	莫(197)
689	寔		石(272)	石(198)
690	卒	子恤反(681)	子卹(273)	
691	猷	音由(682)		
692	假	古雅反(683)		
693	輟	丁劣反(684)	丁劣(274)	拙(199)
694	巳	音以(685)		
695	殊	巨牛反(686)		
696	酋	在由反又子由反郭音道(687)	在由(275)	由(200)
697	就	如字或作噈子六子合二反(688)		
698	終	音終(689)		
699	薨	火弘反(690)	呼弘(276)	
700	咀	音祖(691)		
701	殈	音落(692)		
702	殪	於計反(693)	於計(277)	
703	稱	尺證反(694)		

釋言第二

總序號	《爾雅》被注音字	《經典釋文·爾雅音义》	《爾雅音釋》	《爾雅音圖》
704	言	魚鞭反(695)		
705	中	如字又音仲又知衆反(696)		
706	距	音巨(697)		
707	斯	私貲所宜二反(698)		
708	諰	尺氏反(699)	侈(278)	侈(201)
709	謖	所六反(700)	所六(279)	縮(202)
710	還	音旋(701)	旋(280)	
711	復	音服(702)		

總序號	《爾雅》被注音字	《經典釋文·爾雅音義》	《爾雅音釋》	《爾雅音圖》
712	返	音反(703)		
713	徇	辭峻反郭音巡施音詢(704)	辭峻(281)	遜(203)
714	馹	而實反郭音義(705)	日(282)	日(204)
715	遽	其據反(706)		
716	傳	張戀反(707)	張戀(283)	舡(205)
717	車	音居(708)		
718	蒙	莫公反(709)		
719	覆	音副(710)		
720	告	古毒反(710)	谷(284)	谷(206)
721	噰	於容反(712)		
722	倈	音来(713)		
723	畛	之忍反(714)		
724	厎	之視反(715)		
725	恀	音是(716)	是(285)	是(207)
726	怙	音戶(717)		
727	恃	音市(718)		
728	遹	古述字一音餘橘反(719)		
729	俞	羊朱反(720)		
730	畣	古荅字(721)	荅(286)	荅(208)
731	唯	維癸反(722)		
732	應	音膺(723)		
733	臚	呂居反(724)		
734	幾	音機(725)		
735	觀	施音館謝音官(726)		
736	肯	口等反(727)		
737	敖	五刀反(728)		
738	幠	郭火孤反沈亡甫反(729)		
739	傲	五報反(730)		
740	稺	直利反又音稚(731)		
741	嚳	去虐反(732)	傃(287)	傃(209)
742	戾	力細反(733)		
743	壯	阻亮反(734)		
744	惈	紀力反或音戒(735)	紀力(288)	戒(210)
745	褊	必淺反(736)	必淺(289)	匾(211)

總序號	《爾雅》被注音字	《經典釋文·爾雅音义》	《爾雅音釋》	《爾雅音圖》
746	狹	戶甲反(737)		
747	貿	音茂(738)		
748	賈	音古(739)	古(290)	古(212)
749	厞	符沸反(740)	符沸(291)	費(213)
750	側	音仄(741)		
751	遾	嘗例反(742)	誓(292)	誓(214)
752	逮	音代一音徒帝反(743)		
753	妃	皮美反(744)	皮美(293)	起(215)
754	覆	芳服反(745)		
755	荐	徂薦反又徂遜反郭徂很反(746)	賤(294)	賤(216)
756	原	音盧(747)		
757	再	子代反(748)		
758	重	直用反又直龍反(749)		
759	憮	亡甫反(750)	武(295)	武(217)
760	敉	亡婢反郭敷靡反孫敷是反(751)	亡婢(296)	米(218)
761	臞	求俱反(752)	衢(297)	衢(219)
762	脙	音求(753)	求(298)	求(220)
763	瘠	秦昔反(754)		
764	桄	古黃反(755)		光(221)
765	潁	古迥反(756)		
766	婁	力住反(757)		
767	暱	女乙反(758)		
768	亟	墟記反(759)	墟記(299)	
769	數	色角反(760)	初(300)	初(222)
770	忒	他得反(761)		
771	佴	而志反(762)	而志(301)	二(223)
772	劑	即隨反(763)	即隨(302)	
773	翦	子淺反(764)		
774	饋	方云反(765)	紛(303)	紛(224)
775	餾	力又反(766)	力又(304)	溜(225)
776	稔	而審反(767)		
777	飧	音脩又西九反又所九反一音孫(768)		
778	飫	符萬反字林扶晚反(769)		

附錄三《經典釋文·爾雅音義》、《爾雅音釋》與《爾雅音圖》注音對照表

總序號	《爾雅》被注音字	《經典釋文·爾雅音义》	《爾雅音釋》	《爾雅音圖》
779	媵	以證反又繩證反(770)	以證(305)	映(226)
780	造	才早反(771)		
781	蕡	音非(772)	非(306)	非(227)
782	餱	音侯(773)		侯(228)
783	鞠	居六反(774)		
784	究	音救(775)		
785	㽖	音魯(776)		
786	齡	音矜(777)		
787	鹹	音咸(778)		
788	粦	力田反(779)		
789	覃	徒南反(780)		
790	蔓	音萬(781)		
791	㹞	以戰反又音延(782)		
792	佻	他尧反郭唐了反(783)	挑(307)	桃(229)
793	偷	他侯反(784)		
794	潛	捷鹽反(785)		
795	深	如字又尸鴆反(786)		
796	測	初力反(787)		
797	鞠	居六反(788)		
798	啜	常悅反郭音銳顧豬芮反施丑衞尺銳二反(789)		
799	茹	音汝(790)	如庶(308)	
800	茹	如庶反(791)		
801	度	侍各反(792)	鐸(309)	
802	強	巨丈反又其良反(793)	巨丈(310)	
803	禦	魚吕反(794)		
804	窒	豬乙反又丁栗反(795)	豬乙(311)	只(230)
805	薶	亡皆反(796)	埋(312)	埋(231)
806	黼	音甫(797)	甫(313)	甫(232)
807	黻	音弗(798)	弗(314)	弗(233)
808	己	音紀(799)		
809	膺	於矜反(800)		
810	愷	苦亥反(801)		
811	悌	徒禮反(802)		

總序號	《爾雅》被注音字	《經典釋文·爾雅音义》	《爾雅音釋》	《爾雅音圖》
812	髳	音毛(803)		
813	令	力呈反(804)		
814	畯	子峻反(805)	俊(315)	俊(234)
815	嗇	音色(806)		
816	蓋	古害反(807)		
817	裂	音列(808)		
818	諈	谢之睡反郭置睡反(809)	竹睡(316)	墜(235)
819	諉	郭女睡反顧汝恚反谢音矮(810)	女睡(317)	內(236)
820	累	劣僞反(811)	劣(318)	
821	屬	之欲反(812)		
822	漠	音莫(813)		
823	庀	必寐反又音祕(814)		
824	庥	虛求反郭許州反(815)		
825	廕	於鴆反(816)		
826	度	大各反(817)		
827	憯	七感反(818)	憯(319)	憯(237)
828	簍	求矩反(819)	求矩(320)	縷(238)
829	薆	音愛烏槩反(820)	愛(321)	愛(239)
830	僾	音愛烏槩反(821)	愛(322)	愛(240)
831	唈	烏合也(822)	烏合(323)	
832	祺	音其(823)		
833	先	賢遍反(824)		
834	兆	本又作垗音同(825)		
835	塋	音營(826)		
836	挾	戶牒反(827)	叶(324)	叶(241)
837	浹	子協反郭音接(828)	接(325)	接(242)
838	徹	直列反(829)		
839	霑	竹簾反(830)		
840	琛	勑金反郭舒金反(831)	勑金(326)	珍(243)
841	探	吐南反(832)		
842	刺	七赤反(833)		
843	選	宣戀反(834)		
844	俾	必爾反沈方寐反(835)		

附錄三《經典釋文·爾雅音義》、《爾雅音釋》與《爾雅音圖》注音對照表

總序號	《爾雅》被注音字	《經典釋文·爾雅音义》	《爾雅音釋》	《爾雅音圖》
845	紕	婢寐反謝房彌反郭音方寐反(836)	備(327)	備(244)
846	飾	申職反(837)		
847	緣	悅面反(838)		
848	淩	力升反樊注力膺反(839)	凌(328)	凌(245)
849	慄	音栗(840)		
850	遽	舊音邊其據反亦謂戰慄反(841)		
851	慼	七歷反(842)		
852	蠉	古玄反又音圭(843)		
853	稱	赤證反(844)		
854	好	呼報反又如字(845)		
855	坎	苦感反(846)		
856	銓	七全反(847)		
857	舫	方訪反又音方(848)		
858	併	步頂反(849)		
859	泳	音詠(850)		
860	底	丁禮反(851)		
861	迨	音待(852)		
862	冥	覓經反字林亡經亡定二反(853)		
863	降	古巷反一讀降音戶江反(854)		
864	下	如字戶嫁反(855)		
865	傭	勑恭反(856)	勑容(329)	容(246)
866	均	音鈞(857)		
867	暴	蒲報反(858)		
868	窕	吐彫反(859)		
869	好	呼報反(860)		
870	俅	音求(861)		
871	弁	音卞(862)		
872	瘞	於例反又於計反(863)		
873	薶	莫皆反(864)		
874	氂	力知反又力才反李本作犛呂銳反(865)	離(330)	離(247)
875	罽	居例反(866)	計(331)	

總序號	《爾雅》被注音字	《經典釋文·爾雅音義》	《爾雅音釋》	《爾雅音圖》
876	烘	沈顧火公反郭巨凶反孫音恭字林巨凶甘凶二反(867)		
877	燎	力皎反又力召力弔二反(868)	料(332)	
878	煁	市針反(869)	市針(333)	針(248)
879	烓	郭音恚字林口穎反顧口并烏攜二反(870)	頃(334)	頃(249)
880	隅	音虞(871)		
881	竈	則到反(872)		
882	陪	蒲回反(873)		
883	朝	直遥反(874)		
884	苛	音何(875)	何(335)	
885	樊	音煩(876)		
886	藩	方元反(877)		
887	籬	力支反(878)		
888	量	音良一音亮(879)		
889	評	音病(880)		
890	粻	音張字林又文庚反(881)		
891	糧	音良(882)		
892	侈	昌氏反又尸氏反(883)		
893	幾	音機(884)		
894	僥	古堯反(885)		
895	倖	胡耿反(886)		
896	筑	音竹(887)	竹(336)	
897	掇	丁活反(888)		
898	奘	徂朗反(889)	徂朗(337)	
899	駔	在魯反又子朗反(890)	粗(338)	粗(250)
900	訏	火乎反或作呼同(891)		
901	舫	謝音方施甫訪反樊本作坊符方反又音方(892)		
902	泭	郭音孚沈音附(893)	孚(339)	孚(251)
903	箄	皮佳反(894)		
904	筏	音伐(895)		

附錄三《經典釋文・爾雅音義》、《爾雅音釋》與《爾雅音圖》注音對照表

總序號	《爾雅》被注音字	《經典釋文・爾雅音義》	《爾雅音釋》	《爾雅音圖》
905	洵	郭音巡谢音荀(896)		
906	龕	苦南反(897)		
907	逮	音代一音大計反(898)		
908	遝	孫郭徒荅反(899)	沓(340)	沓(252)
909	沓	徒荅反(900)		
910	畫	胡卦反(901)	盡(341)	
911	賑	之忍反又之人之刃二反字林刃引反(902)	之忍(342)	振(253)
912	局	彊六反(903)		
913	分	符問反(904)	符問(343)	
914	懠	才計反(905)	才細(344)	濟(254)
915	偰	音屑郭音與稷契同施私秩反(906)	屑(345)	屑(255)
916	葵	求維反(907)		
917	揆	其水反(908)		
918	度	徒各反(909)	徒各(346)	
919	惄	奴歷反(910)		
920	眕	之忍反(911)	之忍(347)	軫(256)
921	別	彼列反(912)		
922	戍	式喻反(913)		
923	寇	苦侯反(914)		
924	硈	苦角反(915)	苦角(348)	恰(257)
925	鞏	九勇反(916)		
926	棄	丘異反(917)		
927	忘	音亡(918)		
928	囂/髐	五刀反又許嬌反(919)	五刀(349)	驍(258)
929	襄	四羊反或而羊反(920)		
930	憝	直類反(921)	隊(350)	對(259)
931	縭	力知反(922)	離(351)	離(260)
932	介	音界(923)		
933	闋	五代反(924)		
934	號	户羔反又胡到反(925)	毫(352)	
935	謣	火故反又如字(926)	火故(353)	呼(261)

總序號	《爾雅》被注音字	《經典釋文·爾雅音義》	《爾雅音釋》	《爾雅音圖》
936	咎	求九反(927)		
937	苞	補茅反(928)		
938	稹	謝之忍反郭振真二音(929)		
939	緻	直吏反(930)		
940	逜	五故反孫本吾字作午吾補反(931)	悟(354)	悟(262)
941	寤	五故反(932)		
942	頲	丁侹反(933)	丁侹(355)	定(263)
943	題	徒兮反(934)		
944	麟	力仁反(935)		
945	肯	苦等反(936)		
946	侮	亡甫反(937)		
947	貽	以之反(938)		
948	遺	唯季反(939)	唯季(356)	位(264)
949	歸	臣位反(940)		
950	貿	音茂(941)		
951	賄	火罪反(942)		
952	狎	乎甲反(943)		
953	惔	他敢反或待感反(944)	他敢(357)	剡(265)
954	騅	章誰反(945)		
955	薍	五患反(946)	五患(358)	亂(266)
956	毳	昌銳反(947)		
957	粲	七旦反(948)		
958	飧/餐	謝素昆反施七丹反(949)	孫(359)	孫(267)
959	渝	音榆(950)		
960	肴	音爻(951)		
961	恞	本又作夷音同(952)		
962	顛	丁田反(953)		
963	臷	田結反孫他結反(954)	迭(360)	迭(268)
964	輶	由久反又餘周反(955)	酉(361)	酉(269)
965	俴	慈瞋反(956)	踐(362)	踐(270)
966	綯	徒刀反(957)	陶(363)	陶(271)
967	絞	古卯反(958)		
968	糾	吉黝反(959)		

附錄三《經典釋文・爾雅音義》、《爾雅音釋》與《爾雅音圖》注音對照表

總序號	《爾雅》被注音字	《經典釋文・爾雅音义》	《爾雅音釋》	《爾雅音圖》
969	索	悉各反(960)		
970	跋	蒲末反郭音貝又補葛反(961)		
971	躐	力輒反(962)	獵(364)	躐(272)
972	狼	音郎(963)		
973	疐	竹利反又得異反又竹季反(964)	致(365)	致(273)
974	跲	其業反又居業反郭又音甲(965)	其葉(366)	結(274)
975	烝	之仍反(966)		
976	埃	音哀(967)		
977	戎	如字顧如勇反沈如升反(968)		
978	相	如字又息亮反(969)		
979	飫	於庶反(970)		
980	鷱	如成反本今作孺(971)		
981	屬	雛欲反(972)		
982	幕	音莫(973)		
983	煽	音扇(974)		
984	熾	昌至反(975)		
985	盛	市正反(976)		
986	柢	谢音帝(977)	帝(367)	帝(275)
987	窔	郭徒了反(978)		
988	閒	音閑或如字(979)	閑(368)	
989	窈	音杳(980)		
990	隙	去逆反(981)		
991	罹	力知反(982)		
992	思	息吏反(983)		
993	慘	七感反(984)		
994	檢	李郭居儉反(985)		
995	模	亡胡反(986)		
996	郵	音尤(987)		
997	過	古卧反(988)		
998	遯	徒頓反(989)		
999	獘/斃	婢世反又婢設反郭步計反(990)	弊(369)	弊(276)
1000	踣	蒲北反又音赴或孚豆蒲侯二反(991)	蒲北(370)	
1001	覆	芳服反(992)		

總序號	《爾雅》被注音字	《經典釋文·爾雅音義》	《爾雅音釋》	《爾雅音圖》
1002	債	甫問反(993)	糞(371)	糞(277)
1003	僵	居良反(994)	姜(372)	姜(278)
1004	昣	之引反又之人反(995)		
1005	殄	大典反(996)		
1006	盇	戶臘反(997)		
1007	虹	音洪李本作降下江反(998)		
1008	潰	乎內反(999)	會(373)	會(279)
1009	陪	烏感反(1000)	唵(374)	唵(280)
1010	闇	音暗(1001)		
1011	冥	莫定反(1002)	莫定(375)	
1012	剢	女乙反郭音駟(1003)	女乙(376)	匿(281)
1013	膠	音交(1004)		
1014	黏	女廉反(1005)		
1015	戛	居八反(1006)		
1016	闍	丁胡反(1007)	都(377)	都(282)
1017	拘	音俱(1008)		
1018	休	虛虯反(1009)		
1019	叫	古弔反(1010)		
1020	呼	火故反(1011)		
1021	濬	音峻(1012)		
1022	整	之領反(1013)		
1023	令	力呈反(1014)		
1024	愧	九位反(1015)		
1025	殛	紀力反(1016)	紀力(378)	亟(283)
1026	鯀	古本反(1017)		
1027	瘳	勑留反(1018)		
1028	訩	音凶許容反(1019)		
1029	冥	亡定反(1020)	亡定(379)	
1030	逡	七旬反(1021)		
1031	傳	直戀反(1022)		
1032	復	芳福反(1023)		
1033	㥂	都麗反一音致(1024)		
1034	仆	音赴(1025)	赴(380)	
1035	躓	音致(1026)		

附錄三《經典釋文・爾雅音義》、《爾雅音釋》與《爾雅音圖》注音對照表

總序號	《爾雅》被注音字	《經典釋文・爾雅音义》	《爾雅音釋》	《爾雅音圖》
1036	諗	音審说文式荏反(1027)	審(381)	審(284)
1037	届	音戒(1028)		
1038	弇	於簡反音揜(1029)	掩(382)	掩(285)
1039	覆	敷救反(1030)		
1040	恫	音通(1031)		
1041	訊	音信(1032)		
1042	鬩	呼歷反(1033)	呼歷(383)	吸(286)
1043	恨	孫炎作很音户墾反(1034)		
1044	燬	音毀一音火(1035)	毀(384)	毀(287)
1045	曩	乃黨反(1036)		曩(288)
1046	皡	許亮反音向(1037)		響(289)
1047	偟	音皇(1038)	皇(385)	皇(290)
1048	遑	音皇呼王反(1039)		
1049	宵	音消(1040)		
1050	懊	烏報反(1041)	烏報(386)	奧(291)
1051	忨	五館反(1042)	五館(387)	阮(292)
1052	愒	苦蓋反(1043)	苦蓋(388)	喝(293)
1053	揩/楷	音枝說文作楷(1044)	枝(389)	枝(294)
1054	拄	音注(1045)	注(390)	
1055	併	必頂反(1046)		
1056	卒	子忽反(1047)		
1057	慁	音囚(1048)	囚(391)	囚(295)
1058	胹	致恥反(1049)	致恥(392)	止(296)
1059	絼	音抶(1050)	秩(393)	秩(297)
1060	縫	奉容反(1051)		
1061	遞	音悌他計反一音待結反(1052)		
1062	迭	待結反音經(1053)		
1063	更	音庚(1054)		
1064	矧	诗忍反(1055)		
1065	廩	力錦反(1056)		
1066	鮮	息淺反(1057)	息淺(394)	佌(298)
1067	逭	音換(1058)	換(395)	換(299)
1068	閒	音諫(1059)	諫(396)	諫(300)
1069	倪	胡典反(1060)	胡典(397)	

總序號	《爾雅》被注音字	《經典釋文·爾雅音義》	《爾雅音釋》	《爾雅音圖》
1070	諜	徒協反(1061)		
1071	沄	音云(1062)	云(398)	云(301)
1072	汸	胡黨反(1063)	胡黨(399)	忼(302)
1073	㵒	莫廣反一音莫郎反(1064)		
1074	扜	戶旦反(1065)		
1075	沚	音止(1066)		
1076	㸷	本亦作㸷同扶味反又枝迷反(1067)	扶味(400)	費(303)
1077	刖	音月(1068)		
1078	忝	他簟反(1069)		
1079	燠	於六反(1070)	於六(401)	浴(304)
1080	堛	孚逼反(1071)	孚逼(402)	逼(305)
1081	齊	才細反(1072)	才細(403)	濟(306)
1082	㶒	戶吳反(1073)		
1083	饘	之然反(1074)	之然(404)	占(307)
1084	糜	靡為反(1075)		
1085	跪	求委反(1076)		
1086	跽	渠几反(1077)		
1087	曼	武延反(1078)	武延(405)	
1088	緻	之侍反一音智又音至(1079)		
1089	嬎	婢亦反又甫亦反(1080)		
1090	袍	包毛反(1081)		
1091	襇	古典反(1082)	吉典(406)	減(308)
1092	重	直龍反(1083)		
1093	衣	於旣反(1084)		
1094	障	知亮反(1085)		
1095	畛	之忍反(1086)		
1096	壅	於勇反(1087)		
1097	靦	他典反(1088)	他典(407)	腆(309)
1098	姡	戶刮反又戶括反(1089)	滑(408)	滑(310)
1099	鸛	之六反字林與六反(1090)	之六(409)	祝(311)
1100	淖	奴孝反又文卓反(1091)		
1101	翿	徒刀反又徒報反(1092)	徒刀(410)	刁(312)

總序號	《爾雅》被注音字	《經典釋文·爾雅音义》	《爾雅音釋》	《爾雅音圖》
1102	纛	徒報反(1093)	徒到(411)	到(313)
1103	葆	音保(1094)		
1104	幢	丈江反(1095)		
1105	壑	火各反(1096)		
1106	芼	莫報反(1097)		
1107	搴	九輦反郭又音騫(1098)		
1108	拔	步八反(1099)		
1109	苛	胡柯反(1100)		
1110	妎	胡計反又胡界反又音害(1101)	胡計(412)	係(314)
1111	茀	芳味反又方蓋反(1102)	貝(413)	貝(315)
1112	狃	女九反(1103)	女九(414)	紐(316)
1113	復	扶又反李音服(1104)	扶又(415)	
1114	忕	石世反(1105)		
1115	逼	彼力反(1106)		
1116	迫	音百(1107)		
1117	般	郭音班一音蒲安反(1108)	班(416)	
1118	還	音旋或音環(1109)	旋(417)	
1119	濟	子細反(1110)		
1120	益	於亦反(1111)		
1121	緡	亡巾反(1112)	民(418)	民(317)
1122	綸	音倫(1113)		
1123	繩	音乘(1114)		
1124	辟	婢亦反一音僻(1115)	婢亦(419)	
1125	嫠	仕具反又吕其反郭音牛䰄又丑之反(1116)	仕其(420)	斯(318)
1126	盝	音鹿(1117)		
1127	漉	音鹿(1118)		
1128	唌	囚延反(1119)		
1129	沬	音末(1120)		
1130	綽	昌斫反(1121)		
1131	裕	音喻(1122)		
1132	衮	古本反(1123)		
1133	黻	音弗(1124)		

總序號	《爾雅》被注音字	《經典釋文·爾雅音義》	《爾雅音釋》	《爾雅音圖》
1134	華	胡瓜反(1125)	胡瓜(421)	
1135	皇	胡光反(1126)		
1136	彌	亡移反(1127)		
		釋訓第三		
總序號	《爾雅》被注音字	《經典釋文·爾雅音義》	《爾雅音釋》	《爾雅音圖》
1137	訓	休運反(1128)		
1138	斤	樊居覲反(1129)	居覲(422)	
1139	聰	七公反(1130)		
1140	條	沈亦音條(1131)	由(423)	由(319)
1141	秩	直栗反(1132)		
1142	思	息嗣反(1133)		
1143	便	婢緜反(1134)	婢緜(424)	楩(320)
1144	廱	於容反(1135)	於容(425)	雍(321)
1145	優	音憂(1136)		
1146	樂	音洛(1137)		
1147	兢	音矜(1138)		
1148	繩	食蒸反(1139)		繩(322)
1149	戒	音界(1140)		
1150	蹌	七羊反(1141)		
1151	恐	丘勇反(1142)		
1152	趨	七俞反(1143)		
1153	業	魚法反郭五荅反(1144)		
1154	翹	巨遙反(1145)		
1155	縣	音玄(1146)		
1156	惴	之瑞反(1147)	之瑞(426)	墜(323)
1157	憢	許堯反(1148)	許堯(427)	嚻(324)
1158	番	布何反(1149)	波(428)	波(325)
1159	矯	居兆反(1150)	居兆(429)	
1160	洸	古皇反(1151)		
1161	赳	居黝反(1152)		
1162	惈	音果(1153)		
1163	藹	烏害反(1154)	烏害(430)	
1164	濟	咨禮反(1155)	子禮(431)	

總序號	《爾雅》被注音字	《經典釋文·爾雅音義》	《爾雅音釋》	《爾雅音圖》
1165	悠	音由(1156)		
1166	洋	音羊(1157)		
1167	蹶	居衛反(1158)		
1168	思		賜(432)	
1169	蹜	音夕又音藉(1159)	夕(433)	夕(326)
1170	便	婢面反(1160)		
1171	捷	才接反(1161)		
1172	薨	虎弘反(1162)		
1173	衆	諸仲反(1163)		
1174	夥	戶果反(1164)		
1175	蒸	諸仍反(1165)		
1176	作	子洛反(1166)		
1177	委	於危反(1167)		
1178	佗	徒河反謝羊兒反(1168)	陀(434)	陀(327)
1179	恀	郭徒啟反顧舍人渠支反李余之反(1169)	徒啟(435)	底(328)
1180	惕	他狄反(1170)		
1181	偁	尺仍反(1171)		
1182	蓁	郭側巾反又子人反(1172)		
1183	孽	魚謁反又五葛反(1173)		
1184	懕	於占反(1174)	於占(436)	嫣(329)
1185	媞	徒低反(1175)	題(437)	題(330)
1186	祁	巨移反(1176)		
1187	伓	普悲反(1177)		
1188	萌	郭武耕反施亡朋反(1178)		
1189	懋	古茂字(1179)	茂(438)	茂(331)
1190	慔/嫫	音暮亦作慕(1180)	暮(439)	暮(332)
1191	強	其丈反(1181)		
1192	庸	音容(1182)		
1193	慅	郭騷草蕭三音(1183)	騷(440)	搖(333)
1194	赫	郭失石反謝許格反(1184)	釋(441)	
1195	躍	余斫反(1185)		
1196	重	直用反又直龍反(1186)		
1197	坎	苦感反(1187)		

總序號	《爾雅》被注音字	《經典釋文·爾雅音義》	《爾雅音釋》	《爾雅音圖》
1198	墫	七旬反(1188)	七旬(442)	蹲(334)
1199	瞿	居具反(1189)	居具(443)	
1200	休	虛求反又虛虯反(1190)		
1201	旭	谢许玉反郭呼老反(1191)		
1202	蹻	郭居夭反今依詩讀巨虐反(1192)	巨虐(444)	角(335)
1203	憍	九苗反(1193)	嬌夭(445)	嬌(336)
1204	夢	亡工亡棟二反沈施亡增反(1194)	亡工(446)	
1205	訰	之閏之訰二反(1195)	之閏(447)	諄(337)
1206	紃	囚春昌沿二反(1196)		
1207	爆	蒲卓反又布卓反(1197)	雹(448)	雹(338)
1208	邈	亡魚反(1198)		
1209	儚	孫亡崩亡冰二反(1199)	亡崩(449)	蒙(339)
1210	洄	沈音回郭音韋字林于反屋(1200)		
1211	惛	音昏(1201)		
1212	版	詩如字(1202)		
1213	蕩	徒朗反(1203)		
1214	僻	匹亦反(1204)		
1215	裒	似嗟反(1205)		
1216	爞	郭徒冬反又直忠反(1206)	同(450)	同(340)
1217	炎	于廉反(1207)		
1218	熏	許云反(1208)		
1219	炙	之石反(1209)		
1220	究	九又反(1210)		
1221	仇	音求(1211)		
1222	敖	五高反(1212)	五高(451)	
1223	傲	五報反(1213)	五耗(452)	
1224	佌	顧音此郭音徒謝音紫(1214)	此(453)	此(341)
1225	瑣	星果反亦作璅(1215)		
1226	悄	七小反(1216)		
1227	慘	七感反(1217)		
1228	愠	於問反(1218)		

總序號	《爾雅》被注音字	《經典釋文·爾雅音義》	《爾雅音釋》	《爾雅音圖》
1229	痯	郭古卯反又古玩反(1219)	管(454)	管(342)
1230	瘐	羊主反又羊朱反本今作庾(1220)	羊主(455)	與(343)
1231	慇	於斤反樊光於謹反(1221)		
1232	惸	巨營反(1222)	瓊(456)	瓊(344)
1233	忉	都勞反(1223)		
1234	慱	徒端反施逋莫反 郭祖充祖沁二反(1224)	團(457)	團(345)
1235	忡	恥忠反(1225)		
1236	惙	丁劣反(1226)		
1237	怲	彼病反(1227)	柄(458)	柄(346)
1238	奕	音亦(1228)		
1239	昀	郭音巡沈居賓反 謝蘇旬反字林羊倫反(1229)	巡(459)	巡(347)
1240	墾	苦很反(1230)		
1241	辟	婢亦反(1231)		
1242	畟	楚力反(1232)	楚力(460)	策(348)
1243	耜	音似(1233)		
1244	赫	音釋又呼各反(1234)	釋(461)	
1245	解	音蟹(1235)		
1246	繹	音亦(1236)		
1247	種	之用反(1237)		
1248	穟	郭音遂(1238)	遂(462)	遂(349)
1249	縣	彌延反(1239)		
1250	麃/穮	方遙反(1240)	方遙(463)	摽(350)
1251	耘	音云(1241)		
1252	挃	郭丁秩反(1242)	丁秩(464)	直(351)
1253	穫	戶郭反(1243)	戶郭(465)	活(352)
1254	刈	魚廢反(1244)		
1255	眾	諸仲反(1245)		
1256	緻	直吏反(1246)		
1257	滫	郭蘇刀反謝所留反(1247)	蘇刀(466)	搔(353)

總序號	《爾雅》被注音字	《經典釋文·爾雅音義》	《爾雅音釋》	《爾雅音圖》
1258	淅	蘇歷反(1248)	錫(467)	錫(354)
1259	洮	徒刀反(1249)		
1260	烰	呂郭音浮又符彪反(1250)		
1261	烝	之升反(1251)		
1262	俅	音求(1252)		
1263	載	丁代反(1253)		
1264	弇	音卞(1254)		
1265	璋	音章(1255)		
1266	韹/鐄	華盲反一音胡光反(1256)	橫(468)	橫(355)
1267	樂	如字(1257)		
1268	禳	而羊反(1258)		
1269	引	余忍余愼二反(1259)		
1270	顒	魚恭反(1260)		
1271	卬	五剛反郭魚殃反(1261)		
1272	丁	豬耕反(1262)	爭(469)	爭(356)
1273	嚶	烏耕反(1263)		
1274	斫	音灼(1264)		
1275	磋	七何反(1265)		
1276	藹	於蓋反(1266)		
1277	萋	七西反(1267)		
1278	盡	咨忍反(1268)	咨忍(470)	
1279	噰	於恭反(1269)		
1280	嗜	古諧反(1270)	皆(471)	
1281	應	音膺(1271)		
1282	佻	徒彫反(1272)	勅料(472)	兆(357)
1283	契	苦結反又苦許反(1273)	苦結(473)	
1284	愈	瑜庾二音(1274)		
1285	竭	巨列反(1275)		
1286	燕	烏殿烏顯二反(1276)		
1287	粲	七旦反(1277)		
1288	尼	女乙反謝羊而反又奴啓反(1278)	女乙(474)	
1289	飾	音式(1279)		
1290	處	音杵(1280)		

總序號	《爾雅》被注音字	《經典釋文·爾雅音義》	《爾雅音釋》	《爾雅音圖》
1291	閒	音閑(1281)		
1292	悽	古兮反(1282)		
1293	苦	如字又立故反(1283)		
1294	思	息嗣反郭音如字(1284)		
1295	儵	郭徒的反顧舒育反(1285)	徒的(475)	踢(358)
1296	嘒	虎惠反(1286)	呼惠(476)	惠(359)
1297	罹	力支反(1287)		
1298	悼	音盜(1288)		
1299	己	音紀(1289)		
1300	旦	都歎反(1290)		
1301	忒	佗得反(1291)		
1302	臬	古豪反樊右老反(1292)		
1303	琄	胡犬古犬二反(1293)	胡犬(477)	楦(360)
1304	鞙	音與琄同(1294)		
1305	瓚	胡犬反(1295)		
1306	刺	七賜反(1296)	七賜(478)	
1307	灌/懽	古玩反(1297)	貫(479)	貫(361)
1308	愮	音遙(1298)	遙(480)	遙(362)
1309	告	如字又古毒反(1299)		
1310	訴	音素(1300)		
1311	泄	余誓反(1301)		
1312	謔	虛虐反(1302)		
1313	謞	郭虛各反或火角反(1303)	虛各(481)	學(363)
1314	嬣	謝切得反諸儒並女陟反(1304)		
1315	熇	許各火沃二反(1305)		
1316	樂	如字又音洛(1306)		
1317	譖	側禁反(1307)		
1318	訿	子爾反(1308)	子尔(482)	紫(364)
1319	供	音恭(1309)		
1320	熾	尺志反(1310)		
1321	背	音佩(1311)		
1322	蹙	子六反(1312)		
1323	逑	巨鳩反(1313)		
1324	鞫	居六反(1314)		

總序號	《爾雅》被注音字	《經典釋文·爾雅音義》	《爾雅音釋》	《爾雅音圖》
1325	迫	音伯(1315)		
1326	抑	音億(1316)		
1327	諦	音帝(1317)		
1328	泠	郎丁反(1318)		
1329	秩	直乙反(1319)		
1330	粤	普經反(1320)	普經(483)	屏(365)
1331	夆	孚逢反(1321)	芳逢(484)	風(366)
1332	挈	充世反(1322)	充世(485)	
1333	曳	餘世反(1323)		
1334	拕	可一反(1324)		
1335	朔	所角反(1325)		
1336	柂	事巳反(1326)		
1337	來	力胎反(1327)		
1338	復	如字(1328)		
1339	遹	音聿(1329)	述(486)	聿(367)
1340	蹟	子亦反(1330)		
1341	循	音巡(1331)		
1342	徹	直列反(1332)		
1343	忘	音亡(1333)		
1344	蔑	施音表謝許表反(1334)	袞(487)	袞(368)
1345	諼	許爰反(1335)	喧(488)	喧(369)
1346	榮	步干反(1336)		
1347	饎	尺志反字林又充之反(1337)		熾(370)
1348	饌	化戀反(1338)		
1349	號	戶高反(1339)	毫(489)	毫(371)
1350	雩	音于(1340)	于(490)	于(372)
1351	吁	許于反(1341)		
1352	曁	其器反(1342)	忌(491)	忌(373)
1353	已	音以(1343)		
1354	蠢	昌允反(1344)		
1355	磋	七何反(1345)		
1356	琢	丁角反(1346)		
1357	憪/僩	下板反郭音簡(1347)	限(492)	
1358	恂	音荀郭音峻謝私尹反(1348)		

附錄三《經典釋文·爾雅音義》、《爾雅音釋》與《爾雅音圖》注音對照表

總序號	《爾雅》被注音字	《經典釋文·爾雅音義》	《爾雅音釋》	《爾雅音圖》
1359	慄	音栗(1349)		
1360	竦	思勇反(1350)		
1361	赫	火格反(1351)		
1362	烜	吁遠反(1352)	喧(493)	
1363	斐	孚尾反(1353)		
1364	微	如字(1354)		
1365	軆	蜀勇時踵二反(1355)	時勇(494)	腫(374)
1366	骭	下諫反郭古案反(1356)	莧(495)	莧(375)
1367	瘍	音羊(1357)	羊(496)	羊(376)
1368	腫	之勇反(1358)		
1369	脛	戶定反(1359)		
1370	創	初良反(1360)		
1371	乂	音刈(1361)		
1372	鑊	戶郭反(1362)		
1373	羭	之與反(1363)		
1374	絺	丑尼反(1364)		
1375	綌	去逆反(1365)		
1376	敏	如字(1366)		
1377	拇	音畝(1367)	畝(497)	畝(377)
1378	處	昌慮反(1368)		
1379	宿	先六反(1369)		
1380	重	直用反(1370)		
1381	媛	為眷反(1371)	于眷(498)	怨(378)
1382	好	呼報反(1372)		
1383	瑗	音媛(1373)		
1384	㦤	音彥(1374)		
1385	猗	於宜反(1375)	於宜(499)	衣(379)
1386	眼	五限反(1376)		
1387	斥	音尺(1377)		
1388	挽	亡遠反(1378)		
1389	車	音居(1379)		
1390	襢	徒坦徒丹二反(1380)	但(500)	但(380)
1391	裼	蘇歷反(1381)	息(501)	息(381)
1392	脫	佗活反(1382)		

總序號	《爾雅》被注音字	《經典釋文·爾雅音義》	《爾雅音釋》	《爾雅音圖》
1393	暴	步報反（1383）		
1394	見	賢遍反（1384）		
1395	搏	連莫反郭音付（1385）		
1396	馮	皮冰反（1386）	平(502)	
1397	槶	入二反（1387）		
1398	籧	巨魚反（1388）	渠(503)	渠(382)
1399	篨	直閒反（1389）	除(504)	除(383)
1400	戚	七歷反（1390）		
1401	施	式支反（1391）		
1402	夸	苦瓜反（1392）	誇(505)	誇(384)
1403	毗	鼻口反（1393）		
1404	己	音紀（1394）		
1405	娑	素河反（1395）		
1406	辟	婢亦反（1396）	婢亦(506)	劈(385)
1407	拊	芳武反（1397）	撫(507)	撫(386)
1408	椎	直追反（1398）		
1409	訟	音凶（1399）		
1410	矜	几陵反（1400）		
1411	憐	力堅反（1401）		
1412	拍	普伯反（1402）		
1413	緎	許域反又音域（1403）	域(508)	域(387)
1414	縫	扶用反（1404）	逢(509)	逢(388)
1415	殿	丁練反郭香惟反又音丁念反（1405）	丁練(510)	
1416	屎	虛伊反郭許利反（1406）	希(511)	希(389)
1417	呻	音申（1407）	申(512)	
1418	幬	直留反（1408）	紬(513)	紬(390)
1419	帳	陟亮反（1409）		
1420	侜	張留反（1410）	張留(514)	舟(391)
1421	誑	俱放反（1411）		
1422	幻	胡辨反（1412）		
1423	罶	力九反（1413）	力九(515)	柳(392)
1424	薄	薄博反（1414）		
1425	筍	音荀（1415）		

總序號	《爾雅》被注音字	《經典釋文·爾雅音义》	《爾雅音釋》	《爾雅音圖》
	釋親第四			
1426	妣	必裏反(1416)	比(516)	比(393)
1427	嬪	毗真反(1417)		
1428	長	丁丈反(1418)		
1429	彞	音夷(1419)		
1430	喪	息浪反又如字(1420)		
1431	頡	戶結反(1421)		
1432	稱	尺證反(1422)		
1433	晜	音昆(1423)		
1434	媦	于貴反(1424)		
1435	重	直龍反(1425)		
1436	別	彼列反(1426)		
1437	適	丁歷反(1427)		
1438	徕	音來(1428)		
1439	汲	居及反(1429)		
1440	豖	竹奉反(1430)		
1441	窋	丁律反(1431)		
1442	從	才用反(1432)	才用(517)	
1443	舅	音臼(1433)		
1444	甥	音生(1434)		
1445	壻	音細(1435)		
1446	館	古半反(1436)		
1447	更	音庚(1437)		
1448	譚	大南反(1438)		
1449	姪	大結反又乙丈反(1439)	徒結(518)	牒(394)
1450	似	音似(1440)	似(519)	似(395)
1451	晜	音昆(1441)	昆(520)	昆(396)
1452	娣	大計反(1442)	第(521)	第(397)
1453	娶	七具反(1443)		
1454	媵	以證反(1444)		
1455	嫂	素早反(1445)		
1456	掌	直庚反(1446)		
1457	先	蘇練反(1447)		
1458	后	胡遘反(1448)		

總序號	《爾雅》被注音字	《經典釋文·爾雅音義》	《爾雅音釋》	《爾雅音圖》
1459	妯	音逐(1449)		
1460	娌	音里(1450)		
1461	稱	如字(1451)		
1462	妐	證照反(1452)	菾	
1463	妐	音鍾(1453)	鍾(522)	
1464	嫡		的(523)	的(398)
1465	嬪		頻(524)	頻(399)
1466	轉	丁戀反(1454)		
1467	姻	音因(1455)		
1468	亞	一駕反(1456)		
1469	璅	桑果反(1457)		
1470	僚	力彫反(1458)		

釋宮第五

總序號	《爾雅》被注音字	《經典釋文·爾雅音義》	《爾雅音釋》	爾雅音圖》
1471	牖	羊九反(1459)		
1472	扆	於豈反郭音依又意尾反(1460)	倚(525)	倚(400)
1473		楚江反(1461)		
1474	別	彼列反(1462)		
1475	宧	於耗反(1463)	夷(526)	夷(401)
1476	媿	居位反(1464)		
1477	宦	音怡(1465)		
1478	見	賢遍反(1466)		
1479		烏叫反字林同郭又音杳(1467)	要(527)	要(402)
1480	埽	素老反(1468)		
1481	秩	郭千結反顧丈乙反呂伯雍大一反(1469)	于結(528)	直(403)
1482	閾	域洫二音(1470)	域(529)	域(404)
1483	棖	直庚反(1471)		
1484	楔	古黠反(1472)	古黠(530)	甲(405)
1485	旁	步郎反(1473)		
1486	楣	忘悲反或作棉亡報反(1474)		
1487	樞	昌朱反(1475)	昌朱(531)	

附錄三《經典釋文·爾雅音義》、《爾雅音釋》與《爾雅音圖》注音對照表

總序號	《爾雅》被注音字	《經典釋文·爾雅音义》	《爾雅音釋》	《爾雅音圖》
1488	椳	烏回反郭又吾回反呂沈一罪反(1476)	於回(532)	煨(406)
1489	達	大末反(1477)		
1490	櫽	於靳反(1478)		
1491	㭼	音俟 音戶(1479)	士(533)	士(407)
1492	塊	居毀反(1480)		
1493	坫	丁念反(1481)	店(534)	店(408)
1494	墆	達結達計二反(1482)		
1495	墉	音容(1483)		
1496	垣	音袁(1484)		
1497	鏝	亡旦武安二反(1485)		
1498	朽	音烏又音胡(1486)	烏(535)	烏(409)
1499	椹	張林反(1487)	砧(536)	
1500	櫨	音虐(1488)	虐(537)	虐(410)
1501	斫	音灼(1489)		
1502	櫍	音質(1490)		
1503	勠	於叫反郭殃柳反(1491)	於糾(538)	悠(411)
1504	飾	音式(1492)		
1505	堊	於故反又於各反(1493)	於故(539)	惡(412)
1506	樴	音特又之力反(1494)	徒得(540)	得(413)
1507	杙	羊式羊特二反(1495)	亦(541)	亦(414)
1508	檗	其厥反(1496)		
1509	樺	許韋反(1497)	輝(542)	暉(415)
1510	縣	音玄(1498)		
1511	椸	羊支反(1499)		
1512	梟	魚列反(1500)	魚列(543)	業(416)
1513	棋	九勇反郭又音印(1501)		
1514	閣	音各(1502)		
1515	闍	音都(1503)	都(544)	都(417)
1516	榭	音謝(1504)		
1517	栖	音西(1505)		
1518	樐	巨列反(1506)	竭(545)	竭(418)
1519	垣		袁(546)	袁(419)
1520	鑿	在各反(1507)		

總序號	《爾雅》被注音字	《經典釋文·爾雅音義》	《爾雅音釋》	《爾雅音圖》
1521	坰	音時(1508)	時(547)	時(420)
1522	穿	音川(1509)		
1523	植	音殖(1510)		
1524	傅	音椽(1511)		
1525	突	徒忽反(1512)		
1526	鏁	桑果反(1513)		
1527	埤	課移反(1514)		
1528	㝱	音亡(1515)	亡(548)	忙(421)
1529	廇	力又反(1516)	力又(549)	溜(422)
1530	椯	之劣反(1517)	拙(550)	拙(423)
1531	侏	音朱(1518)		
1532	儒	日朱反(1519)		
1533	閇	皮彥反(1520)	卞(551)	卞(424)
1534	樥	音疾(1521)	疾(552)	疾(425)
1535	檘	皮麥反(1522)		
1536	枅	音雞字林音肩(1523)		
1537	榙	達合反(1524)		
1538	栭	音而(1525)		
1539	櫅	作截反又音節(1526)	節(553)	節(426)
1540	櫨	力奴反(1527)		
1541	棟	多洞反(1528)		
1542	桴	郭音浮又音孚(1529)	浮(554)	浮(427)
1543	檼	於靳反(1530)		
1544	桷	音角(1531)		
1545	榱	疎追反(1532)	衰(555)	衰(428)
1546	椽	直專反(1533)		
1547	閱	音悅(1534)		
1548	檐	餘占反(1535)	簷(556)	簷(429)
1549	楠	丁狄反(1536)	滴(557)	滴(430)
1550	梠	音呂(1537)		
1551	牀	助良反(1538)		
1552	屏	步形反(1539)		
1553	簃	文知反(1540)	丈知(558)	移(431)
1554	厨	丈誅反(1541)		

總序號	《爾雅》被注音字	《經典釋文·爾雅音义》	《爾雅音釋》	《爾雅音圖》
1555	箹	音曜又羊昭反(1542)	曜(559)	曜(432)
1556	迮	阻格反(1543)		
1557	鄉	許亮反(1544)	向(560)	向(433)
1558	屏	卑并反(1545)	卑并(561)	并(434)
1559	朝	直遙反(1546)		
1560	宁	音佇(1547)	佇(562)	佇(435)
1561	閍	補耕反(1548)	補耕(563)	崩(436)
1562	枋	音同閍(1549)		
1563	觀	古玩反(1550)	貫(564)	贯(437)
1564	闈	音韋(1551)		
1565	衖	戶絳反(1552)	巷(565)	巷(438)
1566	閎	獲耕反(1553)		厷(439)
1567	僖	許其反(1554)		
1568	塾	音熟劉儀禮又音育(1555)	熟(566)	熟(440)
1569	夾	古合反(1556)		
1570	橛	其月反(1557)	其月(567)	厥(441)
1571	闑	魚列反(1558)	魚列(568)	業(442)
1572	閫	苦本反梱(1559)		
1573	闑	胡臘反(1560)		
1574	扉	音非(1561)		
1575	閎	音宏(1562)		
1576	闢	匹亦反(1563)		
1577	閈	戶旦反(1564)		
1578	瓴	力丁反(1565)	靈(569)	苓(443)
1579	甋	丁歷反(1566)	的(570)	的(444)
1580	甓	蒲覓反(1567)	蒲覓(571)	擗(445)
1581	甄	力解反(1568)		
1582	甀	章訟反(1569)		
1583	㽅	苦本反郭呂并立屯反(1570)	苦本(572)	閫(446)
1584	隒	音唐(1571)		
1585	俓	古定反(1572)		
1586	旅	音呂(1573)		
1587	場	直良反(1574)		
1588	歧	郭如字樊作技音支(1575)		

總序號	《爾雅》被注音字	《經典釋文·爾雅音義》	《爾雅音釋》	《爾雅音圖》
1589	劇	巨戟反(1576)	极(573)	极(447)
1590	冠	古亂反(1577)		
1591	樂	音岳又音各(1578)		
1592	數	色主反(1579)		
1593	康	苦朗反(1580)		
1594	莊	側良反(1581)		
1595	車	昌蛇反(1582)		
1596	驂	七南反(1583)		
1597	復	扶又反(1584)		
1598	逵	求追反(1585)		
1599	趨	七朱反(1586)		
1600	走	祖口反(1587)		
1601	隉	都奚徒雞二反(1588)	低(574)	低(448)
1602	橋	音喬(1589)		
1603	杠	音江(1590)	江(575)	江(449)
1604	徛	郭居義反顧丘奇反(1591)	寄(576)	寄(450)
1605	彴	音斫(1592)		
1606	庌	音相(1593)		
1607	寑	七甚反(1594)		
1608	堭	音皇(1595)		
1609	陝	戶夾反(1596)	狹(577)	狹(451)

釋器第六

總序號	《爾雅》被注音字	《經典釋文·爾雅音義》	《爾雅音釋》	《爾雅音圖》
1610	器	祛記反(1597)		
1611	豆	如字(1598)		
1612	籩	音邊(1599)	邊(578)	邊(452)
1613	瓦	五寡反(1600)		
1614	膏	音高(1601)		
1615	盎	烏浪反(1602)	烏浪(579)	怏(453)
1616	缶	方九反(1603)	方九(580)	斧(454)
1617	甌	烏候反(1604)		
1618	瓿	步口步侯二反(1605)	蒲口(581)	部(455)
1619	甃	弋之反(1606)	移(582)	移(456)

總序號	《爾雅》被注音字	《經典釋文·爾雅音义》	《爾雅音釋》	《爾雅音圖》
1620	甄	路口反(1607)		
1621	甖	乙耕反(1608)		
1622	康	孫郭如字字林口光反(1609)		
1623	瓠	音護(1610)	胡(583)	胡(457)
1624	甈	丘例反(1611)	契(584)	契(458)
1625	壺	音胡(1612)		
1626	斪	郭巨俱反謝古候鳩于二反(1613)	衢(585)	斪(459)
1627	斸	丁祿反(1614)	丁錄(586)	竹(460)
1628	定	多佞反(1615)	多佞(587)	
1629	鉏	士魚反(1616)		
1630	屬	音蜀(1617)		
1631	斫	音灼(1618)		
1632	鐯	直畧反字林竹(1619)	張略(588)	著(461)
1633	钁	九縛反(1620)	鍬(589)	鍬(462)
1634	鍫	七遙反(1621)		
1635	䰇	楚恰反(1622)	插(590)	插(463)
1636	緵	子弄子公二反(1623)	子弄(591)	宗(464)
1637	罟	音古(1624)		
1638	罭	音域(1625)	域(592)	域(465)
1639	囊	乃當反(1626)		
1640	罍	力回反(1627)		
1641	麢	力其反(1628)	離(593)	離(466)
1642	笱	音狗(1629)	狗(594)	狗(467)
1643	罶	力九反(1630)		柳(468)
1644	薄	步各反(1631)		
1645	翼	側交反(1632)	嘲(595)	嘲(469)
1646	汕	所諫反(1633)	所諫(596)	訕(470)
1647	撩	郭力堯反又力弔反沈力到反(1634)		
1648	篧	郭士角反又捉廊二音(1635)	士角(597)	卓(471)
1649	罩	陟孝陟角二反字林竹卓反(1636)		
1650	捕	音步(1637)		

總序號	《爾雅》被注音字	《經典釋文·爾雅音義》	《爾雅音釋》	《爾雅音圖》
1651	槮	沈桑感反謝胥寢反郭霜甚疏廔二反(1638)	桑感(598)	慘(472)
1652	涔	郭岑潛二音(1639)		
1653	絡	音洛(1640)		
1654	兔	土故反(1641)		
1655	罝	子邪反說文子餘反(1642)	嗟(599)	嗟(473)
1656	遮	之蛇反(1643)		
1657	麋	亡悲反(1644)		
1658	罞	亡包反又音蒙(1645)	茅(600)	茅(474)
1659	冒	莫報反(1646)		
1660	彘	直例反(1647)	滯(601)	滯(475)
1661	羉	力端反 又莫潘反(1648)	鸞(602)	樂(476)
1662	幕	音莫(1649)		
1663	罛	工胡反(1650)	孤(603)	孤(477)
1664	𦌾	郭卑覓反孫芳麥反或彼麥反(1651)	壁(604)	壁(478)
1665	罿	昌凶反字林上凶反(1652)	衝(605)	衝(479)
1666	罬	謝丁劣反郭姜悅反或九劣反(1653)	拙(606)	拙(480)
1667	罦	浮孚二音(1654)	浮(607)	孚(481)
1668	覆	音副又孚福反(1655)		
1669	車	尺蛇反(1656)		
1670	翻	孚袁反(1657)		
1671	羂	古縣反又古大反(1658)		
1672	解	古買反(1659)		
1673	絇	謝其俱反孫九遇反施苦侯反(1660)	其俱(608)	句(482)
1674	分		粉(609)	粉(483)
1675	版	布綰反(1661)		
1676	牃	音業(1662)		
1677	繩	音秉(1663)		
1678	縮	所六反(1664)		
1679	卣	由酉二音(1665)	由(610)	由(484)
1680	罍	音雷(1666)		

總序號	《爾雅》被注音字	《經典釋文·爾雅音义》	《爾雅音釋》	《爾雅音圖》
1681	盛	音成(1667)		
1682	揔	尊董反(1668)		
1683	坎	口感反(1669)		
1684	斛	乎卜反(1670)		
1685	旒	力求反(1671)	流(611)	流(485)
1686	衤兒	五兮反又五啓反又五結反(1672)	倪(612)	倪(486)
1687	縷	洛侯反(1673)		
1688	攣	力專反(1674)		
1689	袿	音圭(1675)		
1690	飾	音式(1676)		
1691	黼	音甫(1677)		
1692	襮	音捕又方沃反(1678)	博(613)	博(487)
1693	刺	七亦反(1679)		
1694	褗	音偃(1680)		
1695	緣	悅絹反(1681)	餘絹(614)	
1696	純	之闰反又章允反(1682)	之閏(615)	
1697	衱	古決反一音術(1683)	穴(616)	穴(488)
1698	袋	胡扃反又於螢反(1684)	營(617)	營(489)
1699	眥	才细反又子移反(1685)	才細(618)	
1700	衱	居怯反(1686)	劫(619)	劫(490)
1701	裾	郭居渠二音(1687)		
1702	衿	郭同今鉗二音顾渠鸠渠金二反(1688)		
1703	袸	郭辭見反孙音荐謝徂悶反(1689)	賤(620)	賤(491)
1704	褑	子眷反(1690)	院(621)	院(492)
1705	屬	音燭(1691)		
1706	執	至入反(1692)		
1707	衽	而甚反(1693)	稔(622)	稔(493)
1708	袺	音結郭居黠反(1694)	結(623)	結(494)
1709	扱	楚洽反(1695)	插(624)	插(495)
1710	襭	胡結反(1696)		歇(496)
1711	蔽	必袂反(1697)		

總序號	《爾雅》被注音字	《經典釋文·爾雅音義》	《爾雅音釋》	《爾雅音圖》
1712	襜	昌古反(1698)	昌占 (625)	占 (497)
1713	膝	音癸(1699)		
1714	幃	暉韋二音(1700)	暉 (626)	韋 (498)
1715	縭	力知反(1701)	离 (627)	离 (499)
1716	綏	汝誰反(1702)	汝誰 (628)	蕤 (500)
1717	邪	似嗟反(1703)		
1718	削	息略反(1704)		
1719	幅	甫服反(1705)		
1720	襮	音卜(1706)	卜 (629)	卜 (501)
1721	殺	所例反又色戒反(1707)		
1722	輿	音余(1708)		
1723	革	姑麥反(1709)		
1724	鞎	胡根反(1710)		痕 (502)
1725	靶	音霸亡安反(1711)		
1726	車	音居(1712)		
1727	軾	音式(1713)		
1728	第	音弗(1714)		弗 (503)
1729	禦	魚呂反(1715)		
1730	衣	於既反(1716)		
1731	睊	呂沈囚絹反顧辭玄反郭與專反(1717)	囚絹 (630)	絹 (504)
1732	車	直略反(1718)		
1733	鑣	表驕反(1719)	表驕 (631)	摽 (505)
1734	鑭	郭魚謁反沈魚桀反(1720)	魚列 (632)	業 (506)
1735	鐵	他結反(1721)		
1736	轡	音祕(1722)		
1737	蟻	郭音儀施音蟻(1723)	儀 (633)	儀 (507)
1738	䡈	於革反(1724)		
1739	餀	呼蓋苦蓋二反字林火刈反(1725)	呼盖 (634)	亥 (508)
1740	餯	許穢反(1726)	許穢 (635)	惠 (509)
1741	臭	昌又反(1727)		
1742	饐	於器反葛洪音懿字林央例央冀二反(1728)	意 (636)	意 (510)

總序號	《爾雅》被注音字	《經典釋文·爾雅音義》	《爾雅音釋》	《爾雅音圖》
1743	餲	於介反字林乙例反一音於葛反(1729)	隘(637)	隘(511)
1744	飯	扶萬反(1730)		
1745	饐	於冀反(1731)		
1746	摶	徒端反(1732)		
1747	糷	郭音輦, 谢力丹反, 字林力但反(1733)	輦(638)	輦(512)
1748	著	直略反(1734)		
1749	檗	比郭普厄反施孚八反(1735)	柏(639)	拍(513)
1750	腥	音星(1736)		
1751	餒	奴罪反(1737)	奴罪(640)	
1752	脫	吐奪反(1738)		
1753	麋	音眉(1739)		
1754	斮	莊略牀略二反(1740)	莊略(641)	卓(514)
1755	鱀	巨夷反(1741)	祁(642)	祁(515)
1756	冰	彼凌反(1742)		
1757	羹	古衡下庚二反(1743)		
1758	臛	火各火沃二反(1744)		
1759	湆	丘及反(1745)		
1760	鮨	巨伊反字林止尸反(1746)		
1761	鮓	側下反(1747)		
1762	食	音嗣(1748)		
1763	醢	虎改反(1749)	海(643)	海(516)
1764	臡	奴黎反字林人兮反(1750)	泥(644)	泥(517)
1765	康	口郎反(1751)		
1766	蠱	音古(1752)		
1767	瀳	徒薦反(1753)		
1768	垐	魚勒反(1754)	魚靳(645)	印(518)
1769	滓	側里反(1755)		
1770	鼐	沈奴戴反郭音乃(1756)	耐(646)	耐(519)
1771	圜	音負(1757)	袁(647)	袁(520)
1772	弇	古奄字於檢反(1758)		
1773	鼒	音咨施音甾郭音才字林音戴(1759)	咨(648)	咨(521)

總序號	《爾雅》被注音字	《經典釋文·爾雅音義》	《爾雅音釋》	《爾雅音圖》
1774	釴	音弋(1760)	亦(649)	亦(522)
1775	款	苦管反(1761)	苦管(650)	欸(523)
1776	鬲	力的反(1762)	力(651)	力(524)
1777	脚	居略反(1763)		
1778	甑	即凌反又子孕反(1764)		淨(525)
1779	鬵	徐林反又嗣廉反郭財金反(1765)	尋(652)	尋(526)
1780	溉	古代反(1766)		
1781	釜	音父(1767)		
1782	鍫	昌紙反(1768)	侈(653)	侈(527)
1783	璲	音遂(1769)	遂(654)	遂(528)
1784	鞙	胡犬反(1770)		
1785	區	羌于反又烏侯反(1771)	羌于(655)	
1786	縠	固學反(1772)		
1787	翮	戶革反(1773)	戶革(656)	黑(529)
1788	箴	章諶反(1774)		
1789	縛	音篆又竹眷反(1775)	篆(657)	篆(530)
1790	緷	古本反又戶本苦本二反(1776)	袞(658)	袞(531)
1791	別	彼列反(1777)	巨(659)	巨(532)
1792	虞	音巨(1778)		
1793	縣	音玄(1779)		
1794	植	直吏反(1780)		
1795	旄	音毛(1781)		
1796	襬	方皮方賜二反(1782)	卑(660)	卑(533)
1797	藗	速藪二音(1783)	速(661)	速(534)
1798	茹	如庶反(1784)		
1799	蓋	音盍(1785)	合(662)	合(535)
1800	苫	失占反(1786)		
1801	瀱	徒黨反(1787)	蕩(663)	蕩(536)
1802	鏐	方幽其幽力幼三反(1788)	留(664)	留(537)
1803	鐐	力雕反(1789)	遼(665)	遼(538)
1804	磨	莫佐反(1790)		
1805	餅	必領反(1791)	餅(666)	餅(539)
1806	鈑	音版(1792)	扳(667)	板(540)

附錄三《經典釋文・爾雅音義》、《爾雅音釋》與《爾雅音圖》注音對照表

總序號	《爾雅》被注音字	《經典釋文・爾雅音义》	《爾雅音釋》	《爾雅音圖》
1807	釗	余繁弋刃常刃三反(1793)	引(668)	引(541)
1808	钄	力盍反(1794)		
1809	鵠	胡酷古毒二反(1795)	斛(669)	斛(542)
1810	嶨	五角反沈音學(1796)	嶽(670)	岳(543)
1811	犀	蘇齊反(1797)		
1812	剒	七各反(1798)	錯(671)	錯(544)
1813	劇	徒各反(1799)	鐸(672)	鐸(545)
1814	雕	丁腰反(1800)		
1815	璞	丕角反(1801)		
1816	鏤	音漏(1802)		
1817	切	千結反(1803)		
1818	磋	七何反(1804)		
1819	琢	丁角反(1805)		
1820	璆	音虬梁周反(1806)	求(673)	留(546)
1821	畢	如字(1807)		
1822	玷	丁簟丁念二反(1808)		
1823	銑	蘇典反(1809)	蘇典(674)	
1824	玦	作玦反(1810)		
1825	鏃	作木反(1811)	作木(675)	族(547)
1826	鍭	侯候二音(1812)		候(548)
1827	錍	匹迷反(1813)		
1828	䩵	火交反(1814)		
1829	緣	悅絹反(1815)	椽(676)	
1830	繳	章弱反(1816)		
1831	纏	直連反(1817)		
1832	宛	於阮反(1818)		
1833	弭	亡婢反(1819)	尾(677)	尾(549)
1834	鞭	卑緜反(1820)		
1835	銑	蘇典反(1821)		尠(550)
1836	靨	市忍反(1822)	腎(678)	腎(551)
1837	珧	余招反(1823)	姚(679)	姚(552)
1838	蚌	蒲項反(1824)		
1839	玠	音介(1825)		
1840	璹	昌育常育二反(1826)	儵(680)	儵(553)

383

總序號	《爾雅》被注音字	《經典釋文·爾雅音義》	《爾雅音釋》	《爾雅音圖》
1841	宣	如字(1827)		
1842	肉	如字又如授反(1828)		
1843	好	如字 又音耗(1829)	耗(681)	耗(554)
1844	瑗	為眷反(1830)	院(682)	院(555)
1845	繸	音遂(1831)		
1846	綬	音受(1832)		
1847	組	音祖(1833)		
1848	染	如琰反(1834)		
1849	繾	七絹反(1835)	綵繾(683)	茜(556)
1850	赬	恥貞反(1836)	敕程(684)	稱(557)
1851	纁	詩云反(1837)	勳(685)	勳(558)
1852	蔥	七公反(1838)		
1853	黝	於糾反(1839)	於糾(686)	悠(559)
1854	邸	丁以反(1840)	氐(687)	氐(560)
1855	柢	丁計反(1841)		弟(561)
1856	蓐	音辱(1842)	辱(688)	辱(562)
1857	茲	子斯反(1843)		
1858	屬	之欲反(1844)		
1859	竿	乾幹二音(1845)		
1860	箷	羊支反字林上支反(1846)	移(689)	移(563)
1861	架	音駕(1847)		
1862	簣	音賣(1848)		
1863	笫	側士反(1849)	側士(690)	止(564)
1864	辨	郭普遍反孫蒲莧反(1850)	片(691)	片(565)
1865	斷	都管反(1851)		
1866	蠿	音眷又九萬反(1852)	眷(692)	眷(566)
1867	分	扶又反(1853)		
1868	鏤	音漏(1854)		
1869	鏉	蘇患反又色留反(1855)	蘇婁(693)	搜(567)
1870	卣	酉由二音(1856)	酉(694)	酉(568)

釋樂第七

總序號	《爾雅》被注音字	《經典釋文·爾雅音義》	《爾雅音釋》	《爾雅音圖》
1871	樂	五角反 (1857)		

總序號	《爾雅》被注音字	《經典釋文·爾雅音義》	《爾雅音釋》	《爾雅音圖》
1872	宮	直冢反(1858)		
1873	商	亡謹反(1859)		
1874	征	知里反(1860)	知矢(695)	止(569)
1875	迭	大結反(1861)		
1876	灑	所蟹所綺二反又所買反(1862)	所蟹(696)	篩上聲(570)
1877	尺	直亮反(1863)		
1878	廣	胡廣反(1864)		
1879	鼖	扶云反(1865)	墳(697)	墳(571)
1880	應	音鷹(1866)	膺(698)	膺(572)
1881	縣	音玄(1867)		
1882	磬	口定反(1868)		
1883	鼛	虛嬌反又音喬(1869)	虛嬌(699)	喬(573)
1884	犁	郭奚反(1870)		
1885	鋺	古緩反(1871)		
1886	瓠	胡故反(1872)		
1887	簧	音黃(1873)		
1888	和	胡戈反(1874)		
1889	箎	直知反(1875)	池(700)	池(574)
1890	沂	郭魚斤反又魚靳反或作泝音宜肌反(1876)	銀(701)	銀(575)
1891	翹	巨遙反(1877)		
1892	塤	許袁反(1878)	喧(702)	
1893	篴	局丩反(1879)	叫(703)	則(576)
1894	鵝	如字(1880)		
1895	銳	余祭反(1881)		
1896	稱	尺證反(1882)		
1897	錘	直危直偽二反(1883)		
1898	鍾	章容反(1884)		
1899	鏞	音容(1885)		
1900	鎛	音博字林云匹各反(1886)		
1901	剽	郭音瓢 孫匹妙反(1887)	瓢(704)	瓢(577)
1902	棧	郭側簡反 呂助板反(1888)	盞(705)	盞(578)
1903	言	如字(1889)		

總序號	《爾雅》被注音字	《經典釋文·爾雅音義》	《爾雅音釋》	《爾雅音圖》
1904	編	卑縣反又方千反或音步典反（1890）		
1905	筊	戶交反（1891）	爻(706)	爻(579)
1906	籟	音賴（1892）		
1907	簥	九遙反（1893）	嬌(707)	矯(580)
1908	併	步頂反（1894）		
1909	漆	音七（1895）		
1910	篞	乃結反（1896）	乃結(708)	聶(581)
1911	篎	郭音妙又亡小反（1897）	妙(709)	妙(582)
1912	箹	羊灼反（1898）	藥(710)	藥(583)
1913	筵/產	音產（1899）		
1914	笛	徒歷反（1900）		
1915	箹	魚角反又音約（1901）	渥(711)	約(584)
1916	吹	昌睡反（1902）	昌睡(712)	炊(585)
1917	和		胡臥(713)	賀(586)
1918	咢	五各反（1903）	五各(714)	鄂(587)
1919	修	如字（1904）		
1920	謇	紀展反（1905）	紀展(715)	蹇(588)
1921	柷	昌熟反（1906）	昌孰(716)	祝(589)
1922	桶	音動又音甬（1907）		
1923	深	戶鳩反或如字（1908）		
1924	椎	直追反（1909）		
1925	柄	兵命反（1910）		
1926	底	丁禮反（1911）		
1927	挏	大孔反（1912）		
1928	令	呈力反（1913）		
1929	敔	魚呂反（1914）	語(717)	語(590)
1930	籈	郭之仁反又音戰謝居延反（1915）	真(718)	真(591)
1931	鉏	事呂反（1916）		
1932	鋙	魚呂反（1917）		
1933	櫟	力的反（1918）		
1934	鼗	徒刀反（1919）	桃(719)	挑(592)
1935	麻	如字（1920）		
1936	料	刀彫反（1921）	聊(720)	聊(593)
1937	概	居器反（1922）		

釋天第八

總序號	《爾雅》被注音字	《經典釋文·爾雅音義》	《爾雅音釋》	《爾雅音圖》
1938	天	土堅反(1923)		
1939	穹	起宮反(1924)		
1940	蒼	且剛反(1925)		
1941	隆	呂穹反(1926)		
1942	夏	胡駕反(1927)		
1943	昊	胡杲反(1928)		
1944	皓	胡老反(1929)		
1945	旰	古案反(1930)		
1946	旻	亡巾(1931)		
1947	愍	亡忍反(1932)		
1948	彫	都聊反(1933)		
1949	上	時掌反(1934)		
1950	藏	徂蒼反(1935)		
1951	英	於京反(1936)		
1952	長	謝丁兩反施直良反(1937)	丁丈(721)	掌(594)
1953	嬴	以征反(1938)	盈(722)	盈(595)
1954	太	音泰(1939)		
1955	醴	音禮(1940)		
1956	饑	居疑反(1941)		
1957	蔬	音疎(1942)		
1958	饉	巨靳反(1943)		
1959	薦	在見反(1944)	賤(723)	賤(596)
1960	太	音泰(1945)		
1961	閼	烏割反又於歇反又於虔反(1946)	烏割(724)	剌(597)
1962	逢	符隆反(1947)		
1963	旃	之然反(1948)		
1964	蒙	莫東反(1949)		
1965	強	渠良反(1950)		
1966	圉	魚呂反(1951)		
1967	戊	音茂(1952)		
1968	著	施直魚反孫直略反又陟慮直慮二反或祝字章六反(1953)	直略(725)	着(598)
1969	厖	於恭反力低反(1954)		

總序號	《爾雅》被注音字	《經典釋文·爾雅音义》	《爾雅音釋》	《爾雅音圖》
1970	己	音紀(1955)		
1971	重	直龍反(1956)	直龍(726)	崇(599)
1972	默	余職反(1957)	亦(727)	亦(600)
1973	提	徒兮反(1958)		
1974	卯	之亡巧反(1959)		
1975	闕	於葛反(1960)		
1976	單	音丹又音蟬或音善(1961)		
1977	巳	音祀(1962)		
1978	敦	如字韋昭音頓(1963)		
1979	牂	子郎反(1964)	臧(728)	臧(601)
1980	協	音葉(1965)		
1981	洽	戶夾反(1966)	峽(729)	峽(602)
1982	涒	湯昆反(1967)	湯昆(730)	吞(603)
1983	灘	郭勑丹勑旦二反字林大安他安二反(1968)		
1984	噩	五各反韋昭音垩類詺音五格反(1969)	五各(731)	鄂(604)
1985	戌	先律反(1970)		
1986	閹	於檢反(1971)	掩(732)	掩(605)
1987	敦	都鈍反(1972)	頓(733)	頓(606)
1988	奮	方問反(1973)		
1989	夏	胡雅反(1974)		
1990	橘	均筆反(1975)		
1991	圉	音語(1976)		
1992	己	音紀(1977)		
1993	室	知乙反(1978)	知乙(734)	執(607)
1994	塞	先比反(1979)	先北(735)	
1995	正	音征(1980)		
1996	陬	側留子侯二反又子瑜反(1981)	側留(736)	鄒(608)
1997	病	郭孚柄反又況病反又匡詠反李陂病反(1982)	孚柄(737)	柄(609)
1998	余	餘舒二音(1983)		
1999	且	子余反(1984)	子余(738)	覷(610)
2000	相	息亮反(1985)	息亮(739)	象(611)

附錄三《經典釋文・爾雅音義》、《爾雅音釋》與《爾雅音圖》注音對照表

總序號	《爾雅》被注音字	《經典釋文・爾雅音義》	《爾雅音釋》	《爾雅音圖》
2001	壯	側亮反(1986)		
2002	辜	音姑(1987)		
2003	涂	音徒(1988)	徒(740)	
2004	飑(凱)	口故反(1989)	口改(741)	鎧(612)
2005	涼	力張反(1990)		
2006	隊	音遂(1991)		
2007	棻/焚	符云反(1992)		
2008	穨/頹	徒回反(1993)	徒回(742)	頹(613)
2009	扶	如字(1994)		
2010	搖	音遙(1995)		
2011	猋	必遙反(1996)	必遙(743)	摽(614)
2012	上	時掌反(1997)		
2013	庉	徒衮徒昆二反(1998)	徒衮(744)	頓(615)
2014	熾	尺志反(1999)	飄(745)	
2015	飄	音瓢(2000)		
2016	暴	薄報反(2001)		
2017	雨	音芋(2002)	芋(746)	芋(616)
2018	霾	亡皆反字林亡戒反(2003)		埋(617)
2019	瞖	於計反(2004)	於計(747)	意(618)
2020	應	於證反(2005)	膺(748)	
2021	雺	亡公亡侯二反(2006)	蒙(749)	蒙(619)
2022	霧	亡弄反又亡付反(2007)		
2023	晦	音誨(2008)		
2024	螮	丁計反(2009)	帝(750)	帝(620)
2025	蝀	丁孔反又德紅反(2010)	丁孔(751)	董(621)
2026	雩	字林越俱反今借為芋音于付反(2011)	于句(752)	
2027	虹	胡公反字林工弄反陳園武古巷反郭音講(2012)		
2028	蜺/蜆	五兮反如淳五結反郭五擊反(2013)	倪(753)	倪(622)
2029	貳	而至反(2014)	苦結(754)	怯(623)
2030	弇	音掩(2015)		
2031	暈	音運		

總序號	《爾雅》被注音字	《經典釋文·爾雅音義》	《爾雅音釋》	《爾雅音圖》
2032	霆	徒丁反又徒佞徒頂二反(2017)	掩(755)	掩(624)
2033	激	古歷反(2018)	廷(756)	廷(625)
2034	霹	普覓反(2019)		
2035	靂	力狄反(2020)		
2036	霰	悉練反(2021)		
2037	霄	音消(2022)	酥練(757)	線(626)
2038	凍	都攻反郭音東(2023)		
2039	令	力呈反(2024)	東(758)	
2040	灑	所買所綺二反(2025)		
2041	霢	亡革反字林又亡狄反(2026)		
2042	霂	亡祿反(2027)	麥(759)	麥(627)
2043	濟	祖細反(2028)	木(760)	木(628)
2044	霖		林(761)	霂(629)
2045	上	時掌反(2029)		
2046	濟	祖細反(2030)	祖細(762)	
2047	霽	子系反一音祖細反(2031)	祖計(763)	
2048	亢	音剛又口浪反或戶剛反(2032)	剛(764)	剛(630)
2049	數	色住反(2033)		
2050	宿	夙又反(2034)		
2051	長	丁丈反(2035)		
2052	氐	都黎郭音舩丁袂 反丁禮反(2036)		
2053	析	星歷反(2037)	惜(766)	惜(632)
2054	枵	許嬌反(2038)	許嬌(767)	嚻(633)
2055	耗	呼報反(2039)		
2056	顓	音專(2040)	專(768)	專(634)
2057	頊	許玉反(2041)	旭(769)	旭(635)
2058	虛	音墟(2042)	墟(770)	嘘(636)
2059	頠/定	多佞反(2043)	多佞(771)	
2060	娵	子瑜反(2044)	子瑜(772)	疽(637)
2061	觜	咨移反又子髓反(2045)	咨(773)	咨(638)
2062	辟	布覓反(2046)		
2063	降	胡江反又江巷反(2047)	胡江(774)	夆(639)
2064	婁	朗侯反(2048)		

附錄三《經典釋文·爾雅音義》、《爾雅音釋》與《爾雅音圖》注音對照表

總序號	《爾雅》被注音字	《經典釋文·爾雅音義》	《爾雅音釋》	《爾雅音圖》
2065	奎	口圭反(2049)		
2066	昴	音卯(2050)		
2067	旄	音毛(2051)		
2068	兔	佗故反(2052)		
2069	咮	豬究反或作噣許穢反說文昌允反(2053)	渚究(775)	呪(640)
2070	桺	力九反(2054)		
2071	鶉	音純(2055)		
2072	何	郭胡可反 又胡多反(2056)	胡可(776)	
2073	启	口禮反(2057)	啓(777)	啓(641)
2074	見	賢遍反(2058)		
2075	簪	恤遂反又似醉似銳二反(2059)		
2076	櫼	初銜仕杉二反(2060)	初銜(778)	讒(642)
2077	槍	初庚七羊二反(2061)	初庚(779)	鎗(643)
2078	荸	蒲忽反或音佩(2062)		
2079	掃	素報反(2063)		
2080	篲	似銳反又音遂(2064)		
2081	彴	薄博步角皮約三反(2065)	蒲握(780)	勺(644)
2082	約	如字 又於詔反又音握(2066)		
2083	祠	如字或音祭(2067)		
2084	食	音嗣(2068)		
2085	礿	餘弱反(2069)	藥(781)	
2086	汋	余弱反(2070)		
2087	蒸	之升反(2071)		
2088	燔	音煩(2072)	煩(782)	煩(645)
2089	柴	仕皆反(2073)		
2090	瘞	於例於計二反(2074)		
2091	薶	音埋(2075)		
2092	庪	居委居僞二反(2076)	居委(783)	機(646)
2093	縣	音玄(2077)	玄(784)	玄(647)
2094	沈	直今反(2078)		
2095	磔	張格反(2079)	責(785)	責(648)
2096	狗	音苟(2080)		
2097	禷	音類(2081)	類(786)	類(649)

總序號	《爾雅》被注音字	《經典釋文·爾雅音義》	《爾雅音釋》	《爾雅音圖》
2098	禡	亡駕反(2082)	罵(787)	罵(650)
2099	禱	丁老反(2083)		
2100	禘	大計反(2084)	大計(788)	帝(651)
2101	繹	以石反(2085)		
2102	復	扶又反(2086)		
2103	肜	余終反(2087)	容(789)	容(652)
2104	夏	尸雅反(2088)		
2105	復	音服(2089)		
2106	胙	才各反(2090)	昨(790)	昨(653)
2107	獵	力涉反(2091)		
2108	蒐	色留反(2092)	搜(791)	搜(654)
2109	索	色白反(2093)		
2110	任	而鳩反(2094)		
2111	為	于偽反(2095)		
2112	獮	息淺反(2096)	息淺(792)	剪(655)
2113	狩	手又反(2097)	手又(793)	受(656)
2114	宵	音消(2098)		
2115	燎	郭音遼又力召力弔二反(2099)	遼(794)	
2116	畢	音畢(2100)		
2117	鱸	力吳反(2101)		
2118	冢	竹勇反(2102)		
2119	攸	音由(2103)		
2120	闐	徒天反(2104)	田(795)	田(657)
2121	整	之領反(2105)		
2122	治	音持(2106)		
2123	綢	他刀反(2107)	叨(796)	叨(658)
2124	杠	音江(2108)	江(797)	江(659)
2125	韜	他刀反(2109)		
2126	纁	許云反(2110)	勳(798)	勳(660)
2127	縿	所銜反(2111)	杉(799)	衫(661)
2128	旒	力周反(2112)		
2129	著	直略反(2113)		
2130	陞	音升(2114)		
2131	令	力呈反(2115)		

總序號	《爾雅》被注音字	《經典釋文·爾雅音義》	《爾雅音釋》	《爾雅音圖》
2132	綦	音其本亦作纂祖管反(2116)		
2133	飾	音式(2117)		
2134	緇	側基反(2118)		
2135	廣	古曠反(2119)	土曠(800)	曠(662)
2136	幅	音福(2120)		
2137	長	直亮反(2121)	直亮(801)	
2138	旐	持小反(2122)	兆(802)	兆(663)
2139	旆	蒲蓋反(2123)	佩(803)	佩(664)
2140	注	之樹反(2124)		
2141	旄	亡襃反(2125)	毛(804)	
2142	旌	音精(2126)		
2143	幢	直江反(2127)		
2144	竿	音干(2128)		
2145	鈴	郎丁反(2129)		
2146	旂	音祈(2130)		
2147	縣	音玄(2131)		
2148	錯	七各反又七故反(2132)		
2149	旟	羊諸反(2133)	餘(805)	余(665)
2150	剝	比角反(2134)		
2151	旜	以專反(2135)		
2152	旃	之然反(2136)		

釋地第九

總序號	《爾雅》被注音字	《經典釋文·爾雅音義》	《爾雅音釋》	《爾雅音圖》
2153	地	徒利反又音徒細反(2137)		
2154	雝	於用反(2138)	於用(806)	雍(666)
2155	濟	子禮反(2139)	子礼(807)	擠(667)
2156	兗	悅轉反(2140)		
2157	燕	烏賢反(2141)		
2158	鉅	音巨(2142)		
2159	隃	孫於于反郭烏侯反(2143)	於于(808)	烏(668)
2160	汧	苦堅反(2144)		
2161	諸	如字(2145)		
2162	濉	蘇維反(2146)		

總序號	《爾雅》被注音字	《經典釋文‧爾雅音義》	《爾雅音釋》	《爾雅音圖》
2163	夢	亡貢亡工二反(2147)		
2164	隅	仰于反(2148)		
2165	斥	音赤(2149)		
2166	余	羊如反(2150)		
2167	祁	巨伊反又止尸反孫本作底音之視反(2151)		
2168	鄔	於慮反(2152)		
2169	圃	布古反又音布(2153)		
2170	熒	乎銘反(2154)		
2171	穫	胡故反(2155)		
2172	藪	素口反(2156)	叟(809)	
2173	阠	音信郭尸慎反字林所人反又所慎反(2157)		
2174	滕	徒登反(2158)		
2175	隃	戍輸二音(2159)	戍(811)	殊(670)
2176	澳	古壁反(2160)	古壁(812)	菊(671)
2177	隉	丁兮反(2161)		
2178	墳	扶云反(2162)		
2179	防	音房(2163)		
2180	醫	於其反(2164)		
2181	洵	胥均反又音峻讀若宣(2165)	荀(813)	荀(672)
2182	玗	音于(2166)	于(814)	于(673)
2183	琪	巨疑反(2167)		
2184	會	古外反(2168)	古外(815)	
2185	稽	古兮反(2169)	古兮(816)	基(674)
2186	箭	子賤反(2170)		
2187	篠	悉了反(2171)		
2188	犀	音西（1190）(2172)		
2189	華	戶花又戶化反(2173)		
2190	霍	呼郭反(2174)		
2191	崐	音昆(2175)	路昆(817)	
2192	崘	路昆反(2176)	虛(818)	
2193	虛	羌魚反(2177)		
2194	璆	其樛反(2178)		
2195	琳	音林(2179)		

附錄三《經典釋文・爾雅音義》、《爾雅音釋》與《爾雅音圖》注音對照表

總序號	《爾雅》被注音字	《經典釋文・爾雅音義》	《爾雅音釋》	《爾雅音圖》
2196	瑯/郎	音郎(2180)		
2197	玕	音干(2181)		
2198	筋	音斤(2182)		
2199	斥	昌亦反又昌夜反(2183)	尺(819)	尺(675)
2200	縟	音辱(2184)		
2201	饒	而遙反(2185)		
2202	鰈	音牒又勑臘他盍二反(2186)	牒(820)	蝶(676)
2203	脾	婢支反(2187)		
2204	翼	羊式反(2188)		
2205	鶼	古恬反(2189)	兼(821)	兼(677)
2206	鳧	音扶(2190)		
2207	肩	音堅(2191)		
2208	邛	本或作蛩巨凶反(2192)	巨凶(822)	穹(678)
2209	駏/岠	音巨(2193)	巨(823)	巨(679)
2210	驢/虛	許伯反(2194)		
2211	為	于偽反(2195)		
2212	齧	五結反謝音逝(2196)	五結(824)	孽(680)
2213	難	奴旦反(2197)	乃旦(825)	
2214	蠲	郭音厥孫居衛反(2198)	厥(826)	厥(681)
2215	食	音嗣(2199)	徒結(827)	
2216	夏	戶雅反(2200)		
2217	迭	徒結反(2201)		牒(682)
2218	更	音庚(2202)		
2219	枳	顧音居是諸是二反郭音巨宜反孫音支(2203)	居是(828)	止(683)
2220	首	舒酉反(2204)		
2221	牧	亡卜反(2205)		
2222	野	羊者反(2206)		
2223	坰	古螢反(2207)	古螢(829)	扃(684)
2224	令	力呈反(2208)		
2225	湮/濕	申入反(2209)	濕(830)	濕(685)
2226	隰	音習(2210)		
2227	種	之用反(2211)		
2228	陂	彼宜反字林或彼義反郭音普河反(2212)	披(831)	披(686)

總序號	《爾雅》被注音字	《經典釋文·爾雅音義》	《爾雅音釋》	《爾雅音圖》
2229	阪	甫晚反字林父板反(2213)	反(832)	反(687)
2230	陀	大何反(2214)		
2231	菑	側基反孫音災(2215)	緇(833)	緇(688)
2232	畬	羊如反自林弋恕反(2216)	余(834)	余(689)
2233	泰	音太(2217)		
2234	邠	彼貧反(2218)	彬(835)	彬(690)
2235	濮	音卜(2219)	卜(836)	卜(691)
2236	鈆	悅全反(2220)		
2237	祝	章六反又昌六反(2221)		
2238	觚	姜胡反(2222)	孤(837)	孤(692)
2239	岠	音巨(2223)		
2240	大	音泰(2224)		
2241	濛/蒙	音蒙(2225)		
2242	汜	音祀一音似(2226)		

釋丘第十

總序號	《爾雅》被注音字	《經典釋文·爾雅音義》	《爾雅音釋》	《爾雅音圖》
2243	丘	羌牛反(2227)		
2244	敦	郭音頓或丁回反謝如字讀注宜如后二音(2228)	都昆(838)	墩(693)
2245	重	直龍反(2229)		
2246	壇	大干反(2230)		
2247	堆	丁回反(2231)		
2248	陶	徒刀反(2232)		
2249	濟	子禮反(2233)		
2250	銳	唯歲反(2234)	惠(839)	
2251	鐵	子廉反(2235)		
2252	乘	繩証反(2236)	繩正(840)	乘(694)
2253	塍	市陵反(2237)		
2254	埒	音劣(2238)		
2255	陼	章汝反(2239)	渚(841)	渚(695)
2256	潦	力道反(2240)	老(842)	老(696)
2257	泥	乃兮反(2241)		
2258	污	音烏又烏花反(2242)		
2259	作	子各反(2243)		

總序號	《爾雅》被注音字	《經典釋文·爾雅音義》	《爾雅音釋》	《爾雅音圖》
2260	還	戶關反又音患施音旋(2244)	旋(843)	
2261	繞	音遶(2245)		
2262	涂/途	音圖(2246)		
2263	梧	五故反又音吾(2247)		
2264	畫	郭音獲謝胡卦反(2248)		
2265	渻	所景反(2249)	所景(844)	省(697)
2266	沮	郭音同辭與慈呂二反謝子預反施子余反(2250)	辭與(845)	蛆(698)
2267	淄	仄其反(2251)		
2268	過	古臥反(2252)		
2269	覆	孚服反(2253)		
2270	敦	丁回反(2254)	堆(846)	
2271	邐	呂紙反(2255)	呂紙(847)	里(699)
2272	迆	余紙余支二反(2256)	余紙(848)	以(700)
2273	庬	謝音毛又亡付反(2257)		
2274	偏	音篇(2258)		
2275	宛	施於阮反郭於粉反(2259)		
2276	隆	力躬反(2260)		
2277	解	古買反(2261)		
2278	背	如字(2262)		
2279	定	丁佞反(2263)	丁佞(849)	
2280	龍	力勇反(2264)		
2281	重	直用反(2265)		
2282	潛	昨監反(2266)		
2283	黎	力兮反(2267)		
2284	敦	丁回反(2268)		
2285	碌	音禄(2269)		
2286	更	古孟反(2270)		
2287	魁	口回反(2271)		
2288	梧	五故五胡二反(2272)		
2289	傑	渠列反(2273)		
2290	厓	魚佳反(2274)	牙(850)	牙(701)
2291	洒	穌典反又西禮反(2275)	先典(851)	
2292	漘	音脣(2276)	脣(852)	脣(702)
2293	坦	土旦反(2277)		

總序號	《爾雅》被注音字	《經典釋文·爾雅音義》	《爾雅音釋》	《爾雅音圖》
2294	隩	字林烏到反郭於六反(2278)	奧(853)	奧(703)
2295	隈	烏回反字林一由反(2279)	烏回(854)	煨(704)
2296	漁	音魚(2280)		
2297	鞠	九六反(2281)		
2298	別	彼列反(2282)		
2299	裏	音里(2283)		
2300	畢	卑吉反(2284)		
2301	重	直龍反(2285)	直龍(855)	崇(705)
2302	滸	呼五反(2286)	虎(856)	虎(706)
2303	濆	符紛反(2287)		
2304	防	音房(2288)		
2305	隄	丁兮反(2289)		
2306	涘	舊音仕(2201)	士(857)	士(707)
2307	瀆	音獨(2291)		
2308	汜	音似(2292)	似(858)	似(708)
2309	湄	亡悲反又音微(2293)	眉(859)	湄(709)
2310	山	所閑反或所旃反(2294)		
2311	華	戶花戶化二反(2295)		
2312	吳	音吾(2296)		
2313	襲	音習(2297)		
2314	重	直龍反(2298)		

釋山第十一

總序號	《爾雅》被注音字	《經典釋文·爾雅音義》	《爾雅音釋》	《爾雅音圖》
2315	坯	備悲反又備美反沈五窟反韋昭音輕(2299)	備悲(860)	丕(710)
2316	崧	思忠反(2300)	嵩(861)	嵩(711)
2317	岑	吉金反字林才心反(2301)		
2318	崟	魚金反(2302)		
2319	嶠	渠驕反郭又音驕字林巨照反(2303)	喬(862)	喬(712)
2320	巉	子廉反(2304)		
2321	卑	如字又音婢(2305)		
2322	嵝	音戶(2306)		
2323	歸	丘軌反,字林丘追反(2307)	丘鬼(863)	魁(713)

附錄三《經典釋文·爾雅音義》、《爾雅音釋》與《爾雅音圖》注音對照表

總序號	《爾雅》被注音字	《經典釋文·爾雅音义》	《爾雅音釋》	《爾雅音圖》
2324	叢	才公反(2308)		
2325	岌	魚泣反(2309)	魚泣(864)	兀(714)
2326	峘	胡官反一音袁又音垣(2310)	桓(865)	桓(715)
2327	過	古臥反(2311)		
2328	屬	章玉時欲二反(2312)	燭(866)	燭(716)
2329	嶧	羊石反(2313)	亦(867)	亦(717)
2330	駱	音洛(2314)		
2331	驛	音亦(2315)		
2332	宛	於粉反(2316)		
2333	脊	音積(2317)		
2334	岡	古郎反(2318)		
2335	崒	七遂反(2319)		
2336	微	亡非反(2320)		
2337	陂	普何反又彼義反(2321)		
2338	崒	子恤才戌二反字林才没子出二反(2322)	子恤(868)	卒(718)
2339	厜	姊規反郭才規反字林同顧視規反又作崔才何反(2323)	姊規(869)	垂(719)
2340	羛	郭語規反字林音危顧魚奇反本或作戲又作羲皆五何反(2324)	危(870)	危(720)
2341	巉	士衫反又士(2325)		
2342	嵒	五咸反(2326)		
2343	樅	七容反(2327)		
2344	盛	時征反又市政反(2328)	成(871)	成(721)
2345	巒	力官反(2329)		
2346	墮	湯果反(2330)	湯果(872)	
2347	狹	乎夾反(2331)		
2348	喬	巨苗反(2332)		
2349	重	直龍反(2333)	直龍(873)	
2350	巘	魚蹇反郭音言又音彥字林牛建反(2334)	言(874)	言(722)
2351	嶮	郭魚檢反,字林居檢反.顧力儉力儼二反(2335)	儼(875)	儼(723)
2352	甑	子孕反(2336)		

總序號	《爾雅》被注音字	《經典釋文·爾雅音义》	《爾雅音釋》	《爾雅音圖》
2353	厬	口閣反(2337)	口閣(876)	渴(724)
2354	霍	許郭反(2338)		
2355	別	彼列反(2339)	彼列(877)	
2356	鮮	息淺反又音仙(2340)	息淺(878)	尠(725)
2357	陘	郭胡結古定二反(2341)	形(879)	形(726)
2358	磝	字林口交反郭五交五角二反(2342)	苦交(880)	堯(727)
2359	疆	居羊反(2343)		
2360	礫	的力反(2344)		
2361	礐	郭苦角反又戶角反(2345)	殼((881)	殼(728)
2362	磐	布丸反(2346)		
2363	岵	音戶(2347)	戶(882)	戶(729)
2364	峐	字林音起阮孝緒字略音古開反(2348)	起((883)	起(730)
2365	埒	音劣(2349)		
2366	渟	音亭(2350)		
2367	隊	字林火篤反郭又徂學反(2351)	學(884)	肇(731)
2368	潦	音老(2352)		
2369	讀	徒木反(2353)	讀(885)	讀(732)
2370	谿	苦奚反(2354)		
2371	戴	丁代反(2355)		
2372	崔	徂回反(2356)	徂回(886)	摧(733)
2373	嵬	五回反(2357)	五回(887)	委(734)
2374	岨	七余反(2358)	七余(888)	蛆(735)
2375	夾	古洽反(2359)		
2376	濾	魚俱反(2360)	虞(889)	虞(736)
2377	岫	徐究反郭音胄又音由字林弋又反(2361)		
2378	翊	音翼(2362)		
2379	夏	戶雅反(2363)		
2380	水	尸癸反(2364)		
釋水第十二					

總序號	《爾雅》被注音字	《經典釋文·爾雅音义》	《爾雅音釋》	《爾雅音圖》
2381	見	賢遍反(2365)	現(890)	現(737)
2382	否	方有卑美二反(2366)	卑美(891)	

總序號	《爾雅》被注音字	《經典釋文・爾雅音义》	《爾雅音釋》	《爾雅音圖》
2383	瀸	息廉反又子廉反(2367)	纖(892)	纖(738)
2384	纔	音才(2368)		
2385	灂	居列反孫詐廢反(2369)	計(893)	計(739)
2386	汋	仕捉反又上苦反(2370)	仕捉(894)	卓(740)
2387	濫	胡覽反(2371)		
2388	涌	音勇(2372)		
2389	縣	音玄(2373)		
2390	沃	烏鹿反(2374)		
2391	灅	力又反(2375)		
2392	縣	音玄(2376)	玄(895)	玄(741)
2393	氿	音軌(2377)	軌(896)	軌(742)
2394	仄	菹棘反(2378)	側(897)	側(743)
2395	溪	郭巨癸反孫苦穴反字林音圭(2379)	揆(898)	揆(744)
2396	闢	婢亦反一音匹亦反(2380)		
2397	過	古禾反(2381)	古禾(899)	
2398	辨	普見反(2382)	片(900)	片(745)
2399	回	戶恢反(2383)		
2400	灉	於用反又於恭反(2384)		
2401	還	扶又反(2385)		
2402	沱	徒河反(2386)		
2403	潭	徒坦反(2387)	但(901)	但(746)
2404	堆	都回反(2388)		
2405	汧	口千口見二反(2389)	牽(902)	牽(747)
2406	濆	敷問反或方問反(2390)	糞(903)	糞(748)
2407	尾	亡鬼反(2391)		
2408	汾	又云反(2392)		
2409	車	昌蛇反(2393)		
2410	濆	扶粉反(2394)		
2411	翊	音弋(2395)		
2412	部	戶荅反(2396)		
2413	數	色主反(2397)		
2414	壅	於勇反(2398)		
2415	夾	古洽反(2499)		

總序號	《爾雅》被注音字	《經典釋文‧爾雅音義》	《爾雅音釋》	《爾雅音圖》
2416	壅	於勇反(2400)		
2417	陂	彼勾反(2401)		
2418	出	昌慮反(2402)		
2419	處	昌慮反(2403)		
2420	魁	口回反(2404)		
2421	醮	子占反(2405)		
2422	屠	音軌(2406)	軌(904)	軌(749)
2423	灉	於用反或於凶反(2407)	於用(905)	用(750)
2424	沮	七余反(2408)		
2425	濟	子禮反(2409)		
2426	濋	初呂反(2410)	楚(906)	楚(751)
2427	汶	音問(2411)	問(907)	問(752)
2428	灛	昌善反(2412)	闡(908)	謟(753)
2429	沱	徒河反(2413)	陀(909)	陀(754)
2430	滸	字五反(2414)		
2431	岷	亡巾反(2415)		
2432	道	徒報反(2416)		
2433	過	謝古禾反又烏禾反(2417)	烏禾(910)	過(755)
2434	洵	私旬反(2418)		
2435	潁	餘頃反(2419)	餘頃(911)	影(756)
2436	潰	符云反字林作湏工玄反(2420)	墳(912)	墳(757)
2437	濟	子禮反(2421)		
2438	汧	苦見苦堅二反(2422)		
2439	汜	音似(2423)		
2440	灡	郭力旦反又力安反李依詩作漣昔連(2424)	爛(913)	爛(758)
2441	漪	於宜反(2425)	衣(914)	衣(759)
2442	澳	呼貫反(2426)		
2443	淪	音輪(2427)		
2444	蘊	紆云紆粉二反(2428)		
2445	徑	古定反(2429)		
2446	侹	他定反又徒頂反(2430)		
2447	作	子各反(2431)		
2448	重	直用反(2432)		

附錄三《經典釋文·爾雅音義》、《爾雅音釋》與《爾雅音圖》注音對照表

總序號	《爾雅》被注音字	《經典釋文·爾雅音義》	《爾雅音釋》	《爾雅音圖》
2449	見	賢遍反(2433)		
2450	厓	五街反(2434)		
2451	湄	亡悲反(2435)	眉(915)	眉(760)
2452	濟	子細反(2436)		
2453	厲	如字說文力曳反(2437)		
2454	揭	起例反(2438)		
2455	濟	子細反(2438)	子細(916)	祭(761)
2456	揭	起例或丘結反(2440)	憩(917)	
2457	褰	去焉反(2441)		
2458	襡	音民(2442)		
2459	揭		丘竭(918)	竭(762)
2460	繇		由(919)	由(763)
2461	膝	辛七反(2443)		
2462	上	時掌反(2444)	時掌(920)	
2463	泳	于柄反(2445)		
2464	底	丁禮反(2446)		
2465	汎	孚劍反(2447)		
2466	紼	甫勿反(2448)	弗(921)	弗(764)
2467	縭	力知反(2449)	离(922)	离(765)
2468	䍦	音律(2450)	律(923)	律(766)
2469	索	悉各反(2451)		
2470	綏	如誰反(2452)	如誰(924)	韋(767)
2471	造	草報反(2453)	七到(925)	
2472	方	舫或作舫又音方(2454)		
2473	併	步丁反(2455)		
2474	特	大得反(2456)		
2475	泭	音桴(2457)	桴(926)	抔(768)
2476	注	之樹反(2458)		
2477	谿	苦兮反(2459)		
2478	澮	古外反(2460)	古外(927)	貴(769)
2479	灌	古亂反(2461)		
2480	處	昌預反(2462)		
2481	泝	蘇故反(2463)	素(928)	素(770)
2482	洄	胡恢反(2464)		

總序號	《爾雅》被注音字	《經典釋文·爾雅音義》	《爾雅音釋》	《爾雅音圖》
2483	游	音由(2465)		
2484	濟	子禮反(2466)		
2485	瀆	徒木反(2467)		
2486	洲	音州(2468)		
2487	陼	章汝反(2469)	渚(929)	渚(771)
2488	沚	音止或作沶又音市(2470)		
2489	坻	直基反(2471)	池(930)	池(772)
2490	潏	郭述決二音(2472)	述(931)	述(773)
2491	崏	古門反(2473)		
2492	崙	力門反(2474)		
2493	虛	去魚反(2475)	墟(932)	嘘(774)
2494	隅	魚吁反(2476)		
2495	汩	于筆反(2477)		
2496	漱	色救反(2478)		
2497	溷	戶本反又戶困反(2479)		
2498	淆	戶交反(2480)		
2499	大/太	謝音泰孫如字(2481)		
2500	駭	駭（諧楷）(2482)	諧楷(933)	
2501	頰		劫(934)	劫(775)
2502	狹	胡夾反(2483)		
2503	覆	孚腹反(2484)	扶服(935)	
2504	黼		父(936)	父(776)
2505	簡	古限反(2485)		
2506	易	以豉反(2486)		
2507	絜	戶結反孫郭又苦八反或音呼節反又音結(2487)		
2508	鉤	古侯反(2488)		
2509	般/槃	步干反(2489)		
2510	鬲	音革施力的反(2490)	革(937)	革(777)
2511	阨	於懈反(2491)		
2512	隔	音革(2492)		

爾雅卷下·釋草第十三

總序號	《爾雅》被注音字	《經典釋文·爾雅音義》	《爾雅音釋》	《爾雅音圖》
2513	草	讀若徹(2493)		

附錄三《經典釋文·爾雅音義》、《爾雅音釋》與《爾雅音圖》注音對照表

總序號	《爾雅》被注音字	《經典釋文·爾雅音義》	《爾雅音釋》	《爾雅音圖》
2514	蔖	羊六反(2494)	育(938)	育(778)
2515	韭	居有反(2495)	九(939)	九(779)
2516	茖	古百反(2496)	革(940)	革(780)
2517	葱	音聰(2497)	念(941)	念(781)
2518	䒫	巨盈反(2498)	巨盈(942)	徑(782)
2519	薤	戶界反(2499)	薤(943)	薤(783)
2520	蔣	力的反(2500)	力(944)	力(784)
2521	蒜	西亂反(2501)		
2522	種	之用反(2502)		
2523	莖	戶耕反(2503)		
2524	薛	方奭反郭布革反(2504)	百(945)	百(785)
2525	蘄	巨斤反(2505)	芹(946)	芹(786)
2526	麤	七奴反又在古反(2506)		
2527	椴	徒亂反(2507)	叚(947)	叚(787)
2528	蓳	音謹(2508)	謹(948)	
2529	櫬	楚靳反(2509)	襯(949)	襯(788)
2530	別	彼列反(2510)		
2531	隕	子敦反(2511)		
2532	日	人逸反(2512)		
2533	烝	之仍反(2513)		
2534	术	徒律反(2514)		
2535	薊	古帝反(2515)	計(950)	計(789)
2536	枹	沈音孚又音浮又音包(2516)	孚(951)	孚(790)
2537	前	音箭一音子淺反(2517)	箭(952)	箭(791)
2538	薞	息遂囚銳二反(2518)	遂(953)	遂(792)
2539	埽	素報反(2519)		
2540	帚	之有反(2520)		
2541	菉	力辱反(2521)	綠(954)	綠(793)
2542	芻	楚俱反(2522)		
2543	蓐	音辱(2523)		
2544	鴟	尺之反(2524)		
2545	莎	素和反(2525)		
2546	蔏	音商(2526)	商(955)	商(794)
2547	藋	徒弔反(2527)	徒的(956)	吊(795)
2548	蘩	音煩(2528)	煩(957)	煩(796)

總序號	《爾雅》被注音字	《經典釋文·爾雅音義》	《爾雅音釋》	《爾雅音圖》
2549	嶓	白波反(2529)	婆(958)	婆(797)
2550	蒿	好高反(2530)		
2551	敲	去刃反讀者或作苦見反(2531)	去刃(959)	腎(798)
2552	炙	之亦反(2532)		
2553	喈	皆覽反(2533)		
2554	蔚	於貴反(2534)	尉(960)	尉(799)
2555	牡	亡后反(2535)		
2556	齾	魚結反(2536)		
2557	彤	一遼反(2537)		
2558	蓬	步公反(2538)		
2559	薦	作見反沈平兆反(2539)		
2560	黍	音著(2540)		
2561	種	之勇反(2541)		
2562	麜	方寐反又方弭反(2542)	方寐(961)	避(800)
2563	莞	謝音官施音丸(2543)	官(962)	官(801)
2564	勁	巨盈反(2544)		徑(802)
2565	皁	音造(2545)		
2566	菥	思歷反(2546)	惜(963)	惜(803)
2567	蓂	亡歷反(2547)	覓(964)	覓(804)
2568	薺	齊禮反(2548)		
2569	荼	大奴反(2549)	途(965)	途(805)
2570	刺	七賜反(2550)		
2571	狼	音郎(2551)		
2572	茅	亡交反(2552)		
2573	覆	音副(2553)		
2574	瓠	戶故反(2554)	戶故(966)	戶(806)
2575	棲	音西(2555)		
2576	瓣	苻莧苻閑二反謝力見反字林父莧反(2556)	方莧(967)	
2577	茹	音如(2557)	如(968)	如(807)
2578	蘆	力居反(2558)	力居(969)	庐(808)
2579	蒬	色留反(2559)		
2580	蒨	七見反(2560)		
2581	蠃	力果反(2561)	力果(970)	

附錄三《經典釋文・爾雅音義》、《爾雅音釋》與《爾雅音圖》注音對照表

總序號	《爾雅》被注音字	《經典釋文・爾雅音義》	《爾雅音釋》	《爾雅音圖》
2582	栝	古活反(2562)		
2583	樓	力侯反(2563)		
2584	荼	音徒(2564)		
2585	萑	隹(2565)	隹(971)	隹(809)
2586	蓷	他回反或音推(2566)	他回(972)	雷(810)
2587	蔚	音尉(2567)		
2588	荏	而甚反(2568)		
2589	蓋	音益(2569)		
2590	鬲鬲	五歷反郭音五革反(2570)	逆(973)	逆(811)
2591	綬	音受(2571)		
2592	粢	音咨(2572)	咨(974)	咨(812)
2593	衆	音終(2573)	終(975)	終(813)
2594	秫	音述(2574)	述(976)	述(814)
2595	黏	女廉反(2575)		
2596	朮	舒育反(2576)	叔(977)	叔(815)
2597	荏	而甚反(2577)		
2598	卉	虛謂反(2578)		
2599	摠	子孔反(2579)		
2600	荋	悅博反又古本反(2580)	悅轉(978)	兗(816)
2601	蕳	予若反(2581)	藥(979)	樂(817)
2602	麥	亡革反(2582)		
2603	燕	烏見反(2583)		
2604	璝	戶怪反(2584)	戶怪(980)	壞(818)
2605	蓀	西存反(2585)	孫(981)	孫(819)
2606	蕑	音練(2586)	練(982)	練(820)
2607	菟	音兔(2587)	兔(983)	兔(821)
2608	荄	古來反一音皆(2588)	核(984)	垓(822)
2609	蘩	音煩(2589)		
2610	葵	音兮(2590)	兮(985)	兮(823)
2611	蕿	羊善反又弋仁反(2591)	演(986)	演(824)
2612	苭	音列(2592)	列(987)	列(825)
2613	蕒	音眞(2593)	眞(988)	眞(826)
2614	豕	傷氏反(2594)	傷氏(989)	史(827)
2615	虒	音滯(2595)		

總序號	《爾雅》被注音字	《經典釋文·爾雅音義》	《爾雅音釋》	《爾雅音圖》
2616	蟾	音占(2596)		
2617	豨	虛豈反(2597)		
2618	熻	初卯反(2598)		
2619	蠽	雜南反(2599)		
2620	蛹	音勇(2600)		
2621	荓	音瓶(2601)	瓶(990)	瓶(828)
2622	帚	之酉反(2602)		
2623	蓍	音屍(2603)		
2624	埽	穌早反(2604)		
2625	藬	胡罪反(2605)	胡罪(991)	潰(829)
2626	茭	郭胡卯反又音交或尸交反(2606)		
2627	蘄	音芹(2607)		
2628	葵	孫郭並他忽反施徒忽反(2608)	他忽(992)	獨(830)
2629	蘆	郭音力柯反謝力吳反(2609)	羅(993)	羅(831)
2630	菔	郭音菔蒲北反(2610)	蒲北(994)	
2631	蕪	音無(2611)		
2632	菁	音精(2612)		
2633	雹	步角反(2613)		
2634	洏	恥力反(2614)	勑(995)	勑(832)
2635	茵	沈顧祥由反謝音由(2615)	囚(996)	囚(833)
2636	芝	音之(2616)		
2637	筍	息尹反(2617)		
2638	萌	亡耕反(2618)		
2639	簜	徒朗反字林他莽反(2619)	蕩(997)	蕩(834)
2640	莪	五河反(2620)		
2641	蘿	力何反(2621)		
2642	薕	良甚反(2622)		
2643	苨	奴禮反(2623)	禰(998)	禰(835)
2644	蔗	丁禮反(2624)	底(999)	底(836)
2645	經	待節反(2625)	待節(1000)	垤(837)
2646	荇	音杏(2626)		
2647	接	如字(2627)		
2648	余	羊如反(2628)		

附錄三《經典釋文・爾雅音義》、《爾雅音釋》與《爾雅音圖》注音對照表

總序號	《爾雅》被注音字	《經典釋文・爾雅音義》	《爾雅音釋》	《爾雅音圖》
2649	菅	古顏反(2629)	姦(1001)	
2650	薜	方麥反(2630)		
2651	蘄	巨斤反(2631)		
2652	菲	芳尾反(2632)	匪(1002)	匪(838)
2653	芴	音物(2633)	物(1003)	物(839)
2654	菖	方服反(2634)	福(1004)	福(840)
2655	蔔	音富(2635)	富(1005)	富(841)
2656	熒	戶坰反(2636)		
2657	萎	謝於邁反孫於為反謝女委反(2637)		
2658	萎/委	謝於邁反孫於為反郭女委反(2638)		
2659	萎	謝於危反孫人垂反郭音痿字林於危反(2639)	威(1006)	威(842)
2660	竿	音幹又音于古但反(2640)		
2661	蒟	求于反(2641)	劬(1007)	劬(843)
2662	芋	天頂反又天丁反(2642)	他丁(1008)	听(844)
2663	熒	音迥又音螢(2643)	迥(1009)	
2664	竹	張六反(2644)		
2665	萹	匹善反顧補於匹縣二反(2645)	匹善(1010)	
2666	好	呼報反(2646)		
2667	蟲	直中反(2647)		
2668	蓄	力六反(2648)		
2669	葴	亡金反(2649)	針(1011)	針(845)
2670	蔇/寒	何干反(2650)		
2671	薢	郭音皆一音古買反((2651)	皆(1012)	皆(846)
2672	苟	古口反(2652)	狗(1013)	狗(847)
2673	芵	古穴反(2653)	決(1014)	決(848)
2674	光/茪	古黃反(2654)	光(1015)	光(849)
2675	茱	常朱反((2655)		
2676	萸	羊朱反(2656)		
2677	薐	音陵(2657)		
2678	莔	亡符反讀者或常制反又戶耕反(2658)	巫(1016)	巫(850)

總序號	《爾雅》被注音字	《經典釋文·爾雅音義》	《爾雅音釋》	《爾雅音圖》
2679	荑	羊而反(2659)	夷(1017)	夷(851)
2680	菽	所點反(2660)	殺(1018)	殺(852)
2681	蘠	在羊反(2661)	牆(1019)	牆(853)
2682	蕢	巨貴反(2662)		
2683	苵	大結反(2663)	大結(1020)	迭(854)
2684	雹	步角反(2664)	步角(1021)	酌(855)
2685	紹	市沼反(2665)		
2686	蔓	音萬(2666)		
2687	著	丁略反(2667)		
2688	芍	戶了反(2668)	戶了(1022)	
2689	鳧	音扶(2669)		
2690	茈	沈顧祖斯反謝祖咨反(2670)		
2691	蘱	力愧反又力對反(2671)	類(1023)	類(856)
2692	蕭	音頂(2672)	鼎(1024)	鼎(857)
2693	董	丁動反施音童(2673)	董(1025)	童(858)
2694	蔕	大兮反(2674)	啼(1026)	啼(859)
2695	芙	大結反(2675)	大結(1027)	迭(860)
2696	稗	蒲賣反字林禾別反(2676)		
2697	鉤	古侯反(2677)		
2698	芺	於表反又於老反(2678)		夭(861)
2699	拇	音母(2679)		
2700	薊	音計(2680)		
2701	薢	胡界反(2681)		
2702	薈	烏外反(2682)	會(1028)	會(862)
2703	薔	師力反說文音色(2683)		
2704	蓼	音了(2684)	了(1029)	了(863)
2705	藻	他雕反(2685)	他凋(1030)	肖(864)
2706	蓨	他的反(2686)	惕(1031)	惕(865)
2707	虋	字林亡昆反郭亡津反(2687)	門(1032)	門(865)
2708	粱	音良(2688)		
2709	芑	羌紀反(2689)	起(1033)	起(867)
2710	秬	音巨(2690)		
2711	秠	孚鄙反又孚丕反字林匹几匹九夫九三反(2691)	孚鄙(1034)	否(868)

附錄三《經典釋文·爾雅音義》、《爾雅音釋》與《爾雅音圖》注音對照表

總序號	《爾雅》被注音字	《經典釋文·爾雅音义》	《爾雅音釋》	《爾雅音圖》
2712	秷	音敷(2692)	敷(1035)	敷(869)
2713	任	音壬(2693)		
2714	稌	待古反又他古反(2694)	杜(1036)	杜(870)
2715	蒚	音福(2695)		
2716	蘮	巨螢反又詳究反(2696)	瓊(1037)	瓊(871)
2717	種	章勇反(2697)		
2718	苕	音條(2698)		
2719	夫	音枎(2699)	扶(1038)	
2720	蕦/須	音須(2700)		
2721	箋	即田反(2701)		
2722	禦	音語(2702)		
2723	笠	音立(2703)		
2724	蹇	居輦反(2704)	蹇(1039)	蹇(872)
2725	蘮	音伐(2705)	伐(1040)	伐(873)
2726	茵	亡庚反(2706)	萌(1041)	萌(874)
2727	荍	祁堯反或巨遶反(2707)	翹(1042)	翹(875)
2728	蚍	婢夷反郭音庀(2708)	毗(1043)	毘(876)
2729	苤	房尤反郭芳九反(2709)	浮(1044)	浮(877)
2730	艾	五蓋反(2710)		
2731	冰	彼升反(2711)		
2732	蕈	音典(2712)	典(1045)	典(878)
2733	芥	音介(2713)		
2734	狗	音苟(2714)		
2735	璗	音當(2715)		
2736	薜	布麥反(2716)		
2737	庚	謝羊主反孫音臾(2717)		
2738	䨥/霾	音埋(2718)		
2739	蔜	五高反(2719)	五高(1046)	敖(879)
2740	莜	謝先老反沈施所留反(2720)	莜(1047)	
2741	蘩	音煩(2721)		
2742	蔞	力主反(2722)	縷(1048)	屢(880)
2743	蓠/離	力知反(2723)		
2744	活	胡闊反(2724)		
2745	芫	徒活反(2725)	奪(1049)	奪(881)

總序號	《爾雅》被注音字	《經典釋文·爾雅音義》	《爾雅音釋》	《爾雅音圖》
2746	瓤	女良反(2726)		
2747	日	人一反(2727)		
2748	龓	郭音聾施音龍(2728)	聾(1050)	龍(882)
2749	龠	餘若反(2729)		
2750	蕦/須	音須(2730)		
2751	菶	方孔反(2731)	方孔(1051)	捧(883)
2752	葼	音揔(2732)	總(1052)	總(884)
2753	菊	郭音彭又音旁(2733)	旁(1053)	旁(885)
2754	荵	音忍(2734)	忍(1054)	忍(886)
2755	苴	莊居反(2735)		
2756	蘥	餘若反(2736)		
2757	茜	郭音由又音酉(2737)	由(1055)	由(887)
2758	蔄	音萬(2738)		
2759	薦	音魯(2739)	魯(1056)	魯(888)
2760	蘆	施謝才古反郭才河采苦二反字林千古反(2740)	才古(1057)	粗(889)
2761	苴	將呂反一云將慮反(2741)		
2762	柱	張縷反(2742)	主(1058)	
2763	夫	音扶或如字(2743)	扶(1059)	
2764	車	尺蛇反又音居(2744)		
2765	隧	音遂(2745)	遂(1060)	遂(890)
2766	蘧	郭音氍巨俱反謝音渠(2746)	巨俱(1061)	拒(891)
2767	蔬	郭音毤山俱反謝音疎(2747)	山俱(1062)	疎(892)
2768	菌	巨隕反(2748)		
2769	菰	音孤(2749)		
2770	啖	大敢反(2750)		
2771	甜	徒謙反(2751)		
2772	滑	乎八反(2752)		
2773	氈	之延反(2753)		
2774	氍	音衢又音渠(2754)		
2775	毹	所俱反又所魚反(2755)		
2776	蕲	巨斤反(2756)		
2777	茝	昌改昌敗二反(2757)	昌改(1063)	采(893)
2778	麋	亡悲反(2758)		

總序號	《爾雅》被注音字	《經典釋文·爾雅音義》	《爾雅音釋》	《爾雅音圖》
2779	蕪	亡符反(2759)		
2780	萎	於危反字林於僞反(2760)		
2781	臭	昌又反(2761)		
2782	茨	徂咨反(2762)		
2783	蒺	音疾(2763)		
2784	蔾/藜	音梨(2764)		
2785	莿	七亦反(2765)		
2786	莧	賢遍反(2766)		
2787	薊	居例反又郭巨例反(2767)	計(1064)	計(894)
2788	䕈	女居反((2768)	如(1065)	如(895)
2789	竊	音切(2769)		
2790	芹	音勤(2770)		
2791	著	直略反(2771)		
2792	髦	音毛(2772)	毛(1066)	毛(896)
2793	顛	都年反(2773)		
2794	棘	古力反(2774)	棘(1067)	棘(897)
2795	藋	郭音灌謝音官沈施音丸(2775)	貫(1068)	貫(898)
2796	芄	音桓(2776)		
2797	蘭	力丹反(2777)		
2798	斷	丁管反(2778)		
2799	汁	之什反(2779)		
2800	蕁	孫徒南反(2780)	徒南(1069)	潯(899)
2801	莐	直林反(2781)	沉(1070)	沉(900)
2802	藩	甫煩反又音煩(2782)		
2803	蕍	羊朱反(2783)	俞(1071)	俞(901)
2804	蒠	私夕反(2784)	昔(1072)	昔(902)
2805	䔇	謝其隕反郭巨阮反施其免反沈巨轉反(2785)	巨隕(1073)	眷(903)
2806	麃/庲	力斛反(2786)		
2807	藿	火郭反(2787)	霍(1074)	霍(904)
2808	莥	女久其久二反(2788)	女久(1075)	鈕(905)
2809	蔓	音萬(2789)		
2810	莚	以戰反又音延(2790)		
2811	薃	胡老反(2791)	浩(1076)	浩(906)

總序號	《爾雅》被注音字	《經典釋文·爾雅音义》	《爾雅音釋》	《爾雅音圖》
2812	蓨	弋垂徂規二反(2792)		
2813	莎	先禾反(2793)		
2814	媞	尼兮反(2794)	提(1077)	提(907)
2815	夏	音下(2795)		
2816	莞	謝音官郭音桓字林音緩俗音關(2796)	官(1078)	官(908)
2817	蔍	力知反(2797)		
2818	蔦	郭音翮又音歷(2798)	力(1079)	力(909)
2819	荷	音河(2799)		
2820	芙	音符又作扶(2800)		
2821	蓉	音容(2801)		
2822	莖	戶耕反(2802)		
2823	茄	古牙反(2803)	加(1080)	加(910)
2824	蕸	音遐又音加(2804)	遐(1081)	遐(911)
2825	蔤	亡筆反(2805)	密(1082)	密(912)
2826	華		戶瓜(1083)	
2827	蒻	音若(2806)		
2828	菡	戶感反(2807)	戶感(1084)	漢(913)
2829	萏	徒感反(2808)	徒感(1085)	膽(914)
2830	蓮	力田反(2809)		
2831	藕	五口反(2810)		
2832	的	丁歷反又戶了反(2811)		
2833	薏	於丁反(2812)	憶(1086)	意(915)
2834	蘢	力恭反又力公反(2813)		
2835	蘬	謝丘軌反郭匡龜反(2814)	丘軌(1087)	匦(916)
2836	莏	才河反又子邪反(2815)	才何(1088)	搓(917)
2837	蘢	如字(2816)		
2838	虋	苻下反或扶沸反(2817)	扶刃(1089)	忿(918)
2839	枲	息似反(2818)	皁以(1090)	移(919)
2840	苴	七徐反(2819)		
2841	別	彼列反(2820)		
2842	蓀	音孫(2821)		
2843	酢	七故反(2822)		
2844	菲	孚匪反(2823)	匪(1091)	匪(920)

附錄三《經典釋文·爾雅音義》、《爾雅音釋》與《爾雅音圖》注音對照表

總序號	《爾雅》被注音字	《經典釋文·爾雅音义》	《爾雅音釋》	《爾雅音圖》
2845	薏	音息(2824)	息(1092)	息(921)
2846	蕢	巨愧反又苦怪反(2825)	巨貴(1093)	貴(922)
2847	莧	閑辨反(2826)		
2848	蘠	音牆(2827)		
2849	蘼	亡彼反(2828)	美(1094)	美(923)
2850	虋	音門(2829)		
2851	萹	匹緜反(2830)	偏(1095)	偏(924)
2852	藥	郭舒若反孫餘若反(2831)	爍(1096)	
2853	貫	古亂反(2832)		
2854	眾	音終(2833)	終(1097)	
2855	苣	其隕反孫居筠反(2834)	其隕(1098)	窘(925)
2856	蘛	音早(2835)	早(1099)	早(926)
2857	藗	他六反(2836)	他六(1100)	逐(927)
2858	蕩	呂郭他羊反謝他居反(2837)	他羊(1101)	傷(928)
2859	蔏	音商(2838)		
2860	苹	音平(2839)	平(1102)	平(929)
2861	荓	音瓶(2840)	瓶(1103)	
2862	藨	郭音瓢婢遙反(2841)		
2863	蘋	毗人反(2842)		
2864	莃	虛祈反(2843)	希(1104)	希(930)
2865	菟	湯故反(2844)		
2866	葵	夬唯反(2845)		
2867	汋	以灼反(2846)		
2868	蕢	吐回反(2847)	吐回(1105)	頹(931)
2869	蘈	大回反(2848)	頹((1106)	頹(932)
2870	穟	音遂(2849)		
2871	縹	匹眇反又匹妙反(2850)		
2872	淋	音林(2851)		
2873	藚	音續(2852)	續(1107)	續(933)
2874	蓐/辱	音辱(2853)		
2875	蕮	音昔(2854)		
2876	苹	皮英反(2855)		
2877	蘱	力大反(2856)	賴(1108)	賴(934)
2878	翹	祁繞反(2857)		

總序號	《爾雅》被注音字	《經典釋文·爾雅音義》	《爾雅音釋》	《爾雅音圖》
2879	苕	音條(2858)		
2880	蒣	蘇存反(2859)		
2881	傅	音付(2860)		
2882	橫	如字胡彭反或音黃(2861)		
2883	姑	音姑(2862)		
2884	縷	力主反(2863)		
2885	箏	側耕反(2864)		
2886	釐	力基反(2865)		
2887	蒙	亡公反(2866)		
2888	蔆	力矜反(2867)	凌(1109)	凌(935)
2889	蕨	居月反(2868)		
2890	虆	亡悲反孫居郡反又居群反(2869)	眉(1110)	眉(936)
2891	芰	巨義反(2870)		
2892	菊	居六反(2871)		
2893	蘧	音渠或音劬(2872)		
2894	瞿	求于反(2873)		
2895	薜	彼麥反(2874)	百(1111)	百(937)
2896	牡	亡后反(2875)		
2897	贊	子旦反(2876)	贊(1112)	贊(938)
2898	荊	子賤反(2877)	箭(1113)	箭(939)
2899	莓	音每(2878)	每(1114)	每(940)
2900	蘪	皮苗反又皮末反(2879)		
2901	齧	五結反(2880)		
2902	菫	音謹(2881)		
2903	汋	以灼反(2882)		
2904	潭	徒南反(2883)	潭(1115)	潭(941)
2905	洛	徒來反(2884)		
2906	底	丁禮反(2885)		
2907	蘜	居六反(2886)	菊(1116)	菊(942)
2908	蓎/唐	音唐(2887)		
2909	蘿	音羅(2888)		
2910	苗	郭他六反又徒的反(2889)		

附錄三《經典釋文‧爾雅音義》、《爾雅音釋》與《爾雅音圖》注音對照表

總序號	《爾雅》被注音字	《經典釋文‧爾雅音義》	《爾雅音釋》	《爾雅音圖》
2911	蓧	郭湯彫他周二反顧他迪反(2890)	他凋(1117)	肖(943)
2912	藈	苦圭反(2891)	奎(1118)	奎(944)
2913	蒛	去悅反(2892)	缺(1119)	缺(945)
2914	葐	步昆反(2893)	盆(1120)	盆(946)
2915	蔇	芳服反(2894)		
2916	芨	居及反又起及反(2895)	急(1121)	急(947)
2917	蓳	音謹郭音靳居覲反(2896)		
2918	薟	息廉子廉二反(2897)	纖(1122)	纖(948)
2919	菺	古日反(2898)	肩(1123)	肩(949)
2920	茙/戎	音戎(2899)		
2921	繫	郭音古系反又苦系反(2900)	計(1124)	計(950)
2922	狗	音苟(2901)		
2923	覆	郭音服施孚服反(2902)	服(1125)	服(951)
2924	庚	古衡反(2903)		
2925	芓	孫音嗣(2904)	字(1126)	字(952)
2926	苴	七餘反(2905)		
2927	盛	音成(2906)		
2928	皰	步角反(2907)		
2929	貓	亡角反又亡校反(2908)	亡角(1127)	莫(953)
2930	茈	子爾反(2909)	子爾(1128)	紫(954)
2931	茢	力計反(29010)		
2932	倚	謝於綺反或其綺反(2911)		
2933	蔏/商	音商(2912)		
2934	活	如字孫音括(2913)		
2935	脫	徒活反(2914)	奪(1129)	奪(955)
2936	藏	諸弋反(2915)	職(1130)	職(956)
2937	蒢	直居反(2916)	除(1131)	除(957)
2938	菹	側居反(2917)		
2939	藒	去竭反謝起例反郭去竭反(2918)	挈(1132)	挈(958)
2940	車	音居(2919)		
2941	芞	謝去訖反沈又虛訖反(2920)	乞(1133)	乞(959)
2942	輿	音餘(2921)		

總序號	《爾雅》被注音字	《經典釋文·爾雅音義》	《爾雅音釋》	《爾雅音圖》
2943	權	其圓反(2922)		
2944	芸	音云(2923)		
2945	莜	音牧(2924)		
2946	藋	音肅(2925)		
2947	蘼	彌爾反(2926)	尾(1134)	尾(960)
2948	蔠		終(1135)	終(961)
2949	蘩	音煩(2927)		
2950	菋	音味又亡戒反(2928)	未(1136)	未(962)
2951	荎	直其反(2929)	直其(1137)	池(963)
2952	藸	音除(2930)	除(1138)	除(964)
2953	荼/蔡	音徒(2931)	徒(1139)	徒(965)
2954	委	於詭反或於危反(2932)		
2955	茠	火羔反(2933)		
2956	鉤	古侯反(2934)		
2957	蘬	顧謝同音圭孫苦圭反(2935)	圭(1140)	圭(966)
2958	菇/姑	音姑(2936)		
2959	䓢	音鉤又五侯反(2937)		
2960	藪	力侯反(2938)		
2961	椉	施音繩謝市證反(2939)	繩(1141)	繩(967)
2962	居/車	音車(2940)		
2963	索	悉各反(2941)		
2964	极	居業反(2942)	劫(1142)	劫(968)
2965	裾	施音絳孫蒲空反(2943)	絳(1143)	絳(969)
2966	攫	沈居縛反(2944)	钁(1144)	钁(970)
2967	杷	白麻反(2945)		
2968	著	直略反(2946)		
2969	皁	音造(2947)		
2970	土	他覩反(2948)		
2971	薗/卤	音魯(2949)		
2972	盱	香于反又音于(2950)	吁(1145)	籲(971)
2973	衡			
2974	虺	虛鬼反(2951)		
2975	蘇	音米(2952)	米(1146)	米(972)
2976	薮	王乃反(2953)	五刀(1147)	敖(973)

總序號	《爾雅》被注音字	《經典釋文·爾雅音義》	《爾雅音釋》	《爾雅音圖》
2977	枹	音包(2954)		
2978	葪	音計(2955)		
2979	顆	苦果反或音款(2956)		
2980	涷	謝音東施都弄反讀者亦音冬(2957)	東(1148)	東(974)
2981	馗	求龜反郭音仇(2958)	逵(1149)	逵(975)
2982	菌	郭巨隕反孫去貧反(2959)	巨隕(1150)	郡(976)
2983	蕈	亂荏反(2960)		
2984	菆	豬葉反又阻留反(2961)	輒(1151)	輒(977)
2985	苕	徒凋反(2962)	調(1152)	調(978)
2986	藨	必遙反(2963)	標(1153)	標(979)
2987	茇	郭音沛補蓋反又音撥說文布末反(2964)	沛(1154)	沛(980)
2988	蘪	亡悲反(2965)	眉(1155)	眉(981)
2989	薇	音微又音眉(2966)		
2990	薜	卑麥反(2967)		
2991	莽	莫朗反(2968)		
2992	數	色角反(2969)	朔(1156)	朔(982)
2993	促	七玉反(2970)		
2994	鄰	音吝又音鱗(2971)	吝(1157)	吝(983)
2995	蘭	密謹反又亡忍反(2972)	閔(1158)	閔(984)
2996	筡	郭音徒又音攄施音儲(2973)	徒(1159)	徒(985)
2997	筑	戶剛反(2974)	杭(1160)	杭(986)
2998	篹	音待字林大才反(2975)	待(1161)	待(987)
2999	籛	音箭一音子淺反(2976)		
3000	萌	亡耕反(2977)		
3001	筍	思尹反(2978)		
3002	菹	側於反(2979)		
3003	醢	音海(2980)		
3004	篠	思了反(2981)		
3005	別	碑列反(2982)		
3006	枹	音包(2983)	包(1162)	包(988)
3007	素	蘇故反(2984)		
3008	糉	子工反郭音摠(2985)		宗(989)

總序號	《爾雅》被注音字	《經典釋文·爾雅音義》	《爾雅音釋》	《爾雅音圖》
3009	芐	郭他古反又音杜(2986)	杜(1163)	杜(990)
3010	夫	謝方于反孫音苻(2987)		
3011	莞	古九反(2988)		
3012	藺	力刃反(2989)		
3013	綦	郭音其施謝併音其(2990)	其(1164)	其(991)
3014	蕨	音厥(2991)		
3015	葴	之林反又音咸(2992)	針(1165)	針(992)
3016	藍	力甘反(2993)		
3017	莖	謝戶耕反施郭於耕(2994)		
3018	荼/涂	音徒(2995)		
3019	苄	音戶(2996)	戶(1166)	
3020	髓	素累反(2997)		
3021	怙	音戶(2998)		
3022	蓎/唐	音唐(2999)		
3023	拔	步八反(2300)		
3024	龍	力恭反(2301)		
3025	遬	音速(3002)	速(1167)	速(993)
3026	牡	木后反(3003)		
3027	茅	亡交反(3004)		
3028	菤	九轉反(3005)	捲(1168)	捲(994)
3029	苓	音零(3006)		
3030	枲	音殆(3007)		
3031	蟞	卑滅反(3008)	鱉(1169)	別(995)
3032	蕎	居喬反又音喬(3009)		
3033	卭	巨恭反(3010)		
3034	鉅	音巨(3011)		
3035	戟	九逆反(3012)		
3036	虌/虌	音煩(3013)		
3037	莣	音亡(3014)	亡(1170)	亡(996)
3038	杜	徒士反(3015)		
3039	屩	九略反(3016)		
3040	稂	音郎(3017)		
3041	莠	羊以反(3018)		

附錄三《經典釋文·爾雅音義》、《爾雅音釋》與《爾雅音圖》注音對照表

總序號	《爾雅》被注音字	《經典釋文·爾雅音義》	《爾雅音釋》	《爾雅音圖》
3042	藨	謝浦苗反或力驕反孫蒲矯反字林工兆反顧平表白交普苗三反(3019)	蒲苗(1171)	敖(997)
3043	藨	謝蒲表反郭又苻嚻反(3020)	平表(1172)	炮(998)
3044	覆	芳伏反(3021)		
3045	酢	七故反(3022)		
3046	甜	大廉反(3023)		
3047	荍	丁歷反又戶了反(3024)		
3048	薂	戶歷反(3025)	亦(1173)	亦(999)
3049	購	古豆反又古侯反(3026)	古豆(1174)	遘(1000)
3050	蔏	音商(3027)		
3051	蔞	孫力朱反郭力侯反(3028)	力朱(1175)	呂(1001)
3052	苭	施謝二苭皆音列沈上音例下音列(3029)	列(1176)	列(1002)
3053	勃	蒲沒反(3030)		
3054	蔞	烏了反(3031)	烏了(1177)	夭(1003)
3055	棘	居力反(3032)		
3056	蒬	於袁反又於阮反(3033)	冤(1178)	冤(1004)
3057	策	初革反(3034)	冊(1179)	冊(1005)
3058	刺	亡賜反(3035)	次(1180)	次(1006)
3059	朝鮮	直遙反下音仙(3036)		
3060	萩	音秋(3037)	秋(1181)	秋(1007)
3061	蕁	徒南反(3038)		
3062	藻	子老反(3039)		
3063	葰/長	且良反(3040)		
3064	銚	羊招反或羊召反(3041)	姚(1182)	姚(1008)
3065	芅	音翼(3042)	亦(1183)	弋(1009)
3066	麥	亡革反(3043)		
3067	薴	力丁反(3044)		
3068	蔓	音萬(3045)		
3069	莚	餘見反(3046)		
3070	苻	音浮(3047)	浮(1184)	浮(1010)
3071	苢	音以(3048)	以(1185)	以(1011)
3072	蔦/寫	四夕反(3049)		

總序號	《爾雅》被注音字	《經典釋文·爾雅音义》	《爾雅音釋》	《爾雅音圖》
3073	車	昌遮反(3050)		
3074	穗	音遂(3051)		
3075	好	呼報反(3052)		
3076	蝦	音遐(3053)		
3077	蟆	亡巴反(3054)		
3078	綸	古頑反(3055)	古頑(1186)	
3079	組	作古反(3056)		
3080	秩	直乙反(3057)		
3081	嗇	音色(3058)		
3082	芫	戶剛反(3059)	亡岡(1187)	杭(1012)
3083	蠡	音禮(3060)	禮(1188)	裡(1013)
3084	縣	武延反(3061)		
3085	繅	先刀反(3062)		
3086	繹	先才反(3063)		
3087	繭	占典反(3064)		
3088	菭	古活反(3065)	古活(1189)	括(1014)
3089	麋	俱綸反或作麇音眉(3066)		
3090	搴	施居展反謝去虔反(3067)	居展(1190)	塞(1015)
3091	柜	音巨(3068)	巨(1191)	巨(1016)
3092	朐	巨俱反(3069)	劬(1192)	劬(1017)
3093	種	章勇反(3070)		
3094	芺	沈顧烏老反謝烏兆(3071)	襖(1193)	襖(1018)
3095	薊	音計(3072)		
3096	芛	香于芳于二反(3073)	吁(1194)	籲(1019)
3097	蓊	烏孔反(3074)		
3098	蔈	芳胥反又必裯反(3075)	方腰(1195)	標(1020)
3099	荼	郭音徒又音蛇(3076)		
3100	猋	必遙反又方瓢反又方玄反字林弋劍反(3077)	必遙(1196)	標(1021)
3101	藨	郭方驕反謝符苗反一音皮兆反(3078)	方驕(1197)	摽(1022)
3102	芀	徒彫反(3079)	調(1198)	調(1023)
3103	葦	于鬼反謝于歸反(3080)		
3104	葭	音加(3081)		

總序號	《爾雅》被注音字	《經典釋文·爾雅音義》	《爾雅音釋》	《爾雅音圖》
3105	蒹	古謙反(3082)	兼(1199)	兼(1024)
3106	薕	力占反(3083)	廉(1200)	廉(1025)
3107	蓧	徒的反(3084)		
3108	藪	所主反(3085)		
3109	葵	他敢反(3086)	他敢(1201)	坦(1026)
3110	薍	五患反(3087)	五患(1202)	籲(1027)
3111	藘	郭音丘(3088)		
3112	蘿	郭音綣丘阮反(3089)	立阮(1203)	
3113	繾	棄善反或去忍反(3090)		
3114	蕍	羊朱反(3091)	俞(1204)	俞(1028)
3115	芛	郭音獮羊捶反股羊述顧反謝私尹反(3092)	羊捶(1205)	葦(1029)
3116	葟	音皇(3093)	皇(1206)	皇(1030)
3117	施	並如字(3094)		
3118	莬	于関反(3095)	于関(1207)	允(1031)
3119	茭	胡巧反又胡交反(3096)	胡巧(1208)	交(1032)
3120	藕	五口反(3097)		
3121	啖	大敢反(3098)		
3122	荄	顧謝音該郭音皆(3099)		
3123	別	彼列反(3100)		
3124	韭	音九(3101)		
3125	攫	俱縛反(3102)		
3126	橐	音託(3103)		
3127	荂	香于芳于二反(3104)		

釋木第十四

總序號	《爾雅》被注音字	《經典釋文·爾雅音義》	《爾雅音釋》	《爾雅音圖》
3128	木	之卜反(3105)		
3129	椆	地刀反郭又他皓(3106)	叨(1209)	叨(1033)
3130	檟	古雅反(3107)	賈(1210)	賈(1034)
3131	楸	音秋(3108)		
3132	栲	音考郭姑老反勅倫反(3109)		
3133	樗	丑於反(3110)	丑於(1211)	樞(1035)
3134	桼	音七(3111)		

總序號	《爾雅》被注音字	《經典釋文‧爾雅音義》	《爾雅音釋》	《爾雅音圖》
3135	栢	音百(3112)		
3136	椈	弓六反(3113)	菊(1212)	匊(1036)
3137	梻	勑亮反(3114)		
3138	臼	其九反(3115)		
3139	髡	苦門反(3116)	坤(1213)	坤(1037)
3140	梱	五門反(3117)	五門(1214)	綑(1038)
3141	椴	徒亂反(3118)	叚(1215)	貫(1039)
3142	柂	弋支反(3119)	夷(1216)	夷(1040)
3143	梅	莫迴反(3120)		
3144	枏	而占反又音南(3121)	而占(1217)	南(1041)
3145	杏	戶猛反(3122)		
3146	酢	七故反(3123)		
3147	柀	音彼又匹彼反(3124)	彼(1218)	彼(1042)
3148	黏	所咸反郭音芟又音纖(3125)	衫(1219)	杉(1043)
3149	棺	音官(3126)		
3150	腐	音父(3127)		
3151	櫠	音廢(3128)	廢(1220)	廢(1044)
3152	椵	古雅反(3129)	賈(1221)	
3153	柚	羊又反(3130)		
3154	盂	音于(3131)		
3155	厚	尸豆反又如字(3132)		
3156	枳	諸氏反(3133)		
3157	杻	女九反呂郭並汝九反(3134)	女九(1222)	
3158	檍	於力反(3135)	億(1223)	億(1045)
3159	棣	大細反(3136)		
3160	飯	囚志反音本又作飯扶晚反(3137)		
3161	車	昌蛇反(3138)		
3162	輞	音罔字林作輦音渠(3139)		
3163	橿	居良反(3140)		
3164	楙	音茂(3141)	茂(1224)	茂(1046)
3165	椋	音良(3142)	良(1225)	良(1047)
3166	棶	力臺反(3143)		
3167	栵	字林音例詩音同又音列(3144)	例(1226)	列(1048)

總序號	《爾雅》被注音字	《經典釋文・爾雅音義》	《爾雅音釋》	《爾雅音圖》
3168	檽	音而（3145）	而（1227）	而（1049）
3169	槲	胡木反（3146）		
3170	楸	桑木反（3147）		
3171	椑	音婢（3148）		
3172	檴	戶郭反（3149）	鑊（1228）	鑊（1050）
3173	梧	必回反（3150）		
3174	柚	羊又反（3151）		
3175	橙	直耕反（3152）		
3176	櫢	孫音袁又于眷反（3153）	袁（1229）	袁（1051）
3177	柜	謝音巨郭音舉（3154）		
3178	栯	郭音邛又作柳良九反（3155）	邛（1230）	邛（1052）
3179	栩	香羽反郭又音羽字林丑與反（3156）	香羽（1231）	許（1053）
3180	杼	謝嘗汝反施音佇孫昌汝反施或音序（3157）	嘗汝（1232）	柱（1054）
3181	柞	子各反（3158）		
3182	楘	音味又亡戒反（3159）		
3183	荎	直之反舍人本作柢丁計反（3160）	直之（1233）	池（1055）
3184	著	音儲（3161）	儲（1234）	儲（1056）
3185	重	直用反又直龍（3162）		
3186	蕰	烏侯反（3163）	歐（1235）	歐（1057）
3187	荃	謝大結反郭直基反（3164）	大結（1236）	迭（1058）
3188	臧	孫子郎反（3165）		
3189	樳	音羔（3166）	皋（1237）	皋（1059）
3190	藄	音其（3167）	其（1238）	其（1060）
3191	朹	音求（3168）	求（1239）	求（1061）
3192	檕	工系反樊本作楣工厄反（3169）	計（1240）	計（1062）
3193	朻	郭音糾又居幽反又音皎（3170）	糾（1241）	糾（1063）
3194	聊	音寮（3171）		
3195	檕	兮計反又音奚（3172）	兮計（1242）	奚（1064）
3196	櫾	許兮反（3173）	許兮（1243）	
3197	檀	大丹反（3174）		
3198	上	时掌反（3175）		

總序號	《爾雅》被注音字	《經典釋文·爾雅音義》	《爾雅音釋》	《爾雅音圖》
3199	斫	章略反(3176)		
3200	殫	音丹(3177)		
3201	梫	字林音寢郭音浸或初林反一音侵(3178)	寢(1244)	寢(1065)
3202	枇	房私反又音毗(3179)		
3203	杷	步巴反(3180)		
3204	櫡	丁略反又直略反(3181)		
3205	棆	音倫又致的反(3182)	倫(1245)	倫(1066)
3206	疵	辭資反(3183)		
3207	梗	鼻縣反又婢衍反(3184)		
3208	椐	音祛字林巨庶反又音舉(3185)	祛(1246)	祛(1067)
3209	檟	起槐反又去軌反字林巨位反(3186)	起愧(1247)	胃(1068)
3210	腫	之勇反(3187)		
3211	檉	勅貞反(3188)		稱(1069)
3212	旄	音毛(3189)		
3213	權	音拳(3190)		
3214	藘	如字施力積反字又作擄力余反(3191)		
3215	欒	音臠力永反(3192)	臠(1248)	臠(1070)
3216	藤	徒登反(3193)		
3217	麤	七胡反(3194)		
3218	欇	郭音涉(3195)	涉(1249)	涉(1071)
3219	虎	呼戶反(3196)		
3220	莢	古協反(3197)		
3221	刺	七彼反 (3198)		
3222	爛	力輒反又餘涉反(3199)		
3223	杞	去巳反(3200)		
3224	枸	音苟(3201)		
3225	檵	音繼(3202)	計(1250)	計(1072)
3226	杬	音元 (3203)		
3227	卵	力管反(3204)		
3228	檓	況彼反(3205)		毀(1073)
3229	椒	子消反(3206)		

總序號	《爾雅》被注音字	《經典釋文·爾雅音义》	《爾雅音釋》	《爾雅音圖》
3230	楰	郭音庾又音瑜(3207)	庾(1251)	庚(1074)
3231	梓	音子(3208)		
3232	楓	甫隆反字林音方廉反(3209)		
3233	欇	之涉反(3210)	輒(1252)	輒(1075)
3234	歧	音祁(3211)		
3235	脂	音之(3212)		
3236	寓	魚具反(3213)	魚具(1253)	遇(1076)
3237	宛	於阮反(3214)		
3238	蔦	音鳥又音弔(3215)		
3239	櫟	力的反(3216)		
3240	梂	字林音求(3217)	求(1254)	求(1077)
3241	彙	音謂(3218)		
3242	裹	音果(3219)		
3243	檖	音遂(3220)	遂(1255)	遂(1078)
3244	楔	吉黠反施音結(3221)	戛(1256)	戛(1079)
3245	櫻	乞耕反(3222)		
3246	旄	音毛字林作𣐇亡到反(3223)		
3247	樲	郭音斯又音雌(3224)	斯(1257)	斯(1080)
3248	解	古買反(3225)		
3249	核	胡華反(3226)		
3250	休	虛求反(3227)		
3251	瘥	徂禾反(3228)		矬(1081)
3252	慮	如字施音驢(3229)		
3253	駁	邦角反(3230)		剝(1082)
3254	棗	音早(3231)		
3255	壺	音胡(3232)		
3256	瓠	乎故反(3233)		
3257	要	一遙反(3234)	腰(1258)	腰(1083)
3258	檕	子兮反(3235)		
3259	樲	而至反(3236)	二(1259)	二(1084)
3260	徹	直列反(3237)		
3261	晳	思歷反(3238)		
3262	嗜	時至反(3239)		
3263	洗	屑典反(3240)	屑典(1260)	跣(1085)

總序號	《爾雅》被注音字	《經典釋文·爾雅音义》	《爾雅音釋》	《爾雅音圖》
3264	猗	乙奇反又於奇反(3241)		
3265	塡	音田(3242)	田(1261)	田(1086)
3266	蹶	居衛反(3243)		
3267	泄	息引反(3244)	屑(1262)	屑(1087)
3268	著	丁略反(3245)		
3269	還	音旋字林作檈一縣反(3246)	旋(1263)	旋(1088)
3270	棯	而審反(3247)	稔(1264)	稔(1089)
3271	櫬	初覲反(3248)		
3272	梧	音吳(3249)		
3273	樸	音卜(3250)	卜(1265)	卜(1090)
3274	枹	逋勞反(3251)		
3275	欘	音欲反(3252)		
3276	械	于逼反(3253)		
3277	櫟	音歷(3254)		
3278	采	七在反(3255)		
3279	薪	讀曰枹(3256)		
3280	樵	徂焦反(3257)		
3281	棪	餘念反(3258)	琰(1266)	琰(1091)
3282	樕	音束(3259)	速(1267)	速(1092)
3283	杙	音弋(3260)		
3284	阯	音止(3261)		
3285	櫰	郭古回反字林下罪反又音懷(3262)	苦回(1268)	歪(1093)
3286	槐	音懷又音回(3263)	懷(1269)	懷(1094)
3287	聶	之涉反(3264)	輒(1270)	輒(1095)
3288	炕	郭呼郎反又口浪反(3265)	呼郎(1271)	杭(1096)
3289	槐	郭讀槐為揪或如字(3266)		
3290	檟	古雅反(3267)		
3291	櫯	孫垎垯二反(3268)		
3292	楸	音秋(3269)		
3293	椅	於奇反(3270)	於寄(1272)	依(1097)
3294	梓	字林音子(3271)		
3295	桋	音夷(3272)		
3296	棟	山厄反郭霜狄反(3273)	山厄(1273)	促(1098)

附錄三《經典釋文·爾雅音義》、《爾雅音釋》與《爾雅音圖》注音對照表

總序號	《爾雅》被注音字	《經典釋文·爾雅音义》	《爾雅音釋》	《爾雅音圖》
3297	岐	巨伊反(3274)		
3298	好	呼報反(3275)		
3299	輞	音罔本或作靭音刃又音如戰反(3276)		
3300	槤	古亂反(3277)		
3301	叢	才公反(3278)		
3302	瘣	郭胡罪反又音回(3279)	胡罪(1274)	會(1099)
3303	婁	謝力侯反施力俱反(3280)		
3304	厞	烏皇反(3281)		
3305	傴	紆禹反(3282)		
3306	瘻	於井反(3283)		
3307	腫	章勇反本或作瘇常勇反(3284)		
3308	蕡	扶云反孫符苻粉反(3285)		
3309	藹	烏害反(3286)		
3310	奄	於檢反(3287)		
3311	枹	音包(3288)		
3312	逌	子由反又徂由反(3289)	徂由(1275)	囚(1100)
3313	魁	謝苦罪反施苦回反(3290)		
3314	瘣	郭盧罪反施胡罪反(3291)		
3315	磈	苦罪反(3292)		
3316	磊	力罪反(3293)		
3317	棫	音域字林于臭反(3294)	域(1276)	域(1101)
3318	桜	字林人佳反(3295)	人佳(1277)	蕤(1102)
3319	刺	七智反(3296)		
3320	樆	音離(3297)	离(1278)	离(1103)
3321	辨	普遍反又皮莧反(3298)	片(1279)	片(1104)
3322	葚	音甚字林竹心反(3299)		
3323	栭	章移反(3300)		
3324	栘	大兮反或音夷(3301)		
3325	榆	以朱反(3302)		
3326	枌	苻云反(3303)	墳(1280)	墳(1105)
3327	卻	去略反(3304)		
3328	著	丁略反(3305)		
3329	茦	古叶反(3306)		

總序號	《爾雅》被注音字	《經典釋文·爾雅音義》	《爾雅音釋》	《爾雅音圖》
3330	棣	大計反字林大內反(3307)		
3331	栘	以支反字林上泥反(3386)	移(1281)	移(1106)
3332	夫	音符(3309)		
3333	檟	古雅反(3310)		
3334	荼	音徒又直加反(3311)		
3335	茗	亡項反(3312)		
3336	荈	尺兖反(3313)		
3337	樕	音速(3314)		
3338	朴	音卜(3315)		
3339	槲	音斛(3316)		
3340	棧	仕板反(3317)		
3341	干	古丹反(3318)		
3342	殭	居良反(3319)		
3343	貉	加客反(3320)		
3344	檿	烏簟反(3321)	烏點(1282)	厭(1107)
3345	車	昌蛇反(3322)		
3346	轅	音袁(3323)		
3347	獘	婢世反(3324)		
3348	柛	音申(3325)	伸(1283)	伸(1108)
3349	踣	蒲女反(3326)		
3350	甾	側吏反一音側其反(3327)	側吏(1284)	淄(1109)
3351	蔽	必世反(3328)		
3352	醫	音瘱(3329)		
3353	蔭	於禁反(3330)		
3354	槸	魚逝反郭亡逝魚例二反(3331)		
3355	楷	七各反(3332)	錯(1285)	
3356	散	謝音烏郭音夕(3333)	烏(1286)	烏(1110)
3357	梢	郭音朔(3334)	朔(1287)	
3358	欘	直角反(3335)	濁(1288)	濁(1111)
3359	殺	色界反又色例反(3336)		
3360	樅	七容反(3337)	七容(1289)	踪(1112)
3361	松	字林象容反(3338)		
3362	大	音泰(3339)		
3363	檜	古活反又古外反(3340)		

總序號	《爾雅》被注音字	《經典釋文·爾雅音義》	《爾雅音釋》	《爾雅音圖》
3364	檝	子業反又一音集(3341)		
3365	句	居具反(3342)		
3366	喬	阮孝緒音橋郭音驕(3343)		
3367	卷	巨負反(3344)		
3368	杺	居虯反字林九稠反(3345)		
3369	苞	如字(3346)		
3370	篠	先了反(3347)		
3371	簑	素河反(3348)		
3372	朷	章六反(3349)		
3373	髦	音毛(3350)		
3374	棘	居力反(3351)		
3375	阿	烏河反又於可反(3352)		
3376	那	奴何反又奴可反(3353)		
3377	茮	音焦(3354)		
3378	樧	所黠反(3355)	殺(1290)	殺(1113)
3379	朻	音求一音巨六反(3356)		
3380	蔓	所留反又所于反(3357)		
3381	茱	音殊(3358)		
3382	萸	以朱反(3359)		
3383	核	何革反(3360)		
3384	華	胡化反(3361)	胡化(1291)	
3385	膽	丁敢反(3362)		
3386	蔕	丁計反(3363)	帝(1292)	帝(1114)
3387	櫨	側加反(3364)		
3388	鑽	子官反郭祖端反(3365)	子管(1293)	劗(1115)
3389	澀	歛立反(3366)		
3390	繚	音了(3367)	了(1294)	了(1116)
3391	檄	形的反(3368)	亦(1295)	亦(1117)
3392	擢	直角反(3369)		
3393	上	時掌反(3370)		
3394	槆	古半反(3371)		

釋蟲第十五				
總序號	《爾雅》被注音字	《經典釋文·爾雅音義》	《爾雅音釋》	《爾雅音圖》
3395	虫	許鬼反(3372)		

總序號	《爾雅》被注音字	《經典釋文·爾雅音義》	《爾雅音釋》	《爾雅音圖》
3396	蚰	古門反(3373)		
3397	蟲	直賢反(3374)		
3398	螜	胡木反(3375)	斛(1296)	斛(1118)
3399	螻	力侯反(3376)		
3400	蛄	古乎反(3377)		
3401	夏	胡雅反(3378)		
3402	正	音征(3379)		
3403	蜚	扶味反(3380)	費(1297)	費(1119)
3404	蠦	力胡反(3381)	盧(1298)	盧(1120)
3405	蜰	敷非反孫甫尾反(3382)	肥(1299)	肥(1121)
3406	盤	蒲安反(3383)		
3407	臭	昌又反(3384)		
3408	蠣	以忍反(3385)	引(1300)	引(1122)
3409	衒	以善反(3386)	演(1301)	演(1123)
3410	蚰	音由(3387)		
3411	蜓	音延(3388)		
3412	蜩	直彫反(3389)	調(1302)	調(1124)
3413	蜋	音郎又音良(3390)		
3414	螗	音唐(3391)		
3415	蟬	示延反(3392)		
3416	蝪	郭音黃徒低反(3393)		
3417	蚻	側點反(3394)	札(1303)	劄(1125)
3418	蜻	郭音情又音精(3395)		
3419	縣	音玄(3396)		
3420	蠽	子列反又祖節反(3397)	節(1304)	節(1126)
3421	茅	萌交反(3398)		
3422	蝒	音縣字林云亡千反(3399)	縣(1305)	縣(1127)
3423	蚬	五兮反呂郭牛結反(3400)		
3424	蟕	子羊反(3401)		
3425	蜓	謝徒頂反沈音殄施音亭(3402)	挺(1306)	挺(1128)
3426	蛒	音木(3403)	木(1307)	木(1129)
3427	蟿	音奚(3404)		
3428	螰	音鹿(3405)		
3429	蟧	音提又音帝(3406)		

附錄三《經典釋文・爾雅音義》、《爾雅音釋》與《爾雅音圖》注音對照表

總序號	《爾雅》被注音字	《經典釋文・爾雅音義》	《爾雅音釋》	《爾雅音圖》
3430	蟧	力刀反字林同又力公反(3407)		
3431	蟪	音惠(3408)		
3432	蛄	音姑(3409)		
3433	蛣	起吉反(3410)	起吉(1308)	气(1130)
3434	蜣	音羌(3411)	羌(1309)	羌(1131)
3435	蜋	音良(3412)		
3436	噉	大敢反(3413)		
3437	糞	方問反(3414)		
3438	蝎	戶葛反(3415)	曷(1310)	曷(1132)
3439	蛣	起勿反(3416)	屈(1311)	屈(1133)
3440	蠹	丁故反(3417)		
3441	蠰	郭音餉又音霜孫音傷(3418)	餉(1312)	餉(1134)
3442	齧	五結反(3419)		
3443	喜	虛記反(3420)		
3444	慮	施音臚一音力據反(3421)		
3445	相	施音稍謝息亮反(3422)		
3446	蜉	音浮又音乎(3423)	浮(1313)	浮(1135)
3447	蝣	郭音由謝音流(3424)	遊(1314)	遊(1136)
3448	略	如字(3425)		
3449	陝	乎夾反(3426)		
3450	好	呼報反(3427)		
3451	蚍	謝音弗沈苻結反字林大替反(3428)	步結(1315)	別(1137)
3452	蟥	音黃郭音王(3429)	黃(1316)	黃(1138)
3453	蛢	郭音瓶(3430)	瓶(1317)	
3454	蠸	音權(3431)	權(1318)	權(1139)
3455	輿	音余(3432)		
3456	父	音甫(3433)	甫(1319)	甫(1140)
3457	蝚	如由反(3434)	柔(1320)	柔(1141)
3458	蛖	武江反又亡工反(3435)	武江(1321)	
3459	螻	來侯反(3436)		
3460	螔	式移反又式豉反字林弋豉反(3437)	施(1322)	施(1142)
3461	強	巨良反(3438)		

總序號	《爾雅》被注音字	《經典釋文·爾雅音義》	《爾雅音釋》	《爾雅音圖》
3462	蟬	郭音芉六婢反字林作蜰弋丈反(3439)	亡婢(1323)	謎(1143)
3463	過	字林古禾反謝古卧反(3440)		
3464	蟷	丁郎反(3441)	丁郎(1324)	當(1144)
3465	蠰	息詳反字林乃郎反(3442)	箱(1325)	箱(1145)
3466	螳	音塘(3443)		
3467	蜋	音郎(3444)		
3468	蜱	音裨又婢貽反(3445)	毗(1326)	毘(1146)
3469	蛸	音蕭(3446)	消(1327)	消(1147)
3470	蟻	普莫反又補莫反(3447)		
3471	蟭	音焦字林子彫反(3448)		
3472	蒺	音疾(3449)		
3473	藜	音梨(3450)		
3474	蝍	施音即孫子逸反(3451)	即(1328)	即(1148)
3475	蛆	子余反(3452)	子余(1329)	苴(1149)
3476	蝗	華孟反字林音皇說文榮庚反范宜禮記音橫(3453)		
3477	腹	音福(3454)		
3478	腦	奴老反(3455)		
3479	蠉	以全反字林尹絹反(3456)	緣(1330)	緣(1150)
3480	蝮	孚福反郭蒲篤反(3457)	孚福(1331)	復(1151)
3481	蜪	郭音陶字林他牢反(3458)	陶(1332)	陶(1152)
3482	翅	式智反(3459)		
3483	舍	音捨(3460)		
3484	蚳	直其反(3461)		
3485	蟋	音悉或作蟋音瑟(3462)		
3486	蟀	所律反(3463)		
3487	蛬	九勇反(3464)	拱(1333)	拱(1153)
3488	促	字亦作趣七玉反(3465)		
3489	蜻	子盈反(3466)		
3490	蛚	音列(3467)		
3491	蟼	郭驚景二音孫音京(3468)	驚(1334)	驚(1154)
3492	蟆	武巴反(3469)		
3493	蛙	戶蝸反(3470)		

附錄三《經典釋文·爾雅音義》、《爾雅音釋》與《爾雅音圖》注音對照表

總序號	《爾雅》被注音字	《經典釋文·爾雅音义》	《爾雅音釋》	《爾雅音圖》
3494	蜫	音閑(3471)	閑(1335)	閑(1155)
3495	蝬	郭仕板反字林仕免反或仕簡反施仕娩反(3472)	棧(1336)	棧(1156)
3496	蠲	古玄反(3473)		
3497	蚼	音均(3474)		
3498	蟸	丈六反(3475)		
3499	螽	音終(3477)	終(1338)	終(1157)
3500	蟗	音阜(3476)	阜(1337)	阜(1158)
3501	蠜	音煩(3478)	煩(1339)	煩(1159)
3502	趯	他歷反(3479)		
3503	蟦	音負(3480)		
3504	蠅	於遥反(3481)		
3505	蜤	私支反(3482)	斯(1340)	斯(1160)
3506	蝑	字林先凶反郭先工反說文思弓反(3483)	嵩(1341)	嵩(1161)
3507	蝑	相魚反郭才與反字林先呂反(3484)	胥(1342)	胥(1162)
3508	蚣	烏公反字林息忠反(3485)		
3509	蚁	寸東反(3486)		
3510	春	傷容反(3487)		
3511	蟼	音棄字林云口地反(3488)	契(1343)	契(1163)
3512	蟿	音奚(3489)		
3513	蚚	郭音歷孫音昔(3490)	歷(1344)	曆(1164)
3514	蠰	音壤孫音囊又思諒反或式尚反(3491)	壤(1345)	
3515	豾	苦兮反孫音悉(3492)		
3516	蜌	竹宅反(3493)		
3517	蠽	羌引反(3494)	羌引(1346)	董(1165)
3518	蚓	音引郭餘忍反(3495)		
3519	蛪	苦顯反(3496)	苦顯(1347)	遣(1166)
3520	蚕	他典反(3497)	他典(1348)	
3521	蜎	於阮反(3498)		
3522	蟺	音善(3499)		
3523	蠊	音寒(3500)		

總序號	《爾雅》被注音字	《經典釋文·爾雅音義》	《爾雅音釋》	《爾雅音圖》
3524	蚓	郭許謹反仲堪許偃反(3501)		
3525	莫	武博反(3502)		
3526	貈	孫戶各反(3503)	鶴(1349)	鶴(1167)
3527	蛑	郭音牟字林亡牢反(3504)	謀(1350)	謀(1168)
3528	斧	音甫(3505)		
3529	虰	音丁(3506)	丁(1351)	丁(1169)
3530	蛵	虛形反(3507)	馨(1352)	聲(1170)
3531	蟧	力刀反(3508)		
3532	蛉	力丁反(3509)		
3533	狐	音乎(3510)		
3534	蜭	戶感反(3511)	戶感(1353)	剡(1171)
3535	蛓	七志反說文讀若笥(3512)		
3536	蠰	亡比反(3513)	墨(1354)	墨(1172)
3537	蛅	而占反(3514)	而占(1355)	然(1173)
3538	蟴	音斯(3515)	斯(1356)	
3539	螫	式亦反(3516)		
3540	蟠	音煩(3517)	煩(1357)	煩(1174)
3541	瓮	烏弄反(3518)		
3542	底	丁禮反(3519)		
3543	蟫	郭音淫又徒南反(3520)	淫(1358)	淫(1175)
3544	蛃	音丙(3521)		
3545	蛾	我河反(3522)	娥(1359)	娥(1176)
3546	蠶	徂南反(3523)		
3547	翰	胡旦反(3524)	汗(1360)	汗(1177)
3548	莎	蘇禾反(3525)		
3549	檴	恥豬反(3526)		
3550	傅	音付(3527)		
3551	版	甫簡反(3528)		
3552	強	其良反(3529)		
3553	蚚	字林巨希反又下枚反郭胡輩反(3530)	祈(1361)	祈(1178)
3554	捋	力活反(3531)		
3555	蛚	郭音劣又力活反(3532)	劣(1362)	劣(1179)
3556	蠰	失羊反字林之亦反(3533)	商(1363)	商(1180)

附錄三《經典釋文·爾雅音義》、《爾雅音釋》與《爾雅音圖》注音對照表

總序號	《爾雅》被注音字	《經典釋文·爾雅音义》	《爾雅音釋》	《爾雅音圖》
3557	何	音河(3534)		
3558	螝	郭音龜字林音潰施音愧(3535)	龜(1364)	圭(1181)
3559	蛹	音勇(3536)		
3560	蜆	下顯反字林下研反孫音倪案倪字下顯苦見二反(3537)	演(1365)	演(1182)
3561	蠿	一賜反一音醫是反(3538)		
3562	蟻	許記反(3539)		
3563	蟼	古刑反(3540)		
3564	蚍	音毗(3541)		
3565	蜉	音浮(3542)		
3566	螘	魚綺反(3543)	魚綺(1366)	蟻(1183)
3567	蛘	以丈反(3544)		
3568	蠬	謝音聾郭音龍(3545)	聾(1367)	聾(1184)
3569	蜓	郭唐耕反孫丈耕反字林音丁(3546)	直耕(1368)	丁(1185)
3570	駮	布角反(3547)		
3571	蜼	於貴反(3548)	尉(1369)	尉(1186)
3572	翅	矢豉反又吉豉反(3549)		
3573	蚔	直其反(3550)	池(1370)	池(1187)
3574	蜃	市軫反(3551)		
3575	醬	子亮反(3552)		
3576	蠪	郭音秋(3553)	秋(1371)	秋(1188)
3577	蜘	音知(3554)	知(1372)	知(1189)
3578	蛛	音誅(3555)	誅(1373)	朱(1190)
3579	蝃	章悅反(3557)		掇(1191)
3580	蟊	音謀又音無說文作蝥音茅(3556)	謀(1374)	謀(1192)
3581	掇	章悅反(3558)		
3582	蠭	匹凶反(3559)	蜂(1375)	
3583	蟺	又示延反郭音憚徒且反(3560)		
3584	蟦	扶味反又扶云反(3561)	費(1376)	費(1193)
3585	蠐	徂西反(3562)		
3586	螬	音曹(3563)		
3587	蝤	徂秋反(3564)	囚(1377)	由(1194)

總序號	《爾雅》被注音字	《經典釋文·爾雅音義》	《爾雅音釋》	《爾雅音圖》
3588	蝎	音曷(3565)		
3589	蛜	音伊(3566)	伊(1378)	伊(1195)
3590	蛗	音婦(3567)		
3591	蠨	悉雕反或音肅(3568)	蕭(1379)	蕭(1196)
3592	蛸	所交反(3569)	所交(1380)	肖(1197)
3593	蚚	郭音崎柣宜反字林巨綺反或居綺反(3570)	巨綺(1381)	倚(1198)
3594	蛭	郭豬秩反施徒結反(3571)	豬秩(1382)	迭(1199)
3595	蝚	如由反(3572)		柔(1200)
3596	貈	戶各反(3573)		
3597	蠁	許兩反(3574)		
3598	蛹	音勇(3575)		
3599	蠖	枉略反字林一郭反(3576)	於郭(1383)	岳(1201)
3600	蚇	音尺(3577)	尺(1384)	
3601	蝍	子逸反又音即(3578)		
3602	蝍	子六反(3579)		
3603	果	工大反(3580)		
3604	蠃	魯果反(3581)		
3605	要	一遙反(3582)		
3606	蠮	於結反又於計反(3583)		
3607	螉	烏紅反(3584)		
3608	螟	亡丁反(3585)	冥(1385)	冥(1202)
3609	蛉	力丁反(3586)	零(1386)	零(1203)
3610	蟃	音萬(3587)		
3611	蝎	音曷(3588)		
3612	蛣	去一反(3589)		
3613	蝠	立勿反(3590)		
3614	螢	戶肩反(3591)		
3615	炤	音服(3592)	照(1387)	
3616	肌	居疑反(3593)		
3617	繼	音計(3594)		
3618	蚅	烏革反(3595)	厄(1388)	厄(1204)
3619	鵖	音鳥(3596)		
3620	蠋	音蜀(3597)	蜀(1389)	

總序號	《爾雅》被注音字	《經典釋文·爾雅音義》	《爾雅音釋》	《爾雅音圖》
3621	蠓	莫孔反(3598)	莫孔(1390)	蒙(1205)
3622	蠛	亡結反(3599)	亡結(1391)	滅(1206)
3623	蜹	人銳反字林人劣反(3600)		
3624	蛈	大結反字林音秩(3601)	大結(1392)	迭(1207)
3625	蝪	字林音蕩或音湯又音唐(3602)	湯(1393)	湯(1208)
3626	蛭	丁結反(3603)		
3627	蟷	丁郎反(3604)		
3628	蠰	音象(3605)	象(1394)	象(1209)
3629	繭	古典反(3606)		
3630	雔	市由反(3607)	雔(1395)	仇(1210)
3631	樗	恥余反(3608)		
3632	棘	居力反(3609)		
3633	欒	力丸反(3610)		
3634	蚢	戶剛反(3611)	杭(1396)	杭(1211)
3635	蕭	先條反(3612)		
3636	蠢	于據反(3613)	之庶(1397)	住(1212)
3637	蠎	呼暇反(3614)	呼暇(1398)	夏(1213)
3638	剖	普口反(3615)		
3639	奮	甫問反(3616)		
3640	迅	音信又音峻(3617)		
3641	強	其良反(3618)		
3642	捋	力活反(3619)		
3643	螸	羊朱反謝孚逢反施音終案羊朱反(3620)	俞(1399)	俞(1214)
3644	腴	羊朱反(3621)		
3645	蠅	餘仍反(3622)		
3646	扇	如字說文作䎃音同(3623)		
3647	螟	亡丁反(3624)		
3648	蟘	徒得反(3625)		
3649	蟘	音賊(3626)	特(1400)	特(1215)
3650	蟊	亡侯反字林亡牛反(3627)	謀(1401)	謀(1216)
3651	豸	丈爾反(3628)	丈爾(1402)	雉(1217)

釋魚第十六

總序號	《爾雅》被注音字	《經典釋文·爾雅音義》	《爾雅音釋》	《爾雅音圖》
3652	鱣	張連反(3629)	張連(1403)	占(1218)
3653	鮬	音尋又音淫(3630)		
3654	鯨	戶感反(3631)		
3655	魛	戶郎反(3632)		
3656	鰋	音偃(3633)	偃(1404)	
3657	鯉	魚格反(3634)		
3658	鮎	郭奴謙反(3635)		
3659	鯷	音提字林云青反(3636)		
3660	鮧	大兮反(3637)		
3661	鱧	音禮(3638)		
3662	鯇	大勇反(3639)		
3663	鯇	華板反郭胡本反字林下短反(3640)	華板(1405)	混(1219)
3664	鰥	胡本反又下短反一本作故本反(3641)		
3665	鱒	才損反(3642)		
3666	鯊	音沙(3643)		
3667	鮀	徒何反(3644)	陀(1406)	陀(1220)
3668	鰌	徂秋反(3645)	囚(1407)	囚(1221)
3669	鱳	音茲(3646)	茲(1408)	滋(1222)
3670	鰼	音習(3647)	習(1409)	習(1223)
3671	鰷	音條本亦作鮋音由又直留反(3648)		
3672	鰽	音秋(3649)	秋(1410)	秋(1224)
3673	泥	乃兮反(3650)		
3674	鰹	音堅(3651)	堅(1411)	堅(1225)
3675	鮦	音童又逐拱反(3652)	同(1412)	同(1226)
3676	鱖	大活反(3653)	奪(1413)	奪(1227)
3677	鱺	音禮又力知反(3654)		
3678	魾	蒲悲反或音丕(3655)	皮(1414)	皮(1228)
3679	鱯	下化反一音獲字林下鑊反(3656)	畫(1415)	畫(1229)
3680	鮡	音兆又音姚(3657)	兆(1416)	兆(1230)
3681	鱎	郭音鄗戶老反(3658)	浩(1417)	浩(1231)

附錄三《經典釋文·爾雅音義》、《爾雅音釋》與《爾雅音圖》注音對照表

總序號	《爾雅》被注音字	《經典釋文·爾雅音義》	《爾雅音釋》	《爾雅音圖》
3682	鰕	戶如反(3659)	霞(1418)	霞(1232)
3683	鯬	所主反(3660)		
3684	鱝	芳弓反(3661)		
3685	鯤	音昆(3662)		
3686	鱀	其冀反字林音既(3663)	忌(1419)	忌(1233)
3687	鱁	音逐(3664)		遂(1234)
3688	蜡	七各七略二反(3665)		
3689	鱏	尋淫二音(3666)		
3690	鮈	居六巨六二反(3667)		
3691	喙	香穢反(3668)		
3692	膏	音高(3669)		
3693	胎	他來反(3670)		
3694	唅	大敢反(3671)		
3695	鱦	郭音繩顧音孕(3672)	承(1420)	承(1235)
3696	鮥	郭音洛字林巨救反(3673)	洛(1421)	洛(1236)
3697	鮛	書育反(3674)	叔(1422)	叔(1237)
3698	鮪	于軌反字林于九反(3675)	偉(1423)	偉(1238)
3699	鱣	知連反(3676)		
3700	上	時掌反(3677)		
3701	鮂	具救反又徐秋反字林作鮥音格(3678)	俱救(1424)	咎(1239)
3702	鯸	郭音胡一音互(3679)	胡(1425)	胡(1240)
3703	鯿	方仙反(3680)		
3704	鯁	工杏反字林工孟反(3681)		
3705	鮤	音列顧間結反(3682)	列(1426)	列(1241)
3706	鱴	亡節反(3683)	滅(1427)	滅(1242)
3707	鮆	徂禮反又徐爾反又才豉反(3684)		
3708	鱊	郭古滑反字林于一反沈音述又音聿(3685)	聿(1428)	聿(1243)
3709	鮬	郭音步字林丘于反施蒲悲反(3686)	步(1429)	步(1244)
3710	鱖	音厥字林凡綴巨月二反(3687)	厥(1430)	厥(1245)
3711	鯞	音酉反(3688)	章酉(1431)	肘(1246)

441

總序號	《爾雅》被注音字	《經典釋文·爾雅音義》	《爾雅音釋》	《爾雅音圖》
3712	鮒	符付反廣雅云鱝音積字林子狄反(3689)		
3713	鱥	許韋反(3690)	暉(1432)	暉(1247)
3714	魵	符云反又符粉反顧孚粉反(3691)	墳(1433)	墳(1248)
3715	鰕	下家反(3692)		
3716	䰷	羊嗟反(3693)		
3717	鮅	音必(3694)	必(1434)	必(1249)
3718	鱒	才損反一音仕轉反或直轉反(3695)	才損(1435)	蹲(1250)
3719	鯶	呼本反(3696)		
3720	魴	字林音房(3697)	房(1436)	房(1251)
3721	魾	音丕又音毗(3698)	毗(1437)	
3722	鯿	必連反(3699)		
3723	鯬	力　反又音黎(3700)	黎(1438)	黎(1252)
3724	鯠	郭音來字林音七(3701)	來(1439)	來(1253)
3725	蜎	郭狂究反字林一全反又一反(3702)	狂究(1440)	遠(1254)
3726	蠉	郭香究反呂火全反(3703)	香究(1441)	喧(1255)
3727	姞	古節反又音吉或五結反(3704)		
3728	蟨	居月反(3705)		
3729	孑	紀列反又古熱反(3706)		
3730	孓	九月反(3707)		
3731	蛭	沈呂豬秩反謝豬悌反一音之逸反(3708)		
3732	蟣	郭音祈(3709)	祈(1442)	祈(1256)
3733	科	苦禾反(3710)		
3734	活	如字施音括(3711)		
3735	蝦	音遐(3712)		
3736	蟇	音麻(3713)		
3737	魁	苦回反(3714)		
3738	從	子容反(3715)		
3739	蚶	火甘反(3716)		
3740	蜪	徒刀反(3717)		

總序號	《爾雅》被注音字	《經典釋文·爾雅音義》	《爾雅音釋》	《爾雅音圖》
3741	蚅	於革反(3718)		
3742	蟗	起據反(3719)	去(1443)	去(1257)
3743	蝵	音秋(3720)	秋(1444)	秋(1258)
3744	蟾	音占(3721)	占(1445)	
3745	蠩	音諸(3722)		
3746	蚥	音甫又扶甫反(3723)		
3747	黽	莫幸反(3724)	猛(1446)	猛(1259)
3748	耿	耕幸反(3725)		
3749	蛙	戶媧反(3726)		
3750	鴨	於甲反(3727)		
3751	蜌	步禮反又扶氏反(3728)	陛(1447)	陛(1260)
3752	蠯	謝步佳反郭毗支反沈父幸反施蒲鯁反(3729)	蒲猛(1448)	皮(1261)
3753	蚌	步項反(3730)		
3754	陜	乎夾反(3731)		
3755	蜃	市忍反(3732)		
3756	鼈	卑滅反(3733)		
3757	能	如字又奴來反(3734)	奴來(1449)	奈(1262)
3758	龜	字林古追反(3735)		
3759	賁	謝音奔又音墳顧彼義反(3736)	奔(1450)	奔(1263)
3760	羨	似面反(3737)		
3761	蚹	音附一音扶卜反(3738)	附(1451)	付(1264)
3762	蠃	力禾反(3739)	羅(1452)	羅(1265)
3763	螔	余支反又音斯(3740)	移(1453)	移(1266)
3764	蝓	羊朱反(3741)	俞(1454)	俞(1267)
3765	蝸	工花反或工禾反(3742)		
3766	蜬	顧古含反又呼含反謝音含(3743)	含(1455)	含(1268)
3767	螺	力禾反(3744)		
3768	漲	音張又音帳(3745)		
3769	杯	布迴反(3746)		
3770	蜎	音滑字林音骨(3747)	滑(1456)	滑(1269)
3771	蠌	音澤字林大各反(3748)	澤(1457)	澤(1270)
3772	螯	力刀反(3749)	勞(1458)	勞(1271)

總序號	《爾雅》被注音字	《經典釋文‧爾雅音義》	《爾雅音釋》	《爾雅音圖》
3773	埤	避移反(3750)		
3774	蟚	音彭(3751)		
3775	珧	餘招反(3752)	遙(1459)	瑤(1272)
3776	低	丁兮反(3753)		
3777	謝	如字(3754)		
3778	弇	古奄字又作撿於檢反(3755)		
3779	獵	力輒反(3756)		
3780	倪	五計反(3757)	五計(1460)	迷(1273)
3781	類	力愧反又力魏反(3758)		
3782	俾	普計反(3759)		
3783	瞟	方遙反(3760)	摽(1461)	標(1274)
3784	魧	謝戶郎反郭胡黨反字林又口葬反(3761)	杭(1462)	杭(1275)
3785	魳	音罔(3762)		
3786	鱭	郭音躋字林音績(3763)	積(1463)	積(1276)
3787	鮧	顧餘之反本又作鮐他來反字林作蛤大才反(3764)		
3788	鯢	直其反(3765)	池(1464)	池(1277)
3789	泉	如字(3766)		
3790	蚆	普巴反郭音巴(3767)	巴(1465)	巴(1278)
3791	博	布莫反(3768)		
3792	蚑	郭匡軌反顧又巨追反(3769)	匡軌(1466)	葵(1279)
3793	蜠	郭求隕反又丘筠反(3770)	求隕(1467)	困(1280)
3794	汙	音烏(3771)		
3795	蟦	施音躋郭音責沈音積(3772)	責(1468)	責(1281)
3796	蠃	他果反(3773)	他果(1469)	妥(1282)
3797	陜	乎夾反(3774)		
3798	蠑	音榮(3775)	榮(1470)	榮(1283)
3799	蚖	音原字林作蚖五九反(3776)	原(1471)	原(1284)
3800	蜥	先歷反(3777)	昔(1472)	析(1285)
3801	蝎	音亦(3778)	亦(1473)	易(1286)
3802	蝘	烏典反(3779)	偃(1474)	偃(1287)
3803	蜓	徒典反(3780)	徒典(1475)	廷(1288)
3804	蛈	大結反(3781)	迭(1476)	迭(1289)

附錄三《經典釋文‧爾雅音義》、《爾雅音釋》與《爾雅音圖》注音對照表

總序號	《爾雅》被注音字	《經典釋文‧爾雅音义》	《爾雅音釋》	《爾雅音圖》
3805	蛩	烏洛反(3782)	烏洛(1477)	
3806	蝮	芳福反(3783)		
3807	螣	直錦反(3784)	朕(1478)	
3808	螣	徒登反(3785)	騰(1479)	滕(1290)
3809	蟒	音莽(3786)	莽(1480)	莽(1291)
3810	蠻	芳服反又亡六反又一名反(3787)		
3811	擘	甫革反劉昌宗音蒲歷反(3788)	柏(1481)	拍(1292)
3812	種	章勇反(3789)		
3813	鯢	五兮反(3790)		倪(1293)
3814	鰝	音退(3791)		退(1294)
3815	鮎	乃兼反(3792)		
3816	猴	音侯(3793)		
3817	狗	音苟(3794)		
3818	枕	之甚反(3795)		
3819	篆	丈轉反(3796)		
3820	印	一刃反(3797)		
3821	腸	音長(3798)		
3822	去	羌呂反(3799)		
3823	盡	子忍反(3800)		
3824	涪	音浮又音符(3801)		
3825	絹	悅絹反(3802)		
3826	瑇	音代或作徒妹反(3803)		
3827	瑁	音妹(3804)		
3828	觜	子移反或子隨反(3805)		
3829	蠵	以規反或下圭反(3806)		
3830	攝	謝之涉反郭袪浹反施之協反(3807)	輒(1482)	輒(1295)
3831	折	之舌反(3808)		
3832	解	音蟹(3809)		
3833	好	呼報反(3810)		
3834	遺	唯季反(3811)		
3835	箷	舌制反(3812)	誓(1483)	世(1296)
3836	蓍	音尸(3813)		

總序號	《爾雅》被注音字	《經典釋文·爾雅音義》	《爾雅音釋》	《爾雅音圖》
3837	叢	木空反(3814)		
3838	見	音現(3815)		
3839	筴	初革反(3816)		
3840	傳	直戀反(3817)		
3841	處	昌慮反(3818)		
釋鳥第十七					

總序號	《爾雅》被注音字	《經典釋文·爾雅音義》	《爾雅音釋》	《爾雅音圖》
3842	隹	如字(3819)		
3843	鳧	字林甫于反(3820)	方扶(1484)	夫(1297)
3844	鴔	方浮反方九反(3821)	方浮(1485)	孚(1298)
3845	鴓	音浮又音孚(3822)		
3846	鷗	居勿反(3823)	居物(1486)	局(1299)
3847	鳩	九牛反(3824)		
3848	鶻	音骨(3825)	骨(1487)	骨(1300)
3849	鵃	竹交反或竹牛反(3826)	嘲(1488)	嘲(1301)
3850	鳲	音尸(3827)	尸(1489)	尸(1302)
3851	鶷	郭古八反字林音吉(3828)	古八(1490)	甲(1303)
3852	鵴	居六反(3829)	菊(1491)	菊(1304)
3853	雘	戶郭反(3830)		
3854	鵖	呂郭巨立反(3831)	及(1492)	及(1305)
3855	鶝	謝苻悲反郭力買反符尸反字林父佳反(3832)	符悲(1493)	平(1306)
3856	臼	如字(3833)		
3857	雎	七徐反(3834)	七徐(1494)	睢(1307)
3858	鵃	音彫(3835)		
3859	鶚	五各反(3836)		
3860	好	呼報反(3837)		
3861	鷙	音至(3838)		
3862	別	彼列反(3839)		
3863	鵅	古客反(3840)	格(1495)	格(1308)
3864	鵋	巨記反(3841)	忌(1496)	忌(1309)
3865	鶀	去其反(3842)	欺(1497)	欺(1310)
3866	鵂	音休(3843)		

附錄三《經典釋文·爾雅音義》、《爾雅音釋》與《爾雅音圖》注音對照表

總序號	《爾雅》被注音字	《經典釋文·爾雅音義》	《爾雅音釋》	《爾雅音圖》
3867	鶹	音留(3844)		
3868	鉤	古侯反(3845)		
3869	鶅	側其側事二反(3846)		
3870	鵵	他故反(3847)	兔(1498)	兔(1311)
3871	鴗	音立(3848)	立(1499)	立(1312)
3872	鷚	郭音繆亡侯反說文力幼反孫音流又丘虯反(3849)	亡侯(1500)	求(1313)
3873	鸙	予若反(3850)	藥(1501)	藥(1314)
3874	鷃	音晏又一練反(3851)		
3875	鶉	音淳(3852)		
3876	䌳	音傳(3853)		
3877	鴷	音六(3854)	六(1502)	六(1315)
3878	鷜	郭力于反施謝力侯反(3855)	力于(1503)	廬(1316)
3879	鵞	五河反(3856)		
3880	鶬	音倉字林丁羊反(3857)		
3881	麋	音眉(3858)		
3882	鴰	古活反說文音刮(3859)	古活(1504)	活(1317)
3883	鵒	音浴(3860)	洛(1505)	洛(1318)
3884	鸔	郭音駁字林方沃反孫音暴(3861)	剝(1506)	
3885	鶂	五歷反又五結反(3862)		
3886	頸	吉郢反(3863)		
3887	駁	布角反(3864)		
3888	呝	郭音加說文音柯(3865)		
3889	鳧	音符(3866)		
3890	鶩	音木(3867)	木(1507)	木(1319)
3891	鴨	一甲反(3868)		
3892	鴚	郭五革反字林音肩(3869)	額(1508)	研(1320)
3893	鵁	音交(3870)	交(1509)	交(1321)
3894	鶄	音精(3871)	精(1510)	精(1322)
3895	鴈	一冉反(3872)		
3896	鸒	音餘(3873)		
3897	鶄	古形反(3874)	經(1511)	經(1323)
3898	鶟	音徒(3875)	徒(1512)	徒(1324)

總序號	《爾雅》被注音字	《經典釋文·爾雅音義》	《爾雅音釋》	《爾雅音圖》
3899	鷤	大兮反(3876)	啼(1513)	啼(1325)
3900	鵧	音烏郭火布反(3877)	烏(1514)	烏(1326)
3901	鸅	音澤(3878)	澤(1515)	羊(1327)
3902	鶘	音胡(3879)		
3903	淘	大刀反(3880)		
3904	鶾	胡旦反(3881)	汗(1516)	汗(1328)
3905	鷽	郭音握又音學又才五反字林乙笠反(3820)	握(1517)	掘(1329)
3906	鵲	七約反(3883)		
3907	紫	子髓反(3884)		
3908	鷣	音淫(3885)	淫(1518)	淫(1330)
3909	負	房九反(3886)		
3910	鷂	以照反(3887)		
3911	鶨	呂郭丑絹反孫勑亂反(3888)	丑絹(1519)	椽(1331)
3912	鴿	巨炎反(3889)	巨炎(1520)	
3913	鳸	音戶(38890)	戶(1521)	戶(1332)
3914	鷃	音晏(3891)	晏(1522)	晏(1333)
3915	竊	音切(3892)		
3916	脂	音之(3893)		
3917	鳭	丁堯反(3894)		
3918	鷯	力小反(3895)	力彫(1523)	寮(1334)
3919	剖	普口反(3896)		
3920	鷦	子遙反(3897)		
3921	雌	七移反(3898)		
3922	鴱	謝五蓋反呂郭音义(3899)	艾(1524)	艾(1335)
3923	鶓	亡小亡消二反(3900)		
3924	鷗	音偃(3901)		
3925	鷹	音鷹(3902)		
3926	頸	吉井反(3903)		
3927	頷	乎感反(3904)		
3928	鶂	精益反(3905)		
3929	鴒	力丁反(3906)		
3930	雖	於恭反(3907)		

總序號	《爾雅》被注音字	《經典釋文·爾雅音義》	《爾雅音釋》	《爾雅音圖》
3931	鸒	弋庶反(3908)	預(1525)	預(1336)
3932	鴄	音匹(3909)	匹(1526)	匹(1337)
3933	鶋	音居(3910)		
3934	燕	於見反(3911)		
3935	脰	音豆(3912)	豆(1527)	豆(1338)
3936	駕	音如(3913)	如(1528)	如(1339)
3937	鵹	音謀(3914)	謀(1529)	謀(1340)
3938	毋	如字李音無(3915)		
3939	鷽	烏南反(3916)		
3940	鷾	音密(3917)		
3941	肌	音飢(3918)		
3942	繫	音計(3919)		
3943	鶧	音英(3920)		
3944	重	直用反(3921)		
3945	巂	戶圭反(3922)	攜(1530)	攜(1341)
3946	鳦	音乙或音軋(3923)	乙(1531)	乙(1342)
3947	鴟	尺之反(3924)	尺之(1532)	支(1343)
3948	鷂	于驕反(3925)	遙(1533)	遙(1344)
3949	鸋	音寧又音甯(3926)	寧(1534)	寧(1345)
3950	鴂	音決(3927)	決(1535)	決(1346)
3951	狂	如字(3928)		
3952	鶝	亡項反又亡江反字林亡董反(3929)		
3953	鷹	於陵反(3930)		
3954	怪	古拜反(3931)		
3955	梟	古堯反(3932)	嬌(1536)	交(1347)
3956	鶛	音皆又音界(3933)	皆(1537)	
3957	劉	音留(3934)		
3958	哺	蒲路反(3935)		
3959	鷇	謝苦侯反字林工豆反郭音同又古互反(3936)	古候(1538)	寇(1348)
3960	食	音嗣(3937)		
3961	噣	竹角反(3938)	啄(1539)	啄(1349)
3962	雛	字林匠于反又仕俱反(3939)	仕俱(1540)	鋤(1350)

總序號	《爾雅》被注音字	《經典釋文·爾雅音義》	《爾雅音釋》	《爾雅音圖》
3963	县		玄(1541)	玄(1351)
3964	琅	音郎(3940)		
3965	邪	以差反(3941)		
3966	駒	音俱(3942)		
3967	扈	音戶(3943)		
3968	鳻	扶云反或芳云反(3944)	汾(1542)	汾(1352)
3969	鷏	勅倫反(3945)	勅倫(1543)	旬(1353)
3970	藍	力甘反(3946)		
3971	行	如字(3947)		
3972	唶	莊百反顧子夜反又子亦反(3948)	即(1544)	即(1354)
3973	嘖	莊革反(3949)	責(1545)	責(1355)
3974	鵖	彼及反郭房汲反字林方立反(3950)	彼及(1546)	即(1356)
3975	鴔	皮及反郭比及反字林房立反又音伏(3951)	皮及(1547)	必(1357)
3976	鵀	女金反施汝沁反(3952)	女金(1548)	任(1358)
3977	勝	尸證反(3953)		
3978	鵧	皮逼反(3954)		
3979	鵩	音逼又音福(3955)		
3980	鶭	孚罔反(3956)	孚往(1549)	訪(1359)
3981	澤	戶故反又力報反(3957)		
3982	鶿	音慈(3958)	慈(1550)	慈(1360)
3983	鷧	郭翳懿二音字林英苢反(3959)	於計(1551)	意(1361)
3984	觜	子髓反(3960)		
3985	鶟	字林力彫反(3961)		
3986	鶞	順春反(3962)		
3987	鶛	音皆(3963)		
3988	牝	毗忍反舊扶死反(3964)		
3989	痺	婢支反施音婢郭音卑(3965)	脾(1552)	脾(1362)
3990	鵪	烏含反(3966)		
3991	鸍	郭音施尸支反字林亡支反(3967)	施(1553)	施(1363)
3992	沈	直今反(3968)		

附錄三《經典釋文·爾雅音義》、《爾雅音釋》與《爾雅音圖》注音對照表

總序號	《爾雅》被注音字	《經典釋文·爾雅音义》	《爾雅音釋》	《爾雅音圖》
3993	鴢	謝烏卯反郭音杳字林音幼(3969)	拗(1554)	拗(1364)
3994	鴂	郭音髐虛交反又音交(3970)	許交(1555)	
3995	箭	子賤反(3971)		
3996	鶌	貞刮直活二反(3972)	丁刮(1556)	掇(1365)
3997	鷇	苦候反(3973)		
3998	鴿	古合反(3974)		
3999	歧	音祁(3975)		
4000	憨	呼濫反(3976)		
4001	漠	音莫(3977)		
4002	雈	音桓(3978)	丸(1557)	丸(1366)
4003	鵵	音兔(3979)		屠(1367)
4004	鶟	徒忽反(3980)	突(1558)	突(1368)
4005	鶦		胡(1559)	胡(1369)
4006	鵟	音狂(3981)		
4007	䴈	亡貢反(3982)		
4008	摶	徒端反(3983)		
4009	黍	音暑(3984)		
4010	鷸	聿述二音(3985)	聿(1560)	聿(1370)
4011	紺	古闇反(3986)		
4012	鸀	濁屬二音(3987)	濁(1561)	濁(1371)
4013	乳	如注反(3988)		
4014	蝙	音邊(3989)		
4015	蝠	音福(3990)		
4016	蟙	章弋反(3991)		
4017	䘃	亡比反(3992)		
4018	晨	如字(3993)		
4019	鸇	之然反說文止仙反字林已仙反(3994)	之然(1562)	占(1372)
4020	鷂	羊召反(3995)		
4021	鷸	戶橘反(3996)		
4022	鸉	音楊(3997)		楊(1373)
4023	鷢	巨月反(3998)	巨月(1563)	厥(1374)
4024	鷹	於陵反(3999)		

總序號	《爾雅》被注音字	《經典釋文·爾雅音义》	《爾雅音釋》	《爾雅音圖》
4025	泆	音逸(4000)		
4026	鶠	田真二音(4001)	田(1564)	田(1375)
4027	蟁	音文字林亡巾反(4002)	文(1565)	文(1376)
4028	鷚	布角反(4003)		
4029	鷈	他兮反(4004)	梯(1566)	梯(1377)
4030	蠃	力戈反(4005)	螺(1567)	螺(1378)
4031	鷊	蒲歷反(4006)		
4032	鎣	烏瑛反(4007)		
4033	鼯	音吾 (4008)	吾(1568)	吾(1379)
4034	狐	音乎(4009)		
4035	項	平講反(4010)		
4036	脅	許業反(4011)		
4037	喙	許穢反(4012)		
4038	呼	火故反(4013)		
4039	高	時丈反(4014)		
4040	鴬	音離(4015)		
4041	駃	大結反說文音吐節反(4016)	大結(1569)	決(1380)
4042	餔	音步(4017)	步(1570)	
4043	跛	如字(4018)	跛(1571)	跛(1381)
4044	來	郭音讀作爽所丈反字林作䳰音來(4019)	來(1572)	來(1382)
4045	鴶	古恬反(4020)		
4046	鵹	力支反施音黎字林作力兮反(4021)	離(1573)	離(1383)
4047	鴷	音列(4022)	列(1574)	列(1384)
4048	駁	陟角反(4023)		
4049	錐	章誰反(4024)		
4050	寸	所主反(4025)		
4051	鷧	郭古狄反字林工子反(4026)	激(1575)	激(1385)
4052	鶶	音唐(4027)	唐(1576)	唐(1386)
4053	鷵	音徒(4028)	徒(1577)	徒(1387)
4054	鸘	謝力吳反施力魚反(4029)		
4055	鷺	音路字林音盧(4030)		
4056	舂	舒容反(4031)		

附錄三《經典釋文·爾雅音義》、《爾雅音釋》與《爾雅音圖》注音對照表

總序號	《爾雅》被注音字	《經典釋文·爾雅音義》	《爾雅音釋》	《爾雅音圖》
4057	鉏	仕居反(4032)	鉏(1578)	鉏(1388)
4058	鶾	音汗(4033)		
4059	鶈	音接(4034)		
4060	樆	力知反(4035)		
4061	䱉	西雷反又西禾反(4036)		
4062	鷂	郭音遙(4037)	遙(1579)	遙(1389)
4063	鷮	音驕(4038)	驕(1580)	交(1390)
4064	鵧	音卜郭方木反又方角反(4039)	卜(1581)	卜(1391)
4065	鷩	謝必滅反呂郭方世反(40340)		別(1392)
4066	秩	謝持乙反施音逸(4041)		
4067	鸐	音秋本又作鷒又音濯(4042)	狄(1582)	狄(1393)
4068	鶾	戶旦反(4043)	汗(1583)	汗(1394)
4069	鵫	呂郭音罩陟孝反又音卓(4044)	丁罩(1584)	棹(1395)
4070	鴠	音白(4045)		
4071	鬪	丁豆反又丁侯反(4046)		
4072	翬	音暉(4047)	暉(1585)	暉(1396)
4073	鷚	直留反郭徒留反字林女知反(4048)	儔(1586)	儔(1397)
4074	鶅	側其反(4049)	緇(1587)	緇(1398)
4075	鵗	音希(4050)	希(1588)	希(1399)
4076	鷷	郭音遵謝祖尊反(4051)	遵(1589)	遵(1400)
4077	鵌	音途(4052)	徒(1590)	徒(1401)
4078	鶟	徒忽反(4053)	突(1591)	突(1402)
4079	鴶	丁刮反(4054)		
4080	牝	毗忍反(4055)		
4081	杜	音母(4056)		
4082	鸛	音歡(4057)	歡(1592)	歡(1403)
4083	鶉	徒端反(4058)	團(1593)	團(1404)
4084	鵩	音福(4059)	福(1594)	福(1405)
4085	鶔	而由反(4060)	柔(1595)	柔(1406)
4086	鵲	七藥反(4061)		
4087	射	食亦反(4062)	食亦(1596)	亦(1407)
4088	鴖	徒課反(4063)		
4089	羿	五計反(4064)		

總序號	《爾雅》被注音字	《經典釋文·爾雅音義》	《爾雅音釋》	《爾雅音圖》
4090	鵖	古聞反字林工役反（4065）	工役(1597)	
4091	鬷	子工反字林子弄反（4066）	宗(1598)	宗(1408)
4092	竦	思勇反(4067)		
4093	上	時掌反(4068)		
4094	鳶	悅專反(4069)	玄(1599)	員(1409)
4095	隼	西尹反(4070)		
4096	蹼	補木反(4071)	卜(1600)	卜(1410)
4097	幕	亡博反(4072)		
4098	屬	章欲反(4073)		
4099	著	直略反(4074)		
4100	踵	章勇反(4075)		
4101	企	去豉反(4076)		
4102	跟	音根(4077)		
4103	縮	所六反(4078)		
4104	亢	胡郎反(4079)	戶郎(1601)	杭(1411)
4105	嚨	力東反(4080)		
4106	喉	音侯(4081)		
4107	咽	於見反又於賢反(4082)		
4108	粻	音張(4083)		
4109	嗉	音素(4084)	素(1602)	素(1412)
4110	嗉	昌慮反(4085)		
4111	鶉	音純(4086)		
4112	鳼	音文(4087)	文(1603)	文(1413)
4113	鴽	音如(4088)		
4114	鸋	音寧(4089)		
4115	鵒	烏含反(4090)		
4116	雛	仕俱反(4091)		
4117	鷚	力救反又力求反字林力幼反(4092)	力救(1604)	
4118	少	詩照反(4093)		
4119	別	彼列反(4094)	彼列(1605)	
4120	長	丁丈反(4095)	丁丈(1606)	
4121	鶹	音留(4096)	留(1607)	留(1414)
4122	鶹	音栗(4097)	栗(1608)	栗(1415)

附錄三《經典釋文・爾雅音義》、《爾雅音釋》與《爾雅音圖》注音對照表

總序號	《爾雅》被注音字	《經典釋文・爾雅音義》	《爾雅音釋》	《爾雅音圖》
4123	鵋	音鏽(4098)		
4124	鶹	工鏽反又午鏽反(4099)		
4125	鴷	力兮反又力知反(4100)	力知(1609)	黎(1416)

		釋獸第十八		

總序號	《爾雅》被注音字	《經典釋文・爾雅音義》	《爾雅音釋》	《爾雅音圖》
4126	獸	叔又反(4101)		
4127	麋	亡悲反(4102)		
4128	牡	音母(4103)		
4129	麢	其九反(4104)	咎(1610)	
4130	牝	毗忍反(4105)		
4131	麎	郭音辰又音腎字林上尸反(4106)	辰(1611)	
4132	麇	於兆反又於老反(4107)	於兆(1612)	襖(1417)
4133	長	丁丈反(4108)		
4134	麛	音迷(4109)		
4135	跡	子益反(4110)		
4136	躔	郭直連反又持展反(4111)		
4137	麚	音加(4112)	加(1613)	加(1418)
4138	麀	於牛反(4113)	於牛(1614)	悠(1419)
4139	鹿	素卜反(4114)		
4140	麛		迷(1615)	迷(1420)
4141	麉	郭音堅又音牽又音馨(4115)	堅(1616)	堅(1421)
4142	麇	九倫反又九文反(4116)	君(1617)	君(1422)
4143	麌	魚矩反字林音吳(4117)	魚矩(1618)	虞(1423)
4144	重	直用反(4118)		
4145	麎	音栗(4119)		栗(1424)
4146	麆	音助(4120)	助(1619)	助(1425)
4147	麏		栗(1620)	
4148	解	音蟹施佳買反(4121)		
4149	貆	郭音與厹顧五見反(4122)又古典反	五見(1621)	檢(1426)
4150	狼	音郎(4123)		
4151	獌	字林子丸反(4124)		

總序號	《爾雅》被注音字	《經典釋文·爾雅音义》	《爾雅音釋》	《爾雅音圖》
4152	獥	胡狄古狄工弔三反(4125)	亦(1622)	叫(1427)
4153	迅	音信又音峻(4126)		
4154	兔	勑故反(4127)		
4155	獌/蟃	匹萬反又匹附反本或作蟃敽萬反(4128)	芳萬(1623)	獌(1428)
4156	貗	乃俱乃侯二反(4129)		
4157	𧳜	音剛又戶郎反(4130)	剛(1624)	剛(1429)
4158	欣	如字(4131)		
4159	豬	張魚反(4132)		
4160	彘	直例反(4133)		
4161	豨	虛豈反(4134)		
4162	豷	羊筮反(4135)	偉(1625)	偉(1430)
4163	豶	苻云反(4136)	墳(1626)	墳(1431)
4164	幺	烏堯反施於遙反(4137)	腰(1627)	腰(1432)
4165	幼	伊秀反(4138)		
4166	豚	大昆反(4139)		
4167	奏	七豆反(4140)	湊(1628)	湊(1433)
4168	貆	音溫(4141)	溫(1629)	溫(1434)
4169	膡	七豆反(4142)		
4170	蟄	子六反(4143)		
4171	豵	子公反(4144)	宗(1630)	宗(1435)
4172	樕	辭陵反(4145)	繒(1631)	繒(1436)
4173	蓐	音辱(4146)		
4174	蹢/豴	丁歷反(4147)	滴(1632)	滴(1437)
4175	豥	工開反字林下才反或戶楷反(4148)	垓(1633)	核(1438)
4176	蹄	音啼(4149)		
4177	刻	音克(4150)		
4178	豟	於革反(4151)	厄(1634)	厄(1439)
4179	豝	百麻反(4152)	巴(1635)	巴(1440)
4180	豣	謝士版反或士簡反施士孄反沈才班反郭昨閑反字林士山反(4153)	棧(1636)	棧(1441)
4181	貓	亡朝反(4154)	苗(1637)	苗(1442)

附錄三《經典釋文·爾雅音義》、《爾雅音釋》與《爾雅音圖》注音對照表

總序號	《爾雅》被注音字	《經典釋文·爾雅音义》	《爾雅音釋》	《爾雅音圖》
4182	貘	亡白反(4155)	陌(1638)	陌(1443)
4183	豹	必孝反(4156)		
4184	熊	音雄(4157)		
4185	羆	音婢(4158)		
4186	駮	布角反(4159)		
4187	鉏	音舐(4160)		
4188	鐵	佗結反(4161)		
4189	髓	素累反(4162)		
4190	濕	必亦反(4163)		
4191	魋	字林下甘反又亡狄反(4164)	含(1639)	含(1444)
4192	麔	式六反(4165)	式六(1640)	叔(1445)
4193	秭	音姊(4166)		
4194	檻	戶覽反(4167)		
4195	貀	女滑反(4168)	尼滑(1641)	納(1446)
4196	召	市照反(4169)		
4197	種	章勇反(4170)		
4198	鼳	音古闃反(4171)	古役(1642)	菊(1447)
4199	驢	力居反(4172)		
4200	狗	古口反沈施火侯反(4173)		
4201	巖	五咸反(4174)	巖(1643)	巖(1448)
4202	捕	音步(4175)		
4203	購	古豆反(4176)		
4204	貍	力之反(4177)		
4205	貄	以世反施餘棄反沈音四(4178)	曳(1644)	曳(1449)
4206	豾	房悲反一音丕(4179)		
4207	貈	乎各反本作貉亡白反(4180)	乎各(1645)	涸(1450)
4208	貆	音桓又音懽(4181)	丸(1646)	丸(1451)
4209	貗	乃老反(4182)		
4210	狼	烏郎反(4183)		
4211	貗	山吏反(4184)		
4212	猯	他官反(4185)	湍(1647)	湍(1452)
4213	貗	郭其禹反字林力丁反(4186)	其禹(1648)	屢(1453)
4214	豚	音屯(4187)		
4215	豢	音懽(4188)		

總序號	《爾雅》被注音字	《經典釋文·爾雅音义》	《爾雅音釋》	《爾雅音圖》
4216	貔	音毗(4189)	毗(1649)	毘(1454)
4217	穀	火卜反又虎料反(4190)	火卜(1650)	谷(1455)
4218	麝	食亦反字林音射(4191)		
4219	父	音甫(4192)	甫(1651)	
4220	麇	九倫反(4193)		
4221	豺	仕皆反(4194)		
4222	貙	丑于反(4195)	樞(1652)	樞(1456)
4223	獌	音萬又亡姦反或亡半反字林音幔(4196)	萬(1653)	萬(1457)
4224	豻	郭音岸字林下旦反陳國武音子虛賦苦姦反(4197)		
4225	羆	音碑(4198)		
4226	慭	呼濫反(4199)		
4227	貑	音加(4200)		
4228	麢	力丁反(4201)	零(1654)	零(1458)
4229	麠/麖	音京(4202)	京(1655)	京(1459)
4230	麃	步交反(4203)	炮(1656)	炮(1460)
4231	雍	於用反(4204)		
4232	麞	音章(4205)		
4233	麂	音几(4206)	几(1657)	几(1461)
4234	旄	亡報反(4207)	帽(1658)	帽(1462)
4235	狨	乃牢反或乃容反(4208)		
4236	魋	徒回反(4209)	頹(1659)	頹(1463)
4237	麆	七奴反(4210)		
4238	猰	烏八反韋昭烏繼反服虔音翳晉灼音内(4211)	烏八(1660)	鴨(1464)
4239	貐	以主反字林弋父反韋昭餘彼反 (4212)	羊主(1661)	羽(1465)
4240	狻	先官反(4213)		
4241	麑	字又作猊牛奚反(4214)		
4242	犎	音封(4215)		
4243	日	而一反(4216)		
4244	驨	戶圭反(4217)	胡圭(1662)	追(1466)
4245	騏	音其(4218)		

附錄三《經典釋文・爾雅音義》、《爾雅音釋》與《爾雅音圖》注音對照表

總序號	《爾雅》被注音字	《經典釋文・爾雅音义》	《爾雅音釋》	《爾雅音圖》
4246	茸	而容反(4219)		
4247	羱	魚袁反又五丸反(4220)	元(1663)	元(1467)
4248	橢	他果反(4221)		
4249	麐	字林力人反一音力珍反(4222)	鄰(1664)	麟(1468)
4250	猶	羊周羊救二反字林弋又反(4223)		
4251	麂	音几(4224)	几(1665)	
4252	上	時掌反(4225)		
4253	貄	音四(4227)	四(1666)	四(1469)
4254	脩	音羞(4228)		
4255	毫	戶高反(4229)		
4256	兕	徐履反(4230)		
4257	犀	音西(4231)		
4258	庳	音婢(4232)		
4259	彙	音謂(4233)	謂(1667)	謂(1470)
4260	刺	七賜反(4234)	次(1668)	次(1471)
4261	狒	扶味反沈音沸郭簿昧反又音備(4235)	費(1669)	費(1472)
4262	被	皮義反(4236)	備(1670)	披(1473)
4263	梟	力堯反(4237)		
4264	脣	音純(4238)		
4265	蹯	音煩(4239)	煩(1671)	煩(1474)
4266	厹	女九人九二反(4240)	鈕(1672)	鈕(1475)
4267	處	昌慮反(4241)		
4268	蒙	莫東反(4242)		
4269	猱	奴刀反郭女救反(4243)	奴刀(1673)	鐃(1476)
4270	蜼	餘水反(4244)		
4271	畜	許六反(4245)		
4272	捕	音步(4246)		
4273	勝	尸證反(4247)		
4274	貓	音苗(4248)		
4275	獼	音彌(4249)		
4276	猴	音侯(4250)		
4277	猨	音表(4251)	袁(1674)	袁(1477)

總序號	《爾雅》被注音字	《經典釋文·爾雅音义》	《爾雅音釋》	《爾雅音圖》
4278	援	音表(4252)		
4279	戄	俱縛反(4253)	钁(1675)	钁(1478)
4280	父	音甫(4254)	甫(1676)	甫(1479)
4281	貑	古牙反(4255)		
4282	盼	亡見反(4256)		
4283	㱠	音積(4257)		
4284	泥	奴細反(4258)	奴細(1677)	
4285	麢	音咎(4259)		
4286	麚	音加(4260)		
4287	脰	音豆(4261)		
4288	贙	胡犬反(4262)	鉉(1678)	玄(1480)
4289	獷	虢猛反(4263)		
4290	㢋	音據(4264)	據(1679)	據(1481)
4291	髯	而占反(4265)		
4292	鬣	力輒反(4266)		
4293	擿	直戟反(4267)		
4294	雄	音誄字林余繡反或餘季餘水二反(4268)	誄(1680)	誄(1482)
4295	卬	五剛反又魚兩反(4269)		
4296	數	所主反(4270)		
4297	獺	勑鎋反又勑末反(4271)		
4298	歧	音祁(4272)		
4299	縣	音玄(4273)		
4300	捷	才接反(4274)		
4301	椉	事陵反(4275)	承(1681)	承(1483)
4302	峰	芳逢反(4276)		
4303	猩	音生(4277)		
4304	好	呼報反(4278)		
4305	嗁	杜奚反(4279)		
4306	磎	音溪(4280)		
4307	阯	音止(4281)		
4308	豚	徒門反(4282)		
4309	闕	其越反(4283)	其越(1682)	
4310	泄	息列反(4284)		

附錄三《經典釋文·爾雅音義》、《爾雅音釋》與《爾雅音圖》注音對照表

總序號	《爾雅》被注音字	《經典釋文·爾雅音義》	《爾雅音釋》	《爾雅音圖》
4311	狃	女九反(4285)	鈕(1683)	鈕(1484)
4312	寓	魚具反孫五胡魚句二反(4286)		
4313	豶	扶粉扶云二反(4287)	憤(1684)	憤(1485)
4314	豏	下簟反(4288)	胡忝(1685)	現(1486)
4315	頰	古協反(4289)		
4316	貕	戶雞反(4290)	奚(1686)	奚(1487)
4317	蠡	音釋(4291)		
4318	鼶	私移反又徒奚反(4292)	斯(1687)	斯(1488)
4319	鼬	餘又反(4293)	佑(1688)	佑(1489)
4320	鼦	音彫(4294)		
4321	䶆	大敢反(4295)		
4322	鼪	音性郭音生(4296)		
4323	鼩	音劬(4297)	劬(1689)	劬(1490)
4324	鼱	音精(4298)		
4325	鼨	將容反(4299)		
4326	鼭	音時(4300)	時(1690)	時(1491)
4327	鼣	苻廢反(4301)	吠(1691)	吠(1492)
4328	鼫	音石(4302)	石(1692)	石(1493)
4329	鼩	郭音雀將略反字林音灼(4303)		
4330	鼱	音劬(4304)		
4331	鼤	音問又音文(4305)	問(1693)	問(1494)
4332	鼪	音終又徒冬反(4306)	終(1694)	終(1495)
4333	鼮	徒形反又大佞反(4307)	廷(1695)	廷(1496)
4334	鼳	古闃反郭音覓戶狄反(4308)	古覓(1696)	貝(1497)
4335	覛	何狄反(4309)		
4336	貽	謝初其反郭音答(4310)	丑之(1697)	瘱(1498)
4337	嚼	字若反(4311)		
4338	齛	郭音泄息列反一音曳張楫音世(4312)	泄(1698)	泄(1499)
4339	齝	丑之初其二反(4313)		
4340	齸	於亦反又音瞖(4314)	益(1699)	益(1500)
4341	咽	於見反又於賢反(4315)		
4342	䶗	客加反(4316)		
4343	素	音素又私路反(4317)		

總序號	《爾雅》被注音字	《經典釋文·爾雅音義》	《爾雅音釋》	《爾雅音圖》
4344	裹	音果(4318)		
4345	處	昌慮反(4319)		
4346	嗛	下簟反(4320)		
4347	貯	丁呂反(4321)		
4348	齅	許靳反(4322)	許靳(1700)	靳(1501)
4349	撟	几小反又巨小反(4323)	紀小(1701)	
4350	伸	音申(4324)		
4351	夭	於表反(4325)		
4352	鰓	西才反(4326)		
4353	昊	古闃反(4327)	古圓(1702)	
4354	掞	申跂反或吉跂反(4328)		

釋畜第十九

總序號	《爾雅》被注音字	《經典釋文·爾雅音義》	《爾雅音釋》	《爾雅音圖》
4355	畜	許又反(4329)		
4356	駣	大刀反(4330)	陶(1703)	陶(1502)
4357	駼	大胡反(4331)	徒(1704)	徒(1503)
4358	塞	悉代反(4332)		
4359	駮	力角反(4333)		
4360	倨	紀慮反(4334)	鋸(1705)	巨(1504)
4361	牙	五加反(4335)		
4362	騉	古門反(4336)	昆(1706)	昆(1505)
4363	蹄	徒兮反(4337)		
4364	趼	五見反又五堅反(4338)	五見(1707)	硯(1506)
4365	陞	音升(4339)		
4366	齴	郭音言又魚輦反字林牛建反(4340)	言(1708)	言(1507)
4367	甑	子孕反(4341)		
4368	上	時掌反(4342)		
4369	苑	於遠反(4343)		
4370	驪	力知反 字林力兮反(4344)		
4371	綠	力玉反(4345)		
4372	駥	而充反(4346)	戎(1709)	戎(1508)
4373	膝	音悉(4347)		

附錄三《經典釋文・爾雅音義》、《爾雅音釋》與《爾雅音圖》注音對照表

總序號	《爾雅》被注音字	《經典釋文・爾雅音義》	《爾雅音釋》	《爾雅音圖》
4374	翨	字林之句反郭式喻反(4348)	注(1710)	住(1509)
4375	骹	苦交反(4349)	敲(1711)	敲(1510)
4376	䮄	辭陵反或辭登辭旦二反(4350)	繒(1712)	繒(1511)
4377	蹢	丁歷反(4351)		
4378	踏	徒臘反(4352)		
4379	騔	音奚郭又音雞(4353)	奚(1713)	奚(1512)
4380	狗	郭音劬又音矩(4354)	劬(1714)	劬(1513)
4381	踦	郭去宜反顧居綺反(4355)	欺(1715)	欺(1514)
4382	驤	息羊反(4356)	箱(1716)	箱(1515)
4383	駵	音留(4357)	留(1717)	留(1516)
4384	騵	音原(4358)	五官(1718)	元(1517)
4385	跨	口化反或口故反(4359)		
4386	驈	字林于必反顧餘橘反郭音術阮于密反(4360)	聿(1719)	聿(1518)
4387	髀	甫爾反又步啓反(4361)		
4388	驥	於見反(4362)	宴(1720)	宴(1519)
4389	窾	苦乑反(4363)		
4390	騴	一諫反(4364)	晏(1721)	晏(1520)
4391	株	音誅(4365)		
4392	騻	音郎(4366)	郎(1722)	郎(1521)
4393	的/駒	丁歷反(4367)	的(1723)	的(1522)
4394	纇	息黨反(4368)		
4395	縣	音玄(4369)	玄(1724)	玄(1523)
4396	莖	户耕反(4370)		
4397	漫	莫干反(4371)		
4398	臚	力胡反(4372)		
4399	徹	直列反(4373)		
4400	駹	武江反(4374)	龙(1725)	龍(1524)
4401	䮮	施市升反謝市證反(4375)		
4402	樂	音洛(4376)		
4403	相	息亮反(4377)		
4404	肘	竹九反(4378)		
4405	減	古湛反(4379)	古湛(1726)	檢(1525)

總序號	《爾雅》被注音字	《經典釋文·爾雅音義》	《爾雅音釋》	《爾雅音圖》
4406	幹	古旦反(4380)		
4407	茀	音弗(4381)		
4408	闋	苦穴古穴二反(4382)	缺(1727)	缺(1526)
4409	廣	音光(4383)	光(1728)	
4410	別	彼列反(4384)		
4411	駰	郭究允二音(4385)	究(1729)	究(1527)
4412	騋	力才反(4386)		
4413	牝	頻忍反(4387)		
4414	上	時丈反(4388)		
4415	裊	奴了反而紹反(4389)	奴了(1730)	裊(1528)
4416	驂	七南反(4390)	參(1731)	參(1529)
4417	騕	烏了反(4391)		
4418	騺	之逸反(4392)		質(1530)
4419	父	符甫反(4393)		
4420	騇	音舍(4394)	舍(1732)	舍(1531)
4421	駁	方卓反(4395)		
4422	騜	音皇字林于亡反(4396)		
4423	脊	音積(4397)		
4424	驈	郭音虩去虩反(4398)	虩(1733)	虩(1532)
4425	騽	音習字林又音譚(4399)	習(1734)	習(1533)
4426	駽	詩音及呂忱顏延之苟楷並呼縣反郭火玄反謝孫犬縣顧胡盱反(4400)	呼縣(1735)	絹(1534)
4427	鐵	佗結反(4401)		
4428	騘	七工反(4402)		
4429	䮫/驎	郭良忍反字林良振反或音鄰(4403)	良忍(1736)	吝(1535)
4430	騨	徒河反(4404)	陀(1737)	陀(1536)
4431	驪	力涉反(4405)	獵(1738)	獵(1537)
4432	騥	而周反(4406)	柔(1739)	柔(1538)
4433	被	普義反又皮義反(4407)		
4434	䮞/䮧	音保(4408)	保(1740)	保(1539)
4435	駓	備悲反字林音丕(4409)	皮(1741)	皮(1540)
4436	華	音花本亦作花(4410)		

附錄三《經典釋文・爾雅音義》、《爾雅音釋》與《爾雅音圖》注音對照表

總序號	《爾雅》被注音字	《經典釋文・爾雅音义》	《爾雅音釋》	《爾雅音圖》
4437	駰	字林乙巾反郭音央珍反今人多作因音(4411)	乙巾(1742)	因(1541)
4438	泥	奴兮反(4412)		
4439	騩	音佳(4413)		
4440	彤	徒冬反(4414)		
4441	騢	乎加反(4415)	遐(1743)	遐(1542)
4442	赭	音者(4416)		
4443	駱	音洛(4417)		
4444	夏	音下(4418)		
4445	駩	音詮又音全(4419)	詮(1744)	詮(1543)
4446	䪍	許穢反又昌銳反(4420)	許穢(1745)	
4447	騧	古花反(4421)	瓜(1746)	瓜(1544)
4448	騇	音閑(4422)	閑(1747)	閑(1545)
4449	魚	疑居反(4423)		
4450	驔	徒南大點二反(4424)		
4451	差	楚佳反(4425)	叉(1748)	
4452	毫	音豪(4426)		
4453	麇	亡巴反(4427)	麻(1749)	麻(1546)
4454	犤	步角反張揖亡角反字林方沃反(4428)	雹(1750)	雹(1547)
4455	犎	甫逢反(4429)		
4456	㺹	音與犤字同(4430)		
4457	犑	大結反(4431)		
4458	橐	音託又音洛(4432)		
4459	駝	大河反(4433)		
4460	日	而一反(4434)		
4461	浦	音普(4435)		
4462	羆	音碑又音皮(4436)	悲(1751)	悲(1548)
4463	麢	音碑(4437)		
4464	㜪	子息反(4438)		
4465	涼	音涼(4439)		
4466	犩	郭魚威反字林生畏反(4440)	危(1752)	危(1549)
4467	犪	巨龜反顧如小如照二反(4441)		
4468	數	所主反(4442)		

總序號	《爾雅》被注音字	《經典釋文·爾雅音義》	《爾雅音釋》	《爾雅音圖》
4469	岷	亡巾反(4443)		
4470	獵	力涉反(4444)	獵(1753)	獵(1550)
4471	髦	音毛或音亡交反(4445)		
4472	髀	必爾反又步啓反(4446)		
4473	犝	音童(4447)	童(1754)	童(1551)
4474	㹢	古闃反(4448)	古覓(1755)	急(1552)
4475	俯	音甫(4449)		
4476	觭	郭去宜反字林丘戲江宜二反(4450)	欺(1756)	欺(1553)
4477	卬	五剛反又魚丈反(4451)		
4478	踊	音勇(4452)		
4479	觢	郭常世反字林之世反(4453)	誓(1757)	誓(1554)
4480	犉/犉	閏旬反(4454)	閏旬(1758)	捌(1555)
4481	皆	才細反(4455)	才細(1759)	
4482	紬	音袖字林音就(4456)	柚(1760)	袖(1556)
4483	犚	音尉(4457)	尉(1761)	尉(1557)
4484	捲/捲	音權又音眷(4458)	權(1762)	權(1558)
4485	犢	徒木反(4459)		
4486	羢	火口反(4460)		
4487	㸯	傅蓋反(4461)	貝(1763)	貝(1559)
4488	豭	古牙反(4462)	加(1764)	加(1560)
4489	豶	符云反(4463)	墳(1765)	墳(1561)
4490	羝	丁兮反(4464)		
4491	牂	子郎反(4465)	臧(1766)	臧(1562)
4492	羵	扶云反(4466)		
4493	夏	戶雅反(4467)		
4494	䍦	音歷(4469)		
4495	羭	郭羊朱反字林羊句反(4470)	俞(1768)	俞(1563)
4496	羖	音古(4468)	古(1767)	古(1564)
4497	㝈	音乎(4471)		
4498	䍧	九委反(4472)	鬼(1769)	鬼(1565)
4499	羷	呂郭音權謝居轉反(4473)	權(1770)	權(1566)
4500	羷	謝許簡反字林力冉反一音力驗反(4474)	險(1771)	臉(1567)

附錄三《經典釋文・爾雅音義》、《爾雅音釋》與《爾雅音圖》注音對照表

總序號	《爾雅》被注音字	《經典釋文・爾雅音義》	《爾雅音釋》	《爾雅音圖》
4501	迊	子合反(4475)		
4502	鄱	音煩(4476)	煩(1772)	煩(1568)
4503	狞	直呂反又之呂反(4477)	直呂(1773)	寧(1569)
4504	鍐	子工反(4478)	宗(1774)	宗(1570)
4505	獮	音祁(4479)	祈(1775)	祈(1571)
4506	毫	戶刀反(4480)		
4507	狗	古口反(4481)		
4508	犴	下旦反又胡肝反(4482)		
4509	㖨	許穢反又昌銳反(4483)		
4510	獫	力驗反字林力劍反呂力冉反郭九占沈檢二反(4484)	力驗(1776)	煉(1572)
4511	獥	許謁反字林作猲大遏反(4485)	歇(1777)	歇(1573)
4512	獢	虛驕反(4486)	虛嬌(1778)	嚣(1574)
4513	桃/狣	呂郭同音兆(4487)	兆(1779)	兆(1575)
4514	尨	亡江反(4488)		
4515	吠	扶廢反(4489)		
4516	雓	音餘(4490)	餘(1780)	余(1576)
4517	雛	仕俱反(4491)		
4518	健	郭音練力見反又力健力展二反(4492)	練(1781)	練(1577)
4519	少	詩照反(4493)		
4520	迅	音信峻二音(4494)		
4521	戎/駥	而融反(4495)	戎(1782)	戎(1578)
4522	上	時掌反(4496)		
4523	犉	閏旬反(4497)	閏旬(1783)	捆(1579)
4524	羬/羶	五咸反(4498)	五咸(1784)	
4525	㸿	直例反(4500)	滯(1785)	滯(1580)
4526	䝙	於革反(4501)	厄(1786)	厄(1581)
4527	羭	五刀反(4502)	五刀(1787)	敖(1582)
4528	鶤	音昆或音運又音輝古侯反(4503)	昆(1788)	昆(1583)

陆德明《经典释文·尔雅音义》书影

《尔雅音释》书影

《尔雅音图》书影

附錄四　《爾雅音圖》異音互注字表

爾雅卷上

釋詁第一

1.（2）俶（叔）　　2.（3）辟（畢）　　3.（5）庬（旁）
4.（9）畈（反）　　5.（10）晊（姪）　　6.（11）緵（宗）
7.（12）摧（推）　　8.（13）昇（計）　　9.（14）鮮（銑）
10.（15）綝（嗔）　　11.（16）彀（叩）　　12.（17）衎（勘）
13.（18）妉（丹）　　14.（21）諏（苴）　　15.（23）辟（畢）
16.（29）亶（單）　　17.（30）諶（辰）　　18.（36）盍（曷）
19.（38）媲（譬）　　20.（40）忥（戲）　　21.（41）謚（侍）
22.（43）謐（密）　　23.（44）顗（擬）　　24.（45）頠（委）
25.（46）隕（允）　　26.（47）殞（允）　　27.（48）摽（俵）
28.（51）告（谷）　　29.（52）迥（扃）　　30.（54）圮（移）
31.（55）塊（鬼）　　32.（58）毅（義）　　33.（61）刺（次）
34.（75）相（象）　　35.（77）頯（耿）　　36.（78）劼（吉）
37.（83）重（崇）　　38.（84）觳（學）　　39.（85）罄（擊）
40.（89）遄（船）　　41.（98）恐（孔）　　42.（100）痡（蒲）
43.（109）瘁（羊）　　44.（110）疧（祁）　　45.（112）瘥（瑳）
46.（115）瘵（債）　　47.（117）瘠（際）　　48.（121）勩（異）
49.（122）癉（談）　　50.（123）來（賚）　　51.（129）熯（旱）
52.（132）徯（係）　　53.（136）汽（蓋）　　54.（142）覿（的）
55.（145）瘞（亦）　　56.（146）匿（覓）　　57.（147）遏（曷）
58.（149）桔（谷）　　59.（150）頲（挺）　　60.（151）弛（止）
61.（153）覿（陌）　　62.（162）鑑（葉）　　63.（165）廞（欣）
64.（166）蹶（貴）　　65.（169）畝（快）　　66.（170）騱（係）
67.（171）呬（四）　　68.（172）峙（止）　　69.（173）愸（某）
70.（180）沊（捲）　　71.（181）煚（插）　　72.（184）諴（國）
73.（187）拼（崩）　　74.（188）抨（烹）　　75.（193）祪（鬼）
76.（194）曘（匿）　　77.（195）妥（頹）　　78.（198）宲（石）
79.（199）輟（拙）　　80.（200）酋（由）

釋言第二

81.(203)徇(遜)　　82.(205)傳(舡)　　83.(206)告(谷)
84.(211)褊(匾)　　85.(215)圮(起)　　86.(216)薦(賤)
87.(218)敉(米)　　88.(222)差(初)　　89.(223)佴(二)
90.(224)饋(紛)　　91.(226)媵(映)　　92.(230)窒(只)
93.(235)諈(墜)　　94.(236)諉(內)　　95.(238)窶(縷)
96.(242)浹(接)　　97.(243)琛(珍)　　98.(244)紕(備)
99.(247)氂(離)　　100.(248)椹(針)　　101.(249)頃(頃)
102.(254)懠(濟)　　103.(257)硈(恰)　　104.(258)蹶(驕)
105.(259)憝(對)　　106.(264)遺(位)　　107.(265)茭(刻)
108.(267)餐(孫)　　109.(269)輶(酉)　　110.(274)跍(結)
111.(279)潰(會)　　112.(281)剡(匧)　　113.(286)闋(吸)
114.(288)曩(曩)　　115.(292)忨(阮)　　116.(293)愒(喝)
117.(296)茁(止)　　118.(298)廞(俋)　　119.(300)閒(諫)
120.(302)沆(忼)　　121.(304)燠(浴)　　122.(305)堛(逼)
123.(306)齊(濟)　　124.(307)饘(占)　　125.(308)襺(減)
126.(310)姞(滑)　　127.(312)翿(刀)　　128.(313)纛(到)
129.(314)妎(係)　　130.(317)緡(民)　　131.(318)斄(斯)

釋訓第三

132、(323)惴(墜)　　133、(324)憢(囂)　　134、(326)蹋(夕)
135、(328)怟(底)　　136、(329)懕(嫣)　　137、(335)蹻(角)
138、(339)儚(蒙)　　139、(343)瘣(與)　　140、(347)昀(巡)
141、(348)叜(策)　　142、(350)穟(摽)　　143、(351)挃(直)
144、(352)穫(活)　　145、(356)丁(爭)　　146、(357)佻(兆)
147、(358)儵(踢)　　148、(359)噧(惠)　　149、(360)琄(楦)
150、(363)謞(學)　　151、(365)粵(屛)　　152、(366)夆(風)
153、(373)曁(忌)　　154、(374)尫(腫)　　155、(375)骭(莧)
156、(378)媛(怨)　　157、(379)猗(衣)　　158、(381) 祤(息)
159、(385)擗(劈)　　160、(389)屎(希)　　161、(391)俯(舟)

釋親第四

162.(395)姪(牒)

爾雅卷中

釋宮第五

163.（400）宸（倚）　164.（401）宧（夷）　165.（402）宎（要）
166.（403）秩（直）　167.（404）閾（域）　168.（405）楔（甲）
169.（411）黝（悠）　170.（413）樴（得）　171.（414）杙（亦）
172.（416）梟（業）　173.（433）鄉（向）　174.（436）閍（崩）
175.（442）闍（業）　176.（445）甓（擗）　177.（447）劇（極）

釋器第六

178.（453）盎（快）　179.（454）缶（斧）　180.（456）瓵（移）
181.（458）瓢（契）　182.（460）斸（竹）　183.（464）緵（宗）
184.（466）嫠（離）　185.（469）翼（嘲）　186.（471）篧（卓）
187.（472）槮（慘）　188.（474）罦（茀）　189.（478）鱉（壁）
190.（480）翠（拙）　191.（483）分（粉）　192.（489）袶（營）
193.（491）袴（賤）　194.（496）襟（歇）　195.（497）襜（占）
196.（504）捐（絹）　197.（506）鑱（業）　198.（508）餃（亥）
199.（509）餘（惠）　200.（510）饐（意）　201.（511）餲（隘）
202.（512）糷（輦）　203.（513）檗（拍）　204.（514）斮（卓）
205.（518）䇄（印）　206.（520）圜（袁）　207.（521）鬲（諧）
208.（522）釴（亦）　209.（524）鬲（力）　210.（525）䰮（淨）
211.（529）翻（黑）　212.（533）龍（卑）　213.（535）蓋（合）
214.（542）鵠（斛）　215.（546）璆（留）　216.（547）鏃（族）
217.（549）玾（尾）　218.（550）銑（戩）　219.（556）繶（茜）
220.（557）赬（稱）　221.（559）黝（悠）　222.（561）柢（弟）
223.（564）第（止）　224.（566）菶（眷）

釋樂第七

225.（569）徵（止）　226.（575）沂（銀）　227.（576）鼙（則）
228.（578）棧（盞）　229.（580）簥（矯）　230.（581）笙（矗）
231.（584）箹（約）　232.（586）和（賀）　233.（588）寋（塞）

釋天第八

234.（594）長（掌）　235.（596）薦（賤）　236、（597）闋（剌）
237.（599）重（崇）　238.（600）默（亦）　239、（603）涒（吞）
240.（607）窒（執）　241.（610）且（覷）　242、（611）相（象）
243.（615）庉（頓）　244、（618）瞳（意）　245、（622）挈（怯）
246.（626）霓（線）　247.（629）霖（霂）　248、（632）析（惜）
249.（637）嫩（疸）　250.（638）觜（諸）　251.（640）味（呪）
252.（646）庋（機）　253.（648）礫（責）　254、（651）禘（帝）
255.（652）肜（容）　256.（653）胙（昨）　257.（655）獮（剪）
258.（656）狩（受）　259.（662）廣（曠）　260、（664）旆（佩）

釋地第九

261.（668）陓（烏）　262.（670）隃（殊）　263.（671）溴（菊）
264.（674）稽（基）　265.（678）邛（穹）　266.（680）蠚（孼）
267.（682）迭（牒）　268.（683）枳（止）　269.（686）陂（披）

釋丘第十

270.（699）邐（裡）　271.（700）迤（以）　272.（701）厓（牙）
273.（705）重（崇）　274.（707）涘（士）

釋山第十一

275、（710）坏（不）　276、（713）歸（魁）　277、（714）岌（乙）
278、（718）崒（卒）　279、（719）厜（垂）　280、（723）陳（儼）
281、（724）㕇（渴）　282、（727）磝（堯）　283、（730）崤（起）
284、（731）泉（肇）　285、（734）嵬（委）

釋水第十二

286.（738）瀸（纖）　287.（739）灡（計）　288.（740）汋（卓）
289.（750）瀧（用）　290.（753）瀾（諧）　291.（756）潁（影）
292.（758）瀾（爛）　293.（759）漪（衣）　294.（761）濟（祭）
295.（767）綏（韋）　296.（768）泭（捊）　297.（769）澮（貴）

298. (772)坻(池)　　299. (775)頰(劫)

爾雅卷下前

釋草第十三

300. (780)茗(革)　　301. (782)蘍(徑)　　302. (784)蒿(力)
303. (785)薜(百)　　304. (790)枹(孚)　　305. (792)薹(邃)
306. (795)藋(吊)　　307. (798)蔊(腎)　　308. (800)蓲(避)
309. (802)蘍(徑)　　310. (803)蕲(惜)　　311. (806)瓠(戶)
312. (810)蓷(雷)　　313. (811)虉(逆)　　314. (827)豕(史)
315. (829)蕿(潰)　　316. (830)葵(獨)　　317. (831)蘆(羅)
318. (838)菲(匪)　　319. (842)萎(威)　　320. (855)岣(酌)
321. (862)薈(會)　　322. (864)蒢(肖)　　323. (868)秠(否)
324. (870)稌(杜)　　325. (874)茵(萌)　　326. (877)苶(浮)
327. (880)蘿(屢)　　328. (883)葑(捧)　　329. (885)蒡(旁)
330. (887)茜(由)　　331. (889)蒩(粗)　　332. (891)蕖(拒)
333. (893)苢(采)　　334. (894)蘮(計)　　335. (895)輂(如)
336. (899)蕁(潯)　　337. (903)薗(眷)　　338. (909)蒿(力)
339. (913)菡(漢)　　340. (914)菹(膽)　　341. (915)薏(意)
342. (916)蕼(虜)　　343. (917)薐(搓)　　344. (918)蘮(恣)
345. (919)臬(移)　　346. (920)菲(匪)　　347. (922)賷(貴)
348. (923)蘼(美)　　349. (924)萹(徧)　　350. (928)蕩(傷)
351. (929)萍(平)　　352. (931)蕢(頹)　　353. (937)薜(百)
354. (943)蓨(肖)　　355. (953)藐(莫)　　356. (958)藒(挈)
357. (960)蕼(尾)　　358. (963)莖(池)　　359. (966)蕨(圭)
360. (976)菌(郡)　　361. (980)菼(沛)　　362. (983)鄰(吝)
363. (986)筕(杭)　　364. (989)駿(宗)　　365. (990)芏(杜)
366. (995)藍(別)　　367. (997)蘆(敖)　　368. (999)敜(亦)
369. (1001)蔞(呂)　　370. (1003)蔞(天)　　371. (1006)刺(次)
372. (1013)蠡(裡)　　373. (1016)櫃(巨)　　374. (1022)薦(摽)
375. (1026)葖(坦)　　376. (1027)蘵(瓶)　　377. (1029)芧(葦)
378. (1031)筠(允)

釋木第十四

379.（1035）樗（樞）　　380.（1040）梔（夷）　　381.（1043）黏（杉）
382.（1051）楥（袁）　　383.（1053）栩（許）　　384.（1054）杼（柱）
385.（1055）荎（池）　　386.（1068）樻（胃）　　387.（1069）檉（稱）
388.（1075）櫪（輒）　　389.（1087）洩（屑）　　390.（1093）櫰（歪）
391.（1095）櫐（輒）　　392.（1096）炕（杭）　　393.（1097）椅（依）
394.（1098）棟（促）　　395.（1099）瘣（會）　　396.（1100）遒（囚）
397.（1110）散（烏）　　398.（1111）櫂（濁）　　399.（1117）檄（亦）

釋蟲第十五

400.（1126）蠽（節）　　401.（1130）蛣（氣）　　402.（1137）蚍（別）
403.（1143）蛢（謎）　　404.（1145）蠰（箱）　　405.（1151）蝮（復）
406.（1161）蚴（嵩）　　407.（1165）蟥（堇）　　408.（1166）蟄（遣）
409.（1171）蛣（剡）　　410.（1173）蛄（然）　　411.（1181）魄（圭）
412.（1182）蜆（演）　　413.（1187）蚳（池）　　414.（1190）鼀（朱）
415.（1191）蟟（掇）　　416.（1195）翃（伊）　　417.（1197）蛸（肖）
418.（1198）踦（倚）　　419.（1199）蛭（迭）　　420.（1201）蠖（嶽）
421.（1206）蠛（滅）　　422.（1207）蚨（迭）　　423.（1210）讎（仇）
424.（1212）蠢（住）　　425.（1213）鏄（夏）　　426.（1217）豸（雉）

爾雅卷下後

釋魚第十六

427.（1218）鱣（占）　　428.（1219）鯢（混）　　429.（1228）魾（皮）
430.（1229）鱯（畫）　　431.（1235）鰡（承）　　432.（1238）鮪（偉）
433.（1242）鱴（滅）　　434.（1246）歸（肘）　　435.（1250）鱒（蹲）
436.（1254）蜎（遠）　　437.（1255）蠵（喧）　　438.（1259）黽（猛）
439.（1261）廬（皮）　　440.（1262）能（奈）　　441.（1264）蚹（付）
442.（1265）蠃（羅）　　443.（1273）蜺（迷）　　444.（1277）蚔（池）
445.（1279）頮（葵）　　446.（1292）擘（拍）　　447.（1295）攝（輒）
448.（1296）筮（世）

釋鳥第十七

449.（1298）䳢（孚）　450.（1299）鷱（局）　451.（1303）鴶（甲）
452.（1306）鵧（平）　453.（1310）䳢（欺）　454.（1313）鷚（求）
455.（1316）鸕（廬）　456.（1319）鶩（木）　457.（1343）鴟（支）
458.（1344）鴞（遙）　459.（1347）梟（交）　460.（1350）雛（鋤）
461.（1354）喈（即）　462.（1357）鴗（必）　463.（1359）鴽（訪）
464.（1361）鷽（意）　465.（1362）痺（脾）　466.（1367）鶋（屠）
467.（1372）鸇（占）　468.（1374）鷹（厥）　469.（1390）鶌（交）
470.（1392）鷩（別）　471.（1393）鸐（狄）　472.（1395）鶛（棹）
473.（1408）䎱（宗）　474.（1409）鳶（員）　475.（1411）兀（杭）

釋獸第十八

476.（1419）麀（悠）　477.（1422）麕（君）　478.（1423）麌（虞）
479.（1426）豜（檢）　480.（1430）獮（偉）　481.（1432）么（腰）
482.（1433）奏（湊）　483.（1435）豵（宗）　484.（1438）豥（核）
485.（1444）魋（含）　486.（1446）貀（納）　487.（1447）貗（菊）
488.（1448）麚（巖）　489.（1449）貄（曳）　490.（1453）貗（屢）
491.（1455）豰（穀）　492.（1456）貙（樞）　493.（1464）貜（鴨）
494.（1465）貐（羽）　495.（1466）驨（追）　496.（1471）刺（次）
497.（1473）被（披）　498.（1476）猱（鐃）　499.（1480）贙（玄）
500.（1483）桀（承）　501.（1486）鼸（現）　502.（1489）鼬（佑）
503.（1501）瓗（靳）

釋畜第十九

504.（1504）駏（巨）　505.（1509）騜（住）　506.（1514）騎（欺）
507.（1524）驩（龍）　508.（1525）騴（檢）　509.（1534）駽（絹）
510.（1535）驎（吝）　511.（1540）駓（皮）　512.（1548）騽（悲）
513.（1549）犚（危）　514.（1552）犋（急）　515.（1553）觭（欺）
516.（1555）犉（攔）　517.（1565）犩（鬼）　518.（1567）羬（臉）
519.（1572）羭（煉）　520.（1579）犉（攔）